Noch immer reiten sie durch Italien, jene rauhen, oft recht brutalen, häufig aber auch hochgebildeten und mit militärischem und großem staatsmännischem Geschick begabten Männer: Colleoni, Cane, Montefeltro, Hawkwood, Urslingen, Sforza und Malatesta. Von ihren stattlichen Denkmälern blicken sie ernst und würdig auf die Menschenmenge, die Venedig, Florenz, Pisa und nicht zuletzt Rom das ganze Jahr über bevölkert. Mit Mailänder Herzögen, Flor[illegible]andelsherren und den Doge[illegible] den Päpsten, echten und[illegible]ten, hatten sie Ve[illegible]ne »condo[illegible]n, durch[illegible] verpflicht[illegible]ammten in jener so[illegible]schichtsträchtigen Zeit vom [illegible]4. bis in die erste Hälfte des 16. Jahr[illegible]erts das Bild Italiens, das damals noch kein Nationalstaat, sondern aufgesplittert war in Stadtstaaten, in kleine und kleinste Fürstentümer und Herrschaften, in dem landfremde Herrscher wie der deutsche Kaiser (und römische König), die Anjou, Aragon u.a. kräftig an den Auseinandersetzungen teilhatten. So bunt und mit prallem Leben erfüllt wie die Zeit, in der die Condottieri wirkten, ist auch die Schilderung der ganzen Epoche und ihrer Hauptfiguren durch Geoffrey Trease. Er ging ihren Spuren nach, wo immer sie sich finden: in den großen Städten Italiens, in Marktflecken und halb verfallenen Kastellen, künstlerisch festgehalten auf Gemälden, in Plastiken und illuminierten Folianten, am eindrucksvollsten aber durch die großen Reiterstandbilder, die in keiner Kunstgeschichte und keiner Reisebeschreibung fehlen.

Einige der Condottieri gelangten nicht nur zu Ruhm und Ansehen als Söldner- und Heerführer, sie wurden zu Begründern von Adelsdynastien, die in der späteren Geschichte Italiens eine entscheidende Rolle spielten und deren Namen heute noch in der Politik, im Kunst- und Wirtschaftsleben des Landes von Bedeutung sind.

Ihren Ursprüngen nachzugehen und einen der lebendigsten Abschnitte der italienischen Geschichte aufzuzeigen, ist Sinn und Leistung dieses Werkes.

Geoffrey Trease *Die Condottieri*

1 Reitender Soldat,
Zeichnung von Bernardino Pinto-
ricchio

Die Condottieri

Söldnerführer, Glücksritter und Fürsten der Renaissance

Geoffrey Trease

Callwey Verlag München

Die englische Originalausgabe erschien unter dem Titel *The Condottieri – Soldiers of Fortune*
im Verlag Thames and Hudson, London.
Deutsche Übersetzung: Ragni Maria Gschwend

ISBN 3 7667 0308 0

Schutzumschlag: Baur & Belli Design, München, unter Verwendung
eines Fotos von Roloff Beny.
Satz: Fotosatz Tutte, Passau-Salzweg
Druck und Bindung: Jarrold & Sons Ltd., Cowgate, Norwich, Norfolk
Printed and bound in Great Britain

Inhaltsverzeichnis

»Somit befand sich Italien fast vollständig
in den Händen der Kirche und einiger Republiken.
Da aber beide, Priester und Bürger, nicht an
die Waffen gewöhnt waren, fingen sie an,
Truppen zu mieten.«

(Machiavelli)

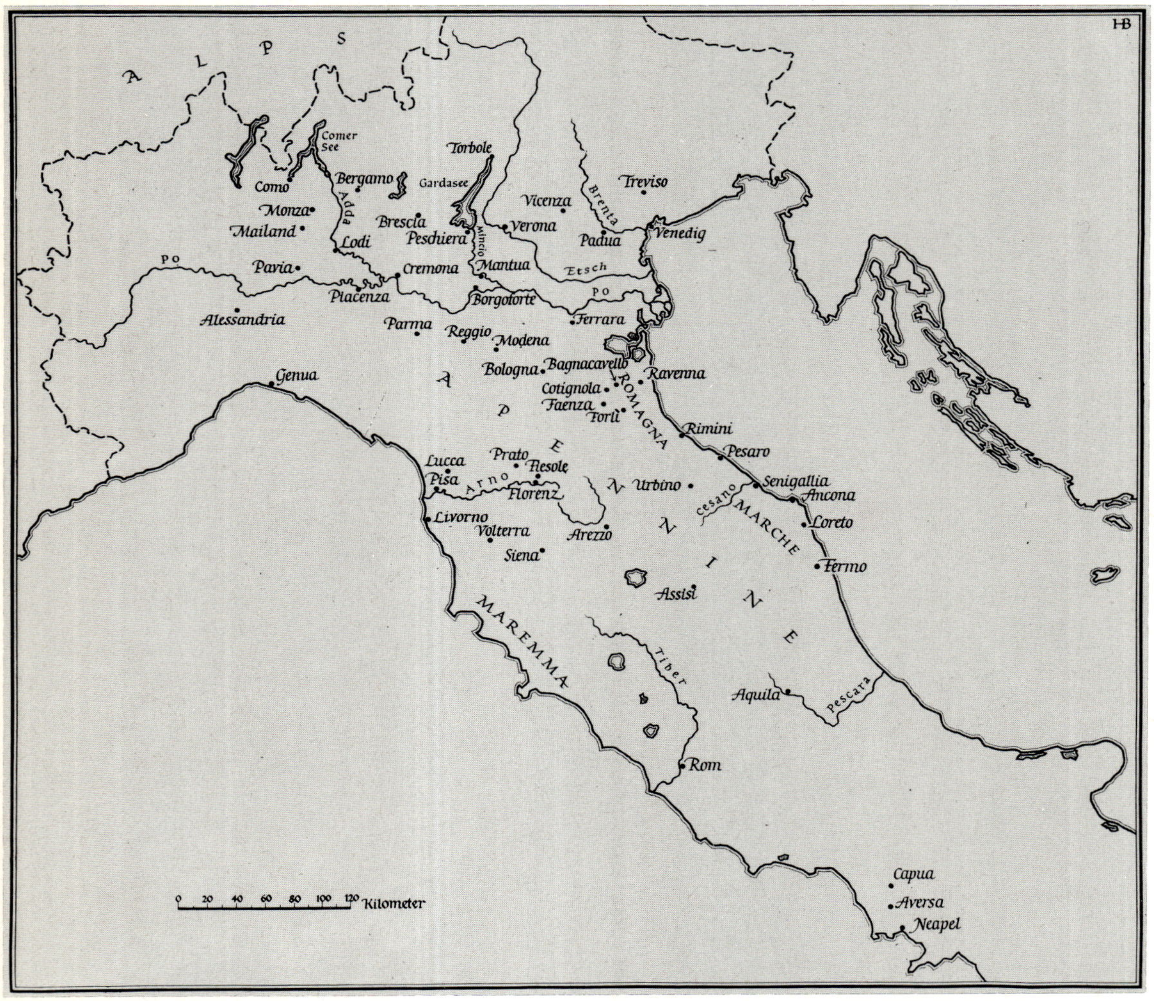

2 Karte von Italien mit den Hauptschauplätzen der Condottieri-Operationen, die in diesem Buch erwähnt werden

Die Condottieri

Geoffrey Trease

Die unvergessenen Reiter

Noch immer reiten sie durch Italien und sorgen dafür, nicht in Vergessenheit zu geraten. In Venedig starrt auf dem kleinen Platz Santi Giovanni e Paolo Bartolomeo Colleonis herbes, helmumrahmtes Gesicht auf den Reisenden hinunter. Da Verrocchios kolossale Bronzestatue gemeinhin als das schönste Reiterstandbild der Welt gilt, ist Colleoni seiner Unsterblichkeit sicher. Im gleichen Atemzug muß aber ein anderes Reiterdenkmal erwähnt werden, das nur wenige Kilometer entfernt in Padua, auf der Piazza del Santo, steht: Donatellos Meisterwerk, die erste große Bronzestatue der Renaissance überhaupt. Diesmal ist der Reiter Erasmo da Narni, ein Heerführer, dessen Verschlagenheit ihm den Spitznamen Gattamelata, »honigsüße Katze«, eingebracht hatte. Und im Dom von Florenz reitet Hawkwood, der Engländer, für immer auf Uccellos Gemälde.

Die komplette Liste würde lang werden. In großen und kleinen Städten und in jedem Maßstab – vom Medaillon bis zum Wandgemälde – stellen sich diese Abenteurer der Nachwelt. Roberto Malatesta hat sogar auf irgendeine Weise Einlaß in die Sixtinische Kapelle gefunden. Und obwohl Carmagnola selbst, aus verständlichen Gründen, durch Venedig, das ihn als Verräter verurteilt hat, kein Denkmal gesetzt wurde, konnte man auf die Darstellung seiner Siege doch nicht verzichten, als feurige Sujets für die Deckengemälde des Dogenpalastes gesucht wurden.

»Ein berühmter Condottiere«, sagt der Fremdenführer schnell und auf seinen Zeitplan bedacht. Sein Ton entmutigt einen, die Frage zu stellen: »Was war eigentlich ein Condottiere?« Sicher, der Ausdruck ist allgemein bekannt und muß nicht mehr als Fremdwort besonders hervorgehoben werden. Man weiß in etwa, die Condottieri waren Söldner und Freischarenführer, Glücksritter, Abenteurer. Was gibt es da noch mehr darüber zu sagen?

Eine ganze Menge. Keines dieser scheinbaren Synonyme enthüllt die ganze Bedeutung des Condottiere, der ein einzigartiges, auf eine ganz bestimmte Epoche, die italienische Renaissance, beschränktes Phänomen, darstellt. So ist es keineswegs müßig zu fragen: was war er eigentlich genau? Und mit welchem Anspruch erregen diese grimmig dreinschauenden Reiter noch heute unser Interesse, außer daß sie durch eine glückliche zeitliche Übereinstimmung Leonardo da Vinci, Piero della Francesca und so vielen anderen Renaissance-Künstlern als Sujet dienten?

Söldner und Glücksritter hat es mindestens seit den Tagen des antiken Griechenland gegeben, und es gibt sie noch heute – einen Beweis dafür bietet der Kongo in den 1960er Jahren. Im allgemeinen handelte es sich dabei um Ausländer, die einzeln oder in kleinen Gruppen angeworben wurden und die den Heerführern der jeweiligen Regierung unterstanden. Manchmal waren ihre Gruppen auch größer, und ihre eigenen Heerführer machten Geschichte – wer denkt da nicht sofort an Xenophon oder an die gotischen und vandalischen Abenteurer wie Alarich und Stilicho, die ihre Laufbahn als Söldnergenerale der letzten römischen Kaiser begannen. Aber weder diese Männer noch so pittoreske Individuen wie der Schotte Tam Dalyell, der im 17. Jahrhundert moskowitische Armeen gegen Türken und Tataren führte, können in Wahrheit mit den Condottieri gleichgesetzt werden.

Die mittelalterlichen Zustände in ganz Westeuropa begünstigten das Aufkommen von Söldnerheeren in besonderer Weise, und jene in Italien führten, wie wir noch sehen werden, diese Entwicklung zu ihrer höchsten Blüte, dem Condottieresystem. In jenen Jahrhunderten waren sowohl das stehende Heer der Neuzeit als auch die Legionen-Organisation des alten Rom gleichermaßen undenkbar. Andererseits konnten auf der Basis des Vasallentums die

Streitkräfte nie lange im Feld gehalten werden. Was nützte eine Dienstverpflichtung von nur vierzig Tagen, außer in einem kurzen Notfall? Dieses Problem hatte König Harold beunruhigt, als sich die Ausschiffung Wilhelm des Eroberers verzögerte – und auch Wilhelm hätte England nicht mit einer Vierzig-Tage-Armee erobern können. Als er landete, waren seine Schiffe bemannt mit Söldnern aus den verschiedensten Landstrichen. Danach verließen sich die englischen Könige immer mehr auf bezahlte Freiwillige, Engländer, Waliser und Ausländer.

3/4 Die beiden berühmtesten Reiterstatuen der Renaissance wurden zu Ehren von Condottieri errichtet
◁ Gattamelata von Donatello in Padua
Colleoni von Andrea del Verrocchio in Venedig ▷

Daraus entwickelte sich das System der auf Vertrag beruhenden Gefolgschaft, bei der sich ein kampfeslustiger Edelmann verpflichtete, seinem Souverän eine bestimmte Zeit und mit einer bewaffneten Streitmacht weit über seine Lehensverpflichtung hinaus zu dienen. Seine Gefolgschaft bestand im allgemeinen aus einer bestimmten Anzahl Ritter, so und so vielen Lanzenreitern und so und so vielen berittenen Bogenschützen. Das Ganze mochte sich auf tausend Mann oder mehr belaufen, wobei jeder Grad seine eigene Besoldung erhielt, von vier Schilling pro Tag für einen erfahrenen Ritter bis hinunter zu drei Pennies für einen Bogenschützen, der sein Pferd nicht selbst stellen konnte. Neben diesem Sold erwartete sich der Soldat Plünderungsbeute und Lösegeld. Die Bedingungen dafür waren ganz genau fest-

gelegt, und man kann sich vorstellen, daß sich die Söldner nach einem Sieg gegenseitig selbst scharf auf die Finger schauten. Der Heerführer forderte gewöhnlich ein Drittel der Beute für sich, und ein weiteres Drittel ging an den König von England. In Spanien dagegen betrug der königliche Anteil nur ein Fünftel.

Die Gefolgschaft auf Vertragsbasis war somit der sich bald aus ihr entwickelnden »freien Kompanie« sehr ähnlich. Sie unterstand in vielem denselben Regeln und Konventionen, und ihr Führer hatte mit seinem Vertrag vom Monarchen, seiner Zuweisung vom Schatzkanzler, seiner persönlichen Bezahlung und seiner prozentualen Beteiligung an der Plünderung eines Lagers oder dem Lösegeld eines hochgestellten Gefangenen viel mit einem Condottiere gemeinsam. Dennoch waren die englischen Grafen, die sich durch Vertrag den Königen auf diese Weise verdingten, keine echten Condottieri, denn sie blieben Untertanen, und sie kämpften in den Kriegen ihres Herrschers, sei es unter seiner persönlichen Führung oder unter der eines so illustren Stellvertreters wie des Schwarzen Prinzen. Der Krieg wurde für sie zum Zeitvertreib, aber sie waren noch keine eigentlichen Berufssoldaten.

Erst der völlige Professionalismus war die Grundlage des Condottieresystems.

Das Wort kommt vom lateinischen *conducere*, über das italienische Verb *condurre* mit seinen Bedeutungen »führen«, »leiten« und »verpachten«. Aus dem Partizip Perfekt *condotto* entstand das Substantiv *condotta*, womit in der damaligen Zeit ein Vertrag zwischen einem Freischarenführer und der Regierung – ganz gleich welcher –, die ihn beschäftigte, bezeichnet wurde.

Diese *condotte* waren genaue Vereinbarungen (wie die erwähnten Gefolgschaftsverträge), die in ihren einzelnen Bestimmungen jedoch fast unerschöpfliche Variationsmöglichkeiten boten. Sie konnten für eine kurze oder lange Periode oder sogar auf Lebenszeit abgeschlossen werden. Sie konnten auf der Basis von Handgeld beruhen, wobei es dem Condottiere frei stand, vorübergehend anderswo Aufträge in gegenseitigem Einvernehmen zu akzeptieren. Sie konnten einen Angriffskrieg oder eine rein defensive Rolle vertraglich festsetzen, was sich natürlich auf den Preis auswirkte. Die Vereinbarungen konnten auch rein neutralisierenden Charakter haben und den Condottiere gegen angemessene Bezahlung verpflichten, eine bestimmte Zeit lang nicht gegen die Regierung, von der er jetzt Geld annahm, zu kämpfen, wem immer er sich auch verdingen mochte. In solchen Fällen mußte der Condottiere beim späteren Abschluß von *condotte* mit anderen Regierungen auf einer Klausel bestehen, die feindliche Aktivitäten in bestimmten Territorien ausschloß.

Andere Vertragspunkte setzten die Anzahl, Art und Ausrüstung der von ihm zu liefernden Truppen fest, und er konnte sich auf äußerst gründliche und regelmäßige Inspektionen gefaßt machen, mit denen nachgeprüft wurde, ob er die Vertragspunkte erfüllte und nicht versuchte, unwissende Zivilisten mit einem Scheinheer zum Narren zu halten. Sollten noch andere Condottieri für den gleichen Feldzug angeworben werden, so mußte er wissen, ob er den Rang eines Oberbefehlshabers erhielt oder Befehle von einem Rivalen entgegenzunehmen hatte. Auch Nebenrechte, wie sein Anteil an Beute und Lösegeld, wurden schwarz auf weiß festgesetzt. Tatsächlich war eine *condotta* ebenso individuell und variabel wie ein Vertrag zwischen Autor und Verleger und bestand aus einem vergleichbaren Gewirr von Rechten und Pflichten, Zahlungsbedingungen, Sicherheitsleistungen und Sondervereinbarungen. Wenn wir schon eine Analogie zu modernen Berufen herstellen wollen, so läßt sich der Condottiere am ehesten mit einem Rechtsanwalt oder einem Fußballspieler vergleichen. Beide verdienen sich ihren Lebensunterhalt damit, daß sie in die verschiedensten Auseinandersetzungen eingreifen. Der Anwalt dient einem Klienten nach dem anderen, der Fußballer wechselt von Club zu Club. Bei Gericht oder auf dem Spielfeld stehen beide Gegnern gegenüber, die noch vor kurzer Zeit ihre Freunde oder Kollegen waren und es demnächst auch wieder sein werden. Beim Condottiere wurde diese berufliche Kameraderie auf das Schlachtfeld verlegt, das dadurch manchmal, wenn auch nicht immer, weniger blutig verlassen wurde. Es gibt ein paar übertriebene Geschichten von Condottiere-Kriegführung, die von stundenlangen Schlachten erzählen, in denen keiner ernsthaft verletzt wurde, und die mit einem höflichen, Wimbledon würdigen Shakehand endeten. Solche Berichte sollten nicht unkritisch aufgenommen werden, da sie großenteils von Machiavelli stammen, der als Kriegstheoretiker bekanntlich gegen das Söldnerwesen eingestellt war. Sicher ist jedoch, daß der Condottiere auf einen Lebensunterhalt und nicht auf ein Heldengrab aus war, und wenn er sein Bestes getan hatte, so kämpfte er nicht weiter bis zum Tode. Die Kapitulation brachte keine großen Schrecken mit sich: Wie in der gesamten Kriegführung der damaligen Zeit gab es eine allgemein akzeptierte Lösegeld-Routine, und ein gut eingeführter Condottiere konnte, selbst wenn er im Moment schlecht bei Kasse war, nach Beendigung der Schlacht oft auf Kredit seine Freiheit wieder erhalten. Andererseits, wenn er siegreich war, so hatte er ein viel größeres Interesse daran, Gefangene zu machen als die Fliehenden niederzumetzeln. Das war die allgemeine Regel, aber es wäre falsch anzunehmen, daß sie ohne Ausnahmen gegolten hätte. Es gab sehr wohl verzweifelte Schlachten, Heldentaten und hoffnungslose Unternehmen, die dann von Erfolg gekrönt wurden. Die Kriegführung der Condottieri hatte zwar ihre stehenden Bräuche, aber sie sank nie zu einem Ballett oder einem Schachspiel herab.

Natürlich stellt sich die Frage, warum sich dieses spezielle und ziemlich konstruierte System gerade in Italien entwickelte und nirgend sonstwo wirklich Fuß faßte. Die Antwort ist nicht so einfach. Nur in Italien gab es die Verbindung von politischen und wirtschaftlichen Faktoren, die im Zusammenspiel mit einem bestimmten Entwicklungsstadium der militärischen Techniken und mit gewissen außeritalienischen Voraussetzungen den Aufstieg der Condottieri förderten.

Die meisten anderen Länder, die ebenfalls in Bürgerkriege und dynastische Rivalitäten verstrickt waren, erkannten eine zentrale Autorität an. England, Schottland, Frankreich, Dänemark, Portugal, Kastilien, Aragon und die meisten übrigen europäischen Königreiche hatten einen Herrscher, dessen Ressourcen alles, was von einem Self-made-Abenteurer beigebracht werden konnte, weit in den Schatten stellten. Auf der italienischen Halbinsel gab es nichts dergleichen. Der Kaiser des Heiligen Römischen Reichs war, bei all seinem traditionellen Anspruch, eine Schattenfigur jenseits der Alpen, die sich selten und wenn, dann wirkungslos der Mittelmeersonne aussetzte. Sein alter Gegner, der Papst, lebte fast das ganze 14. Jahrhundert hindurch als »Emigrant« in Avignon und war später nach seiner Rückkehr nach Rom nur noch einer in der Gruppe von Herrschern, die sich um ihren Anteil am Land rauften. Sicher, Süditalien war ein Königreich – das von Neapel aus regierte oder besser mißregierte »Regno« –, aber die meiste Zeit war dieses Gebiet so durch Hader gespalten, daß seine schwachen Herrscher ebenso von den Condottieri abhingen wie alle die kleinen Herzogtümer und Republiken, in die der Rest der Halbinsel zerfiel.

Selbst der winzigste dieser autonomen »Staaten« benötigte von Zeit zu Zeit eigene Streitkräfte, um mit seinen Nachbarn Krieg zu führen. Daniel Waley gibt in seinem Buch *The Italian city-Republics* einige interessante Beispiele für die frühe Verwendung von Söldnerheeren, bevor noch das eigentliche Condottieresystem eingeführt war. Fiesole, so berichtet er, »bediente sich ihrer 1124 im Kampf um seine Unabhängigkeit gegen den nahen Nachbarn Florenz«. Waley beschreibt, wie die italienischen Republiken ursprünglich von ihren eigenen Bürgerheeren abhingen. Die Adeligen und andere wohlhabende Bürger mußten ein geeignetes Pferd für den Ritterdienst halten und die übrige männliche Bevölkerung von vierzehn bis siebzig war theoretisch verpflichtet, als Infanterie zu dienen. Aber um die Mitte des 13. Jahrhunderts wurde die Hilfe von Söldnern – Franzosen, Deutsche oder Italiener aus anderen Gebieten – regelmäßig in Anspruch genommen. Die Bürgermiliz und das »Heer« der Fußsoldaten, bestanden daneben bis ins 14. Jahrhundert weiter.

Fanden schon andere Länder, daß das Vasallentum ihren militärischen Bedürfnissen nicht mehr entsprach, um wieviel mehr erst mußten die wirtschaftlich hoch entwickelten Stadtstaaten Italiens, wie Florenz und Mailand, die Mobilisierung einer Bürgerwehr nicht nur als

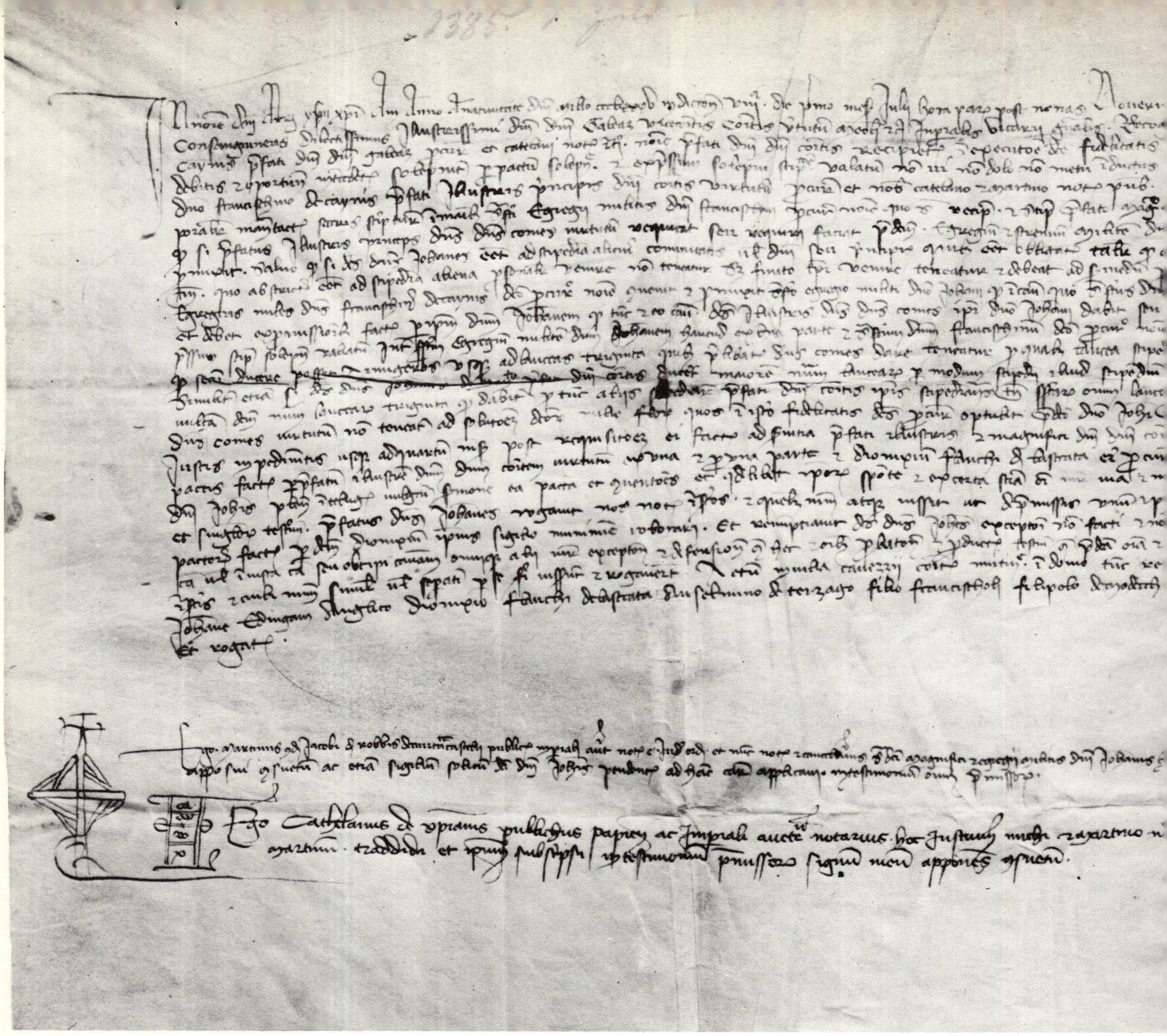

unzureichende Maßnahme, sondern auch als lästige Ablenkung von den normalen Handels-, Produktions- und Finanzgeschäften empfinden. So hatten sie ein ausgesprochenes Interesse daran, ihre militärischen Pflichten an Außenstehende zu delegieren, die sich aufs Kriegführen verstanden.
Ein weiteres Motiv lieferten die inneren Zwistigkeiten, denen diese Staaten ständig unterworfen waren. Der alte Kampf zwischen Papsttum und Kaiserreich, der die Italiener in Guelfen und Ghibellinen gespalten hatte, war nun zwar vorüber, aber die Zersplitterung in Parteien hielt an, und die Namen, mittlerweile ebenso sinnentleert wie »Republikaner« und »Demokraten« im heutigen Amerika, dienten immer noch dazu, die in jedem Gemeinwesen durch Klasseninteressen und Familieneifersucht aktiv gebliebenen Machtblöcke zu kennzeichnen. Der Parteikampf war wirklich ein Kampf, der mit Staatsstreichen, Verschwörungen und tumultreichen Volksaufläufen und nicht mit geregelten Debatten, Abstimmungen und Wahlen ausgefochten wurde. Eine solche Atmosphäre förderte zwangsläufig den Ein-

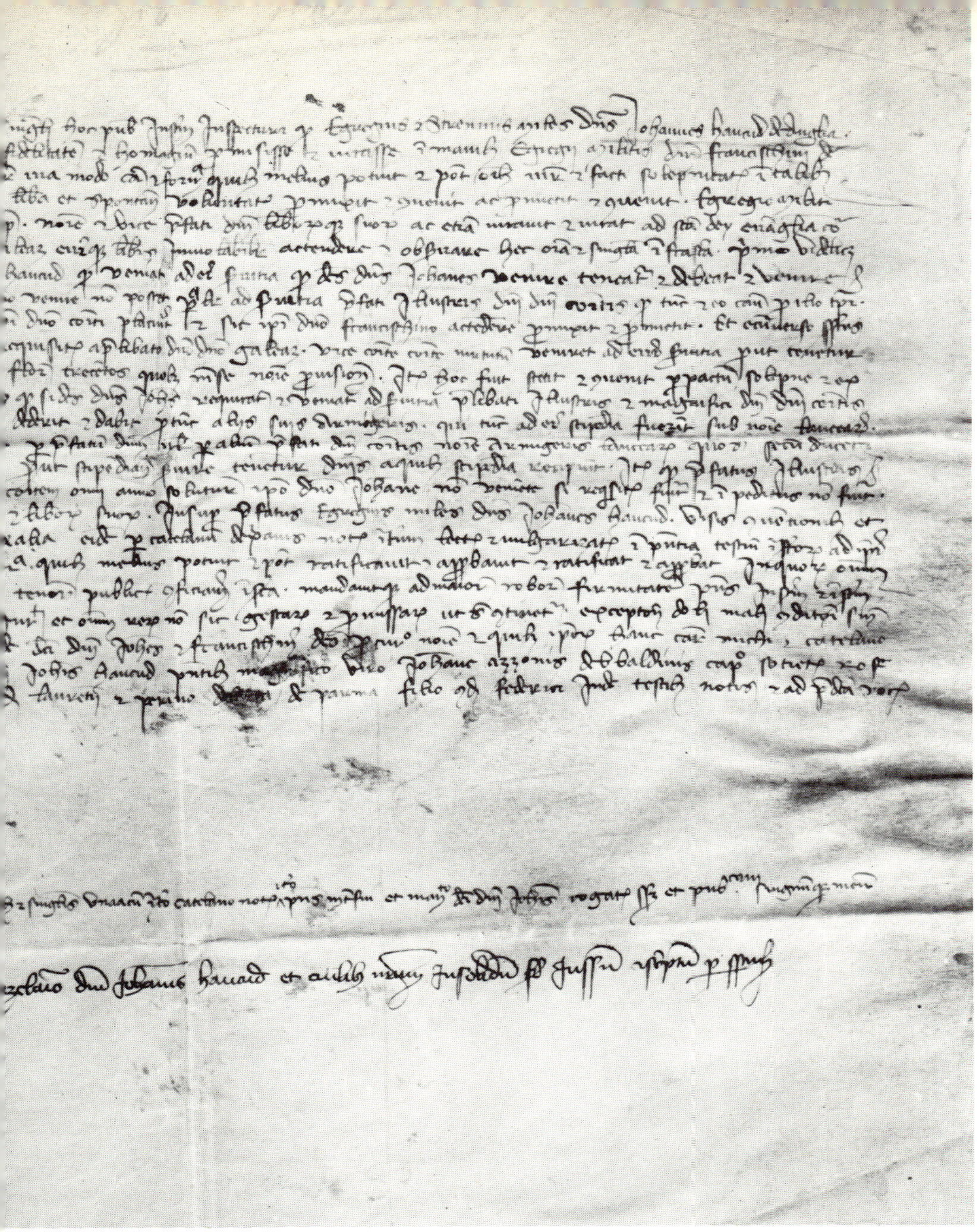

5 *Soldvertrag* (condotta) *zwischen Sir John Hawkwood und Giangaleazzo Visconti vom 1. Juli 1385*

satz von Söldnern. Denn selbst wenn die Bürger Lust gehabt hätten, Ladentisch und Werkbank zu verlassen, um gegen eine Nachbarstadt zu marschieren, und selbst wenn sie die Begabung und Ausbildung zu tüchtigen Soldaten besessen hätten, wäre keine herrschende Partei geneigt gewesen, die gesamte Bevölkerung – ihre Anhänger ebenso wie ihre Gegner – mit Waffen auszurüsten. War das schon dort der Fall, wo die Regierung eine Mehrheit hinter sich hatte, um wieviel mehr erst mußte es da zutreffen, wo eine winzige Clique oder ein einziger Mann an die Macht gekommen waren und sie nur mit Methoden der Gewalt halten konnten.

So erachtete es die Regierung, wie immer sie auch politisch beschaffen war, für klug, die Waffen in den Händen von unparteiischen Fremden zu lassen, die, so lange sie ihren Sold erhielten, keinen Anlaß sahen, diese Waffen gegen ihre Auftraggeber zu richten. Erfahrung hatte die Italiener gelehrt, daß es weiser sein konnte, einem Fremden als einem Mitbürger zu trauen. Sie hatten freiwillig eine Praxis fortgeführt, die ihnen ursprünglich von Kaiser Friedrich Barbarossa aufgenötigt worden war: Der *podestà*, das Oberhaupt einer Stadt, mußte eine herausragende Persönlichkeit sein, die von außerhalb kam, die keine Hoffnung hegen konnte, selbst an die Macht zu gelangen, und von der man annahm, daß sie unparteiisch und unbestechlich sei. Mit dieser Annahme verbanden sich noch praktische Sicherheitsvorkehrungen. Beispielsweise wurde der *podesta* von Verona nur für ein einziges Jahr ernannt. Er enthielt ein ansehnliches Gehalt, freie Kost und Logis, doch wurde ihm verboten, Frau und Kinder mitzubringen, außerhalb der Stadt zu dinieren oder Geschenke anzunehmen. Als später die Räte einer Stadt begannen, nicht mehr selbst Söldner anzuwerben und sie einem einheimischen Befehlshaber zu unterstellen, sondern das ganze Verteidigungsgeschäft einem Vertrags-Condottiere zu übertragen, den sie zum *capitano generale* ernannten, übernahmen sie damit nur eine Regelung, die sich im Zivilbereich bereits bewährt hatte.

Entscheidend für das Aufkommen der Condottieri in Italien waren auch die große Handelsprosperität der oberitalienischen Städte und die führende Rolle, die diese in der Entwicklung des Bankwesens spielten. Das bedeutete, daß es für sie (im Gegensatz zu anderen Teilen Europas), leichter war, Geld aufzutreiben als Männer, obwohl ihre Bestände, das muß gerechterweise gesagt werden, keineswegs unerschöpflich waren und es kritische Momente gab, in denen sowohl Mailand als auch Florenz einer Finanzkrise gegenüberstanden. Dennoch war es für Staaten wie diese relativ einfach, Geld herbeizuschaffen, während andere Länder – Deutschland, Frankreich, England sowie die ärmeren Regionen Italiens, wie beispielsweise die Romagna – einen Überschuß an Soldaten aufwiesen. Die Kriegführung selbst befand sich in einer Aufwärtsentwicklung, wobei eine relativ kleine Anzahl gut trainierter und gut ausgerüsteter Lanzenträger und Bogenschützen unter der richtigen Führung eine große Masse patriotischer Amateure schlagen konnte. Eine solche Streitmacht konnte als Einheit angeworben werden zu einem vorher ausgehandelten Preis und für einen ganz bestimmten Zeitraum und je nach Vereinbarung mit einem oder mehreren Condottieri. Es handelte sich dabei um ein rein geschäftliches Unternehmen, was auf den kommerziellen Geist der Italiener einen unwiderstehlichen Reiz ausüben mußte.

Was für Männer waren nun diese Söldnerkapitäne? Worin lag ihr Interesse? Denn in den Kämpfen, die sie ausfochten, in den meist banalen und oft sinnlosen Kampagnen, die durch ganz Italien wogten, konnte es wohl kaum liegen.

Als erstes muß festgestellt werden, daß es keinen bestimmten Condottiere-Typ gab. Ein Überblick über die hervorragendsten Heerführer zeigt, wie völlig verschieden sie waren. Nationale und gesellschaftliche Herkunft, Charakter und Motive des Handels variieren von einem zum anderen.

Hawkwood, der reservierte, zuverlässige Engländer mit Berufsethos und ohne jeden politischen Ehrgeiz hätte sich schnell an eine britische Offiziersmesse im 20. Jahrhundert anpassen können. Er ist die bekannteste Gestalt aus der frühen Periode, als die Condottieri Ausländer waren – Deutsche, Schweizer, Provençalen, Bretonen, Burgunder, Gaskogner u. ä. –, Soldaten, die durch den Ausbruch von Frieden in anderen Ländern arbeitslos geworden waren. Bevor Hawkwood starb, gegen Ende des 14. Jahrhunderts, begannen die Italiener das Geschäft zu übernehmen. Sie kamen aus fast allen Regionen. Die arme und rückständige Romagna war eine natürliche Brutstätte für die nach Glück jagenden Soldaten. Sie brachte die Sforzas, Alberico da Barbiano und eine Anzahl weniger bedeutender Männer hervor. Colleoni und die dal Verme kamen aus der Lombardei, Carmagnola und Facino Cane aus dem Piemont, Gattamelata aus Umbrien, ebenso Braccio da Montone, Biordo Michelotti und die Piccinini. Etwas weniger beachtlich war vielleicht der Beitrag Roms, Neapels und des ganzen Südens, obwohl aus diesen Gegenden viele verarmte Adelige stammten – ein Colonna, ein Orsini oder ein Sanseverini –, die ihr ungenügendes Erbteil dadurch aufbesserten, daß sie ihr Schwert den kriegführenden Staaten weiter nördlich zur Verfügung stellten. Viele Condottieri teilten diese Art gesellschaftlicher Herkunft. Sie waren entweder die jüngeren Söhne aus großen Häusern oder, wie die Malatesta von Rimini und Federigo

6 Skizze von Leonardo da Vinci für ein geplantes Reitermonument von Francesco Sforza

7 Vermutliches Porträt Roberto Malatestas, Sohn des Sigismondo. Ausschnitt aus einem Fresko von Cosimo Rosselli

Montefeltro aus Urbino, Fürsten über winzige Staaten, die ihren Energien nicht genug Betätigungsfeld boten. Braccio da Montone war ein vertriebener Aristokrat aus Perugia, der seine Karriere damit krönte, daß er als Herrscher in die Stadt zurückkehrte, die ihn vertrieben hatte. Alberico da Barbiano, eine Stufe tiefer auf der sozialen Skala, zeigte, daß sich ein Lehnsritter ebensogut wie ein Lehnsherr der neuen, durch wirtschaftliche Veränderungen entstandenen Lebensweise anpassen konnte. Attendolo Sforza, Vater des berühmten Francesco, war Albericos Nachbar in der Romagna und ihm in etwa gleichgestellt. Der große, wenn auch unglückliche Carmagnola war ein Bauer und Gattamelata ein Bäckersohn. Zumindest ein großer Kirchenfürst, der kriegerische Kardinal Vitelleschi, wurde von Historikern zu den Condottieri gezählt, und sein Lebenslauf rechtfertigt in vielerlei Hinsicht diese Zuordnung.

Ebenso wie in ihrem Herkommen unterschieden sich diese Männer in ihren Anlagen, Neigungen und Ambitionen. Sigismondo Malatesta wurde als ein Ausbund an Verworfenheit angesehen, sein Nachbar und beruflicher Gegner, Federigo von Urbino, als ein Muster an Menschlichkeit. Beide waren passionierte Kunstliebhaber und großzügige Mäzene. Einige Condottieri, wie Hawkwood, erhofften sich nichts anderes als ein friedliches und geruhsames Alter: Als Cecchino Broglia 1398 für Mailand gegen Florenz focht, gab der Beauftragte von Lucca in Florenz zu verstehen, daß kein zu heftiger Angriff zu befürchten sei und daß der Mailänder Heerführer Angeboten offen gegenüberstünde, ja »Ausschau halte nach einem guten Federbett, auf dem er sich in späteren Jahren ausruhen könne«. Und die schlauen Florentiner schlugen schnell ein finanzielles Federbett auf. Im Gegensatz dazu aber wurden andere Söldnerführer von Machtgier zerfressen. Sie riskierten und verloren manchmal ihr Leben in dem Bemühen, die *signoria*, die Herrschaft einer Stadt, an sich zu reißen und ihre eigene Dynastie zu errichten. Francesco Sforza, der geduldig, wenn auch kühn um das Herzogtum Mailand spielte, war der erfolgreichste von ihnen.

So gab es betrügerische Condottieri und ehrenhafte, geizige und freigebige, ungebildete und kultivierte, planende und ungestüme. Zum Prototyp der letzten Kategorie wurde beispielsweise der heldenhafte Giovanni delle Bande Nere, »Johann von den schwarzen Banden«, der bedeutendste Condottiere des 16. Jahrhunderts und der beste, den Florenz selbst je hervorgebracht hat.

Von welcher Seite man diese Männer auch betrachten mag, immer muß man sie in Verbindung mit ihren Auftraggebern sehen, den Päpsten und päpstlichen Legaten, den Mailänder Herzögen und venezianischen Dogen, der Königin von Neapel, den Florentiner Bankiers und den besorgten Ratsherren von einem Dutzend kleinerer Städte, die militärischen Beistand ohne allzugroße Ausgaben suchten. Auch dürfen die Kulissen, vor denen die Condottieri ihre Rolle spielten, nicht übersehen werden: Sforza muß man sich vorstellen, während er mit seinem Pferd durch die Portale des Mailänder Doms reitet, Carmagnola, wie er dem Tod vor der Markuskirche begegnet, Hawkwood am Lagerfeuer, das von den Hügeln Fiesoles herunterblitzt und Federigo Montefeltro, der in seiner Bibliothek in Urbino über Plato diskutiert.

Und während wir die Lebensgeschichte der Söldnerführer rekonstruieren, entsteht vor uns plötzlich das ganze Leben des Renaissance-Italiens. Indem wir uns aber auf die Condottieri als Menschen, als Individuen einer besonderen Kategorie konzentrieren, kann es möglich sein, die vertraute historische Landschaft unter einem neuen Gesichtspunkt zu betrachten. Was wissen wir eigentlich von den Condottieri »als Menschen«? Schließlich hegt unser Zeitalter ein gesundes Mißtrauen gegenüber heroischen Legenden.

Wir wissen mehr, als man erwarten mag. Obwohl die Condottieri mit dem Schwert besser umzugehen verstanden als mit der Feder, ausgenommen in geschäftlichen Dingen, ist diese Epoche gut dokumentiert. Die Archive Italiens sind vollgestopft mit einschlägigen Staatspapieren. Gelehrte haben die vertraulichen Berichte und Angebote, die hin und her gingen, entziffert. Oft können die Standorte dieser grimmig dreinschauenden Reiter, ihre Gewaltmärsche und heimlichen Umwege übers Gebirge aus dem jeweiligen Datum ihrer Korrespondenz Tag für Tag ermittelt werden. Die Verträge sind noch vorhanden, die Angaben über die Stärke der Truppen, den Lohn für die Arbeit, die Namen von unbedeutenden Individuen wie Antonio, der in Hawkwoods Kompanie die Kesselpauke schlug. Zwar ist keineswegs alles schwarz auf weiß festgehalten, aber doch ein überraschend großer Teil, selbst die kleinen Geldsummen, die einem Lanzenträger oder Bogenschützen, der nicht bis zum Zahltag warten konnte, vorgeschossen wurden.

Weniger objektiv, aber in mancher Hinsicht informativer ergänzen die zeitgenössischen Chroniken die nackten Geschäftsberichte. Sie geben ihnen Farbigkeit, wenn es auch oft die Farbe des Vorurteils ist, die der Historiker einkalkulieren muß. Ein und dieselbe Schlacht kann in den Chroniken der zwei gegnerischen Städte höchst verschieden aussehen, aber sind nicht zwei Augen nötig, um Dinge in den Brennpunkt zu rücken?

Wenn wir nun zu Donatellos und Verrocchios Heldenstatuen aufschauen oder die warmen Farben auf Uccellos stilisierter *Schlacht von San Romano* bewundern – wahrscheinlich ein weniger entscheidender Sieg als es der Künstler für taktvoll hielt, ihn für Lorenzo de Medicis Schlafzimmer zu malen –, dann beginnen wir darüber nachzudenken, welcher Geist wohl ehedem unter diesen Helmen tätig war, welche Herzen unter diesen Panzern schlugen.

8 Guidoriccio da Fogliano, ein Condottiere in Sieneser Dienst. Fresko von Simone Martini im Palazzo Pubblico von Siena.

Die ersten freien Kompanien

»Der Vater aller Condottieri« war – nach Meinung des Florentiner Chronisten Giovanni Villani – Roger di Flor, Sohn eines deutschen Falkoniers im Dienst Kaiser Friedrichs II. Dabei unterschlägt Villani allerdings ein paar noch frühere Glücksritter, die manchmal vage als Condottieri beschrieben werden, vor allem jenen Ezzelino da Romano, Anhänger und Schwiegersohn des Kaisers, den Dante in den siebenten Höllenkreis verwies. Sicherlich war es Roger di Flor, der dem eigentlichen Condottieresystem den Weg bahnte, bei dem ein unabhängiger General mit einer fertigen Armee seine Dienste anbot, wo immer er wollte. Roger war in Brindisi, einer unter des Kaisers Schirmherrschaft zur Blüte gelangten Hafenstadt, geboren. Seine Mutter stammte aus einer der führenden Familien der Stadt. Friedrich II., »Stupor Mundi«, war damals bereits tot. Rogers Vater fiel 1268 im Kampf für des Kaisers Enkel gegen Karl von Anjou. Roger selbst wuchs im Hafenviertel von Brindisi auf und unterschied sich kaum von den zahllosen anderen herumstreunenden Lausbuben, die zu jeder Zeit und überall die Häfen der großen Städte unsicher gemacht haben. An einem Wintertag, als er acht Jahre alt war, schlich er sich an Bord einer Templergaleere, die unweit des Hauses seiner Mutter vor Anker lag. Während er auf dem Schiff herumkletterte, als ob er dazugehöre, erregte er die Aufmerksamkeit des gutmütigen Kapitäns. »Komm mit mir, und ich werde einen Mann aus dir machen«, sagte er zu ihm, wenn man der durchaus glaubwürdigen Überlieferung trauen darf. Das war ein faires Angebot für einen mittellosen und unternehmungslustigen Waisenknaben. Als das Schiff wieder in See stach, war Roger an Bord.

Während der nächsten zehn Jahre wuchs er im Dienst des Ordens, der damals auf der Höhe seines Einflusses stand, zum Mann heran. Trotz ihres bescheidenen Untertitels, »Arme Ritter Christi«, besaßen die Tempelherren Grundbesitz von Irland bis Zypern und waren die großen Finanziers des Christentums. In dieser Atmosphäre ging Rogers Ausbildung weit über das Seemannshandwerk hinaus, obwohl gerechtigkeitshalber gesagt werden muß, daß er auch das vorzüglich lernte und zuletzt das Kommando ihres größten Schiffes übertragen bekam. Als die Sarazenen 1291 Akkon eroberten, rettete er viele christliche Flüchtlinge und brachte sie mit ihren Schätzen in Sicherheit. Möglicherweise entfaltete er dabei zuviel privaten Unternehmungsgeist und zuwenig Diskretion. Jedenfalls wurde er beim Papst wegen Unredlichkeit und Abtrünnigkeit verklagt. Der Großmeister versuchte, ihn festnehmen zu lassen, doch Roger hatte sich in weiser Voraussicht bereits aus dem Staub gemacht. Da er nun sein Schiffskommando verloren hatte und in Abwesenheit aus dem Orden ausgeschlossen worden war (der einige Jahre später selbst unter großem Aufsehen aufgelöst werden sollte), floh Roger nach Genua, erwarb ein eigenes Schiff und wurde Pirat, ein Beruf, zu dem er nun die besten Voraussetzungen besaß.

Es währte nicht lange, da trat der ehemalige Tempelherr, vielleicht mit einer gewissen Sehnsucht nach äußerer Ehrbarkeit, in den Dienst Friedrichs von Aragon, König von Sizilien, der damals im Krieg mit Karl von Anjou, König von Neapel, lag, dem sich Roger zuvor vergebens angeboten hatte. Er kämpfte gut für seinen neuen Herrn, wurde zu dessen Vizeadmiral befördert und erwarb sich die Loyalität der ihm unterstellten rauhen Katalonier. Aber der zwanzigjährige Krieg, der mit dem Blutbad der »Sizilianischen Vesper« begonnen hatte, ging 1302 mit dem Frieden von Caltabellotta zu Ende. Roger wurde überflüssig, desgleichen seine Katalonier. König Friedrich wollte sie nicht länger auf seiner Insel haben, aus innerpolitischen Gründen aber konnten sie auch nicht ohne weiteres nach

9 *Michele Attendolo. Ausschnitt aus dem Gemälde* Die Schlacht von San Romano *von Paolo Uccello*

Spanien zurückkehren. Roger und seine Leute begriffen, daß ihre Zukunft, wenn es überhaupt eine gab, nur eine gemeinsame sein konnte.
So entstand die Große Katalanische Kompanie, die so wenig in die mittelalterliche Geschichte Griechenlands paßt. Roger wußte, daß sein letzter Brotherr, König Friedrich, vergeblich versucht hatte, seine nicht mehr erwünschten Söldner loszuwerden, indem er sie einem Anjou anbot, der den Kaiser von Byzanz, Andronikus II. stürzen wollte. Konnten sie nicht gegen Andronikus kämpfen, warum dann nicht für ihn gegen die Türken oder sonst irgend jemanden? Der byzantinische Kaiser ergriff die Gelegenheit, und Roger erhielt, was man in Italien eine *condotta* genannt hätte. Er übernahm es, mit einer Flotte und Armee nach Konstantinopel zu segeln. Seine Männer würden den doppelten Sold wie bisher erhalten mit vier Monaten Zahlung im voraus, sobald sie die Festung Monemvasia in Süd-

11 Karl von Anjou, Bruder Ludwigs des Heiligen von Frankreich und Eroberer von Neapel und Sizilien

griechenland erreicht hätten. Neben den finanziellen Vorteilen würde Roger den Titel Großherzog und den Status eines Großadmirals erhalten und nicht zuletzt die Hand von Maria, der Nichte des Kaisers. Dienstfertig machte sich Roger, der jetzt sechsunddreißig Schiffe und sechstausend Mann befehligte, auf den Weg. Nach einer kurzen Plünderung Korfus, damals in den Händen der verhaßten Anjous, meldeten sie sich in Konstantinopel pünktlich zur Stelle. Das versprochene Geld und Maria wurden vereinbarungsgemäß ausgehändigt.
»Hätte doch dieses Konstantinopel nie den Italer Roger geschaut!«, lautete die verständliche Klage des Geschichtsschreibers Pachymeres.
Eine Zeitlang leistete der Abenteurer zufriedenstellende Dienste. Im Herbst 1303 führte er die Große Kompanie nach Kleinasien und verpaßte den übergreifenden Türken ein paar heftige Denkzettel, bevor er sein Winterquartier in Kyzikos am Marmarameer aufschlug. Der Winter war immer eine sorgenvolle Zeit für die Auftraggeber von Söldnerheeren. Konnten sich die Soldaten nicht mit dem Ausrauben und Plündern einer feindlichen

Drei Abbildungen aus dem Falkenbüchlein Kaiser Friedrichs II.
10 Kaiser Friedrich II.
12/13 Die rechte und die falsche Art, einen Falken zu Fuß zu halten. (Seite 21)

Bevölkerung beschäftigen, so neigten sie dazu, sich an dem Volk schadlos zu halten, zu dessen Schutz sie eigentlich angeworben worden waren. Roger selbst hatte eine Piratennatur und gab nicht das beste Beispiel. Im nächsten Frühjahr jedoch zog er mit seinen Spießgesellen wieder los und befreite die Stadt Philadelphia in Lydien, die sich verzweifelt gegen die türkische Belagerung wehrte. Sein Erfolg und seine Einheirat in die kaiserliche Familie ermutigten ihn zu Träumen von Ruhm und Größe. Da er die Schwäche kannte, die der byzantinischen Macht innewohnte, beschloß er, sich ein eigenes Fürstentum abzuzwacken. Der Kaiser befand sich in einer schwierigen Lage, denn er wagte es nicht, seinen unberechenbaren General, dessen Truppen das ganze Land in Schrecken versetzten, zur Ordnung zu rufen. Zu allem Übel erhielten diese Truppen von Westen her immer neuen Zuwachs, da es sich herumsprach, daß es dort etwas zu holen gäbe. Der Kaiser rief Roger auf die europäische Seite der Meerenge zurück. Roger gehorchte freudig, denn seine Katalanen hatten jenen Teil Kleinasiens abgegrast und waren bereit, sich auf die unberührten griechischen Städte jenseits des Marmarameeres zu stürzen. Er schlug sein Heerlager in Gallipoli auf und begab sich selbst nach Konstantinopel, um Geld zu fordern. Eine kleine Weile trieben er und der Kaiser ein typisch byzantinisches Intrigenspiel miteinander, wovon ein Westeuropäer wie Roger besser die Finger hätte lassen sollen. Andronikus schmeichelte ihm und verlieh ihm den erhabenen antiken Titel »Cäsar« – tatsächlich war der Falkonierssohn der letzte, dem er verliehen wurde. Gleichzeitig aber plante er mit Hilfe seines Sohnes und Mitregenten, Michael Palaiologos, seine Beseitigung. Man lockte Roger nach Adrianopel, wo er am 4. April 1306 ermordet und seine Begleittruppe vernichtet wurde.

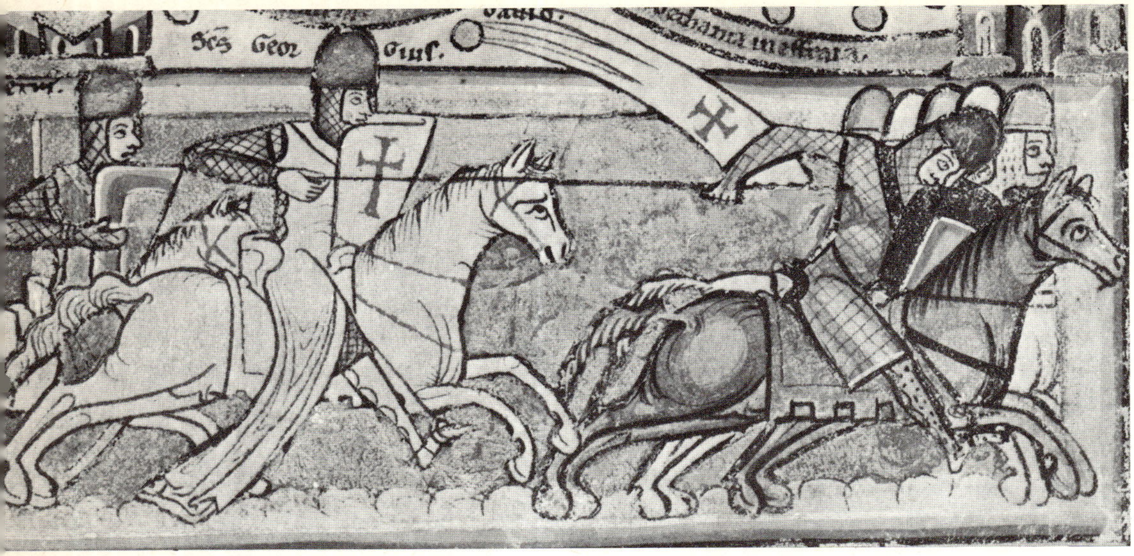

14 Tempelritter in der Schlacht, aus einem Manuskript
15 Das Siegel der Soldaten Christi »Sigillum militum Christi« ▷

Damit verschwand zwar keineswegs die Große Katalanische Kompanie, wie es sich die Byzantiner erhofft hatten, aber es war das Ende dieses ersten typischen Condottiere.
In Italien hatte es bereits seit langem Söldner gegeben, überwiegend Deutsche, die ursprünglich in den Dienst der aufeinanderfolgenden Kaiser getreten waren und dann oft im Sold von italienischen Herrschern verblieben. Einheimische Söldner waren weniger bemerkenswert mit Ausnahme von Castruccio Castracane. Als Knabe aus Lucca vertrieben, diente er Philipp dem Schönen von Frankreich, den Scaligern von Verona, den Visconti von Mailand und der Republik Venedig, bevor er 1310 Kaiser Heinrich VII. bei seinem Einfall in Italien unterstützte und vier Jahre später die Macht in seiner Vaterstadt Lucca übernahm, die er bis zu seinem Tode als Despot ausübte. Castracane hat somit mehr mit den späteren Condottieri gemeinsam, die sich ganz auf ihren eigenen politischen und territorialen Vorteil konzentrierten, als mit dem Anführer einer umherziehenden Streitmacht von der Art Rogers di Flor.
Der eigentliche Nachfahre dieses letzteren war ein schwäbischer Ritter, Werner von Urslingen, der zunächst den Scaligern gedient hatte. Wesentlich später, als das Condottieresystem überhand nahm und verschiedene Staaten erfolglos versuchten, es einzuschränken oder ganz abzuschaffen, bezieht sich die Präambel eines Abkommens von 1385 auf »diese Plage der Kompanien, unserer Erinnerung nach zuerst erdacht von Herzog Werner von Urslingen vor ungefähr dreiundvierzig Jahren«.
Etwas früher, 1342, hatte Mastino della Scala von Verona die harte Wahrheit begriffen, daß er nicht vom gleichen Format wie sein Onkel, der legendäre Cangrande, war. Er mußte Zugeständnisse machen. Daher schloß er einen demütigenden Frieden mit den gegen ihn verbündeten Feinden ab und zahlte die nun nicht länger benötigten Söldner aus. Aber anstatt daß diese nun ihres Weges zogen, fanden sie in Werner einen natürlichen Führer, der sogar in diesem wilden Haufen noch durch Rohheit aufgefallen zu sein scheint und der sich selbst stolz als »Feind Gottes, des Mitleids und des Erbarmens« bezeichnete. Es gelang ihm ohne Schwierigkeit, das von seinem Erbfeind Florenz heftig bedrohte Pisa dazu zu bewegen, die ganze Kompanie für die nächsten drei Jahre anzuwerben. Als diese Zeit um und die Kämpfe mit Florenz zu einem erfolgreichen Abschluß gebracht waren, weigerte sich Werner, seine Truppen aufzulösen, und die eingeschüchterten Pisaner mußten eine Art Ablösung bezahlen, bevor sich die stärker denn je durch gemeinsame Interessen geeinten Deutschen dazu herbeiließen fortzureiten. Jetzt waren sie ganz ihre eigenen Herren. Sie gaben sich den Namen Große Kompanie in offensichtlicher Nachahmung der Katalonier, deren einträgliche Operationen in Griechenland seit Rogers Ermordung unter verschiedenen

16 Kreuzritter tötet einen Sarazenen

Heerführern fortgeführt worden waren. Werner selbst, sicherlich im Bewußtein der hochtrabenden byzantinischen Titel, die Roger getragen hatte, ernannte sich zum Herzog von Spoleto und begründete diesen Anspruch mit der Tatsache, daß ein Konrad von Urslingen eineinhalb Jahrhunderte früher diesen Titel erhalten hatte.

Während der nächsten Jahre zog die Große Kompanie wie eine Banditenhorde durch Italien, plünderte oder erpreßte Schutzgeld von den Gemeinden, die zu schwach und zu uneins untereinander waren, um sich offen gegen sie zu erheben. Andererseits waren die Söldner nicht stark genug, um mauerbewehrte Städte zu stürmen, und nicht geduldig genug, sie zu belagern. So plünderten sie das um die Städte liegende Land, den *contado*, und raubten alles, was die Bewohner bei ihrer Flucht in die Stadt nicht mitnehmen konnten. Selbst Klöster wurden nicht verschont. Zwei- oder dreimal in einem einzigen Jahr mußten die Mönche wohl ihre Schätze einpacken und sich dem Flüchtlingsstrom anschließen. Nachzügler, die man vor den Stadttoren fing, wurden, gleich ob Männer, Frauen oder Kinder, ermordet, beraubt oder gegen Lösegeld festgehalten. Wieviel rein mutwilligen Schaden die Söldner anrichteten, bevor sie weiterzogen – das Anzünden der Höfe, Abhacken der Weinstöcke und Schlachten des Viehs – hing weitgehend von den Zugeständnissen ab, die ihnen von den unglücklichen Einwohnern von der Stadtmauer herunter gemacht wurden.

1348 vermieteten Werner und seine Große Kompanie ihre Dienste an König Ludwig den Großen von Ungarn für einen Angriff auf Neapel. Ludwigs jüngerer Bruder Andreas hatte seine Kusine, Königin Johanna I. von Neapel, geheiratet. Da sie ihn in vieler Hinsicht unbefriedigend fand, stand sie unter dem starken Verdacht, seinen Mörder gedungen zu haben. Einige trauten ihr sogar zu, sie hätte die Schnur, mit der ihr Gatte erdrosselt und am Balkon aufgehängt wurde, selbst gedreht, und wahrscheinlich hat niemand diese sensationelle Version rascher akzeptiert als ihr aufgebrachter Schwager. Als sie schließlich auch noch den Mörder heiratete, zögerte der ungarische König nicht länger und fiel in Neapel ein. Werner spielte dabei eine wichtige Rolle. Johanna und ihr derzeitiger Gatte (sie hatte insgesamt vier, aber keine Kinder) suchten Zuflucht beim Papst in Avignon. Ihre Untertanen blieben der »Milde« der Großen Kompanie überlassen. Zu dem allgemeinen Elend kam, daß im selben Jahr Kaufleute den Schwarzen Tod aus Konstantinopel in Italien einschleppten. Seine Auswirkung auf Florenz ist durch Boccaccio der Nachwelt überliefert. Die Zustände dürften woanders aber ziemlich ähnlich gewesen sein. In Italien wie in anderen europäischen Ländern fiel der Seuche etwa ein Drittel der gesamten Bevölkerung zum Opfer. Auch Ludwigs Soldaten waren nicht immun gegen die Pest. Es war schwer, einen Krieg zu führen, wenn es neben dem sichtbaren Feind noch einen anderen, unsichtbaren gab, gegen den auch die bestgepanzerten Soldaten machtlos waren. 1351 schloß Ludwig Frieden mit Königin Johanna und erlaubte ihr, nach Neapel zurückzukehren. Werner hatte in diesem Chaos sein Glück gemacht. Er legte das Kommando der Großen Kompanie nieder und ritt über die Alpen heim nach Schwaben, wo er sich einige Jahre eines sorglosen Ruhestands erfreute, bevor er 1354 starb.

Die Große Kompanie sah keinen Grund, sich aufzulösen. Sie wählte einen neuen Führer, und da sie keineswegs eine rein deutsche Vereinigung war – ihre Mitglieder kamen inzwischen aus einem halben Dutzend Nationen – so ist es nicht weiter überraschend, daß sie einen provenzalischen Abenteurer, Montreal d'Albarno, dazu erkor. Die Italiener nannten ihn Fra Moriale, da er einmal dem Johanniterorden angehört hatte, aus dem er ausgestoßen worden war – zweifellos aus ebenso gutem Grund wie Roger di Flor aus dem Templerorden. In moralischer Hinsicht war er seinen Vorgängern Roger und Werner sicher ebenbürtig. Aus dieser ersten Zeit stammt der schlechte Ruf der Condottieri, den ihre Nachfolger nie wieder ganz loswurden, obwohl viele spätere Söldnerführer im Vergleich zu ihren Brotherren wahre Muster an Tugend waren und in vielen Fällen die Schrecken des Krieges deutlich milderten anstatt sie zu vergrößern.

Montreal hatte den zwischen Werner und Ludwig abgeschlossenen Vertrag übernommen

17 Abbild eines Tempelherrn auf einem spanischen Relief

und behauptete zunächst seinen Platz in Aversa, nördlich von Neapel. Aber nun hatte der König von Ungarn Frieden geschlossen und sich zurückgezogen, und innerhalb eines Jahres war die in ihre Residenz zurückgekehrte Königin Johanna in der Lage, genügend Streitkräfte zu sammeln, um die Große Kompanie zu vertreiben. Montreal ritt nordwärts in das Gebiet des Kirchenstaates, der (da die Päpste augenscheinlich in Avignon in einem Dauerexil lebten) sich in einem Zustand chronischer Verwirrung befand, was einem Freibeuter nur recht sein konnte.

Die Große Kompanie war gut organisiert, weit besser als die Streitkräfte, die von den meisten Regierungen gegen sie zu Felde geführt werden konnten. Sie zählte siebentausend Lanzenträger und zweitausend Armbrustschützen. Diese wurden regelmäßig entlohnt und waren, wie wild sie sich auch beim Plündern aufführten, streng diszipliniert, solange Montreal ihren Gehorsam brauchte. Es gab ein Komitee aus den am meisten geachteten Führern, denn selbst die mächtigsten Condottieri waren nur selten so töricht, sich nicht um die Meinung ihrer Offiziere zu kümmern. Sekretäre und Zahlmeister garantierten faire Gewinnverteilung, ebenso wie ein Kommandant der Feldgendarmerie für ordentliche Richtersprüche und ein fahrbarer Galgen für Ordnung sorgten.

Somit verkaufte Montreal nicht »sein Schwert« diesem Herrn oder jener Republik. Er verkaufte die Dienste einer neuntausend Mann starken Armee, einer Einheit, die er genauso vollkommen unter Kontrolle hatte wie die Waffen in seiner Hand. Er konnte diese Dienste ebenso schnell wieder zurückziehen wie zusagen, sie der anderen Seite zuführen oder das auch nur androhen und dabei sämtliche Tricks im Feilschen ausnützen. Er hatte keinerlei Skrupel, einen Kunden gegen den anderen auszuspielen oder von irgendeiner Kommune Schutzgebühren zu erpressen. 1353 vollbrachte er das klassische Werk eines gewissenlosen Condottiere: Er führte seine Leute auf eine Rundtour durch Mittelitalien und erpreßte dabei von Pisa 16,000 Gulden, von Siena dieselbe Summe, von Florenz 25,000 und von Rimini das Doppelte. Es ist unmöglich, diese oder auch die später in unserem Bericht auftauchenden Beträge in einer modernen Währung auszudrücken. Der ursprünglich 1252 in Florenz geprägte Gulden entstand als Goldmünze, als der Gebrauch dieses Metalls im

18 Plan der Stadt Akkon (Akka), an deren Räumung 1291 Roger di Flor mitwirkte

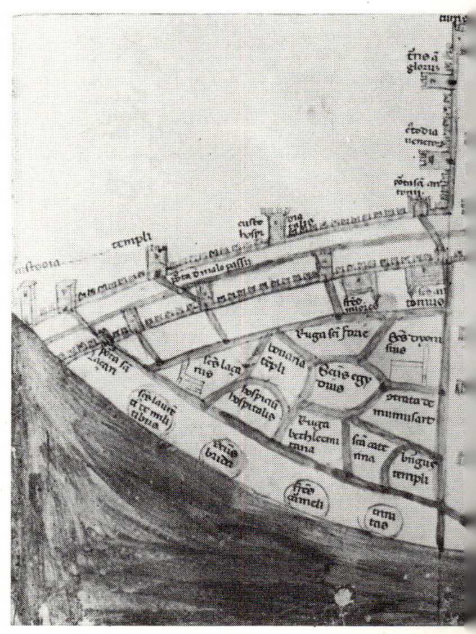

Während des 13. Jahrhunderts fanden im Heiligen Land zahllose Kämpfe zwischen Kreuzfahrern und Sarazenen statt.
19 Kämpfende Kreuzritter ▷

13. Jahrhundert in der westeuropäischen Währung aufkam. Sein Rivale, der Dukaten, kam zuerst 1284 in Venedig heraus, obwohl das Wort über hundert Jahre früher bereits auf eine apulische Silbermünze angewendet worden war. Später wurden beide, Gulden und Dukaten, sowohl in Silber als auch in Gold geprägt und auch von anderen Staaten herausgebracht, so daß, angesichts der Unterschiede in Gewicht, Legierung und anderer Faktoren (ganz abgesehen von der ständigen Wertverschiebung des modernen Geldes), diese mittelalterlichen Summen unübersetzbar sind; ihre Bedeutung liegt für unsere Zwecke nur in der Relation zueinander.

Doch was immer auch das moderne Äquivalent von Montreals Erpressungen gewesen sein mag, die Gesamtsumme muß ein leicht verdientes Vermögen dargestellt haben. Danach ist es nicht überraschend, daß dem Condottiere sein Erfolg zu sehr in den Kopf stieg, was sich schon im folgenden Jahr rächen sollte. Er hatte sich verpflichtet, mit seinem Heer für die verbündeten Herren von Padua, Ferrara und Mantua gegen Giovanni Visconti, den despotischen Erzbischof von Mailand, zu kämpfen. Montreal war sich seiner so sicher, daß er seine Armee in der Lombardei ließ, um Rom einen kurzen Besuch abzustatten und Außenstände einzutreiben. Er konnte sich auf die Offiziere, denen er die Führung übergeben hatte, verlassen, und in Rom, wo dieser seltsam exaltierte Mensch, Senator Rienzi, eben wieder an die Macht gekommen war, hatte er nichts zu fürchten. Hing nicht Rienzi von ihm ab, da er sich vor kurzem Gelder aus dem Schatz der Großen Kompanie ausgeliehen hatte? Hierin unterlag Montreal einem jener naiven Irrtümer, die oftmals einem sonst gewitzten Gauner zum Verhängnis werden können.

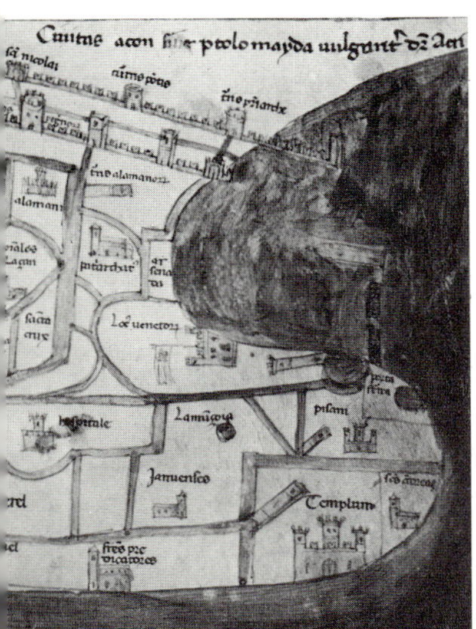

Rienzi, der einst brilliante, jetzt aufgeblasene und verblendete Demagoge, der ein paar Wochen später selbst gelyncht werden sollte, gierte danach, seine Rückkehr aus der politischen Wildnis mit einer spektakulären Volksaktion zu feiern. Vielleicht erinnerte er sich an seine alten Zusagen, daß das Banditenwesen unterdrückt und Mörder hingerichtet werden sollten. Noch wahrscheinlicher erinnerte er sich an seine Anleihen bei der Großen Kompanie. Jedenfalls sorgte er dafür, daß Montreal, sobald er in Rom ankam, gefangengenommen, als berüchtigter Räuber und Mörder verurteilt und bald darauf enthauptet wurde.

20 Älteste erhaltene Ansicht von Byzanz (1422)

21 Michael Palaiologos, Kaiser von Byzanz

Montreals Tod zerstörte die Einheit der Großen Kompanie. Er hatte keinen wirklich bemerkenswerten Nachfolger. Es scheint, daß zwei Führer gewählt wurden, ein Deutscher, Konrad von Landau oder Lando, und ein Deutschschweizer, Anechin von Bongard oder Bonstetten. Diese Namen tauchen in den Berichten in einer verwirrenden Vielfalt von Formen auf. Die zeitgenössischen italienischen Schreiber und Chronisten zuckten verzweifelt die Achseln über die barbarischen Silben, die sie in den verschiedensten Aussprachen hörten und oftmals nie geschrieben gesehen hatten. Nichts brachte sie mehr zur Verzweiflung als der englische Name »Hawkwood«, der in den Dokumenten in einem Dutzend von Verkleidungen auftaucht, von denen einige überhaupt keine erkennbare Beziehung mehr zum wirklichen Namen aufweisen.
Landau hatte zwei Söhne, Eberhard und Luz, die sich beide dem gleichen blutigen Hand-

22 Niccolò da Tolentino. Fresko von Andrea del Castagno, das dem Bildnis John Hawkwoods von Donatello nachempfunden ist (s. Abb. 109)

HIC QVEM SVBLIMEM IN EQVO
PICTVM CERNIS NICOLAVS TOLENTINAS
EST INCLITVS DVX FLORENTINI EXERCITVS

DOMINVS PHL IPPVS HISPANVS DESCOLARIS RELATOR VICTORIE THEVCRO3

24 Grabmonument della Scala in Verona. Die Scaliger beherrschten Verona von 1260 bis 1387. Cangrande (gest. 1329) fügte seinem Territorium Vicenza und Padua hinzu

25 Grabmonument des Mastino II. della Scala in Verona (gest. 1351), Neffe des Cangrande und Soldherr des deutschen Ritters Werner von Urslingen

23 »Pippo Spano« (Filippo Scolari), ein Florentiner Condottiere, der im Dienste Sigismunds von Ungarn zu Reichtum und Ansehen gelangte. Fresko von Andrea del Castagno

werk widmeten. Weder Konrad von Landau noch Anechin von Bongard waren fähig, die Armee zusammenzuhalten. Es erforderte eine außergewöhnliche Führerpersönlichkeit, diese polyglotte Masse von Deutschen und Flamen, Katalanen und Kastiliern, Ungarn, Provençalen und sogar Italienern zusammenzuhalten. Die Kompanie begann auseinanderzubrechen und zersplitterte immer mehr. Landau und Bongard fielen auf ihren ehemaligen Status zurück und wurden wieder Anführer einer eigenen kleinen Söldnerbande.
Das Jahr 1354 hatte neben Montreal und Rienzi noch einen weiteren bedeutenden Verlust zu verzeichnen: Giovanni Visconti, der sein Amt als Erzbischof von Mailand so gut mit der

26 Königin Johanna I. von Neapel. Fresko von Roberto de Oderisio, 1370

politischen Führung dieses Staates zu verbinden gewußt hatte. Seine weltliche Macht hinterließ er seinen drei Neffen, Matteo, Bernabo und Galeazzo: eine klassische Problemsituation, die nur dadurch etwas vereinfacht wurde, daß der älteste und schwächste Bruder im folgenden Jahr starb, woran – den Berichten zufolge – die beiden anderen nicht ganz unschuldig waren. Aber auch so hatte die Mailänder Domäne noch einen Herrscher zuviel, und die anliegenden Staaten versuchten, sich diese Uneinigkeit zunutze zu machen. Landau nahm Dienst bei den Gonzaga von Mantua und ritt bis fast vor die Tore von Mailand, aber er unterschätzte die Bürger, die mit einem Rest ihres alten Kampfgeistes zu den Waffen griffen, vor die Stadt zogen und, zweifellos auch aufgrund ihrer Überzahl, die Söldner verjagten. Landaus nicht sehr bemerkenswerte Karriere endete am 22. April 1363 bei einem Scharmützel auf der Brücke in Canturino. Er kämpfte damals gegen einen neuen Gegner, der eben erst in Italien aufgetaucht war, die *Compagnia Bianca*, die Weiße Kompanie, die vorwiegend englisch war, aber kaum etwas zu tun hat mit dem erfundenen Gebilde von Conan Doyle. In diesem Jahr stieß Sir John Hawkwood zur Weißen Kompanie, und eine kurze Zeit lang diente Bongard mit ihm in einer ungleichen Partnerschaft. Hawkwood war menschlich ein ganz anderer Typ als die Condottieri vor ihm. Mit ihm beginnt eine völlig neue Ära.

Der englische Capitano

Einen »armen Ritter«, nannte ihn Froissart um 1360, »der sich nichts als seine Sporen verdient hat«.
Hawkwood war etwa fünfzehn Jahre älter als der weltmännische Chronist. Er war 1320 oder wenig später in den Wirren der Mißregierung Eduards II. zur Welt gekommen. Als er aber groß genug war, um das Wort »König« zu begreifen, bedeutete es für ihn bereits den neuen Herrscher, Eduard III., dessen Kriege in Frankreich Hawkwoods ganzes Leben prägen sollten, und den er immer, selbst vom entferntesten italienischen Schlachtfeld aus, als seinen wahren Herrn ansah.
Hawkwoods Lage war die klassische Situation eines nicht erstgeborenen Sohnes, der seinen eigenen Weg in der Welt zu machen hat.
Sein Vater, Gilbert Hawkwood, wird als Gerber bezeichnet. Gerber besaßen oftmals etwas eigenes Land und genossen beträchtliches lokales Ansehen. In diesem Fall war der Familiensitz Hawkwood Manor in Sible Hedingham, einem Dorf in Essex, in der Nähe von Colchester und etwa fünfzig Meilen von London entfernt. Die Hawkwoods hatten noch einen älteren Sohn, der verwirrenderweise ebenfalls John hieß. Damals verwendete man nur eine geringe Auswahl von Vornamen, und es war durchaus üblich, daß, wenn ein Kind früh starb, das nächste Kind auf den gleichen Namen getauft wurde. Schwerer ist es zu verstehen, warum Gilbert Hawkwood zwei lebende Johns nebeneinander hätte haben wollen. Vielleicht wurde der zweite getauft, als der ältere Knabe krank war und – angesichts der hohen Kindersterblichkeit – Grund zu den schlimmsten Befürchtungen bestand?
Jedenfalls, als Gilbert im Jahr 1340 sein Testament machte, war jener John Hawkwood, der den Landsitz erbte, nicht der zukünftige Condottiere, sondern sein gleichnamiger älterer Bruder. Es gab auch noch andere Kinder zu versorgen. Agnes und Jane waren bereits verheiratet, aber für Alice und Margaret mußten noch Ehemänner gefunden werden. Der jüngere John erhielt ein bescheidenes Legat und mußte, wie die anderen unverheirateten Familienmitglieder, von seinem Bruder noch ein Jahr lang zu Hause erhalten werden. Das gab ihm Muße, sich über seine Berufslaufbahn Gedanken zu machen.
Es war das Jahr von König Edwards durchschlagendem Sieg bei Sluys. Diese Seeschlacht wurde (ebenso wie später die Schlachten von Crécy und Poitiers) durch die Meisterschaft der englischen Bogenschützen entschieden. Ihre Pfeile übersäten die französischen und spanischen Decks mit Leichen, so daß viele der feindlichen Soldaten über Bord sprangen und lieber ertranken, als sich von diesen mörderischen Geschossen durchbohren zu lassen. Die Geschichte dieses Triumphs wird in ihrer Wirkung nichts eingebüßt haben, bis sie in das Dorf in Essex gelangte. Zusammen mit der allgemeinen nationalen Stimmung der Zeit mag sie die Begeisterung für das Soldatenhandwerk in dem Jungen geweckt haben.
Natürlich kann er zunächst auch ein Handwerk erlernt haben. Es gibt eine, allerdings völlig unbelegte Version, daß er Schneider geworden sei. Kennt man jedoch seine späteren Taten, so ist es schwer vorstellbar, wie er die lange Lehrzeit, die in diesem wie in den anderen Handwerken vorgeschrieben war, durchgestanden haben soll. Tatsächlich liegen zwanzig Jahre seiner Biographie völlig im dunkeln. Allerdings gibt es auch keinen Grund, warum er, arm und unbekannt, in die Chronik eingegangen sein sollte. Ebensowenig Veranlassung besteht aber auch, die traditionelle Auffassung zurückzuweisen, nach der er um 1343 in Frankreich kämpfte, 1346 mit dem Schwarzen Prinzen bei Crécy und zehn Jahre später bei Poitiers focht und sich dabei so auszeichnete, daß er im Feld zum Ritter geschlagen wurde.

Unbestritten ist, daß Hawkwood in Kampagnen des sogenannten Hundertjährigen Krieges, der sich mit kurzen Unterbrechungen tatsächlich von 1338 bis 1453 hinzog, die Taktik erlernte, mit der die Engländer auf freiem Feld unbesiegbar waren, und die ihn zu einem so gefürchteten Feldherrn machte, als er sie in einem Land anwandte, in dem sie noch unbekannt war. Er muß auch persönlichen Mut bewiesen haben, sonst hätte man ihn nicht zum Ritter erhoben, und er muß seine Fähigkeit, Menschen zu führen, gezeigt haben, sonst hätten ihn die Soldaten später nicht zu ihrem Führer gewählt. Was er jedoch ganz gewiß nicht getan hat, war, große Reichtümer anzuhäufen, weder durch Plünderung noch durch Lösegeld, die allgemein anerkannten Methoden, mit deren Hilfe die Soldaten ihren unsicheren Sold aufbesserten. »Ein armer Ritter«, schreibt Froissart mit Nachdruck. Hawkwood hat es nie verstanden, seine eigenen Taschen zu füllen. Selbst in Italien, wo er sich als guter Feilscher erwies und von den verschiedensten Auftraggebern große Summen herausholte, war er oft knapp bei Kasse. Da er in seinen persönlichen Ansprüchen aber eher bescheiden war, ist anzunehmen, daß er den größten Teil dieser Geldbeträge für eine geregelte Bezahlung seiner Leute verwendete – eine weitere Erklärung für seine Beliebtheit bei den unteren Rängen.

Beim Abschluß des Friedensvertrages von Bretigny im Jahr 1360 stand Hawkwood im Zenit seines Lebens. Er ging auf die vierzig zu, war etwa mittelgroß, breitschulterig und kraftvoll, der Überlieferung nach mit braunem Haar, braunen Augen und einer rosigen englischen Haut versehen, und besaß »nichts als seine Rittersporen«. Der erwähnte Vertrag brachte nicht nur einen ungleichen Frieden zwischen Frankreich und England, sondern machte auch Tausende von Engländern und Walisern, Franzosen und Flamen – die jetzt überflüssigen Truppen beider Königreiche – beschäftigungslos. Die englischen Barone konnten getrost den Anweisungen ihres Königs gehorchen, die Söldnerheere, die sie in seinem Dienst nach Frankreich geführt hatten, zu entlassen und selbst auf ihre Besitzungen in der Heimat zurückzukehren. Diese Heerführer, berichtet Froissart, »verließen in höflicher Manier die von ihnen gehaltenen Festungen… und entließen ihre Krieger«. Aber wohin sollten diejenigen gehen, die weder Land noch Geld besaßen – Männer wie Sir Robert Knollys, der Waliser Hauptmann John Griffith und auch Hawkwood, ganz zu schweigen von all den namenlosen Lanzenträgern und Bogenschützen, die sich plötzlich brotlos im Land ihrer ehemaligen Feinde fanden?

Diese Frage blieb nicht lange unbeantwortet. Sie taten, was Roger di Flor und die Katalanen ein halbes Jahrhundert vorher auf Sizilien getan hatten: Sie schlossen sich zu

27 Die Schlacht von Sluys 1340, in der König Eduard III. von England Frankreich und Spanien besiegte

28 Eduard III. übereignet seinem Sohn, dem Schwarzen Prinzen, die Provinz Aquitanien, 1362

29 Söldnersoldaten beim Plündern

freien Kompanien zusammen. Ihre adeligen Vorgesetzten wurden jetzt durch Heerführer eigener Wahl ersetzt, Männer, die sie kannten und achteten. Sie besaßen bereits ein Organisationsmuster und genaue Vorschriften, die so lebenswichtige Dinge wie das Teilen von Beute und Lösegeld regelten. M. H. Keens ausführliche Studie, *The Laws of War in the Late Middle Ages*, zeigt deutlich, daß dieser Kodex nicht (wie der moderne Leser vielleicht annehmen könnte) eine Erfindung der freien Kompanien war. Sie hielten sich lediglich an die Praktiken, die in allen Armeen dieser Zeit sanktioniert waren. In ähnlicher Weise existierte, obwohl es kein allgemein anerkanntes internationales Recht gab, ein ganzer Katalog von Konventionen über das Austragen von Feindseligkeiten und die Behandlung von Feinden. Und selbst wenn diese Abkommen nicht immer eingehalten wurden, so beeinflußten sie doch das Verhalten der freien Kompanien ebenso wie das der legitimeren Streitkräfte.

Worin sich die freien Kompanien nach dem Frieden von Bretigny von den offiziellen Truppen unterschieden, war die fehlende Befugnis, zu existieren und Krieg zu führen. Sie fuhren fort, Frankreich zu verheeren, als ob der Frieden niemals unterzeichnet worden sei, terrorisierten die Bevölkerung und bereiteten ihren ehemaligen Auftraggebern größte Ungelegenheiten. Eduard III. mußte Offiziere aussenden, um diese gesetzlosen Heerführer, die seine eigenen Untertanen waren, ausfindig zu machen, ihnen den Befehl zu geben, Frankreich zu verlassen, sie im Falle der Weigerung festzunehmen oder – weniger drastisch und wahrscheinlich häufiger – ihre Namen zu notieren.

Zum Glück war Hawkwood, der seinem Souverän immer große Achtung bewahrte und sich zu Hause anscheinend nie etwas hatte zu Schulden kommen lassen, bereits ein Jahr bevor die Gesandten des Königs mit ihrer schwierigen Aufgabe begannen, südwärts gezogen. Froissart berichtet, wie eine große Horde von Söldnern, die er auf sechzigtausend Mann schätzt, zuerst Burgund überschwemmte und dann, im Dezember 1360, die Rhône hinunter zog, »um den Papst zu besuchen und etwas von seinem Geld mitzunehmen«. Dieser Papst war Innozenz VI., der vierte in der Reihe der französischen Päpste, die seit über einem halben Jahrhundert Avignon den Vorzug vor Rom gaben.

Hawkwood marschierte mit seiner Horde nach Avignon. Eindeutig belegt ist sein Aufenthalt dort 1361. In Avignon muß er eine Menge über die verworrenen Zustände in Italien erfahren haben. Der Papst selbst, dem daran gelegen war, diese ungebetenen Gäste bald wieder von seiner Haustür wegzubekommen, riet ihm, dorthin zu ziehen. Sie könnten für den Herzog von Savoyen gegen Mailand kämpfen.

30/31 Francesco Datini, der Kaufmann aus Prato (links) Ausladen von Gütern vor einer befestigten Stadt zur Zeit Datinis

Außerdem konnten Hawkwood und seine Kameraden in Avignon eine Vorstellung von den Verlockungen gewinnen, die sie jenseits der Alpen erwarteten. Die Papststadt war zu einem Miniaturitalien geworden und spiegelte den Glanz und Wohlstand des Südens wider. Toskanische Kaufleute kamen regelmäßig mit ihren Schiffen die Rhône herauf. Andere hatten sich fest in Avignon etabliert, wie jener Francesco di Marco Datini, später berühmt als »der Kaufmann von Prato«, dessen Biographie von Iris Origo so glänzend geschrieben wurde. Darin zählt die Verfasserin auch einige der Gegenstände auf, die den Soldaten mächtig in die Augen gestochen haben müssen: die wertvollen Kruzifixe und Mitren, die »unzähligen silbernen und goldenen Kerzenleuchter, Kelche, Schalen, Becken, Schüsseln, Tassen, Teller, Salzstreuer, Gabeln und Löffel«, zusammen mit den »Seiden und Brokaten aus Lucca, den Schleiern aus Perugia und Arezzo, den bemalten Paneelen und Gold- und Silberwaren aus Florenz« und all den anderen sichtbaren Beweise, daß Italien ein idealer Jagdgrund für Plünderungen sein mußte.

Datini handelte auch mit Waffen, und da er die unparteiische Gepflogenheit der Geschäftsleute hatte, wenn möglich nach beiden Seiten hin zu verkaufen, so kann man sich ihn leicht vorstellen, wie er mit Hawkwood oder irgendeinem der anderen Besucher, die vor den Stadttoren lagerten, verhandelte. Er führte einen großen Teil seines Waffenlagers aus Mailand ein, das als Zentrum des Waffenhandwerks einen Namen hatte, aber er bestellte auch Lanzen, Schwerter, Dolche und Sporen aus Florenz, Bologna und Viterbo, und sandte einen seiner Partner nach Lyon, um leichte stählerne Helme »im neuesten Stil« zu kaufen. Manchmal führte er Klingen aus Deutschland, Griffe und Scheiden aus Italien ein und ließ die Einzelteile dann durch Tagelöhner montieren. Er beschäftigte einen flämischen Handwerker, Hennequin von Brügge, der Panzerhemden anfertigte. Die notwendigen Zutaten, Kettenglieder, Schnallen, Draht und Metallblätter, konnten aus verschiedenen Quellen stammen. Datini unterhielt ein großes, wenn auch bestimmt noch übersichtliches Lager. Die Inventurliste von 1367 seines Avignoner Geschäfts verzeichnet fünfundvierzig Helme, sechzig Brustplatten, zwölf Panzerhemden und dreiundzwanzig Paar Stulpenhandschuhe. Er war ein gewitzter Kaufmann und ließ keine noch so geringe Profitmöglichkeit vorübergehen. Konnte ein Kunde sich keine Ausrüstung kaufen, lieh Datini sie auch aus – natürlich gegen eine angemessene Sicherheit, denn sonst wäre das angesichts der Natur der Ware ein risikoreiches Geschäft gewesen. Überliefert ist jedenfalls, daß er 1369 einen Helm und ein altes Paar Handschuhe dem Sieur de Courcy lieh, der sich vorübergehend in Geldschwierigkeiten befand. Viel später, 1382, kurz bevor er in seine Heimatstadt Prato

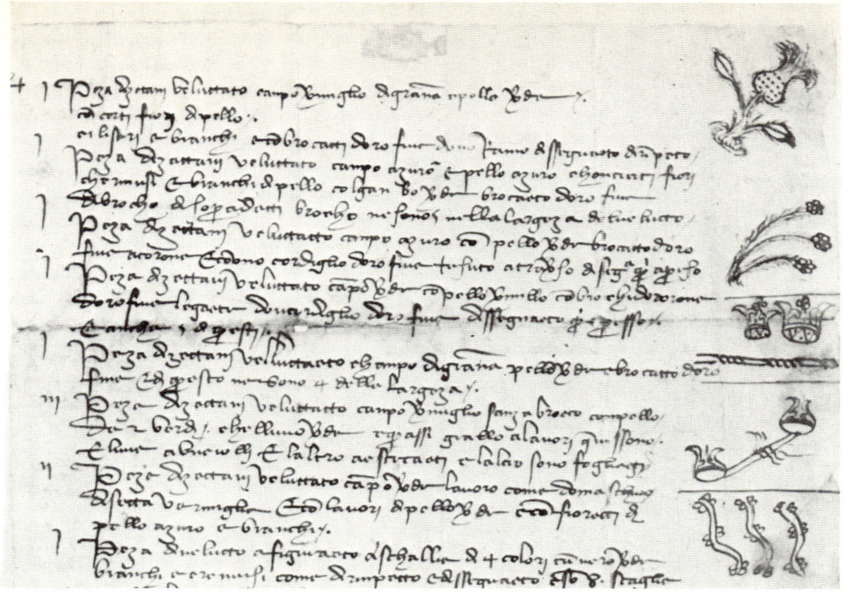

32/33 Internationaler Handel im Mittelalter. Links: Eine Seite aus Datinis Auftragsbuch mit der Bestellung von Brokat und Samt vom 1. November 1408. Rechts: Italienischer Brokat, der nach Schweden ausgeführt wurde

zurückkehrte, hörte der Kaufmann, daß sich ein Söldnerheer in Ligurien aufgelöst hatte. Sofort beorderte er seinen Agenten in Pisa nach Genua mit der Anweisung, alle Waffen aufzukaufen, die billig zu haben wären. »Denn«, sagte er, »wenn Frieden geschlossen wird, verschleudern sie oft ihre ganze Ausrüstung.«

Ob Datini nun je mit Hawkwood Geschäfte getätigt hat, bleibt dahingestellt, auf alle Fälle machen seine Rechnungen und Korrespondenzen deutlich, wie und woher der Krieger seine Ausrüstung bezog. Offensichtlich florierte damals ein lebhafter Handel mit Rüstungsgegenständen aus erster und zweiter Hand. Wurde das Schlachtfeld nach einem Gefecht gesäubert, so wußten die Sieger, was sie mit all dem Metallkram, den sie selbst nicht brauchten, anfangen konnten. Ähnlich war es, wenn Frieden geschlossen wurde, wie

34/35 Eine typische Goldschmiede-Werkstatt und eines ihrer Erzeugnisse, ein Reliquienkreuz, wahrscheinlich in Avignon gekauft

36 Übergroße Armbrust mit der Eisenbolzen gegen Mauern geschossen werden konnten, ein Vorläufer der Belagerungsgeschütze

vorübergehend er auch immer sein mochte, und der Soldat sich nach einer neuen Beschäftigung umsehen mußte. Da war er oft froh, wenn er einen Teil seiner schweren Kampfausrüstung loswerden konnte und nicht auch noch all den Stahl zusätzlich zu seiner persönlichen Habe und dem eroberten Beutegut mit sich herumschleppen mußte. So behielt der normale Söldnersoldat meist nur seinen Dolch und das Minimum an Ausrüstung, das ihm der gesunde Menschenverstand eingab und verkaufte den Rest, wobei er sich darauf verließ, daß ihm sein nächster Brotgeber das Geld vorschießen würde, sollte er sich selbst neu ausstatten müssen. In der Praxis mußte der Durchschnittssoldat allerdings nicht ständig so verfahren, denn da eine *condotta* nur für kurze Zeit – sechs oder auch nur drei Monate – abgeschlossen sein konnte, wurde sie oft verlängert oder zumindest umgewandelt in eine *condotta in aspetto*, einen »Wartevertrag« zum halben Sold. Erprobte Kameraden taten sich zusammen, wenn nicht in großen Kompanien, so zumindest in kleinen Banden, und verkauften ihre Dienste lieber im Kollektiv. Daneben gab es jedoch Fälle, die einen Soldaten zwangen, durch den Verkauf seiner Rüstung zu Geld zu kommen – zum Beispiel, wenn er verwundet, gefangengenommen oder eine Zeitlang unbeschäftigt war –, so daß der Umsatz der Rüstungsmacher und Waffenhändler stets gewährleistet blieb.

Datini war keineswegs der reichste Kaufmann in Avignon. In dieser Stadt müssen die Söldner Tantalusqualen ausgestanden haben, so voll war sie von italienischen Goldschmieden, Bankiers und reichen Händlern der kostbarsten Güter. Beherrscht wurde sie vom päpstlichen Hof, der so aufwendig war, daß sogar die Maulesel der Kardinäle goldenes Zaumzeug trugen; Petrarca erklärte, daß sie bald auch noch mit dem gleichen Metall beschlagen würden. »Was für eine Stadt zum Plündern!«, wird sich so mancher gedacht haben. Aber nicht alle päpstlichen Geldmittel waren für den Luxus verschwendet worden. Man hatte auch viel ausgegeben, um Avignon zu einer der am stärksten befestigten Städte Europas zu machen, und der Papstpalast selbst war eine massive Zitadelle. Es ist unwahrscheinlich, daß sich viele Soldaten zur gleichen Zeit innerhalb der Stadtmauern aufhalten durften, und die freien Kompanien wagten sich nicht an gut verteidigte Städte, da sie weder die schwere Belagerungsartillerie besaßen noch den Nachschub für ein so langwieriges Unternehmen.

Dennoch wird Innozenz VI. wenig Freude empfunden haben, wenn sein Blick auf das große Heerlager auf der anderen Flußseite fiel, und er war bereit, den Söldnern eine große Summe zu zahlen, unter der Bedingung, daß sie friedlich abzogen. Außerdem mußte er ihnen einen vollkommenen Ablaß gewähren, der in diesem Fall sicher eine Menge Sünden zu decken hatte. Eine Abteilung des Heeres, etwa sechstausend Reiter und etwas Infanterie, zog über die Seealpen, um dem Grafen von Montferrat in seinem Streit mit den Visconti

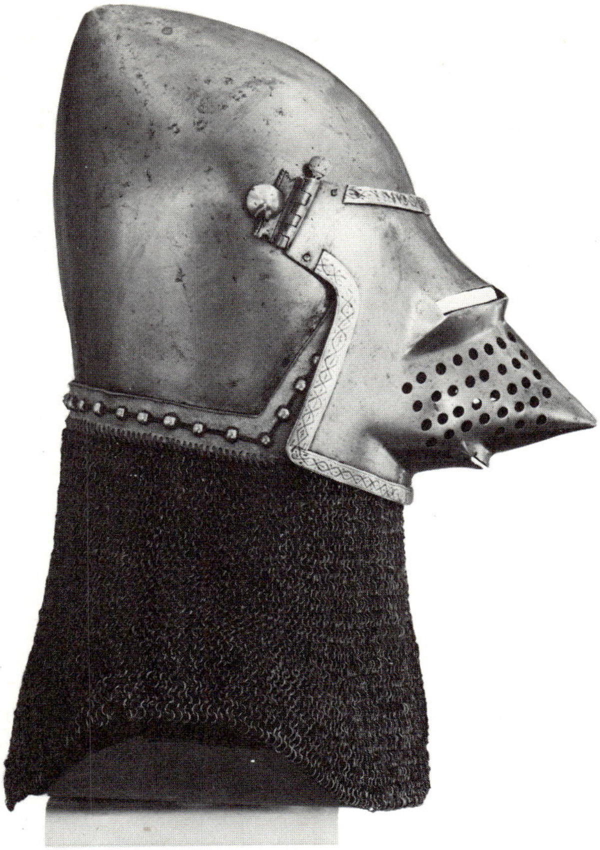

Ritterrüstungen aus der Zeit Hawkwoods
38 Helm mit Visier und Halsberge, 1380–1400

◁37 Zeitgenössischer italienischer Ritter mit Helm und Panzerhemd bekleidet
39 Mailänder Helm, 1390–1410 (oben rechts)

von Mailand beizustehen. Ein anderer großer Teil wurde angeheuert, um unter der Führung von Bertrand du Guesclin nach Spanien zu ziehen und Peter den Grausamen vom kastilischen Thron zu stürzen. Eine dritte Truppe zog ab ins Rheinland.

Hawkwoods nächste Verbündete scheinen zu dem Teil gehört zu haben, der nach Italien zog, aber aus irgendeinem Grund ist er zunächst nicht mit ihnen gegangen. Froissart berichtet, er sei zurückgekehrt und hätte in der Schlacht von Brignais im April 1362 mitgekämpft. »Vielleicht«, meint der moderne Historiker Fritz Gaupp, »paßte es ihm nicht, unter dem französischen Grafen von Montferrat eine untergeordnete Position einzunehmen«. Wahrscheinlich war er inzwischen ein renommierter Heerführer, und spätere Ereignisse zeigen, daß er seine eigenen Methoden der Kriegführung hatte. Wäre er gleich mit dem ersten Schwung nach Italien gekommen, so wäre sein Name sicher irgendwo erwähnt worden.

Dagegen begannen die Engländer – die sich rasch den Namen *Compagnia Bianca* (Weiße Kompanie) erwarben, da ihre Rüstung stets leuchtend und fleckenlos war – nun unter einem deutschen Anführer zu dienen, unter Albert Sterz, der den Vorteil hatte, sowohl ihre Sprache zu beherrschen als auch über eine gute Kenntnis Italiens, eines ihnen völlig unbekannten Landes, zu verfügen. Ihre Beschäftigung im Norden dauerte zwar nicht lange, aber doch lange genug, um Konrad Landau für immer zu besiegen. 1363 nahmen sie einen Vertrag an, für Pisa zu kämpfen, das damals im Krieg mit Florenz lag. Zunächst hatten beide Seiten erwogen, die Truppe zu engagieren, und später bereuten es die Florentiner bitter, die Chance nicht wahrgenommen zu haben. »Um eine unmittelbare Ausgabenlast zu vermeiden«, schrieb der Chronist Velluti, »gaben wir später zusätzlich zu unserer Schande und

unserem Verlust sechsmal so viel aus. Hätten wir dagegen die Engländer auf unserer Seite gehabt, so wären wir Florentiner als Herren und Sieger aus dem Krieg hervorgegangen«.
In ihren ersten zwei Jahren in Italien hatten sich die Engländer einen Ruf für Ausdauer und Wildheit erworben – sogar ihre Unempfindlichkeit gegen kaltes Wetter beeindruckte die frierende Bevölkerung –, und die Pisaner versuchten aus diesem Ruf so rasch wie möglich Profit zu schlagen. Die Florentiner befanden sich auf ihrem Territorium, und die Pisaner warteten auf rasche Befreiung durch die Engländer. Diese aber hatten unterwegs, in der Nähe von Piacenza, Station gemacht, um sich mit Pferden und Waffen zu versorgen. Die schlauen Pisaner zogen daher eine Truppe ihrer eigenen Leute so an, daß sie wie die Engländer aussahen, schickten sie heimlich aus der Stadt und ließen sie dann wieder herein unter lautem Paukenwirbel, Trompetengeschmetter, Fahnenschwenken und organisiertem Jubel. Beeindruckt von diesem Empfang, hielten es die Florentiner für ratsam, sich zurückzuziehen.
Wenig später kamen die Engländer tatsächlich an, und es dauerte nicht lange, bis die Bürger von Pisa anfingen, an der Klugheit ihrer Investition zu zweifeln. Die Rohheit der fremden Soldaten spottete jeder Beschreibung und konnte sich ebensogut gegen die Freunde wie gegen die Feinde richten. Wie die Italiener keinen Briten von einem Bretonen unterscheiden konnten, so interessierte sich auch die Weiße Kompanie nicht sehr für die feineren Unterschiede zwischen einem Pisaner und einem Florentiner. Zwar wurden den Soldaten Quartiere angewiesen, aber sie hielten sich keinewegs an die vorgeschriebenen Grenzen. Ängstliche Ehemänner und Väter begannen, ihre Frauen und Töchter für längere Zeit nach Genua oder in andere befreundete Städte zu schicken, die nicht den »Schutz« der fremden Soldaten genossen. Sie schlugen falschen Alarm, um die Engländer beschäftigt zu halten, schickten sie in die Landschaft hinaus, um imaginäre Überfälle abzuwehren, damit sie abends ausgetobt und müde in die Stadt zurückkehrten.
So standen die Dinge, als gegen Ende des Jahres Hawkwood zu seinen alten Kameraden stieß. Bis dahin hatte Sterz das Kommando geführt, aber als nun im Januar 1364 ein neues Abkommen zwischen der Weißen Kompanie und der Republik Pisa ausgehandelt wurde, bestanden die Soldaten darauf, daß man Hawkwood zum *capitano generale* ernannte. Sir Johns Karriere als Condottiere hatte begonnen.

42 Der Papstpalast in Avignon, erbaut Mitte des 14. Jahrhunderts ▻

43 Eine befestigte Stadt, ein Heerlager und eine Armee, die mit Bannern den Hügel herunterkommt. Ausschnitt aus Simone Martinis Fresko (s. Abb. 8) ▻

40 Italienische Soldaten um die Mitte des 14. Jahrhunderts auf dem Fresko der Brüder Lorenzetti über Das gute Regiment *(unten links)*

41 Johannes XXII. (1316–1334) empfängt Abgeordnete der Ostkirche in Avignon (unten rechts)

Die Weiße Kompanie

Pisa war zu Hawkwoods Zeit nicht mehr die kampfeslustige Seemacht, die einst die Sarazenen von Korsika, Sardinien und den Balearen vertrieben und seinen nächsten Handelsrivalen, Amalfi, erbarmungslos zerschmettert hatte. Das waren die großen Tage gewesen, als Pisaner Kaufleute dreiundfünfzig Schiffsladungen Erde von Jerusalem herbrachten und sie auf dem Campo Santo ausbreiteten, damit die Bürger den Jüngsten Tag in der heiligsten Erde der Welt erwarten könnten, ohne sich der Strapaze zu unterziehen, zum Sterben ins Heilige Land zu pilgern. Diese Ära von Wohlstand und Ruhm hatte achtzig Jahre vor Hawkwoods Ankunft in der vernichtenden Seeschlacht von Meloria ihr Ende gefunden, bei der die Genuesen elftausend Pisaner Gefangene fortschleppten und das bittere Sprichwort aufkam: »Wer Pisa sehen möchte, den laß nach Genua gehen«.

Dennoch war Pisa im Jahr 1364 immer noch ein Stadtstaat, mit dem man zu rechnen hatte, und jedem ein wertvoller Verbündeter, der mit Florenz in Konflikt stand. Durch beide Städte floß der Arno. Pisa hielt die Flußmündung und war fast direkt am Meer gelegen, das seit der Römerzeit immer weiter zurückweicht. Damals betrug die Entfernung zur Küste nur drei Kilometer, während sie heute bereits zehn bis zwölf Kilometer ausmacht. Florenz lag etwa fünfundsiebzig Kilometer landeinwärts, wo der Arno aus dem Apennin herabsprudelt. Da Pisa den Zugang zum Mittelmeer beherrschte, war es unvermeidlich, daß sich die beiden Städte bekämpften und das Val d'Arno zum Schauplatz eines unablässigen Kleinkriegs wurde.

Ein langer Wall umschloß Pisa, eine blühende Stadt, die ihr Selbstvertrauen nach der Katastrophe von Meloria – an die sich nach achtzig Jahren keiner mehr persönlich erinnern konnte – wieder zurückgewonnen hatte und die nicht voraussehen konnte, daß ihre Tage wirklicher Unabhängigkeit gezählt waren. Hawkwood sah die architektonischen Schönheiten, die heute den Touristen anziehen, in frischerem Glanz. Der Schiefe Turm war zwar schon damals schief, aber doch nicht so beunruhigend wie heute. Mit ihm hatte Tomaso Pisano erst vor kurzem ein Werk vollendet, das fast zweihundert Jahre vorher begonnen worden war. Das Baptisterium hatte wahrscheinlich gerade erst die gotische Kuppel und andere Zusätze von Cellino di Nese erhalten, die zwar nicht alle dem modernen Geschmack entsprechen, damals jedoch sicher als Ausdruck bürgerlicher Fortschrittlichkeit und Frömmigkeit begrüßt wurden. Der weiße Marmor des Doms leuchtete in der Wintersonne. Santa Caterina, San Francesco, Santa Maria della Spina, San Paolo a Ripa d'Arno und andere Kirchen zeigten, daß Gott unter dem Klang des Geldes nicht vergessen wurde. Ebensowenig das Studieren; die Gelehrsamkeit florierte bereits seit langem, und der Zustrom von Studenten aus Bologna hatte zwanzig oder dreißig Jahre früher zur Gründung einer Universität geführt.

So sah also die Stadt aus, in der Hawkwood 1364 sein Hauptquartier aufschlug. Es ist jedoch kaum anzunehmen, daß er sich viel um die Studenten gekümmert hat, die an der Universität ein- und ausschwärmten, noch um die künstlerischen Errungenschaften der Pisaner, denen er auf Schritt und Tritt begegnete. Seine Gedanken waren beim Frühjahrsfeldzug gegen die Florentiner und dem Bemühen, aus seinen neuen Untergebenen eine fähige Streitmacht zu bilden.

Es ist nun an der Zeit, einen Blick auf die Organisation und Ausstattung der Weißen Kompanie zu werfen.

Die Engländer hatten den Terminus »Lanze« als eine Methode, Truppen zu berechnen, in

Italien eingeführt. Aber wenn wir hören, daß Hawkwood eintausend Lanzen in diese oder jene Schlacht führte, dann wäre es falsch, wollte man ihn sich mit tausend hinter ihm dreingaloppierenden Lanzenträgern vorstellen wie in einer Kampfszene aus dem 19. Jahrhundert.

Seine Leute kämpften zu Fuß. Zweitausend Mann befanden sich auf dem Schlachtfeld, und tausend Pagen hielten ihre Pferde in sicherem Abstand hinter den Kampflinien.

Man benötigte zwei Männer, um die Lanze (die damals übliche Waffe) zu tragen, damit sie

44 Englische Schützen des 14. Jahrhunderts üben sich im Langbogenschießen

45 Pisa um 1380, Ausschnitt aus einem Fresko im Campo Santo (rechts)

der Wucht eines angreifenden Feindes standhielt. Auf den blutigen Schlachtfeldern Frankreichs hatte Hawkwood gesehen, wie das Rittertum Selbstmord begehen konnte, wenn sich schwerfällig bewaffnete Reiter auf eine günstig plazierte Gruppe eng nebeneinander stehender Fußsoldaten stürzten. Er wußte, wie der Schwarze Prinz seine Siege gewonnen hatte. Die Lanzenträger standen dicht beisammen und verwandelten sich in menschliche Stachelschweine. Sie streckten schräg gestellte Spitzen von sich, hielten keine Schilder, und jeweils vier starke Hände umfaßten eine Lanze. In der Verteidigung waren sie Vorläufer der britischen Karrees bei Waterloo. Im Angriff, bei dem sie sich langsam und gewichtig vorwärts schoben, ähnelten sie eher der antiken Phalanx Philipps von Makedonien. War die Kraft des Feindes endlich gebrochen, so eilten die Pagen mit den Pferden herbei, und die Soldaten konnten sicher aufsteigen und die Flüchtigen verfolgen.

Die wesentliche Ergänzung des Lanzenträgers bildete der Bogenschütze an den Flanken. Er wurde gesondert von den »Lanzen« gezählt, aber in der neuen englischen Kriegsführung war sein Beitrag lebenswichtig.

Der Langbogen, die traditionelle Waffe Robin Hoods, stammte höchstwahrscheinlich aus Südwales und wurde von den Engländern zuerst gegen die Schotten und dann gegen die Franzosen mit vernichtendem Erfolg eingesetzt. Im Vergleich zum Langbogen waren die kurzen Bogen, wie sie Wilhelm der Eroberer bei Hastings verwendet hatte, wenig mehr als ein gefährliches Spielzeug, während die von den meisten Völkern bevorzugte Armbrust zwar durchaus wirkungsvoll und tödlich war, wenn sie ungehindert im Schutz der Mauerzinnen eingesetzt wurde, auf dem Schlachtfeld aber war sie viel zu langsam. Das hatte die Schlacht bei Crécy blutig bewiesen, als Genueser Armbruster, die im Dienste des französischen Königs standen, von den englischen Bogenschützen regelrecht niedergemäht wurden.

Ähnliche Bogenschützen bildeten einen wesentlichen Teil der Weißen Kompanie. Ihre Bogen waren ebenso groß wie sie selbst oder sogar noch ein bißchen größer. Beim Schießen stellten sie den Bogen auf die Erde, hielten den gekerbten Pfeil in Höhe des rechten Ohres fest und stießen den Bogenstab unter Aufwendung ihrer ganzen Kraft mit der linken Hand nach vorn. Der lange Pfeil schoß mit ungeheurer Geschwindigkeit durch die Luft, und seine durchbohrende Gewalt war entsetzlich. Er durchdrang die Rüstung und spießte einen Ritter an seinem Sattel auf. Ein geübter Bogenschütze schoß sechs Pfeile pro Minute ab, wenn er sie griffbereit zu seinen Füßen im Boden stecken hatte, und ein Meisterschütze konnte den sechsten Pfeil bereits in der Luft haben, bevor der erste sein Ziel erreichte, und bis zu zwanzig in einer Minute abschießen. Seine Waffe war das Maschinengewehr des Mittelalters. Im übrigen war der Langbogen nicht nur schnell und todbringend, er war auch zielsicher, und es sollte noch Jahrhunderte dauern, bevor die Muskete ihm den Rang ablief. Man hat behauptet, daß bis zum amerikanischen Bürgerkrieg und dem Einsatz von Schnellfeuergewehren keine Armee eine Waffe besaß, die der Robin Hoods vergleichbar gewesen wäre. Warum, so fragt man sich, übernahm keine andere Nation den Langbogen? Und warum kamen auch die Engländer wieder von ihm ab?

Das ist eines der Rätsel der Geschichte. Zum Teil mag die Antwort darauf sein, daß weder Schütze noch Waffe rasch hergestellt werden konnten. Es war eine Kunst, genau die richtige

46 Soldaten versuchen mit Hilfe einer Sturmleiter in eine Stadt einzudringen

47 Schlachtordnung des 14. Jahrhunderts: Voran die Trompeter, gefolgt vom Heerführer und den Reitern, in den hinteren Reihen das Fußvolk

Krümmung des Bogens von der Mitte bis zum Ende zu erhalten, ebenso die richtige Lagerung und Bearbeitung des spanischen Eibenholzes, aus dem die besten Bogen gemacht wurden. Der Bogenmacher war ein Handwerker. Der Bogen mußte zwölf Monate in seiner Werkstatt verbleiben, und wenn er während dieser Zeit richtig behandelt worden war, pflegte er ein Lebensalter und noch länger zu halten. Dieselbe Aufmerksamkeit mußte auch bei der Herstellung des langen Pfeils aufgebracht werden, beim Anbringen der Spitze und der Gänsefedern, damit er richtig flog und tief eindrang. Und um ein guter Schütze zu werden, waren Geduld und regelmäßiges Üben an der Schießscheibe vonnöten. Letzteres gehörte zu den großen Vergnügungen der englischen Könige. Sie verbannten die Armbrust und alles Ähnliche, was ihre Untertanen von diesem Zeitvertreib ablenken konnte. Als Heinrich VIII. 1509 König wurde, mißbilligte er aus dem gleichen Grund Handbüchsen, aber er konnte die Tradition der Langbogen dennoch nicht am Leben halten. England trat zu Hause in eine lange Friedensperiode ein und sandte keine großen Landstreitkräfte ins Ausland. Zur Zeit des Bürgerkriegs (der für jede Seite, Royalisten oder Puritaner, leicht zu gewinnen gewesen wäre, hätte sie allein Langbogen verwendet) war die geheimnisvolle Kunst der Bogen- und Pfeilemacher bereits im Niedergang begriffen.

Die erwähnten Tatsachen erklären vielleicht auch, warum die Franzosen, Italiener und andere Völker nie die Waffe übernahmen, deren Wirksamkeit ihnen so grausam

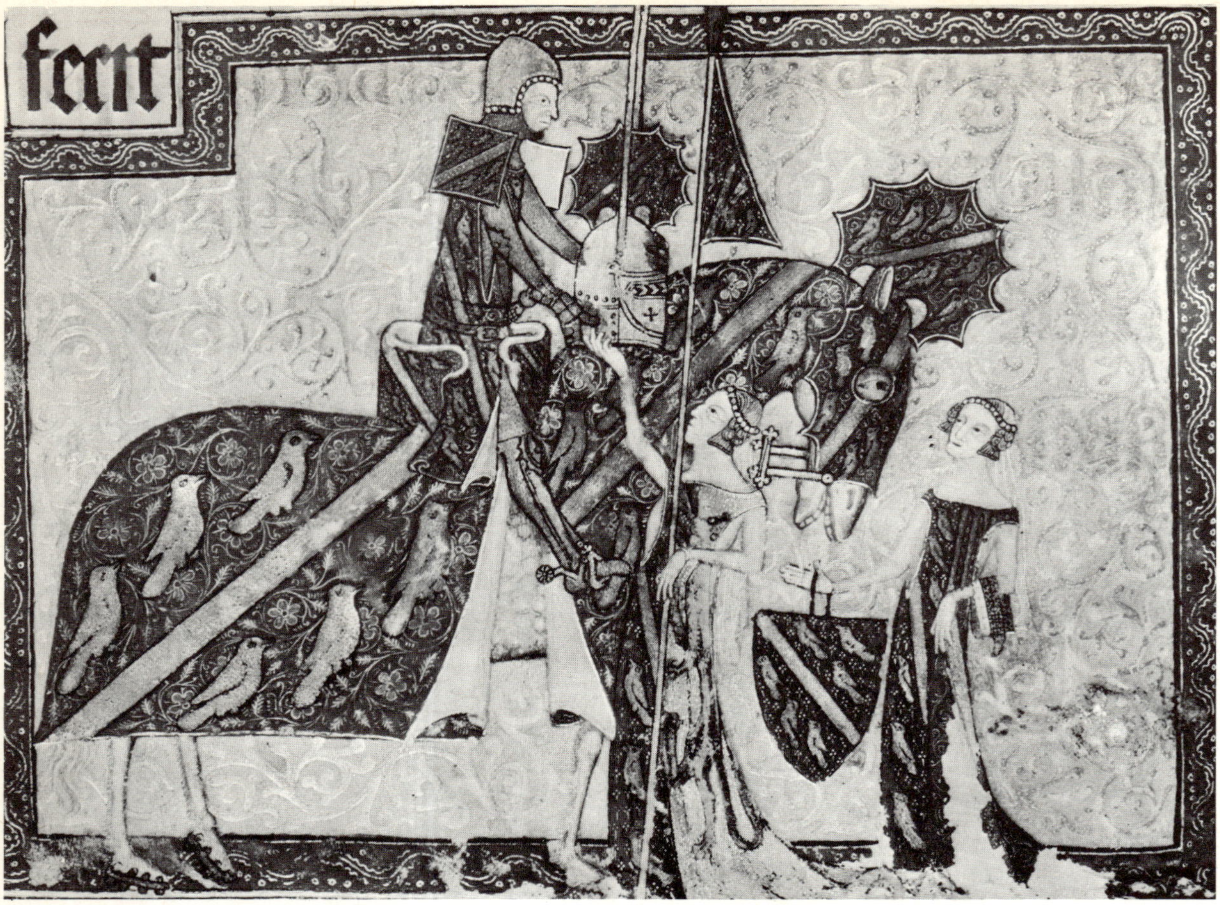

48 Ein englischer Ritter zu Hause, mit Frauen aus seinem Familienkreis

demonstriert wurde. Sie machen daneben auch klar, warum der Einfluß von Hawkwoods Taktik nicht größer war und keinen durchschlagenden Erfolg hatte. Die Zahl seiner erfahrenen englischen Bogenschützen war begrenzt, und als die Zeit ihren Tribut von diesen Veteranen von Poitiers forderte, konnte er weder Nachfolger aus dem fernen England herbeiholen, noch einheimische Talente bis zur gleichen Geschicklichkeit trainieren. Auch der Ersatz ihrer Waffen muß schwierig gewesen sein, obwohl wir erfahren, daß er einige Bogen guter Qualität aus Lucca erhielt.

Doch selbst wenn Hawkwood eine unbegrenzte Anzahl Bogenschützen zur Verfügung gestanden wären, hätte er dennoch nicht auf seine »Lanzen« verzichten können. Nur im Wald von Sherwood (Robin Hoods Lieblingsaufenthalt) konnte ein Problem mit dem Langbogen allein gelöst werden. Für gewöhnlich, wenn eine Entscheidung auf beschränktem Raum – besonders in einer Stadt mit engen Straßen – fallen sollte, mußte eine weitreichende Waffe durch eine Nahkampfwaffe ergänzt werden. Ebenso wie in der modernen Zeit das Maschinengewehr oft die Unterstützung der Bajonette benötigte, mußte der Langbogen in Verbindung mit Schwert und Lanze eingesetzt werden. Da jedoch keine dieser Waffen viel gegen eine gut befestigte Stadt ausrichten konnte, und Italien voll von solchen Städten war, so ist es nicht schwer zu verstehen, warum Hawkwood trotz seiner großen Erfolge nie der Täuschung verfiel, er sei unbesiegbar.

Die Weiße Kompanie bestand also aus einer ausgewogenen Kombination von Lanzenträgern und Bogenschützen. Sie führte zerlegbare Sturmleitern mit sich, so daß eine gewöhnliche Mauer kein Hindernis darstellte, besaß aber keine schwere Ausrüstung, um starke Befestigungen zu nehmen.

Als Einheit bestand die »Lanze« aus einem Trio, dem traditionellen Dreigespann von Ritter, Knappe und Page, wobei der Anführer der Gruppe, in Italien der *caporale*, nicht unbedingt

49 Ein italienischer Ritter im Krieg

ein »Ritter« in streng feudalistischem Sinn zu sein hatte. Ein Mann mußte sich seine Sporen verdienen, und wir hören oft, daß kampferprobte Heerführer zum Ritter geschlagen wurden.
Fünf »Lanzen« bildeten einen »Posten«, fünf Posten eine *bandiera*, das waren fünfzig berittene Krieger und fünfundzwanzig Pagen. Ein Heerführer konnte sein eigenes Gefolge von einigen oder mehreren Lanzen haben, das sich mit ihm zusammen en bloc anwerben ließ. Ein prominenter Condottiere hatte es nicht nötig, seine Armee Mann für Mann zu rekrutieren. Er warb diese kleinen Hauptleute mit ihren Banden an. Beim Aushandeln einer *condotta* befand er sich in der Position eines modernen Unternehmers, der genau weiß, wo er seine Sub- Unternehmer zu suchen hat. So jedenfalls gestaltete sich Hawkwoods Position im Laufe der Zeit, als er in ganz Italien bekannt wurde. Zunächst befand er sich in einem fremden Land und eng an seine Kameraden gebunden, die ihm von Frankreich her vorausgeeilt waren. Die *caporali* und ihre Knappen ritten Offizierspferde. Dabei waren Mann und Roß weniger schwer ausgerüstet als die Reitersoldaten anderer Völker, mit Ausnahme der ungarischen, die eine Art berittener Bogenschützen darstellten. Während jedoch die Deutschen, Burgunder und Italiener ihre Ritter in viel schwerere Rüstungen steckten als die Knappen, trug das englische Paar so ziemlich die gleiche Ausrüstung. Der englische Ritter wurde durch das Tragen von weniger Stahl wendiger, und das kam ihm sehr zugute, da er zu Fuß focht und sich nicht mit dem Pferd auf die feindlichen Truppen stürzte. Auch das Pferd profitierte von der leichteren Rüstung des Ritters sowie seiner eigenen. Es selbst mußte sich nicht ins Schlachtgetümmel stürzen – der *ragazzo* oder Page hielt es sicher hinter den Linien, bis es zur triumphalen Verfolgung oder ratsamen Flucht benötigt wurde. In der Hauptsache bestand seine Funktion darin, seinen Herrn die Hügel Italiens hinauf und hinab zu tragen. Hawkwood wurde wegen seiner Gewaltmärsche berühmt, und die waren nur möglich durch die leichte Ausrüstung von Roß und Reiter.
Zunächst betrachteten die italienischen Auftraggeber die, wie es vor allem einem unmilitärischen Kaufmann und Ratsherrn erscheinen mußte, unzureichende Ausrüstung dieser Engländer mit großer Skepsis. Bekam der Steuerzahler auch den richtigen Gegenwert für sein Geld?

Für gewöhnlich legte die *condotta* ganz genau fest, wie viele Männer gestellt werden und wie sie ausgerüstet sein mußten. Eine Kommission führte regelmäßig Inspektionen durch, um festzustellen, ob der Vertrag auch eingehalten wurde. Die Engländer brauchten jedoch nicht lange, um ihre Auftraggeber davon zu überzeugen, daß – wie unkonventionell ihre Taktik und Ausrüstung in gewisser Hinsicht auch sein mochten – sie genau wußten, was sie zu tun hatten, und keine schlechte Investition darstellten.

Die Bogenschützen führten außer ihrem auf den Rücken getragenen Langbogen Schwerter und Messer mit sich. Ihre Schutzausrüstung bestand aus einem Eisenhelm, einem Bruststück und Stulpenhandschuhen. Wie die Pagen ritten sie auf dem Marsch für gewöhnlich ein Pony oder einen Klepper. Somit kann man sich im allgemeinen Hawkwoods Engländer als berittene Infanterie vorstellen, während andere Söldnerheere mehr in der traditionellen Weise in Reiter und Fußvolk aufgeteilt waren. Ausländische Reiter wurden, bevor die »Lanze« als allgemein übliche Einheit aufkam, eher paarweise als in Dreiergruppen gezählt. Jeweils ein Ritter und sein Knappe bildeten eine *barbuta*, ein Ausdruck, der ursprünglich einen Helm von einer bestimmten Form bezeichnete.

Welche Befürchtungen die Räte von Pisa auch immer empfunden haben mögen, als sie zum ersten Mal die leichten Rüstungen der Engländer musterten, von ihrer blendenden Eleganz können sie nicht unbeeindruckt geblieben sein. Der Florentiner Chronist Filippo Villani schrieb darüber schon bald mit einer gewissen, verständlichen Übertreibung: »Jeder hatte einen oder zwei Pagen, manche auch mehr. Sobald sie ihre Rüstungen auszogen, machten sich die Pagen daran, diese zu säubern, so daß die Ritter, wenn sie in ihnen auf dem Schlachtfeld erschienen, wie Spiegel blendeten und daher noch schrecklicher waren.«

Als beliebtes Putzmittel galt das Mark aus Ziegenbeinen. Damit eingefettet, rostete die Rüstung nicht und konnte rasch auf Hochglanz poliert werden.

Zu seinem Kummer muß Villani feststellen, daß diese Ritter keine Parade-Dandies, sondern furchterregende Krieger waren: »Eng, zusammenstehend, marschierten sie mit gesenkten Lanzen entschlossen gegen den Feind, wobei sie ein schreckliches Geschrei ausstießen, und

50 Ausschreitungen der Soldaten gegen Frauen gehören zu den Auswirkungen des schlechten Regiments *auf dem berühmten Fresko der Brüder Lorenzetti in Siena (links)*

51 Ein Condottiere in seinem Zelt, dargestellt auf einer Bologneser Miniatur von 1373

52/53 Der Hügel von Fiesole, von dem im März 1364 Hawkwood (links) erstmals auf Florenz heruntersah. Das Porträt gehört zu Uccellos Entwurf für das Gemälde im Dom von Florenz (s. Abb. 109)

es war fast unmöglich, ihre Formation zu sprengen.« »Aber«, räsoniert er mit dem Groll eines Florentiners, »sie triumphierten mehr durch die Feigheit unserer Leute als durch ihre eigene Tapferkeit.«

Er gibt ihre Disziplin auf dem Schlachtfeld zu, rümpft jedoch die Nase über ihr ungezügeltes Betragen während der Freizeit. »Es waren alles junge Männer« (das erscheint unwahrscheinlich, denn Hawkwood selbst war in den Vierzigern, und zweifellos waren viele seiner Kameraden so alt wie er) »und daher heißblütig und feurig, schnell mit der Waffe und nicht auf Sicherheit bedacht. In der Armee waren sie willig und ihren Oberen gehorsam, aber im Lager führten sie sich auf Grund ihres ungezügelten Temperaments und ihrer Kühnheit manchmal in willkürlicher und unbeherrschter Weise auf.«

Man kann Hawkwood nur bewundern in seinem Bemühen, dieser Horde ausgelassener Individualisten etwas Zucht beizubringen. Ob er mit diesem Problem je ganz fertig wurde, ist trotz seines wachsenden Prestiges und seiner Autorität sehr zweifelhaft. Fest steht, daß noch 1377, als er für die Florentiner kämpfte, seine Truppen ihn gegen seinen Willen zwangen, das Winterquartier auf befreundetem Territorium aufzuschlagen anstatt auf feindlichem Gebiet, das sie wahrscheinlich bereits aller Wertgegenstände beraubt hatten. Schon nach ein paar Wochen beschwerte sich die Signoria, die Regierung von Florenz, bei Hawkwood, daß fünfzig seiner Soldaten nach Corliano geritten seien und die Bewohner ausgeplündert hätten, als ob sie Feinde wären. Und ähnliche Ausschreitungen würden sich täglich ereignen, was ihm, dessen war man sicher, mißfallen müßte. Es sei Aufgabe des Führers, diesem Skandal sofort ein Ende zu bereiten. So schlage man vor, er solle sich sogleich an Ort und Stelle begeben. Seine Anwesenheit würde allein schon genügen, die Ordnung wiederherzustellen.

Die auftraggebende Regierung versuchte, wenn immer möglich, festzusetzen, wo die

Söldnertruppen stationiert wurden. Am liebsten natürlich auf feindlichem Gebiet. War das nicht möglich, dann irgendwo, wo sie am wenigsten anstellen konnten und nicht in der Lage waren, durch Einnahme der Schlüsselpositionen einen revolutionären Coup zu unterstützen. Auf alle Fälle nicht in größerer Zahl direkt in der Hauptstadt. Den Condottiere selbst wollten sie dagegen in der ruhigen Saison, wenn er nicht gerade anderswo gebraucht wurde, in ihren Mauern haben, um im Falle einer Krise jederzeit seiner habhaft werden zu können. Diese Regelung wurde mit der Zeit jedoch gelockert. In seinen späteren Jahren genoß Hawkwood so sehr das Vertauen der Florentiner Regierung, daß sie ihn und seine Truppen zur Schlichtung interner Unruhen einsetzten, eine Aufgabe, mit der Söldnerheere sonst nur selten betraut wurden. Doch in Städten, in denen sich ein Mann selbst zum Diktator gemacht hatte – oft einer, dessen Karriere als Condottiere begann –, fühlte sich der neue Machthaber mit einer Leibgarde angeheuerter Fremder natürlich sicherer, als wenn er die Bürger bewaffnete, die er um ihre Rechte gebracht hatte.

Die einheimische Bevölkerung bangte nicht nur um ihr Eigentum und um politische Rechte, sondern auch (wie bereits erwähnt) um ihre Frauen. Das Zölibat war weder eine Vorschrift noch eine freiwillig geübte Praxis der Söldner. Die freien Kompanien waren in mehr als einer Hinsicht frei. Sie scheinen über ein beträchtliches Heergefolge verfügt zu haben, das von entführten Frauen bis zu begeisterten Freiwilligen reichte und sogar Nonnen einschloß, die ihrem Kloster entrissen worden waren und sich nun nicht mehr für das fromme Leben eigneten. Bei der Schlacht von Brentelle im Jahr 1386 fingen die Paduaner – unter anderem – zweihundertundelf Kurtisanen. Diese Mädchen wurden mit Blumen bekränzt und mit Sträußen versehen – günstigerweise war es gerade Sommer –, und das Ganze bildete ein ergötzliches Nachspiel zu einer unerwartet leichten Schlacht, bei der die venezianischen Condottieri bestochen worden waren, den Rückzug anzutreten. Die Kurtisanen wurden in einer Prozession nach Padua geführt und von Francesco Carrara in seinen Palast geladen. Offensichtlich bestand das Leben nicht nur aus Raub und Zerstörung.

Von Hawkwoods Privatleben ist weder für die Zeit vor seiner Ankunft in Italien noch unmittelbar danach Sicheres bekannt. Auf seinem längst verschwundenen Grabstein sollen zwei Frauen dargestellt gewesen sein. Die namenlose erste kann gut mit ihm in Pisa gelebt haben, wo er für gewöhnlich in Martinos Herberge logierte, einem so angesehenen Haus, daß auch die Tochter des Kaisers dort wohnte, als sie ein oder zwei Jahre später in die Stadt kam. Im Jahr 1377 hatte er zwei kleine Söhne, die von den Bolognesern als Geiseln gefangengehalten wurden und die Hawkwood mit besorgter Pünktlichkeit auslöste. Man nimmt an, daß er auch eine Tochter, Fiorentina, aus dieser ersten Ehe hatte. Es gibt jedoch keinen Skandal, keine amourösen Anekdoten, die mit seinem Namen verbunden wären, und in einer Zeit, in der das Bastardentum keinerlei Verlegenheit auslöste, fanden sich keine hoffnungsvollen Burschen, die sich damit brüsteten (was sie sicher getan hätten), das kriegerische Blut von »Giovanni Acuto« in ihren Adern zu haben. Ein festes Eheleben war für einen Condottiere keine Unmöglichkeit, wie aus vielen Beispielen hervorgeht. Für die unteren Ränge mag es schwieriger gewesen sein.

Die Weiße Kompanie war ähnlich organisiert wie seinerzeit die Große Kompanie. Wie Montreal verfügte auch Hawkwood über einen Stab, der ihm zur Seite stand. Seine Hauptoffiziere waren der Deutsche Sterz, den er von seinem Posten verdrängt hatte, und ein englischer Aristokrat, Andrew de Belmonte, den die Italiener »Dubramonte« nannten und dem sie königliches Blut nachsagten, da sich seine guten Manieren gegen die seiner barbarischen Gefolgsleute angenehm abhoben. Vielleicht war das der Grund, daß Andrew eine romantische Affäre mit einer Monna Tancia, der Frau eines gewissen Guido, hatte, aber die Identität und das Schicksal dieser Personen läßt sich nicht weiter verfolgen.

Der Schatzmeister der Kompanie war eine äußerst wichtige Figur. Bei Hawkwood war es William Turton, dem unter dem Namen »Guglielmo Toreton« der Stadtkämmerer von Pisa die vereinbarten Summen auszahlte. Es gab überraschend viel Papierkram und der Schatzmeister benötigte zahlreiche Hilfskräfte. Da waren Abmachungen mit auftraggebenden Regierungen, Berichte, Gesuche, Instruktionen und Beschwerden; daneben Anträge auf Erlaubnis, durch befreundetes oder neutrales Gebiet zu marschieren – eine immer wiederkehrende Notwendigkeit in einem Land, das aus einer Vielzahl ineinander verschachtelter kleiner Staaten bestand. Innerhalb der Kompanie mußten die Abrechnungen gemacht, der Sold an jedes Mitglied seinem Rang nach ausgezahlt und ein Merkbuch für sämtliche vorgeschossenen Gelder geführt werden. Die Soldaten neigten zum Glücksspiel und zu jeglicher Art von Geldverschwendung. Gerieten sie in Schulden, dann versetzten oder verkauften sie

54 Florenz im 14. Jahrhundert. Im Mittelpunkt das Baptisterium

oftmals ihre Waffen und Ausrüstung und wurden damit für ihre Auftraggeber nutzlos. Florenz begegnete zur gleichen Zeit den Schwierigkeiten mit seinen eigenen Söldnern: Im Februar 1362 eröffnete die Stadt einen Kreditfonds, wobei sie in Schwierigkeit geratenen Soldaten aus öffentlichen Geldern zinslose Darlehen gewährte. Wenn ein Ritter aus dem Fonds borgte, hatten zwei hohe Offiziere für ihn Bürgschaft geleistet. Der hohe Offizier selbst konnte ein sechsmal so großes Darlehen erhalten, wenn er es benötigte.

Alles in allem mußten Hawkwood und sein Verwaltungsstab die Funktionen von Anwälten, Diplomaten, Buchhaltern und Zahlmeistern ausüben. Das war nicht möglich ohne die Zuhilfenahme von Italienern. Sterz mit seiner Kenntnis Italiens muß in dieser ersten Zeit unersetzlich gewesen sein. Aber Hawkwood beherrschte bald auch selbst die Sprache des Landes, in dem er den Rest seines Lebens verbringen sollte.

Hoher Schnee bedeckte die toskanischen Hügel in jenem Februar 1364, und einige von Hawkwoods Leuten, die die Härte des italienischen Winters unterschätzt hatten, gingen an ihrer Sorglosigkeit zugrunde. Am zweiten Tag des Monats ritt »Giovanni Auti« (wie die Pisaner seinen Namen aussprachen) mit seiner Armee ins Feld. Seine Gesamte Truppenstärke umfaßte ungefähr dreitausendfünfhundert Reiter und zweitausend Fußsoldaten, wobei sein Heer mit dem Rest der Pisaner Streitkräfte zusammengelegt worden war.

Es scheint, daß sie dennoch nicht genug waren. Die Florentiner hatten viel in den Krieg investiert. Sie hatten eine große Anzahl deutscher Söldner angeworben, die von Henri de Montfort und Pandolfo Malatesta angeführt wurden. Malatesta war einer jener Miniaturfürsten von der Adriaküste, die so oft Condottieri wurden, um ihre mageren Einkünfte aufzubessern. Hawkwoods Leute kamen bei den Eröffnungsscharmützeln schlecht davon.
Im März jedoch hatten sich die Streitkräfte Pisas verdoppelt. Anechin von Bongard,

55 Geldwechsler des 14. Jahrhunderts

Veteran der Großen Kompanie, stieß zu Hawkwood mit dreitausend *barbute*, also sechstausend berittenen Kriegern, ebenfalls Deutsche oder Schweizer. Im April rückten ihre vereinten Streitkräfte nach Prato vor, etwa 18 km nordwestlich von Florenz. Ihre Spähtrupps stießen auf heftigen Widerstand. Danach täuschten Hawkwood und Bongard einen Rückzug vor und versuchten an anderer Stelle vorzustoßen. Sie kämpften sich durch schwieriges Gelände, durch dichte Wälder und über steile Pässe, über die sie ihre Pferde oft führen mußten, und erreichten so die Höhen von Fiesole. Von dort sahen sie direkt auf Florenz hinunter. Das muß der erste Blick gewesen sein, den der Engländer auf die Stadt warf, der er später so treu ergeben war. Zwar war Florenz noch nicht die stolze Stadt der Medici, aber dennoch bot sie einen glänzenden Anblick, wie sie eingeschlossen vom Ring der Stadtmauer mit Giottos eben fertiggestelltem Kampanile und einem Wald aufstrebender Geschlechtertürme am Ufer des Arno lag. Brunelleschis Dom allerdings fehlte noch. Für den Augenblick aber war Florenz in erster Linie eine feindliche Stadt und Hawkwood beobachtete mit Befriedigung, welche Aufregung seine Gegenwart in so geringer Entfernung und auf derselben Flußseite auslöste. Außerhalb der Porta San Gallo wurden eilig Barrikaden errichtet. Malatesta hatte sein Florentiner Kommando aufgegeben und die ganze Last der Stadtverteidigung lag nun auf den Schultern von de Monfort.
Es war Ende April. Welcher Tag würde sich für einen Angriff besser eignen als der erste Mai, diese traditionelle Gelegenheit zum Feiern? Hawkwood und Bongard waren sich, zusam-

men mit Sterz, Belmonte und den anderen Offizieren, die man zu einer so wichtigen Entscheidung zu Rate zog, über diesen günstigen Zeitpunkt einig.
Auch in Florenz wurde dieser Tag für gewöhnlich gefeiert. Neben den Mai-Feiern, mit denen die meisten Völker die Ankunft des Sommers begrüßten, gab es städtische Festlichkeiten, um die Einsetzung der neuen »Prioren«, der führenden Mitglieder der Handelsgilden, würdig zu begehen. Meist geschah das mit großer Zeremonie und anschließendem Volksfest. Aber am Morgen des 1. Mai 1364 läuteten die Glocken nur, um Alarm zu schlagen, und die Trompeter hatten keinen Atem für Fanfaren übrig.
Die Angreifer nahmen die äußeren Barrikaden und stürmten bis vor die Tore der Stadt.

56 Söldnerhauptleute erhalten ihren Sold. Miniatur aus einem offiziellen Sieneser Bericht des 15. Jahrhunderts

Hawkwood und seine Kollegen können sich aber kaum der Hoffnung hingegeben haben, Florenz zu erobern. Diese Idee ist ihnen sicher gar nicht gekommen, denn sie waren dafür überhaupt nicht ausgerüstet, und selbst wenn sie sich den Einlaß in die Stadt hätten erkämpfen können, wäre die Eroberung unmöglich gewesen. Viel zu viele Menschen wären dabei verletzt worden. Es zahlte sich nie aus, den Feind bis zum Äußersten zu treiben. Dagegen würde die Einnahme und Plünderung einer blühenden Vorstadt den idealen Effekt haben, die Soldaten zu befriedigen, dem Feind zu schaden und in der nächsten Depesche nach Pisa einen guten Eindruck zu machen. Ein totaler Sieg bedeutete für den Söldner oft nur Arbeitslosigkeit.
Damit soll nicht gesagt sein, daß es zu keinen Kampfhandlungen gekommen wäre. Die englischen Bogenschützen verschanzten sich in den Häusern vor der Porta San Gallo und ergötzten sich an einem Wettschießen mit den Genueser Armbrustern auf der Stadtmauer. Es gab auch rauhe Mann-gegen-Mann-Kämpfe. Henri de Montfort machte einen energischen Versuch, die Angreifer zu vertreiben und wurde dabei schwer verwundet. Hawkwoods Streitkräfte zogen sich erst zurück, als sie fertig waren, das heißt, als sie alles Plündernswerte mitgenommen hatten und der Rauch der angezündeten Häuser übers Land wehte.
In ihre Lager in Fiesole und Montughi zurückgekehrt, holten sie die versäumten Festlichkeiten nach. »In der Nacht«, schreibt Matteo Villani, »hielten sie ihre Feiern, und einige der Anführer wurden zum Ritter geschlagen. Gruppen von fünfundzwanzig bis zu hundert tanz-

ten mit Fackeln in den Händen, die sie einander zuwarfen, wenn sie sich begegneten. Es gab über zweitausend solcher Fackeln, und ihre Träger schrien und grölten, und die sich in der Nähe der Stadtmauer befanden, riefen Schmähungen über die Kommune von Florenz hinunter, die von den Wachposten gehört wurden.« Hawkwoods Leute verbrachten eine lustige Zeit auf der Piazza von Fiesole mit Singen, Spielen und Umzügen mit bunten Laternen. Villani erzählt weiter, daß sie zum Spaß einen Trommler und einen Trompeter zu einem der Tore auf der Südost-Seite der Stadt gesandt hätten, um falschen Alarm zu schlagen, worauf alle Einwohner in Panik aus den Häusern stürzten, da sie glaubten, der Feind stürme die Mauern.

Die Belagerer blieben eine Woche lang in der Gegend, plünderten und zerstörten mutwillig das junge Getreide. Dann schlugen die Florentiner mit ihrer mächtigsten Waffe zurück: dem Gulden.

Sie machten sich an die verschiedenen Söldnerführer mit verlockenden Angeboten heran. Insgesamt gaben sie 100000 Gulden aus, um die gegen sie angerückte Streitmacht zu zersplittern. Bongard steckte nach einer heftigen Auseinandersetzung mit Hawkwood 9000 für sich selbst ein und 35000 für seine Leute, und distanzierte sich auch sofort von der Sache Pisas. Einige der Engländer hatten ein bißchen größere Skrupel und stimmten zunächst nur einem fünf Monate langen Waffenstillstand zu. Belmonte, mit dem Ruf von königlichem Blut und der romantischen Liebesaffäre, nahm 5000 Gulden. Nachdem sie so die Weiße Kompanie neutralisiert hatten, versuchten die Florentiner nun, sie ganz für sich zu gewinnen und boten ihr einen Sechsmonats-Vertrag, wenn sie umschwenken und gegen ihre jetzigen Auftraggeber kämpfen würde. Die meisten der Engländer konnten keinen Grund sehen, der dagegen gesprochen hätte. Sie bedrängten Hawkwood, das Angebot zu akzeptieren, aber der wollte davon nichts hören. Er hatte ein Abkommen mit der Republik Pisa getroffen und dem fühlte er sich verpflichtet. Die Armee ernannte daraufhin Sterz erneut zu ihrem Führer. Nur achthundert Mann blieben bei Hawkwood. So begann sich die Weiße Kompanie aufzulösen. »Wenn sie sich nicht selbst aufgespalten hätten«, schreibt ein Chronist aus Pisa, »dann hätten sie die Herren über die ganze Toskana und über ganz Italien werden können, so kühn und stolz waren sie.«

Mit dem Schatten einer Armee zurückgelassen, konnte Hawkwood kaum mehr etwas ausrichten. Henri de Montfort übte Vergeltung und ließ die ganze Gegend bis fast zu den Toren Pisas plündern und brandschatzen. Erst die Ankunft von Mailänder Truppen bewirkte, daß er sich erneut zurückzog. Durch die Vermittlung des Papstes kam bald ein unfairer Friede zustande. Pisa verlor bei diesem Vergleich, aber Hawkwood hatte wenigstens seine Ehre gerettet.

Bongard und Sterz schlossen sich zu der Stern-Kompanie zusammen. Wenige Monate, nachdem sie aus dem Dienst Pisas desertiert waren, kämpften sie für Siena, den anderen Erzfeind von Florenz im Süden. Die Chronik von Siena verzeichnet verschiedene größere und kleinere Beträge, die im Spätsommer und Herbst 1364 ausgezahlt wurden. Zu den kleineren Summen gehört die Zahlung von 400 Gulden für Bongards Pferd, Wein und andere Ausgaben. Eine große Summe ging an Bongards Ratgeber für etwas, das dunkel als »bestimmte Gefälligkeiten« aufgeführt ist, und die Kompanie scheint »Wachdienste« ebenso wie »Kränkungen«, die einigen ihrer Mitglieder zugefügt wurden, extra berechnet zu haben. Da fragt man sich, was eigentlich in der Grundgebühr enthalten war. Als Ironie des Schicksals mag – angesichts der kurz zuvor von Florenz gezahlten hohen Bestechungsgelder – ein Bonus von 10000 Gulden für einen Plünderungszug auf Florentiner Gebiet gelten. Bald darauf befand sich die Stern-Kompanie auf ihrem Weg nach Neapel, zu neuen Abenteuern und Profitzügen bereit.

Ein Diener vieler Herren

Treue war der Grundzug von Hawkwoods Charakter.
Sein Schicksal war es, einigen üblen Herren zu dienen, aber er kämpfte für sie wie heute ein Anwalt für seine kriminellen Klienten kämpft, mit kühlem, rein professionellem Einsatz, der nichts mit seinen persönlichen Ansichten zu tun haben mußte. Hatte Hawkwood einen Fall übernommen, so konnte man sicher sein, daß er sein Bestes tun würde. Er war unbestechlich.
Je mehr wir über ihn erfahren, desto mehr scheint er einem Menschentyp unseres oder des vergangenen Jahrhunderts ähnlich zu sein. Er war sehr zurückhaltend und verriet seine Pläne erst, wenn es notwendig wurde. Er konnte hart sein, aber er war nicht mutwillig grausam wie so viele seiner Zeitgenossen. Er kümmerte sich um seine Leute und vermittelte das Gefühl von Zuverlässigkeit und Loyalität. Für Politik hatte er keine Begabung, sondern er schätzte wie jeder Berufssoldat die etablierte Autorität, die bei ihm »Recht und Ordnung« heißt, bei ihren Kritikern »Reaktion«.
Nach der Einigung mit Florenz blieb er in Pisa im Dienst eines ungeliebten kleinen Diktators. Die Stadt war während der letzten Kriegsmonate in entsetzliche Schwierigkeiten geraten und hatte kein Geld mehr, die ihr treu gebliebenen Soldaten zu bezahlen. Ein ehrgeiziger Bürger, Giovanni dell'Agnello, reiste nach Mailand, um mit Bernabò Visconti ein Darlehen auszuhandeln. Dabei schlossen die zwei Männer ein privates Geschäft ab: Pisa würde das Geld nur bekommen, wenn Agnello zum Dogen von Pisa und der abhängigen Stadt Lucca gewählt würde. Als Gegenleistung dafür gab Agnello dem Herrscher von Mailand das geheime Versprechen, immer als sein Gefolgsmann zu handeln. Die Pisaner hatten keine Möglichkeit, sich dagegen zu wehren. So akzeptierten sie Agnello als ihren Dogen.
»Nie war ein Regent widerlicher oder anmaßender«, sagt Matteo Villani. »Wenn er ausritt, hielt er einen goldenen Stab in der Hand und trug prächtige Kleider am Leib. War er wieder im Palast, plazierte er sich dergestalt am Fenster, wo ihn die Leute sehen konnten, als ob er eine heilige Reliquie sei – eingehüllt in goldene Gewänder und in Polster aus Goldbrokat gebettet. Er gestattete, genauer gesagt, befahl allen, die sich an ihn wandten, vor ihm niederzuknien, als ob er ein Papst oder Kaiser wäre.« Ein anderer Schriftsteller, Sercambi, behauptet, Agnello habe seine erste Frau ermordet, da sie ihm gesellschaftlich für seine neue Rolle nicht mehr passend erschien, und sich mit einer anderen von adeliger Herkunft vermählt, aber »wir wollen nichts weiter über diese Dame sagen, denn sie war mit diesem Ehemann so unglücklich, daß sie es kein Jahr bei ihm aushielt.«
Das also war der Mann, dem Hawkwood in den nächsten Jahren diente. In diese Zeit fällt ein berühmtes Ereignis: Papst Urban V. brach 1367 das lange Exil von Avignon und wagte einen Besuch in Rom. Als sein Schiff in Livorno ankam, ritt Agnello ihm zur Begrüßung entgegen. Hawkwood begleitete seinen Herrn mit tausend Rittern in glänzender Rüstung. Urban, der dieser Militärparade mißtraute, weigerte sich an Land zu gehen und stach so schnell wie möglich wieder in See.
Mit der Zeit war es dem Dogen gelungen, seine politischen Gegner aus dem Weg zu räumen und sich selbst auf Lebenszeit in sein Amt wählen zu lassen. Aber 1368 stürzte er, und zwar ganz wörtlich. Kaiser Karl IV. war nach Italien gekommen und zog durch Lucca. Da diese Stadt auch zu seinem Machtbereich gehörte, eilte Agnello dorthin, um dem Kaiser persönlich seine Aufwartung zu machen. Die Begrüßung fand ordnungsgemäß am Stadttor statt. Von dort zog man gemeinsam zur Piazza San Michele, wo Agnello ein Brief aus Pisa

überreicht wurde. Er eilte zum Portikus des Klosters, um ihn zu lesen, wurde aber von Freunden und Gefolgsleuten so dicht umringt, daß der Portikus unter der Last einstürzte. Agnello brach sich den Oberschenkel. Auch viele seiner Anhänger erlitten schwere Verletzungen. Nie ist eine unpopuläre Regierung schneller zusammengebrochen! Ein erfreuter Adeliger galoppierte eilends nach Pisa, worauf die Bürger auf die Straßen eilten und riefen: »Lang lebe der Kaiser! Mag der Doge sterben!« Agnello starb zwar nicht, mußte aber bei seinem Gönner in Mailand Zuflucht suchen, und als der Kaiser ein paar Wochen später in Pisa Einzug hielt, wurde er von einer konstitutionellen Regierung begrüßt.

Wo war Hawkwood während dieser Krise, fragt man sich unwillkürlich?

Er war weit weg und nicht imstande, seinem Brotherrn zu helfen. Doch dazu müssen wir ein paar Monate zurückgehen.

Früher im Jahr war Hawkwood, an Bernabò Visconti ausgeliehen, nordwärts nach Mailand geritten. Dieser schien alle Truppen, die er nur sammeln konnte, zu brauchen, denn des Kaisers Besuch in Italien war in keiner Weise willkommen. Er bedeutete eine Bedrohung für die Unabhängigkeit der italienischen Städte. Theoretisch waren sie immer noch Untertanen jener Heiligen Römischen Kaiser, die, in immer längeren Intervallen, die weite Reise von Deutschland und Böhmen unternahmen, um zu versuchen, in Italien die Autorität aufrechtzuerhalten, die sie im 12. Jahrhundert zur Zeit Friedrich Barbarossas besessen hatten. Ein Mann wie Bernabò Visconti, der sich den souveränen Fürsten Europas durchaus ebenbürtig fühlte, verspürte keinerlei Wunsch, das Knie zu beugen und in den Status eines Vasallen zurückzufallen.

57 Giovanni dell'Agnello, Doge von Pisa, reitet Papst Urban V. nach Livorno entgegen (1367)

Bernabò war mit einer Ausnahme (und das war ein Kardinal und päpstlicher Legat) der grausamste sämtlicher Herren, denen Hawkwood in seinem Leben gedient hat. Überhaupt muß gesagt werden, daß selbst der brutalste Condottiere selten mit den Greueltaten Schritt halten konnte, die von den weltlichen und geistlichen Fürsten, denen sie unterstellt waren, verübt wurden. Jacob Burckhardt spricht von einer »unverkennbaren Familienähnlichkeit zwischen Bernabò und den schrecklichsten römischen Imperatoren«. Und weiter heißt es: »Der wichtigste Staatszweck ist die Eberjagd des Fürsten; wer ihm darein greift, wird martervoll hingerichtet; das zitternde Volk muß ihm 5000 Jagdhunde füttern, unter der schärfsten Verantwortlichkeit für deren Wohlbefinden.«

Dieser selbstherrliche Fürst war wegen seiner großen Zeugungskraft berühmt. Bei einer Zählung wurden ihm sechsunddreißig lebende Kinder und achtzehn Frauen in verschiedenen Stadien der Schwangerschaft zugeschrieben. Seine wunderschöne Gemahlin Beatrice, gemeinhin als »Regina« – Königin – bekannt, stammte aus der Familie della Scala in Verona. Sie konnte sich schwerlich beklagen, daß die aushäusigen Interessen ihres Gatten ihr etwas von der ihr gebührenden Aufmerksamkeit geraubt hätten, war sie doch ständig damit beschäftigt, seine Kinder zur Welt zu bringen. Über deren genaue Anzahl sind sich die Historiker nicht einig, es scheinen jedoch mindestens fünfzehn gewesen zu sein. So war sie vielleicht ganz froh, wenn er einen Teil seiner zügellosen Vitalität außer Haus los wurde. Er kümmerte sich zwar um seine Bastarde nicht weniger als um seine Jagdhunde, aber er kränkte Regina nicht dadurch, daß er ihnen den gleichen Status wie ihren Kindern zuerkannte. Er arrangierte großzügig gute Heiraten für seine illegitimen Töchter mit gut situierten Condottieri und ähnlichen Männern, aber für die ehelich gezeugten Mädchen wurde noch mehr getan. Für sie wurden blaublütige Ehemänner gefunden: ein König von Zypern, ein Herzog von Österreich, zwei Herzöge von Bayern und ein Graf von Württemberg.

Solche gesellschaftlichen Ambitionen vertrugen sich nicht mit irgendeiner Form von Unterwürfigkeit dem Kaiser gegenüber. Als nun in diesem Frühjahr Karl IV. mit einer starken Armee, unterstützt von der Familie Este und anderen Visconti-Gegnern, über die Alpen zog, war Bernabò entschlossen, seine Macht zu zeigen. Vor kurzem hatte er eine neue Festung gebaut, um die Überquerung des Pos bei Borgoforte, südlich von Mantua, zu beherrschen, und hier wollte er sich auch dem Kaiser in den Weg stellen. Unglücklicherweise entbrannte zwischen den deutschen und den italienischen Söldnern, die er dort stationiert hatte, ein Streit. Bernabò mußte persönlich herbeieilen, um die Ruhe wiederherzustellen, und Hawkwood mit seinen Engländern dort stationieren. Wie international die Armeen der damaligen Zeit zusammengesetzt waren, wird am Beispiel von Borgoforte gut illustriert: Während die dortige Garnison jetzt aus Engländern, Deutschen, Italienern und Burgundern bestand, umfaßte die gegen sie marschierende zwanzigtausend Mann starke kaiserliche Armee Deutsche, Böhmen, Schweizer, Polen und andere Slawen zusammen mit Bretonen, Gaskognern und Provençalen aus einer vom Papst gestellten Hilfstruppe sowie die italienischen Visconti-Gegner.

Es war Mai. Der Fluß führte viel Wasser, da ihm das Schmelzwasser aus den Alpen über zahlreiche Nebenflüsse zuströmte. Hawkwood erwartete in aller Ruhe den Angriff auf dem

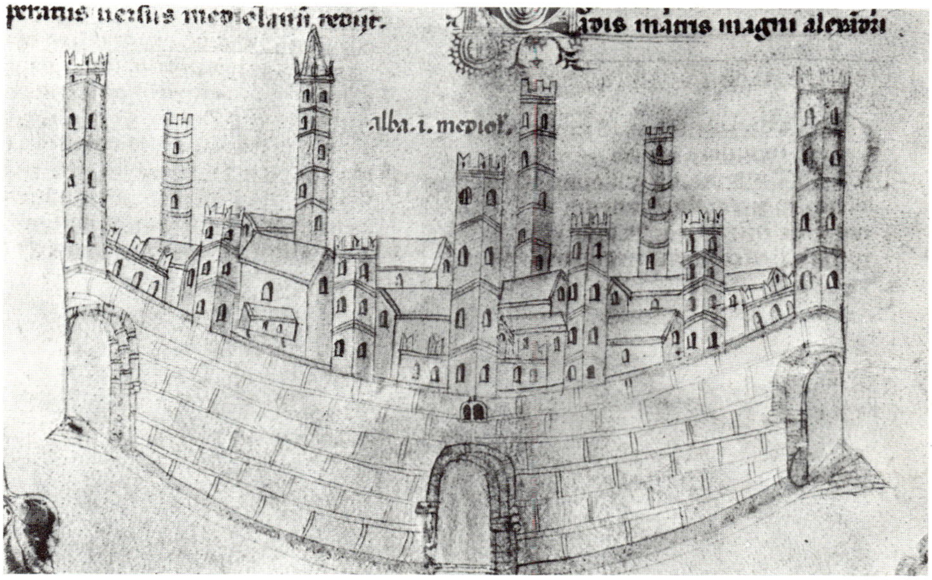

58 Ansicht von Mailand im 14. Jahrhundert

Brückenkopf. Wenn er (wie wir annehmen) zweiundzwanzig Jahre vorher bei Crécy mitgekämpft hatte, so erinnerte er sich jetzt vielleicht mit einigem Vergnügen daran, daß der Kaiser als junger Mann damals auf der Verliererseite gewesen war und verwundet vom Schlachtfeld getragen wurde.

Karl IV. wußte offensichtlich die Schwierigkeit eines Frontalangriffs auf eine solche Stellung richtig einzuschätzen. Stromabwärts, wo er ein befestigtes Lager aufgeschlagen hatte, stand ihm eine Flotte Galeeren und anderer Schiffe zur Verfügung. Der Zustand des Flusses brachte ihn aber noch auf eine bessere Idee, die Festung zu besiegen: Warum nicht Pioniere aussenden, um die Dämme stromaufwärts zu demolieren und das Wasser in Hawkwoods Befestigungsanlagen zu leiten? Wieweit dieser Plan ausgeführt wurde, ist unbekannt. Jedenfalls brachte er kein unmittelbar entscheidendes Ergebnis. Sobald jedoch die Dunkelheit hereinbrach, konterte Hawkwood und brach die Dämme stromabwärts, so daß sich die Flut in die Zelte und Befestigungsgräben des kaiserlichen Lagers und über die ganze Poebene bis Mantua hin ergroß. In diese etwa zwölf Kilometer entfernte Stadt mußte Kaiser Karl eilen, um Schutz zu suchen. Seine Verluste an Ausrüstung und Proviant waren so groß, daß er den Gedanken aufgab, den Mailändern seinen Willen aufzuzwingen, und er ging auf Bernabòs Bedingungen ein. So kam es, daß er gegen Ende des Sommers seine friedlichen Staatsbesuche in Lucca und Pisa machen konnte, von denen bereits die Rede war.

Hawkwoods Widerstand gegen den Kaiser bei Borgoforte trug sehr dazu bei, seinen stets wachsenden Ruhm in ganz Italien zu verbreiten. Für die Visconti hätte sein Triumph in keinem besseren Moment kommen können, da sie gerade dabei waren, nach zweijährigem beharrlichen Verhandeln eine weitere das Ansehen fördernde Ehe zu stiften, nämlich zwischen Bernabòs Nichte Violante und dem Sohn des Königs von England, Lionel, Herzog von Clarence. Für diese vorteilhafte Partie war Mailand bereit, eine Mitgift von 2000000 Goldgulden zu zahlen und die Herrschaft über zahlreiche Städte und Schlösser in Piemont abzutreten.

Man nimmt allgemein an, daß Hawkwood an dieser Hochzeit teilgenommen hat, wie auch Petrarca und eine Unzahl anderer Leute von Rang und Namen. Die Daten lassen es möglich erscheinen: Der Bräutigam kam nicht vor Ende Mai in Mailand an. Die Hochzeitsfeierlichkeiten folgten einige Tage später vor den Portalen des Mailänder Doms. Und es wäre tatsächlich merkwürdig, wenn der englische Condottiere, der soeben für Mailand einen so nützlichen Sieg errungen hatte, nicht zu diesem besonderen Fest gebeten worden wäre. Der Bräutigam war der jüngere Bruder des Schwarzen Prinzen und kann Hawkwood gut auch persönlich und nicht nur vom Hörensagen gekannt haben. Auf alle Fälle mußten sich unter diesen Hunderten von Edelleuten und Rittern, die den englischen Herzog nach Italien begleitet hatten, viele alte Kameraden befinden, die sich freuten ‚Sir John wiederzusehen.

Es war eine stattliche Hochzeit, bei der an nichts gespart wurde. Sie sollte dazu dienen, der Welt im allgemeinen und den englischen Besuchern im besonderen die Größe der Familie Visconti vor Augen zu führen sowie den Wohlstand der Mailänder Bürgerschaft, deren Interessen die Visconti seit einigen Generationen so gut wahrgenommen hatten.

Mailand selbst war ungefähr zweimal so groß wie Florenz, eine Stadt mit gut gepflasterten Straßen und plätschernden Brunnen, großen Palästen, verlockenden Geschäften und etwa zweihunderttausend Einwohnern. Seine Stoffhändler reisten wegen ihrer feinen Wolle bis nach England. Auch Seide wurde hier gewebt. Mailänder Waffenschmiede waren wegen ihrer Kunstfertigkeit berühmt, und einige der hervorragendsten Kriegspferde wurden in der gut bewirtschafteten Umgebung der Stadt gezüchtet. Außerdem war das Mailänder Territorium nicht wie das der kleineren Staaten auf das Land im unmittelbaren Umkreis der Stadt, den *contado*, beschränkt. Die genauen Grenzen wechselten je nach Kriegsglück. In etwa reichte das Gebiet aber bis zu den Alpen hin und umfaßte die ganzen oberitalienischen Seen, mit Ausnahme des Gardasees, bei dem die Ambitionen der Visconti mit den Interessen von zwei mächtigen östlichen Nachbarn kollidierten: der Scaliger von Verona und der Gonzaga von Mantua. Zu diesem Zeitpunkt besaß Mailand keinen unmittelbaren Zugang zum Meer: Genua war noch unabhängig und fiel erst eine Generation später unter die Herrschaft der Visconti.

Doch auch so war Mailand 1368 eine eindrucksvolle Domäne. Da es sozusagen eine stehende Größe in der langen Chronik der Condottieri bildete – Hawkwood und seine Nachfolger verbrachten mindestens die Hälfte ihrer Laufbahn damit, für oder gegen Mailand zu kämpfen –, ist es wichtig, diesen ausgedehnten Staat in seinem Rang zu erkennen, den unheimlichen großen Bruder der italienischen Fürstentümer.

Vierzehn Jahre lang war die Macht zwischen Bernabò und seinem Bruder Galeazzo, dem Vater der Braut, geteilt worden. Galeazzo, der als der schönste Mann Italiens galt – bei der Begrüßung des Herzogs von Clarence trug er, wie so oft, einen kleinen Kranz aus Rosen im langen goldenen Haar –, spielte in dieser politischen Koalition die Rolle des Juniorpartners. Die Brüder waren einander sehr unähnlich, doch vereinigten beide einige der grausamen Eigenschaften in sich, welche die Viper als Wappentier ihres Hauses so geeignet machte. Während aber Bernabò ein lebhaftes, temperamentvolles, extrovertiertes Wesen zur Schau trug, war Galeazzo ein ruhiger, introvertierter Intellektueller. Sie hatten ihr Erbe in Einflußsphären aufgeteilt. Theoretisch war Mailand gemeinsamer Grund, in der Praxis aber zog es Galeazzo vor, seinen eigenen Hof in Pavia, etwa dreißig Kilometer weiter südlich, zu halten, wo sein Palast an den kühlen Tessin und einen großen Park, in dem er gerne spazierenging, grenzte. In Pavia baute er die von seinem Onkel, dem großen Erzbischof, geerbte Bibliothek

60 Bernabò Visconti, Herrscher von Mailand. Detail eines Standbildes von Bonino da Campione

59 Lionel, Herzog von Clarence, der 1368 Bernabòs Nichte, Violante Visconti, in Mailand heiratete

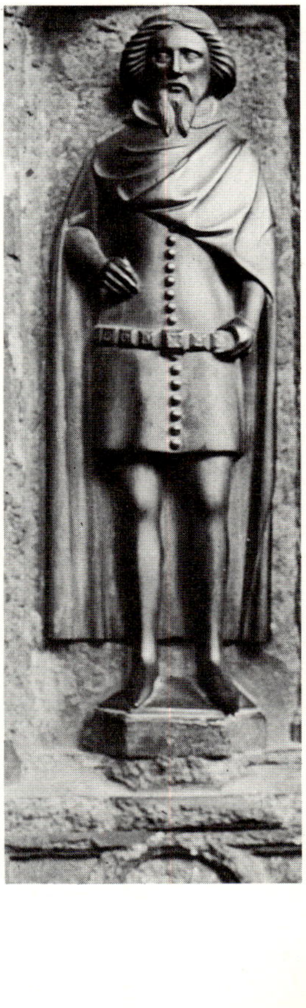

weiter aus und gründete eine Universität. Vereinfacht kann man sich Bernabò als Personifizierung des Mittelalters und Galeazzo als die der Renaissance vorstellen.
Bernabò sollte eine wichtige Rolle in Hawkwoods Laufbahn spielen. Galeazzo kommt in dieser Hinsicht nur insofern Bedeutung zu, als er der Vater von Giangaleazzo war, zur Zeit der Hochzeit ein sechzehnjähriger Jüngling, der beim Brautzug seiner Schwester einen Zug von Rittern anführte.
Möglicherweise schenkte Hawkwood diesem Giangaleazzo nicht die Beachtung, die er eigentlich verdiente. Er war ein schön gewachsener, gutaussehender junger Mann und seines Vaters einziger Erbe – denn Galeazzo hatte, wieder im Gegensatz zu seinem Bruder Bernabò, nur diesen einen Sohn und die eine Tochter. Giangaleazzo war auch bereits einflußreich verheiratet mit Isabella von Valois und trug von einer der entlegenen französischen Besitzungen, die ihm diese Verbindung eingebracht hatte, den Titel Graf von Virtù. Aber er galt, trotz des kriegerischen Anblicks, den er mit seinen hinter ihm dreinklirrenden Rittern bot, als ruhig und schüchtern und an militärischen Dingen desinteressiert, als ein Intellektueller wie sein Vater. All das war richtig. Man nahm an, daß er nie viel ausrichten würde und daß ihn sein Onkel oder seine Vettern eines Tages zum Frühstück verspeisen würden. Diese Vorhersage aber war völlig falsch, und in einigen Jahren sollten die Condottieri in ihm einen Mann finden, mit dem man zu rechnen hatte.
Mittlerweile ging die Hochzeit unbelastet von zukünftigen Ereignissen mit großem Prunk vonstatten. Sechzehn Gänge wurden beim Bankett serviert, wobei jeder von einer Art Miniaturprozession begleitet wurde und die Gäste bei jedem Gang ein ihrem Rang entsprechendes Geschenk erhielten. Da gab es reich verzierte Sättel und Rüstzeug der besten Mailänder Handwerker. Es wurden auch Falken verschenkt, die sorgfältig mit goldenen Ketten und Samtkapuzen versehen waren, reinrassige Jagdhunde an seidenen Leinen und sechsundsiebzig feurige Kriegspferde, für die die Lombardei berühmt war. Man kann nur hoffen, daß auch genügend Pagen bereitstanden, um diese Geschenke in Schach zu halten und den Fortgang des Festessens zu gewährleisten. Petrarca hatte einen Ehrenplatz am obersten Tisch. Es ist jedoch anzunehmen, daß in Wirklichkeit Bernabò in der klassischen Rolle des Brautonkels die treibende Kraft des Festes war.
Ein langes und sorgfältig vorbereitetes Festprogramm folgte den Sommer hindurch. Leider mußte es nach wenig mehr als vier Monaten abgebrochen werden, da der völlig erschöpfte Bräutigam zusammenbrach und am 7. Oktober starb. Als diplomatische und politische Parade aber und als eine Art Handelsmesse für Mailänder Erzeugnisse war Violantes Hochzeit jeden Groschen wert gewesen.
Hawkwood blieb während dieser ausgedehnten Festlichkeiten nicht in Mailand. Bernabò hatte noch mehr Arbeit für ihn.
Die Bewohner von Perugia lagen in Streit mit ihren Nachbarn von Arezzo und mit dem Papst, der sich vorübergehend wieder in der Ewigen Stadt niedergelassen hatte, die ihrerseits nach so vielen Jahren Anarchie und Vernachlässigung alles andere als ewig aussah. Der Pontifex bemühte sich, die Autorität der Kirche wieder in ihrem eigenen Territorium einzusetzen, ein Vorhaben, das unweigerlich die chronischen Unruhen in Mittelitalien verschärfte.
Perugia wandte sich an Bernabò um militärische Hilfe. Der Mailänder Despot beauftragte sofort Hawkwood damit. Es gab nur noch ein kleines Problem: Um den Schauplatz der Auseinandersetzungen zu erreichen, war es nötig, Territorien zu passieren, die nicht in den Streit verwickelt waren. Eine Durchgangserlaubnis zu erhalten, konnte auf Schwierigkeiten stoßen. Sich den Weg zu erkämpfen, wäre unnötige Kräftevergeudung gewesen. Die einfachste Lösung war, die falsche Nachricht zu verbreiten, Hawkwood sei von Bernabò entlassen worden und zöge mit seinen Leuten auf eigene Faust nach Süden, in der Hoffnung, vom Papst Beschäftigung zu erhalten. So durfte er die Gebiete passieren, vorausgesetzt, daß sich seine Leute anständig aufführten (und dafür sorgte Hawkwood), und je schneller er

61 Eine allegorische Figur Mailands hält das Visconti Familienemblem: eine Schlange bzw. einen Drachen, der einen Menschen verschlingt

vorankam, desto besser war es für alle Beteiligten. Hawkwood hatte Dinolo di Bondo Monaldi, den Perugia als Unterhändler nach Mailand geschickt hatte, als Führer bei sich. Auf diese Weise gelang es ihm, das Territorium von Bologna zu durchschreiten, ungehindert durch die Romagna zu ziehen und schließlich sein Lager in dem nur knapp zwei Kilometer unterhalb der feindlichen Stadt Arezzo liegenden Tal aufzuschlagen. Doch dann erlitt Hawkwood – sei es aus Erschöpfung, aus einer falschen Einschätzung der Lage heraus oder durch die günstigeren Gegebenheiten des Feindes – eine seiner seltenen Niederlagen. Die gemeinsame Streitmacht Arezzos fiel von dieser Hügelstadt über ihn her. Sie hatte die Unterstützung von päpstlichen Truppen unter Simone di Spoleto und von zwei deutschen Söldnerheeren unter den Condottieri Flaxen von Riesach und Johann von Rieten. Aber auch jetzt noch machten sich Hawkwood und seine Leute alle Ehre. Es kam zu einem sich lang hinziehenden Kampf, in dessen Verlauf schließlich Hawkwood zusammen mit dem Perugianer Gesandten und vielen seiner Leute gefangengenommen wurde. Von Rieten zeichnete sich auf der Gewinnerseite aus und wurde zum Ritter geschlagen – »wie es seiner außerordentlichen Tapferkeit zukam«, hieß es in dem offiziellen Bericht an den Papst.
Das scheint das einzige Mal gewesen zu sein, daß Hawkwood in Gefangenschaft geriet, eine Erfahrung, die für einige seiner Berufskollegen fast schon zur Routine gehörte. Es gibt keine genauen Berichte über dieses kurze Zwischenspiel in seiner Karriere. Anscheinend war er für etwa ein Jahr aus dem Verkehr gezogen. Danach wurde er wahrscheinlich ausgelöst. 1369 befand er sich jedenfalls wieder in Bernabòs Dienst, und zwar in Gemeinschaft mit den beiden Deutschen, die ihn im Jahr zuvor geschlagen hatten. Gemeinsam fochten sie nun gegen die Florentiner und besiegten sie durch einen schlau simulierten Rückzug bei Cascina an den Ufern des Arno.
Hawkwood blieb weitere drei Jahre im Dienst Bernabòs. Aber er scheint sich über zuviel diktatorische Einmischung geärgert zu haben, denn im September 1372 benützte er eine verzögerte Zahlung als Vorwand, um zu dem neuen Papst Gregor XI. überzuwechseln. Wenige Wochen später kämpfte er aktiv gegen Mailand, und ein paar Monate später hatte er seinem früheren Herrn bereits empfindliche Niederlagen beigebracht.
Hawkwoods schäbigster Auftraggeber war mit ziemlicher Sicherheit die Kirche.
Der Papst selbst befand sich wieder in Avignon. Sein Versuch, nach Rom zurückzukehren und die politische Macht des Papsttums in Mittelitalien wiederherzustellen, war für den Augenblick gescheitert. So führte Gregor XI. aus der sicheren Entfernung seiner Zitadelle in der Provence den Kampf mit Hilfe seines Legaten, Kardinal Graf Robert von Genf, weiter, und von diesem erhielt Hawkwood praktisch seine Befehle.

63 Ein berittener Krieger des 14. Jahrhunderts, Ausschnitt aus einem Fresko von Barna da Siena

62 Rimini, Pesaro, Fano, Senigallia und Ancona unterwerfen sich Kardinal Albornoz, der zwischen 1353 und 1362 in den Gebieten des Kirchenstaats die päpstliche Autorität wieder herstellte.

64 Die Einnahme einer Stadt. Ausschnitt aus einem Fresko von ca. 1370

Einige Jahre früher hatte ein anderer Kardinal eine ähnliche Aufgabe mit großem Erfolg ausgeführt. Aber der Spanier Albornoz war sowohl ein erfahrener militärischer Führer als auch ein kluger Zivilverwalter gewesen. In vierzehn Jahren geduldiger Arbeit hatte er Rom zu Ordnung und einer populären Regierung verholfen und die Anarchie in den päpstlichen Territorien beseitigt. 1367 konnte er Urban V. in Rom mit einem Wagen voll ausgehändigter Schlüssel begrüßen. Aber jetzt war Kardinal Albornoz tot und das Chaos wieder da, und der neue päpstliche Legat brachte keinerlei Voraussetzung mit, die Italiener zu ihrer alten Untertanentreue zurückzuführen.

Robert von Genf, Franzose wie Papst Gregor selbst, war ungemein grausam und heimtückisch. Er vertrat nicht nur die Ansicht, daß die strengsten Maßnahmen gerechtfertigt seien, um sich die Unterwürfigkeit der einzelnen Städte zu sichern, sondern scheint in ihrer Anwendung auch eine perverse Befriedigung gefunden zu haben. Er beschäftigte gern bretonische Freischaren, die im Ruf besonderer Grausamkeit standen, aber man war allgemein, der Ansicht, daß kein Söldner, und mochte er noch so ein Rohling sein, es ernsthaft mit dem Kardinal selbst aufnehmen konnte. Natürlich waren auch die Engländer keine Engel. Bei ihren ersten Feldzügen war die Redensart entstanden: *Inglese italianato è un diavolo incarnato* (»Ein italianisierter Engländer ist ein Fleisch gewordener Teufel«), aber in der Hauptsache waren sie an Beute und Lösegeld interessiert. Selbstverständlich hätten sie einem die Kehle durchgeschnitten, wenn man ihnen im Weg gewesen wäre, aber sie hätten es nicht nur so zum Vergnügen getan; das wäre ihnen unrentabel erschienen.

65 Italienische Bombarde des 14. Jahrhunderts
66 Bombardella, *italienisches Geschütz des späten 15. Jahrhunderts (rechts)*

Beute und Lösegeld mußten sie haben, da sich die Kirche als äußerst schlechter Zahlmeister erwies. Hawkwood beklagte sich unaufhörlich. Der Papst antwortete seinem »lieben Sohn, Giovanni Auguto« mit schmeichelnden Worten der Wertschätzung und versprach sein »bestes Wohlwollen« seiner »höchst liebenswerten Person, die unserem Herzen am nächsten steht«. Was das Geld beträfe, so beschäftige sich seine Heiligkeit mit dem Problem. Giovanni Auguto solle sich in »kindlicher Geduld« üben.

Ein Jahr später schrieb Hawkwood wieder. Seine Mahnschreiben wurden durch persönliche Boten nach Avignon gebracht. Eines lieferte sein Sekretär ab, Sir John Brise ein zweites. Der Papst erwiderte mit warmen verbalen Zusicherungen, die dem General direkt durch

seinen eigenen Zeremonienmeister, Giovanni de Canis, übermittelt wurden. Da der Papst aber begriff, daß Hawkwood beim besten Willen nicht mehr länger für das Verhalten seiner Leute garantieren konnte, schrieb er auch noch an einzelne hohe Offiziere der Kompanie.

Keine dieser Zusicherungen erwies sich als sehr ergiebig. Hawkwood befand sich in einer schwierigen Lage. Er diente weiter unter dem Banner des Papstes, zum Teil in der Hoffnung, doch noch zu seinem Geld zu kommen, und zum Teil, um Bernabò Visconti zu zeigen, wie sehr er sich in der Einschätzung der Engländer geirrt hatte. Zu seinem Pech gelang ihm das so eindrucksvoll, daß Bernabò im Sommer 1374 froh war, Frieden schließen zu können, und der Papst sofort die (im Grunde theoretische) Sparmaßnahme ergriff und Hawkwoods Anstellung aufkündigte – der übliche Dank an Söldnerheere für erfolgreiche Kriegführung.

In diesem Herbst war Hawkwood somit nichts anderes als ein Freischärler, der seinen Haufen so gut er konnte zusammenhielt und in jeder Hinsicht vom Land zehrte. In diese kurze Zeit der Beschäftigungslosigkeit fällt der berühmte Aufruf einer armen Nonne, Katharina von Siena, der späteren Schutzpatronin Italiens. Dieses fromme Mädchen war eine eifrige Briefschreiberin. Da sie selbst Analphabetin war, diktierte sie die Hunderte von Briefen, mit denen sie die Großen ihrer Zeit ermahnte. In einer relativ knappen Mitteilung an Hawkwood bedrängte sie ihn, an einem Kreuzzug teilzunehmen. »Ich bitte dich freundlich um Jesu Christi willen«, schrieb sie, »da Gott und auch unser Heiliger Vater erlassen haben, daß wir gegen die Ungläubigen ziehen sollen, daß Du, der Du so großen Gefallen an Kriegen und Schlachten findest, nicht länger gegen Christenmenschen kämpfst, denn das ist ein Vergehen gegen Gott, sondern gehst und Dich gegen die Türken wendest, ist es doch eine große

67 Relief von einem Visconti-Grab: Unterworfene Städte, dargestellt durch den jeweiligen Schutzpatron, huldigen Mailand (links)

68 Entwurf einer Belagerungsmaschine des 14. Jahrhunderts (rechts)

Schande, daß wir, die wir Christen sind, einander verfolgen sollen.« Sie bestürmte Hawkwood, »anstatt der Diener und Soldat des Teufels zu sein, ein mannhafter und wahrer Ritter zu werden.«

Hawkwood hätte sicher mit dem größten Vergnügen gegen die Ungläubigen gekämpft, vorausgesetzt, daß die Bedingungen für seine Kompanie zufriedenstellend gewesen wären, aber gerade um diese Zeit bot ihm der Heilige Vater erneut an, für ihn gegen die Florentiner zu ziehen, und wie käme er dazu, über Gottes Prioritäten mit dessen irdischem Vertreter zu streiten?

Mit der Annahme des neuen päpstlichen Auftrags war Hawkwood keineswegs so naiv, wie es zunächst aussehen mag. Im Mai 1375 erhielt er die Weisung, mit seinen gesamten Streitkräften in die Toskana einzumarschieren. Seine Armee war mit Bombarden, den Belagerungsgeschützen aus massivem Eisen, ausgerüstet, die trotz ihrer Schwerfälligkeit riesige Steinkugeln mit verheerender Wirkung gegen die feindlichen Bollwerke schleudern konnten. Florenz zitterte bei der Nachricht von Hawkwoods Anrücken. Bis jetzt hatten seine Mauern die schrecklichen Engländer aus der Stadt ferngehalten, aber nun stellten die Bombarden eine neue Bedrohung dar.

Hawkwood kannte seine Stärke. Er war nicht überrascht, als Florentiner Abgeordnete ihm an der Grenze ihres Territoriums entgegentraten. Als schlaue Geschäftsleute, die bestimmt über die schlechte Zahlungsmoral des Papstes Bescheid wußten, waren sie sicher, daß sich ein gutes Angebot lohnen würde. Und jetzt traf Hawkwood seine ersten Vereinbarungen mit Florenz, dem Staat, der schließlich sein längster und am meisten geschätzter Auftraggeber werden sollten. In Erinnerung an ihre Abfuhr vor elf Jahren, versuchten die Florentiner nicht, den unbeugsamen Engländer zu einem Überwechseln auf ihre Seite zu verleiten. Sie schlugen ihm lediglich vor, daß er sich, während er im Dienste des Papstes verblieb, verpflichten sollte, Florenz nicht anzugreifen. Was würde er als Gegenleistung für ein solches neutrales Verhalten verlangen? »Einhundertunddreißigtausend Goldgulden«, antwortete Hawkwood weltmännisch, »bei einer Frist bis September«. Als die Gesandten ihre Sprache wiederfanden, sagten sie, sie müßten nach Hause senden und weitere Instruktionen einholen. Aus Florenz kam die Antwort, daß sie unter allen Bedingungen eine Übereinkunft erreichen sollten. Die *condotta* wurde sogleich aufgesetzt und am 26. Juni in Hawkwoods Lager unterzeichnet, und zwar nicht nur von ihm als *capitano generale*, sondern auch von zwei Marschällen, einem Konnetabel und zwölf anderen Offizieren seiner Kompanie. Es wurde festgelegt, daß weder die Kompanie noch einer ihrer Leute während der Zeit von fünf Jahren »die Kommune, die Stadt, das Land oder den Distrikt von Florenz, noch die ihr untergebenen Städte beschädigen soll ... Die Kommune zahlt dafür als Gegenleistung 130000 Goldgulden des richtigen Gewichts und Florentiner Prägung, wobei 40000 im Juni, 30000 im Juli, 30000 im August und 30000 im September zur Auszahlung kommen sollen.« So lernte Hawkwood den praktischen Vorteil kennen, mit einer bürgerlichen Regierung Geschäfte abzuschließen, die gewöhnt war, ihre Verträge einzuhalten.

Einige der übrigen Vertragspunkte sind ebenfalls interessant. Bei ganz bestimmten Anlässen würde es der Kompanie erlaubt sein, durch Florentiner Territorium zu marschieren, unter der Bedingung, daß das Unternehmen vier Tage zuvor bekanntgemacht und daß auf den für die Zielrichtung am besten geeigneten Straßen marschiert würde, unter der Führung von Männern, die von der Kommune dafür ausgesucht wären; sie sollten friedlich durchziehen, den Preis für die Verpflegung bezahlen und keinen Schaden anrichten. Weiter wurde vertraglich festgelegt, daß während ihres Marsches nie mehr als einhundert Reiter und Fußsoldaten sich zu gleicher Zeit in Florenz aufhalten dürften.

Hawkwood brachte in diesem Sommer eine reiche Ernte ein. Der Handel mit Florenz führte rasch zu ähnlichen Abmachungen mit Siena, Arezzo, Pisa und Lucca. Diese Nichtangriffspakte erbrachten zusammen weitere 95000 Goldgulden. Und zwei oder drei Wochen nach Abschluß des Hauptgeschäfts mit Florenz handelte er mit Coluccio Salutati, dem neuen

Florentiner Kämmerer, einen persönlichen Vertrag aus, durch den sich die Republik verpflichtete, dem »Capitano Giovanni Haukebbode« ein jährliches Gehalt von 1200 Gulden zu bezahlen – für den Rest seines Lebens.
Es scheint im Interesse beider Parteien gelegen zu haben, über das gute Einvernehmen, zu dem sie miteinander gekommen waren, zunächst noch Stillschweigen zu bewahren. Hawkwood verblieb also im Dienst des Papstes und lag nominell im Krieg mit Florenz, aber merkwürdigerweise kam es nie zu einem blutigen Zusammenstoß zwischen den beiden Gegnern, und die feindlichen Stadtmauern blieben von den päpstlichen Wurfgeschossen unversehrt. Unter diesen Umständen war es nicht überraschend, daß der Papst keinen großen Eifer mehr entfaltete, seine Sold-Rückstände zu bezahlen. Hawkwood hatte darüber natürlich seine eigene Ansicht. Am Neujahrstag 1376 bemächtigte er sich in Perugia eines neu ernannten Kardinals und entführte ihn nach Rimini als lebendes Faustpfand für das geschuldete Geld. Um jeder Beschuldigung von Diebstahl zuvorzukommen, hatte er eine genaue Liste von dem persönlichen Gepäck des Prälaten anfertigen lassen, in dem sich keineswegs nur solche Standardartikel wie Mitra und Rosenkranz fanden, sondern erstaunlicherweise auch sechs Damenkleider. Doch nicht einmal diese gewaltsame Maßnahme erbrachte Bargeld, stattdessen übertrug ihm der Papst zwei große Güter in der Romagna und machte damit Hawkwood zum ersten ausländischen Condottiere, der in Italien Land besaß. Im Jahr darauf aber war die Geduld des Engländers erschöpft. Wäre er nur ein paar Monate eher aus dem päpstlichen Dienst geschieden, er hätte sich den häßlichsten Makel an seinem Ansehen erspart: seine Teilnahme an den Greueltaten von Cesena.
Diese unglückliche Stadt, die an der alten römischen Heerstraße nördlich von Rimini liegt, war zuerst von Robert von Genf und seinen Bretonen besetzt worden. Als diese Söldner bei

69 Die Festung von Cesena (links)
70 Kardinal Robert von Genf wird als Papst Klemens VII. gekrönt (rechts)

ihren Plünderungen auf den erbitterten Widerstand der Bevölkerung stießen, griff der Kardinallegat zu einer List. Er schwor einen feierlichen Eid auf seinen Kardinalshut und überredete damit die Bevölkerung, ihre Waffen auszuliefern. Außerdem gewann er ihr Vertrauen, indem er fünfzig Geiseln anforderte, die er, als Beweis seiner Menschlichkeit, unmittelbar darauf wieder freiließ.

Nun war er zum Vergeltungsschlag bereit. Er benötigte nur noch genügend Schlächter für eine so zahlreiche Bevölkerung. Da sandte er nach Hawkwood, der sich in der benachbarten Stadt Faenza aufhielt, und empfing ihn nach Einbruch der Dunkelheit in der Festung Murata. Er brauche den Engländer, so erklärte er, um zusammen mit den Bretonen »Gerechtigkeit zu üben«. Hawkwood kannte zwar die genaue Lage nicht, erriet jedoch die Absichten des Kardinallegaten und antwortete, daß er die Bürger sicher überreden könne, ihre Waffen niederzulegen und zum Gehorsam zurückzukehren. Der Kardinal bemerkte, daß sie bereits entwaffnet seien. Mit »Gerechtigkeit« meine er »Blut und noch mehr Blut«. Hawkwood protestierte noch eine Weile, aber schließlich gewann der Berufssoldat die Oberhand über den Menschen: Trotz aller Zahlungsrückstände stand er im Dienste des Papstes, und er hatte noch nie einen Vertrag gebrochen.

So gesellten sich Hawkwood und seine Kompanie zu den Bretonen bei der Plünderung der Stadt und dem Niedermetzeln ihrer Bewohner, das drei schreckliche Tage lang dauerte. Die Engländer waren so beutegierig wie alle anderen – tatsächlich hätte Hawkwood ihnen diese Gelegenheit kaum verweigern können, ohne seine Stellung als Heerführer zu verlieren –, aber am Töten fanden viele von ihnen keinen Geschmack. Wo immer es möglich war, gaben sie den Leuten eine Chance, mit dem Leben davonzukommen, und sogar ein feindlicher Chronist gibt zu, daß Hawkwood selbst, »um nicht für völlig niederträchtig gehalten zu werden«, ungefähr tausend der Frauen nach Rimini sandte. Die Bretonen waren blutdürstiger und führten ihre Anweisungen wörtlich aus. Auf den Plätzen von Cesena türmten sich die Leichen, und die Wallgräben waren voll mit ertrinkenden Flüchtlingen, denen bluttriefende Schwerter den Fluchtweg über die Brücken versperrten.

Für den Historiker des 19. Jahrhunderts war die Rolle, die Hawkwood, wie widerstrebend auch immer, bei diesem Massaker gespielt hat, eine Quelle großer Verwirrung; dem des 20. Jahrhunderts, der sich auf die Unmenschlichkeiten besinnt, die in seiner eigenen Ära von den Anführern vieler Nationen begangen wurden und die mit Befehlsnotstand gerechtfertigt werden, muß dieses »Kriegsverbrechen« eines mittelalterlichen Condottiere zwar nicht weniger schrecklich, aber etwas mehr verständlich vorkommen.

Dennoch ist es erleichternd zu erfahren, daß Hawkwood einen oder zwei Monate später den päpstlichen Dienst endgültig quittierte.

Damit blieb ihm ein Loyalitätskonflikt erspart, als im folgenden Jahr (1378) Papst Gregor starb, während er in Rom weilte, wodurch er die ganzen Kalkulationen der in Avignon verschanzten Clique durcheinander brachte und ihren Gegnern die Gelegenheit gab, wieder einmal das Konklave an seinem traditionellen Ort zu halten. Die daraus resultierende Papstwahl, die vom römischen Pöbel auf der Straße bestimmt wurde, führte zur Niederlage der französischen Kardinäle und zur Wahl eines neuen italienischen Pontifex, Urban IV. Die damit nicht einverstandenen Kardinäle zogen sich daraufhin nach Fondi zurück, hielten ein eigenes Konklave ab, erklärten die vorausgegangene Papstwahl für ungültig und fühlten in sich die göttliche Eingebung, von allen Kandidaten ausgerechnet Kardinal Robert von Genf zum Papst zu wählen. Der Schlächter von Cesena nahm den Titel Klemens VII. an, unter dem er offiziell in der Liste der Gegenpäpste rangiert. Die Rivalen exkommunizierten einander (womit sie das vierzig Jahre währende große Schisma eröffneten) und lieferten sich mit Hilfe von Söldnerheeren erbitterte Kämpfe. Klemens' Bretonen wurden von einer italienischen Kompanie unter der Führung von Alberico da Barbiano (von dem noch zu hören sein wird) besiegt, und Klemens selbst zog sich nach Avignon zurück, wo er schließlich Hawkwood um wenige Monate überlebte.

Der General zu Hause

»Vergangenen Sonntag«, so berichtete im Mai 1377 Lodovico Gonzagas Botschafter in Mailand, »führte Sir John Hawkwood eine Braut mit allen Ehren zu seinem Haus, der ehemaligen Residenz des letzten Bischofs von Parma«.
Das war die zweite Hochzeit des Generals. Sie fand einige Monate nach dem Blutbad von Cesena und ein paar Wochen nach dem Ausscheiden aus dem päpstlichen Dienst statt. Hawkwood war zu Bernabò Viscontis Fahne zurückgekehrt, und die Hochzeit bedeutete ein zusätzliches Siegel unter den Vertrag. Die Braut Donnina war eines der fünf unehelichen Kinder, die Visconti mit seiner Mätresse Porina, Tochter eines Mailänder Adeligen, Leone Porro, hatte. Wie bereits erwähnt, pflegte Bernabò die Loyalität seiner Condottieri durch Verheiratung mit seinen Bastarden zu festigen, während er seine rechtmäßige Nachkommenschaft für die königlichen Betten Europas reservierte. Seine Tochter Elisabeth wurde, möglicherweise sogar am gleichen Tag in einer Doppelhochzeit, dem Grafen Luz Landau, Hawkwoods geschätztem Berufskollegen, vermählt. Bei anderer Gelegenheit wurde Riccarda mit Bertrand de la Sale, einem der blutrünstigen Bretonen-Führer verheiratet, und für Enrica und Isotta fand Bernabò ähnlich furchterregende Ehemänner.
Es gab nie die geringste Verlegenheit über die Abstammung der Braut. Regina muß sich an ihren besonderen Status bei diesen Hochzeiten längst gewöhnt haben. »Die Hochzeit wurde beehrt mit der Anwesenheit der Frau Herzogin«, führte der Botschafter weiter aus, »und sämtlicher Töchter von Signor Bernabò. Nach dem Mahl ging der genannte Signor Bernabò mit seiner Porina zum Haus von Sir John, wo den ganzen Tag Turniere gefochten wurden. Man erzählt mir, daß Frau Regina nach dem Mahl der Braut ein Geschenk von tausend Golddukaten in einer Vase überreichte.« Signor Marco und Signor Luigi, fuhr er fort, hätten jeder Perlen im Wert von 300 Dukaten gegeben. Diese jungen Männer waren die legitimen Halbbrüder der Braut. Offensichtlich war Bernabòs Familie nicht nur zahlreich und weitverzweigt, sondern auch mit Familiensinn begabt. Aber, schloß der Botschafter, »es gab keinen Tanz aus Achtung vor der jüngst verstorbenen Frau Taddea«. Taddeas Identität läßt sich nicht ermitteln, beachtenswert ist jedoch, daß wenigstens einige der Konventionen respektiert wurden.

Donnina selbst war stolz auf ihre illustre, wenn auch illegitime Herkunft. Sie bezeichnete sich später als »Donnina Visconti von Mailand, Gemahlin des Sir John Hawkwood«. Mit der Selbstsicherheit seines Standes und seiner Nation begnügte sich Hawkwood dagegen in den meisten Fällen mit *miles anglicus* (»englischer Ritter«) zu unterschreiben. Denn, mag er sich gedacht haben, was konnte es, nach Crécy und Poitiers, Höheres geben?
Die Flitterwochen verbrachte das Paar in Cremona. Diese Stadt eignete sich für die militärischen Vorbereitungen, die Hawkwood für seine nächste Aufgabe benötigte. Es ging um einen großen Feldzug gegen seinen vorherigen Auftraggeber, den Papst, bei dem Mailand mit Florenz und einer Reihe anderer Städte verbündet war. Viele dieser beteiligten Stadtstaaten zahlten Hawkwood ihren eigenen Beitrag. Er galt nun als der beste Heerführer in Italien. Sein Gesamteinkommen betrug 250000 Gulden im Jahr.
Er besaß noch immer die Landgüter, die ihm der Papst anstelle von Bargeld übereignet hatte, und diese gaben ihm nun einen festen Wohnsitz, an dem Donnina während seiner Abwesenheit im wahrsten Sinne des Wortes »die Festung halten« und die mit der Zeit ankommenden Kinder aufziehen konnte: Janet, Catherine, Anna und John.
Diese Besitzungen lagen in der Ebene, die sich von der schnurgeraden Via Emilia und dem

Apennin über die melancholischen Sümpfe und Lagunen, die das Meer um Ravenna säumen, erstreckt. Eines der Güter befand sich in Bagnacavallo, das andere nicht weit davon entfernt in Cotignola. Hier war von Hawkwood ein Jahr vor seiner Heirat eine verfallene kleine Stadt übernommen und neu befestigt worden. Er hatte neue Mauern errichten und einen tiefen Graben ziehen lassen, die ein fünfmal größeres Gebiet, als ihm eigentlich zustand, umschlossen, und zu seiner eigenen Sicherheit eine komplette Festung mit Verließen gebaut. Die Erweiterung der Grenzlinien machte es nötig, Land von einem Nachbarn gegen eine angemessene Vergütung zu übernehmen. Die Familie dieses Mannes wird später häufig in den Chroniken der Condottieri auftauchen, und zwar unter dem Namen, den sein Sohn angenommen hat: Sforza.

Dieser Sohn war Muzio, der gefällige Nachbar selbst Giovanni Attendolo. Muzio – der eines Tages einen noch berühmteren Sohn haben wird: Francesco, den ersten der Sforza Herzöge – wurde am 10. Juni 1369 geboren, war also noch ein Kind, als der berühmte Engländer nach Cotignola kam und diese eindrucksvollen Veränderungen vornahm. In späteren Jahren verhöhnten Gegner, denen es darauf ankam, die Familie herabzusetzen, die Attendoli als einfache Bauern. Sicher waren sie ein rauhes Volk, aber Giovanni muß doch auch über etwas Besitz verfügt haben, sonst hätte er Hawkwood kein Land abtreten können.

71/72 Zu Hawkwoods Nachbarn gehörten die Condottieri-Familien Ordelaffi und Malatesta, die sich damals ihre Burgen in Forlì (72) bzw. Rimini (71) erbauten

Die verarmte Romagna war die reinste Brutstätte für Condottieri. Ebenfalls in naher Nachbarschaft lebte Graf Giovanni da Barbiano, dem das Schloß von Cunio gehörte. Sein berühmterer Bruder, Alberico, sollte später noch einen größeren Einfluß als selbst Hawkwood auf die Entwicklung des italienischen Kriegswesens ausüben. Alberico war bereits zu Ansehen gelangt: Auch er hatte Briefe mit gutgemeinten, aber vergeblichen Ermahnungen der Katharina von Siena erhalten, und er war mit seinen zweihundert Lanzen ebenfalls am Massaker von Cesena beteiligt gewesen. Ein Jahr später hatte er, wie Hawkwood, die Partei gewechselt, stand bei Bernabò unter Vertrag und kämpfte gegen dessen Schwiegerfamilie, die Scaliger in Verona – ein Streit, bei dem die militante Regina ihrem Gatten jede Ermunterung gegen ihre eigene Sippe gab. Alberico da Barbiano war zeitweise Hawkwoods Waffenkamerad, zeitweise sein Gegner. Deshalb hätten die beiden zu Hause in der Romagna aber trotzdem nicht nur gute Nachbarn, sondern sogar echte Freunde werden können, aber es ist eher wahrscheinlich, daß zwischen diesen zwei so ausgeprägten Condottieri zumindest von da Barbianos Seite her keinerlei Sympathie bestand.

Alberico war ein italienischer Ritter, arm an Besitztum, aber stolz auf die Tradition, der er angehörte. Hawkwoods Methode, seine Truppen vor der Schlacht absitzen zu lassen, mochte und verstand er nicht. Sie war eines Edelmanns unwürdig und untergrub den Status des Kriegerstandes. Nicht weniger hatte er gegen die Beherrschung des Landes durch ausländische Abenteurer einzuwenden. 1379 gewann er an der Spitze seiner neu zusammengestellten, rein italienischen *Compagnia di San Giorgio* einen beachtlichen Sieg über die Bretonen, die Favoriten des Gegenpapstes Klemens. Papst Urban war darüber so entzückt, daß er Alberico ein Banner überreichte mit der optimistischen Aufschrift *Italien von den Fremden befreit*. So ist es wenig wahrscheinlich, daß sich Hawkwood und Alberico gut verstanden haben.

Mit solchen Nachbarn vor der Haustür und mit einer ähnlichen Condottieri-Familie in fast jeder Stadt dieser Region – den Malatesta in Rimini, da Polenta in Ravenna, Ordelaffi in Forlì etc. – tat Hawkwood gut daran, Sicherheitsvorkehrungen für seine Besitzungen zu treffen, zumal er jetzt nicht mehr dem Papst diente, von dem er sie erhalten hatte. Er stationierte dort vertrauenswürdige Engländer seiner Kompanie und sah zu, daß sie stets gut versorgt waren. Bald nach seiner Hochzeit sandte er eine Lieferung von Waffen nach Bagnacavallo, die auch Streitäxte und Armbrüste enthielt. In den folgenden Jahren bat er um Sicherheitsgeleit für eine Flottille von sechs Booten, die den Po hinunter nach Ferrara ging und zusätzliche Waffen, Werkzeuge, Getreide, Bauholz und andere Güter zu seinen Besitzungen brachte. Bagnacavallo und Cotignola selbst erbrachten keine großen Einkünfte. Sie versorgten ihn mit Wein, Vorräten und lokalen Arbeitskräften, aber sie boten ihm keinerlei Luxusleben. Das war auch der Grund, warum ähnliche einheimische Gutsherren Condottieri wurden. Zwei Wohnsitze im Abstand von wenigen Kilometern zu besitzen, mag uns heute seltsam erscheinen, aber, abgesehen von der Verdoppelung der lokalen Erträge, boten sie auch gewisse praktische Vorteile, besonders für das gründliche Säubern des einen Hauses, während die Familie im anderen wohnte. Selbst in dem kühleren Klima von England machten es die mittelalterlichen sanitären Einrichtungen wünschenswert, über mehr als ein Schloß zu verfügen, und sei es nur, um einen Luftwechsel zu bieten.

Hawkwoods Rolle als romagnolischer Gutsherr dauerte nur ein paar Jahre. Seine Beziehung zu Bernabò, die durch seine Hochzeit so erfolgversprechend erneuert worden war, scheint nie ganz ungetrübt gewesen zu sein. Hawkwood wandte sich mehr und mehr Florenz zu. Im Herbst 1379, als er mit Donnina zu Hause in Bagnacavallo weilte, ereignete sich ein besonderer Vorfall, dessen genaue Fakten heute wohl kaum mehr aufzudecken sind.

Es scheint, daß Hawkwood vertraulich an die Signoria schrieb und sie vor »großen Verschwörungen, die in Florenz im Gang seien« warnte, eine Nachricht, welche die Regierung alarmieren mußte, aber sicherlich kaum überraschte, denn in der Stadt brodelte es bereits seit einiger Zeit wie in einem Vulkan. Es war das Jahr, das auf die Unterdrückung der historischen Revolte der *ciompi*, der Wollkämmer, gegen die Herrschaft der reicheren Kaufmannsklasse folgte. Dieses Ereignis war geprägt von der Gewalt des Pöbels und jeder Art politischer Repressalien, die mit dem Ausbruch von Klassenkampf einhergehen. Als daher Hawkwood die Stadträte darüber informierte, daß die Gegenpartei mit ihren in Bologna im Exil lebenden Kameraden und unterstützt von den *ciompi* eine Revolution beabsichtige, neigte niemand dazu, diese Warnung in den Wind zu schlagen.

Hawkwood versicherte der Signoria, er habe die ganze Geschichte von einem höchst zuverlässigen Informanten, der jedoch ungenannt bleiben müsse. Auch das war plausibel, denn durch sein unstetes Leben hatte er viele Kontakte, und seine Unabhängigkeit von den gewöhnlichen Streitigkeiten in Italien machte ihn zu einem unparteiischen Zuhörer. Sein verschlossenes und diskretes Wesen ermutigte die Leute, sich ihm anzuvertrauen. Als Heerführer maß er der Information im allgemeinen einen hohen Wert bei, da der Erfolg vieler seiner glänzenden Gewaltmärsche und anderer Manöver von ihr abhingen. Einige Jahre später erwähnt Giovanni Cavalcanti in seiner Geschichte von Florenz den gut organisierten

74 Muzio Attendolo, der erste Sforza

73 Befestigungsturm an Hawkwoods Besitzung in Cotignola

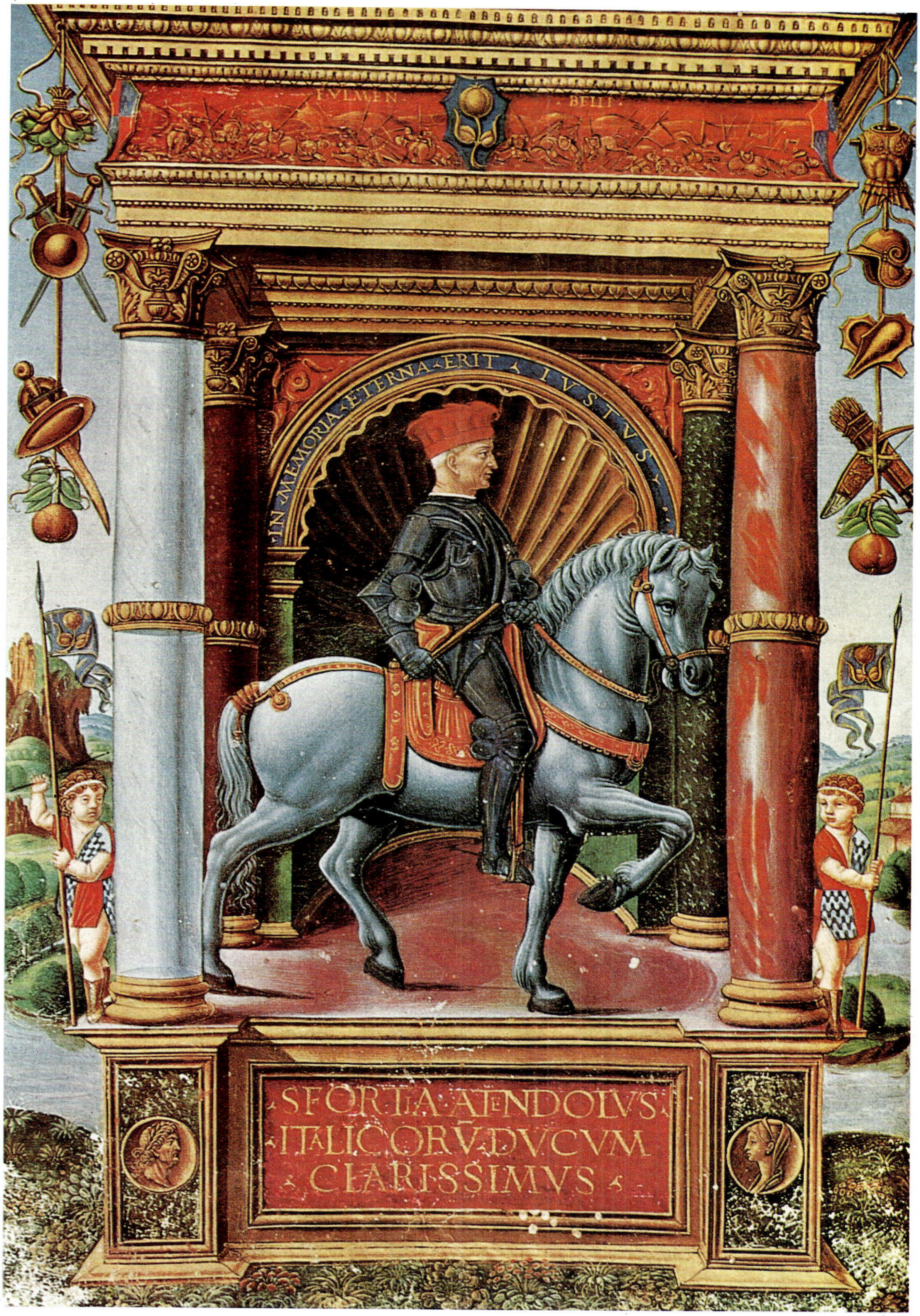
FULMEN BELLI
IN MEMORIA ETERNA ERIT IUSTUS
SFORTA ATTENDOLUS
ITALICORU DUCUM
CLARISSIMUS

75 Ostasio da Polenta, von 1390 bis zu seinem Tod 1396 Herr von Ravenna. Seine Grabplatte zeigt ihn im frommen Gewand eines Franziskanerbruders

Spionagedienst, den Hawkwood aufgebaut hatte, und es ist nachgewiesen, daß er damit im Jahr 1388 Bernabòs Sohn, Carlo Visconti, vor dem Gift bewahren konnte, das ihm sein Arzt, auf Anstiftung eines Vetters, unter die Frühstücksfeigen gemischt hatte.

Bei der oben erwähnten Gelegenheit erklärte sich Hawkwood bereit, die ganze Verschwörungsgeschichte für 50000 Gulden und die Amnestierung von sechs von ihm genannten Personen preiszugeben. Ein Alternativangebot für 20000 Gulden sah nur die Enthüllung des geplanten Komplotts, ohne die gesamte Liste der Verschwörer vor. In beiden Fällen müsse die Signoria von Florenz ihre eigenen Bevollmächtigten nach Bagnacavallo senden, damit der anonyme Informant alles bzw. all das, wofür gezahlt wurde, enthülle. Aus leicht einzusehenden Gründen zöge er es vor, nicht selbst in der Stadt zu erscheinen.

Guccio Gucci, ein reicher und zuverlässiger Bürger, wurde beauftragt, dieses delikate Geschäft durchzuführen. Er erschien zum abgemachten Zeitpunkt in Hawkwoods Heim, und ohne Zweifel wurden die Verhandlungen, um den Jargon der modernen Presse zu verwenden, in »offener und freundlicher Atmosphäre« aufgenommen. Sie gingen jedoch langsam voran, wie das bei solchen Gesprächen oft der Fall ist. Obwohl Gucci beauftragt war, sein Land vor Unheil zu bewahren, so hatte er gleichzeitig auch die Weisung, das so billig wie möglich zu tun. Die zwei Parteien tasteten sich aufeinander zu wie moderne Gewerkschaften und Arbeitgeber, die beide wissen, daß letzten Endes doch eine Einigung zustande kommt, aber dennoch ständig behaupten, daß sie ihr letztes Wort gesprochen hätten. Die Gespräche zogen sich so lange hin, daß die unruhig gewordene Signoria täglich Boten sandte, die sich über den Fortgang erkundigen sollten. Hawkwood ließ sich auf 20000 Gulden für die gesamte Information und 12000 Gulden für die gekürzte Fassung herunterhandeln. Gucci entschied sich für die billige Ausgabe.

Der Informant sollte nun in Hawkwoods Zimmer, das nur mit einem Holzkohlebecken erleuchtet werden durfte, seine Geschichte erzählen. Für kurze Zeit sah es so aus, als ob die steigende Spannung seines Verschwörer-Dramas ins Leere verpuffen würde, denn Hawkwood konnte den Mann nicht sofort herschaffen. Es muß schwierig gewesen sein, den Mann ständig in Reichweite zu halten, als ein Tag nach dem anderen verging, ohne daß es zu einer Einigung gekommen wäre. Schließlich tauchte der Informant doch noch rechtzeitig auf, und das Komplott wurde wie vereinbart im dunklen Raum in Bagnacavallo aufgedeckt. Es scheint, daß sie Geschichte gut fundiert war und daß die Signoria die nötigen Gegenmaßnahmen ergriff, um einem neuen Aufflammen der Revolution des Vorjahres rechtzeitig zu begegnen. Hätten die Florentiner das geringste Gefühl gehabt, von Hawkwood hereingelegt worden zu sein, oder wären sie mit dem Handel auch nur zum Teil unzufrieden gewesen, dann hätten sie dem Engländer in den folgenden Jahren sicher nicht soviel Vertrauen entgegengebracht.

Einen eindrucksvollen Beweis dieses Vertrauens lieferte Florenz im Januar 1382 und danach noch einmal zwei Monate später. Eine Rebellion war gerade in Florenz ausgebrochen. Der *capitano del popolo*, der offizielle Hüter der öffentlichen Ordnung, rief Hawkwood um Hilfe an. Das war ungewöhnlich, denn normalerweise gehörte es nicht zu den Aufgaben eines Condottiere, sich in die internen Unruhen eines Staates einzumischen. Auf der Piazza della Signoria tobte eine aufgebrachte Menschenmenge. Es genügte jedoch das Erscheinen von Hawkwood mit neunzig Lanzen, um Ordnung zu schaffen. In der Nacht aber brach der Tumult erneut aus, und bei Tagesanbruch war die Piazza wieder Schauplatz heftiger Szenen, so daß der *capitano del popolo* sein Kommando abgab und auf der Stelle zurücktrat. Diese Art verzweifelter Situation mag für den altgedienten englischen Heerführer wie gemacht gewesen sein. Ruhig und gelassen säuberten er und seine Männer die Piazza, zogen durch die Stadt und dämpften die erregten Gemüter der Demonstranten. Als ein Ergebnis dieses und eines ähnlich erfolgreichen Vorgehens im März darauf, schloß die Signoria ein wahrscheinlich einzigartiges Abkommen über den Einsatz von Söldnern zur Aufrechterhaltung der inneren Ordnung ab.

Gegen Jahresende war Hawkwoods Beziehung zu Florenz so eng und beständig geworden, daß es nicht länger sinnvoll schien, sein Haus in der Romagna zu halten. Sein Vertrag von 1381 verbot ihm, sich ohne Erlaubnis der Signoria weiter als nach heutiger Rechnung 120 Kilometer von Florenz zu entfernen. Im Oktober des folgenden Jahres suchte er seine Familie in der Stadt unterzubringen. Er hat jedoch nie eine feste Wohnstätte innerhalb der Stadtmauern erworben, und wenn er gebeten wurde, über Nacht in Florenz zu bleiben, so logierte er für gewöhnlich in dem großen Kloster Sant'Antonio, kurz vor dem Faenza-Tor. Im Januar 1383 kaufte er einen Landsitz in La Rochetta im Val d'Elsa, unweit von Poggibonsi und über vierzig Kilometer südlich von Florenz.
Die Landgüter in der Romagna konnte er für 60000 Gulden verkaufen. Zu verschiedenen Zeiten erwarb er andere Besitzungen. Ungefähr zehn Jahre lang war er Herr von Montecchio Vesponsi, einem Schloß in der Nähe von Cortona, das immer noch als ehemaliger Wohnsitz des großen Söldnerführers angegeben wird, obwohl völlig offen ist, wie lange er tatsächlich dort gelebt hat. Dieser Besitz brachte einiges an Weg- und sonstigen Gebühren ein, desgleichen die beiden anderen kleinen Burgen in der Gegend von Arezzo. Zum Schluß aber verkaufte er sie gegen Barzahlung an die Florentiner Regierung. Es steht außer Zweifel, daß Hawkwood nicht wie so viele andere Condottieri von der Gier nach Territorialbesitz ergriffen war und daß bei all den großen Summen, die durch seine Hände gingen, nur wenig Geld an seinen eigenen Fingern hängen blieb. Sicher, er zahlte seine Leute pünktlich und sorgte dafür, daß sie nicht zu kurz kamen, aber dennoch hätte er bei seinem Mangel an Extravaganzen, bei seinem Familienleben, das als durchaus bürgerlich beschrieben wurde, eigentlich nie, wie es offensichtlich der Fall war, in finanzielle Schwierigkeiten kommen dürfen. Fritz Gaupp meint, die schlauen Florentiner hätten es verstanden, das Geld, das sie dem Engländer auszahlen mußten, durch ihre erbarmungslose Besteuerungsmaschine wieder in ihre Truhen zurückzubringen. Wenn das der Fall war, dann nahmen die Florentiner (die in vielem ihrer Zeit voraus waren) bereits die trickreichen Erfindungen unserer modernen Steuerpolitik vorweg.
Zu seinem eigentlichen Wohnsitz ernannte Hawkwood nicht La Rocchetta, das zu weit ab von der Stadt lag (Cavalcanti berichtet uns, daß »dieser ausgezeichnete Mann« fast jeden Morgen nach Florenz kam, um sich mit dem »Rat der Zehn«, dem Verteidigungsausschuß, zu beraten), sondern San Donato in Polverosa, nur wenig von Florenz entfernt. Hier hatte er einen bescheidenen Landsitz erworben, wie ihn viele wohlhabende Florentiner neben ihren Stadthäusern besaßen. In San Donato hatte er eine Bleibe für seine Familie, Hütten für das Personal und das Eigentum an mehreren kleinen Bauernhöfen oder *poderi*, deren Bauern entweder Pacht zahlten oder nach dem heute noch bestehenden toskanischen System der *mezzadria* oder Ertragsteilung arbeiteten. Auf jeden Fall haben sie Hawkwoods Tisch sicher gut versorgt.
Es ist nicht schwer, sich das Leben des alternden Kriegers in San Donato im Kreis seiner heranwachsenden Kinder aus zweiter Ehe vorzustellen. Mit »alternd« ist dabei lediglich eine biologische Tatsache gemeint. Hawkwood ging nie in den Ruhestand, und der alte Haudegen konnte, wie wir noch sehen werden, mit seinem Elan den Feind bis zuletzt in Erstaunen versetzen. In den Zeiten aber, in denen kein Kriegsruf erschallte, genoß er längere friedliche Aufenthalte zu Hause – ein Vorläufer des später aufkommenden britischen Landjunkers.
Die toskanische Landschaft der damaligen Tage ist für uns in zeitgenössischen Malereien und Schriften erhalten. So berichtet Leone Battista Alberti von der kristallklaren Luft, dem Vogelsang, den neugeborenen Lämmlein, den treuen Schäferhunden und den reinen Bergbächen, »die herunterhüpfen oder sich unter Galerien von überhängendem Laub« verstecken. Von den Häusern – und Hawkwoods Haus war typisch für eine große Anzahl davon – sprach Alberti mit der gleichen Begeisterung: »Gesegnetes Landhaus«, schrieb er, »sicheres Heim guten Essens, lieferst Wohltaten ohne Ende: Frühlingsgemüse und herbstliches Obst, ein Stelldichein für freundliche Menschen, einen bezaubernden Zufluchtsort.«

76 Das Kloster St. Antonio in Florenz

Vor diesem pastoralen Hintergrund bewegt sich der grau gewordene Condottiere. Umwelt und Lebensweise sind so anders als in dem Landhaus in Essex, wo er aufgewachsen ist, aber ihm jetzt nach den vielen in Italien verbrachten Jahren vertrauter. Die Mandelbäume breiten ihre rosa Blütenwolken aus, die Olivenbäume schimmern silbrig grün, die Bauern in ihren grauen, selbstgesponnenen Tuniken beschneiden Weinstöcke auf den mit Steinmauern umgrenzten Terrassen, und es sind Oliven und nicht englische Mostäpfel, die in der Presse zerquetscht werden. Hawkwood wäre nicht Hawkwood gewesen, wenn er nicht seinen Besitz genau inspiziert hätte. Er konnte inzwischen fließend und mit Nachdruck zu den für ihn tätigen Leuten in ihrer eigenen Sprache sprechen. Ob er sich mit ihnen allerdings über die Feinheiten der italienischen Agrarpraxis unterhalten konnte, ist eine andere Frage. In dieser Hinsicht war er ziemlich im Hintertreffen gegenüber jedem der Florentiner Geschäftsleute, die sich ähnliche Landsitze außerhalb der Stadt gekauft hatten, und die (wenn man den zeitgenössischen Schriftstellern trauen darf) einen unaufhörlichen und aussichtslosen Kampf mit den schlauen Bauern führten, die als ihre Untertanen galten. »Fordere von ihnen keinen Dienst, ohne sie zu bezahlen«, warnt Giovanni Morelli zynisch, »es sei denn, du willst dreimal und mehr Kosten haben. Vor allem aber, trau keinem von ihnen. So wirst du mehr geliebt und geachtet werden, und was Gutes in ihnen stecken mag, wirst du zum Vorschein bringen.«
Vielleicht bedeutete das regelmäßige Zusammentreffen mit dem Verteidigungsausschuß eine willkommene Unterbrechung für Hawkwood, denn da befand er sich wieder auf seinem ureigenen Gebiet. »Öfter kam es vor«, erzählt Cavalcanti, »daß der genannte Heerführer den Zehn Ratschläge erteilte, als daß die Zehn ihm Weisungen gaben. Seine Teilnahme an diesen Zusammenkünften zeigte, daß ihm das Wohl der Stadt besonders am Herzen lag.«
Nicht alle Berufssoldaten wären bei diesen alltäglichen Diskussionen mit Zivilisten, von denen sie letzten Endes ihre Befehle empfangen mußten, glücklich gewesen, aber Hawk-

wood verstand es, mit ihnen diplomatisch umzugehen. Tatsächlich kam es selten vor, daß er seine Ungeduld so deutlich zum Ausdruck brachte wie damals, als er mit Andrea Vettori stritt. Für einen Augenblick dringt die authentische Stimme Hawkwoods durch die Jahrhunderte hindurch zu uns.
»Geh du und web dein Tuch«, sagte er, »und überlaß es mir, die Truppen zu führen.«

77 Toskanische Landschaft, Ausschnitt aus dem Fresko vom guten Regiment *der Brüder Lorenzetti, 1340*

Giangaleazzos Soldat

Hawkwood hatte in Florenz den ihm gemäßen Platz gefunden, und es ist wenig wahrscheinlich, daß er je den Wunsch verspürte, zu seinem vorherigen Arbeitgeber – Mailand – zurückzukehren. Im übrigen ereignete sich 1385 ein Vorfall, der das für einen Mann seiner Wesensart sowieso unmöglich gemacht hätte.

Dieses Ereignis soll uns dazu dienen, die »schattenhafte, aber edle Gestalt von Jacopo dal Verme«, wie sie F. R. Chamberlin genannt hat, auf die Bühne zu bringen. »Schattenhaft«, weil außer seinen militärischen Handlungen wenig über diesen Condottiere bekannt ist; und »edel«, weil er ein und demselben Herrn während dessen ganzer Regierungszeit ergeben diente und dessen schrecklichem Erben solange es möglich war, und weil seine eigene Ehre dabei niemals befleckt wurde.

Tatsächlich läßt sich Jacopo dal Verme aufgrund seiner Diskretion, seiner Verläßlichkeit und seinem Mangel an politischem Ehrgeiz mit Hawkwood vergleichen. Und diese beiden Männer waren dazu bestimmt, sich als Gegner in den letzten Feldzügen von Hawkwoods Laufbahn gegenüberzustehen.

Dal Verme stammte aus einer Veroneser Soldatenfamilie, und mindestens ein Bruder kämpfte an seiner Seite. Sein Name wurde erstmals 1378 bekannt, als Galeazzo Visconti starb und der junge Giangaleazzo seine Nachfolge antrat. Der neue Herrscher von Pavia ernannte dal Verme sogleich zu seinem *capitano generale*. Diesen Titel sollte er während des ganzen nächsten Vierteljahrhunderts behalten, obwohl er ihn – zur Verwirrung der Historiker – manchmal mit anderen Heerführern teilte. Vielleicht war es mehr ein Rang als ein Amt. Angesehene Condottieri liebten es nicht, einen untergeordneten Status einzunehmen, und wenn ein größerer Krieg drohte, versuchte eine reiche Macht wie Mailand, möglichst viele solcher Generale zu sammeln und sogar mehr zu engagieren als notwendig waren, um zu verhindern, daß sie vom Feind in Dienst genommen wurden.

Giangaleazzo, dem wir erstmals bei der Hochzeit seiner Schwester als einem sechzehnjährigen Studiosus begegneten, der in einer nicht zu ihm passenden Ritterrüstung steckte, befand sich mit sechsundzwanzig in einer ungleichen Partnerschaft mit seinem Onkel Bernabò. Seine Aussichten waren gering, ja für einen oberflächlichen Beobachter fast nicht vorhanden. Es spricht sehr für dal Verme, daß er die Fähigkeiten des jungen Mannes erkannte, und bereit war, einen Außenseiter zu unterstützen und im entscheidenden Moment ein gewaltiges Risiko auf sich zu nehmen. Giangaleazzo seinerseits, der selbst kein Soldat war, sondern ein Mann, der Soldaten als politisches Instrument brauchte, zeigte nicht weniger Menschenkenntnis, als er gleich zu Beginn seiner Regierung den richtigen Heerführer erwählte.

Der junge Visconti war in der Renaissance-Atmosphäre seines väterlichen Schlosses in Pavia aufgewachsen. Er hörte nie auf, diesen großen Festungspalast, den sein Vater in die nördliche Stadtmauer gebaut hatte, zu lieben, und hier verbrachte dal Verme als einer seiner Vertrauten und sein oberster Militärberater die meiste Zeit, wenn er nicht im Feld draußen war.

Das Kastell war aus Ziegeln in Form eines perfekten Quadrats errichtet. Es enthielt zwei Etagen mit jeweils vierzig Zimmern, die nach der Innenseite auf eine wunderschöne Hofanlage mit Bogenhalle und Arkaden gingen, Schauplatz vieler Turniere und anderer Aufführungen, die von den oberen Loggien aus betrachtet werden konnten. Eine weitere Loggia öffnete sich von der großen Halle aus und gab den Blick auf die rückwärtigen Gärten frei. Hier speiste die Familie gern an warmen Abenden. Wuchtige Befestigungen und ein

78/79 Giangaleazzo Visconti und seine Frau, seine Kusine Caterina

80 Der Innenhof des Kastells von Pavia

81 Das Kastell von Pavia

tiefer Graben schützten vor der Außenwelt, aber es war bezeichnend, daß nur einer der Ecktürme eine äußerst notwendige Rüstungskammer enthielt, während die anderen mit den Büchern und Kunstschätzen vollgestopft waren, an denen beide, Vater und Sohn, die größte Befriedigung fanden. Hier ist nicht der Ort, Giangaleazzos Beitrag zur Geschichte der italienischen Kunst und Gelehrsamkeit durch sein Mäzenatentum in Pavia und Mailand zu diskutieren, aber um dal Verme und die anderen bekannten Condottieri, die Giangaleazzo beschäftigte, in ihren Handlungen zu verstehen, ist eine genaue Kenntnis des Mannes nötig, dessen Pläne sie ausführten

Er war ein nachdenklicher junger Mann. Seit seiner frühesten Jugend hatte er über vielerlei zu grübeln. »Er pflegte«, schreibt sein Biograph Paolo Giovio, »während seiner Spaziergänge sich ganz seinen Gedanken hinzugeben.« Wie sein Vater liebte er die stillen Gärten des Schlosses und den bewaldeten Park, der sich jenseits des Tessins hinzog. Während er einerseits sehr reserviert und ganz in sich gekehrt sein konnte, verstand er es andererseits, Ratgeber einzusetzen und Aufgaben im rechten Moment zu delegieren. Es war seine Gewohnheit, fährt Giovio fort, »mit solchen Experten für jegliche Angelegenheit zu verhandeln«, und da er selbst keine militärischen Ambitionen hatte, muß er sich weitgehend auf seinen *capitano generale* verlassen haben.

Sein Privatleben war bisher sehr tragisch verlaufen. Mit sechsundzwanzig Jahren war er bereits Witwer. Er hatte nicht nur seine französische Prinzessin Isabella von Valois verloren, sondern auch seine drei Söhne. So war es kein Wunder, daß er die überlebende Tochter Valentina vergötterte. Aber ein Mann seines Rangs konnte es sich nicht leisten, seinem privaten Kummer für immer nachzuhängen, vor allem wenn das Fehlen eines männlichen Erben eine so große Versuchung für ehrgeizige Rivalen darstellte. Einer der ersten Handlungen Giangaleazzos, nachdem er den Anteil seines Vaters an der Herrschaft von Mailand übernommen hatte, war eine geheime Verlobung mit der sizilianischen Prinzessin, eine diplomatische Verbindung, die seine Position gegen seinen Onkel wesentlich gestärkt hätte. Bernabò aber hörte von dem Plan und vor allem von einer wichtigen Bedingung, die damit verknüpft war: Die Hochzeit mußte innerhalb von zwölf Monaten vollzogen sein, sonst wurde der Vertrag hinfällig. Unter Aufbietung seines ganzen Einflusses sorgte Bernabò dafür, daß die Heirat nicht stattfand. Sein Neffe war zu diesem Zeitpunkt völlig von ihm abhängig. Nachdem er seines Onkels Weisungen in verschiedenen anderen Angelegenheiten hatte befolgen müssen – immer natürlich zu Bernabòs Vorteil –, bekam er 1380 auch noch eine von Bernabòs legitimen Töchtern, Caterina, zur Ehe aufgezwungen. Als nach mehreren Jahren noch immer kein Erbe aus dieser Verbindung hervorgegangen war, schien es, als erfülle das Schicksal seines Onkels Wunsch, sämtliche Mailänder Territorien unter der Herrschaft eines Familienzweiges zu vereinen.

Bis 1385 lebte Giangaleazzo in der Stille. Wir können uns ihn vorstellen, wie er in den Gärten von Pavia grübelnd auf und ab schritt, die samtene Grazie seiner in Käfigen gehaltenen Leoparden betrachtete oder sich in ein kostbares Buch vertiefte. Er liebte Parallelen aus der klassischen Literatur. Mag sein, daß er manchmal die weniger gebildeten unter seinen Ratgebern dadurch irritierte, daß er sich ausdachte, zu welchem Ergebnis es geführt hätte, wenn das und ähnliches einem längst verstorbenen Griechen oder Römer passiert wäre. Aber bei all seiner Freude an Zitaten und historischen Analogien (eine intellektuelle Mode im Renaissance-Italien) verlor Giangaleazzo nie die harten Realitäten aus dem Auge: Er verfügte über wenig Hilfsmittel, da jeder Versuch, sie auszuweiten, seinem Onkel als Warnsignal gegolten hätte. Er stand allein gegen Bernabò und seine fünf Söhne, alle so todbringend wie die Viper in ihrem Wappen. Er selbst war von der Natur mit Ängstlichkeit und einer Abneigung gegen alle kriegerischen Übungen geschlagen, was ihn im Verkehr mit seinen aggressiven Verwandten ständig ins Hintertreffen setzte. Dennoch mußte er handeln, und zwar nicht nur aus Selbstverteidigung wie ein gefangenes Tier, das wild um sich schlägt.

Zwei am Hof von Mailand entstandene Miniaturen, die Gottes Wohlgefallen an den Visconti zeigen sollen:
82 Das Jesuskind krönt Giangaleazzo (links)
83 Gottvater segnet die Lande der Visconti ▻

Er mußte auch handeln, weil er seinen eigenen Traum hegte, seinen eigenen ehrgeizigen Plan, über den sein scheinbar harmloses Wesen hinwegtäuschte. Um diesen Vorsatz auszuführen, benötigte auch er die ungeteilte Macht über ganz Mailand.

Er beriet sich mit dal Verme und zog den Soldaten ins Vertrauen. Das ergibt sich aus dem späteren Ablauf der Dinge, denn von dal Vermes Mithilfe hing alles ab. Wäre der Condottiere nicht voll in den Plan eingeweiht worden, hätte er nur einen Augenblick gezögert, als sein Stichwort kam, Giangaleazzo wäre erledigt gewesen. Dal Verme muß dieser Plan vor eine große Entscheidung gestellt haben. Er stimmte jedoch zu, und das Projekt wurde heimlich weiter entwickelt. Giangaleazzo konsultierte auch die Sterne, denn er war ein großer Anhänger der Astrologie.

Am 5. Mai verkündete er, daß er sich auf Pilgerfahrt begeben wolle, zum Schrein der Madonna del Monte in Varese, zwischen Comersee und Lago Maggiore. Diese Nachricht überraschte niemanden. Seine Hingabe an den Madonnenkult war allgemein bekannt und im robusten Familienkreis seines Onkels wahrscheinlich Gegenstand ständigen Gespötts. Man fand auch nichts dabei, daß der fromme junge Mann Jacopo dal Verme und vierhundert berittene Soldaten zu seiner religiösen Übung mitnahm. War seine Ängstlichkeit nicht sprichwörtlich? Und sicher würde den gottlosen Soldaten eine Wallfahrt auch ganz gut tun. Der Weg von Pavia nach Varese führte durch Mailand. Die Pilger rasteten die erste Nacht beim Schloß von Binasco, ungefähr fünfzehn Kilometer von Bernabòs Hauptstadt entfernt.

Eine Botschaft wurde abgesandt mit Giangaleazzos Entschuldigungen, daß er nicht in die Stadt selbst komme. Er schlug jedoch vor, am nächsten Tag, wenn er die Stadtmauer entlang reite, vor der Porta Giovia seine Reise kurz zu unterbrechen. Da würde er sich dann freuen, seinem Onkel und seinen Vettern seine Aufwartung machen zu dürfen, so sie die Güte hätten, dort hinauszureiten, um ihn zu begrüßen. Man behauptet, Bernabò habe sich über diese Nachricht sehr amüsiert. Es war so erbärmlich offenkundig, daß dieser Hasenfuß von Neffe Angst hatte, sich in die Höhle des Löwen zu begeben. Na schön, dann würde eben der Löwe großmütig hinausreiten und ein paar joviale Worte mit ihm wechseln. Bernabò schickte die beiden Söhne, die gerade zu Hause ware, voraus, bestieg dann selbst das Pferd und folgte ihnen mit einer Handvoll Leuten durch das Stadttor.

Die Begrüßungsformeln waren ausgetauscht. Plötzlich nickte Giangaleazzo dal Verme zu. Der Soldat schlug Bernabò elegant auf die Schulter und die Leibwache wirbelte um die kleine Gruppe. Bernabò und seine zwei Söhne wurden rasch ins Verließ der Burg von Porta Giovia gesteckt. Giangaleazzo ritt im Triumphzug in Mailand ein, und die Bewohner kamen aus ihren Häusern und riefen mit verdächtiger Einstimmigkeit: »Lang lebe der Graf von Virtù! Nieder mit den Steuern!«

Giangaleazzo hatte gut kalkuliert. Gib den Mailändern ihre Köpfe und sie würden ihn glücklich als Befreier begrüßen. Natürlich herrschte vorübergehend etwas Durcheinander. Die Häuser von Bernabò und seinen Söhnen wurden geplündert und gebrandschatzt. Es gab wohlüberlegte Geschenke aus dem Schatz des Tyrannen und Versprechungen für eine Steuersenkung und eine mildere Regierung. Eine allgemeine Bürgerversammlung wurde einberufen und man beschloß einstimmig, daß die alleinige und absolute Herrschaft von Mailand an den Grafen von Virtù übertragen werden solle. Der Titel »Herzog von Mailand« war eine besondere Ehre und konnte nur von der nominell obersten Autorität des Kaisers verliehen werden. Giangaleazzo kaufte ihn später von dem unfähigen Wenzeslaus IV.

Von dem Moment an, in dem dal Verme Bernabò vor der Porta Giovia gefangen genommen hatte, blieb Giangaleazzo der unangefochtene Herrscher von Mailand und konnte sich frei dem großen Plan widmen, seine Macht über ganz Norditalien auszudehnen. In den nächsten siebzehn Jahren brachte er Genua, Pisa, Perugia, Siena und Bologna unter seine Herrschaft und bedrohte sogar Florenz. Immer war er dabei der kluge Staatsmann, nie der blinde Eroberer. Seine späteren Operationen waren ebenso sorgfältig geplant wie die erste. Man behauptet, daß er nie einen Feldzug unternahm, wenn er sich vermeiden ließ, und daß, wenn seine Truppen gegen eine Stadt ziehen mußten, er oft die private Zusicherung besaß, daß die Tore von innen durch eine von ihm bestochene Gruppe geöffnet würden. Dal Verme selbst war auch kein Hitzkopf und verspürte kein Verlangen, unnötige Schlachten zu schlagen. Er wußte, wann er seine Streitkräfte schonen konnte. Er und sein Herr paßten zusammen.

Giangaleazzo lag es eher, den Friedenstifter zu spielen. Er haßte die Söldnerkompanien, vor allem die ausländischen, und er versuchte immer wieder, die verschiedenen italienischen Staaten soweit zu einen, daß sie gemeinsam gegen diese Bedrohung vorgingen. Da sich aber viele Leute, vor allem die Florentiner, mehr vor den Mailändern als vor den fremden Söldnern fürchteten, waren seine Bemühungen in dieser Richtung ebensowenig erfolgreich wie die Abrüstungsvorschläge in unserem Jahrhundert.

Bernabò lebte eine Zeitlang als Gefangener. Natürlich wurde behauptet und auch weitgehend geglaubt, sein Tod sei durch Gift herbeigeführt worden. Heute ist es zu spät, die Wahrheit zu erfahren. Wahrscheinlich aber hatte jenes Jahrhundert seine normale Quote an plötzlichen und schmerzvollen Todesfällen, deren Ursache leichter durch Gift als durch die verschiedenen, den damaligen Ärzten unbekannten und nicht zu heilenden Krankheiten erklärt wurde.

84 Der junge Giangaleazzo führt Truppen ins Feld. Reliefausschnitt von seinem Grabmal

Caterinas Brüder, zumindest diejenigen, die sich auf freiem Fuß befanden, versuchten alles, um ihren Vater zu rächen, aber viel konnten sie nicht tun. Carlo Visconti zum Beispiel kam eilig aus Deutschland zurück und trat in Hawkwoods Armee ein, in der richtigen Annahme, daß ihm das die beste Möglichkeit geben würde, gegen seinen Vetter zu Felde zu ziehen. Das war jener Carlo, den Hawkwood später vor den vergifteten Feigen gewarnt hat. Die beiden scheinen gute Freunde gewesen zu sein, außerdem waren sie durch Donnina halb miteinander verschwägert.

Bernabò mag ein grausamer Tyrann gewesen sein und Giangaleazzo, zumindest unserem modernen Empfinden nach, sympathischer, aber Hawkwood hatte seinen eigenen Ehrenkodex. Für ihn konnte es nun nicht mehr in Frage kommen, dem Fürsten zu dienen, der seinen Schwiegervater und den Vater seines Freundes gestürzt und wahrscheinlich auch ermordet hatte. Dal Verme und Hawkwood würden sich nun unausweichlich in der lombardischen Ebene miteinander zu messen haben.

Castagnaro – der klassische Sieg

Jeder Bericht über die Condottieri wäre ungenießbar, wenn er sich detailliert mit ihren militärischen Operationen befassen würde. Die Taktiken sind zu elementar, eine Strategie kleineren Aktionen rechtfertigten die Condottieri oft ihre Bezahlung. In den endlosen existiert nicht und die politischen Resultate haben wenig Dauer. Die großen Schlachten waren viel seltener als die kurzen Überfälle und Scharmützel, denn gerade durch diese kriegerischen Auseinandersetzungen der italienischen Staaten waren Verärgerung und Abschreckung des Gegners viel öfter das Ziel als ein totaler Sieg.

Von Zeit zu Zeit kamen aber auch solche Siege vor. Nicht alles war Spiegelfechterei oder Entscheidung nach Punkten. Castagnaro war ein solch durchschlagendes Unternehmen, und es lohnt sich, darauf näher einzugehen. »Hawkwoods größte Schlacht, ein Triumph seiner alten Tage«, lautet das Urteil von Sir Charles Oman in *A History of the Art of War in the Middle Ages*.

Die Schlacht wurde am 11. März 1387 geschlagen. Die eigentlichen Gegner waren Padua und Verona, wobei Verona von Venedig unterstützt wurde. Weder Mailand noch Florenz waren offiziell beteiligt. Giangaleazzo, erst vor kurzem an die Macht gelangt, verfolgte das Geschehen interessiert von außen und wartete darauf, daß sich die Kämpfer gegenseitig erschöpften. Ein bis zwei Jahre später hatte er sie beide absorbiert. Florenz benötigte Hawkwood im Moment nicht und überließ ihn daher Francesco Carrara dem Älteren, seit über dreißig Jahren Herrscher von Padua, hartnäckiger Feind Venedigs und ein Mann mit übertriebenen Vorstellungen von den politischen Möglichkeiten seines Staates. Er warb sämtliche Söldnertruppen an, die er sich leisten konnte. Hawkwood stieß zu ihm mit fünfhundert Reitern und sechshundert berittenen englischen Bogenschützen. Es verstand sich von selbst, daß Hawkwood das Oberkommando über die gesamte Armee übernehmen würde, obwohl er offiziell, um die Form zu wahren, dem Sohn seines Auftraggebers, Francesco Carrara dem Jüngeren, für gewöhnlich »Francesco Novello« genannt, unterstellt war. Seine spätere Laufbahn zeigt diesen jungen Fürsten als einen mutigen Soldaten mit großen Fähigkeiten. Leider fand sein Leben nach fast zwanzig Jahren voller Abenteuer ein schreckliches Ende: Er wurde von seinen venezianischen Gefängniswärtern erwürgt. Im Frühling 1387 war er jedoch noch ein fröhlicher Reiter, dem seine Handlungsweise von dem älteren Engländer an seiner Seite suggeriert wurde.

Den Februar über belagerten sie Verona, damals unter der Herrschaft von Antonio della Scala, einem unliebsamen Zeitgenossen, mit dem diese stolze Dynastie zu einem unrühmlichen Ende kam. Er war fünf Jahre vorher dadurch an die Macht gelangt, daß er seinen älteren Bruder und Mitregenten ermordet hatte und dann zwei andere Männer deswegen anklagte, die, zusammen mit der ebenfalls unschuldigen Tochter des einen, zu Tode gefoltert wurden. Um die Aufmerksamkeit der Öffentlichkeit von dem Skandal abzulenken, feierte er kurz darauf seine Hochzeit mit besonderem Glanz. Einen ganzen Monat lang fanden prächtige Veranstaltungen statt, darunter auch Turniere im alten römischen Amphitheater, wobei in der Mitte der Arena ein »Liebesschloß« errichtet war, besetzt mit schönen Mädchen, welche die angreifenden Ritter mit Blumen, Süßigkeiten und Parfümgüssen bombardierten.

Das also waren die feindlichen Despoten: Antonio della Scala und die beiden Carraras, deren Streitkräfte gegeneinander aufmarschierten. Unter ihren Bannern kämpften auf beiden Seiten einige der besten damals bekannten Condottieri.

85 *Das Siegel von Verona, 1410*

Die Veroneser Streitkräfte wurden ursprünglich von della Scalas Schwager Serego angeführt, der jedoch ziemlich früh in Gefangenschaft geriet und durch Giovanni dei Ordelaffi ersetzt werden mußte, einer aus der Familie, die Forlì über ein Jahrhundert lang beherrschten und ihre winzige Herrschaft mit Söldnerdienst verbanden. Ordelaffis höchster Offizier war Ostasio da Polenta, der ein Truppenkontingent aus Ravenna mitbrachte, wo seine Familie auf ähnlicher Basis operierte. Samaritana da Polenta war es gewesen, deren Hochzeit mit Antonio della Scala einige Jahre zuv or so eindrucksvoll gefeiert worden war und deren exzessive Verschwendungssucht seither die Veroneser zur Raserei brachte und schließlich zu dem Sturz ihres Mannes beitrug.

Diesen beiden Kriegsherren aus der Romagna standen eine Reihe anderer Condottieri zur Seite. Da war Facino Cane, jener piemontesische Raufbold, dem unter den Visconti eine so einträgliche Karriere gelang. Dann kämpften die zwei Brüder Ugolino und Taddeo dal Verme mit. Schließlich waren die dal Verme eine angesehene Veroneser Familie. Jacopo scheint nicht teilgenommen zu haben. Es ist unwahrscheinlich, daß Giangaleazzo »seine rechte Hand« an jede beliebige Armee ausgeliehen hat. Obwohl Jacopo im nächsten Jahr Padua für ihn eroberte, erweckte Giangaleazzo zu diesem Zeitpunkt den Eindruck, wenn irgendwohin, dann eher auf die Seite der Paduaner zu neigen, denn er täuschte die Carraras durch den Hinweis, er würde ihnen vielleicht gegen Verona beistehen. Wäre also der große dal Verme dabei gewesen, so hätte er wahrscheinlich an Hawkwoods Seite gekämpft.

Dem Engländer fehlte es aber auch so nicht an fähigen Kollegen. Als Stellvertreter hatte er Giovanni d'Azzo degli Ubaldini, einen exilierten florentinischen Adeligen, der von den

86 Teil der Scaligerburg und bewehrte Brücke in Verona

Historikern unterschiedlich bald als »Giovanni d'Azzo« und bald als »Ubaldini« bezeichnet wird. Einige Monate vorher hatte Giangaleazzo ihm Geld zur Bildung einer eigenen Kompanie vorgestreckt, und für den Rest seines kurzen Lebens diente Ubaldini mit großer Loyalität den Interessen Mailands gegen seine Heimatstadt. Er scheint ein tüchtiger Soldat und angenehmer Kamerad gewesen zu sein, der sich gut mit Hawkwood verstand und keine Schwierigkeiten machte, daß er eine untergeordnete Position einnehmen mußte. Hawkwood seinerseits bewunderte und achtete ihn. Die Tatsache, daß Ubaldini ein Exil-Florentiner war, in den Augen von Hawkwoods auftraggebender Regierung also offiziell ein Verräter, ließ keine feindlichen Gefühle zwischen ihnen aufkommen.

Weitere Anführer auf der Paduaner Seite waren Giovanni di Pietramala, Ugolotto Biancardo, Cecchino Broglia und sein unzertrennlicher Waffenbruder Brandolino, Filippo da Pisa und andere damals bekannte Condottieri, deren wohlklingende Namen dem modernen Leser aber kaum mehr etwas sagen.

Alles in allem standen Hawkwood nahezu siebentausend Reiter zur Verfügung, dazu sechshundert englische Bogenschützen und etwa tausend Fußsoldaten.

Die Verpflegung einer solchen Streitkraft zu Ende des Winters stellte ein besonderes Problem dar. Hawkwoods Verbindungslinie zu Padua war bis aufs äußerste ausgedehnt und wurde von Zeit zu Zeit durch feindliche Spähtrupps unterbrochen. Als kluger Feldherr mußte er Francesco Novello von der Nutzlosigkeit und Gefahr einer Weiterführung der Blockade überzeugen. Sie kamen überein, sich südostwärts entlang der Etsch, die unterhalb der Mauern von Verona floß, bis nach Castelbaldo zurückzuziehen, wo eine große Menge Vorräte lagerte.

Der Rückzug ging geordnet vonstatten. Hawkwood war ein Meister der strategischen Absetzbewegung. Die Disziplin seiner eigenen Leute und sein gewaltiges persönliches Ansehen verhüteten jenen Vertrauensverlust, der unter einem weniger bedeutenden Feldherrn zu allgemeiner Auflösung hätte führen können. In der Nacht vom 10. März ließ Hawkwood in der Nähe von Castagnaro, am Westufer des Flusses, haltmachen, immer noch einige Kilometer von ihrem Bestimmungsort entfernt. Die Veroneser waren ihnen auf den Fersen. Sie hatten eifrig die Verfolgung aufgenommen und unterwegs zusätzliche Streitkräfte gesammelt. Ordelaffi befehligte zu dieser Zeit neuntausend Reiter, zweitausendsechshundert Armbruster und Pikenträger und eine ungezählte Menge von hastig eingezogenen Bürgern und Bauern.

Als ob er mit diesen letzteren nicht schon genug belastet gewesen wäre, führte er zusätzlich zu über zwanzig Bombarden noch drei kuriose und ganz sinnlose Waffen mit sich, die Antonio della Scalas übergroßem Erfindungsgeist entsprungen waren. Wären sie von irgend jemandem anderen erdacht worden, dann hätte sich Ordelaffi wohl kaum die Mühe gemacht, sie mitzuschleppen. Diese *ribauds*, wie sie genannt wurden, scheinen ein verfrühter Versuch auf dem Gebiet des Maschinengewehrs gewesen zu sein. Jedes war mit zwölf Dutzend schrotgeladenen Einzelrohren versehen. Jeweils zwölf konnten gleichzeitig abgeschossen werden. Es war eine anspruchsvolle Konstruktion, die in den damaligen Anfängen der Artillerie ein sechs Meter hohes Gerüst benötigte. Jedes dieser Monstren mußte von vier kräftigen Pferden gezogen werden, und in den Annalen von Castagnaro steht nichts, was darauf schließen ließe, daß die *ribauds* jemals rechtzeitig in Stellung gebracht wurden, um auch nur eine einzige Salve loszufeuern.

Ordelaffi war nun, nicht anders als Hawkwoods eigene Offiziere, der festen Ansicht, der General würde den Fluß überqueren und sich mit seinen Truppen nach Castelbaldo zurückziehen, wo der Nachschub auf ihn wartete. Im Dämmerlicht dieses Märznachmittags aber hatte Hawkwoods geübtes Auge die günstige Beschaffenheit des Terrains erkannt, das wie gemacht schien für eine jener Verteidigungsschlachten, in denen sein alter Lehrmeister, der Schwarze Prinz, so erfolgreich gewesen war. Leider gab es keine Böschungen, wie er sie von Poitiers her in Erinnerung hatte, und leider standen ihm nicht mehr englische Bogenschützen zur Verfügung. Aber es gab einen jener lombardischen Kanäle, es gab einen Entwässerungsgraben, und der Boden war allgemein schwer und sumpfig in dieser Jahreszeit – alles Vorteile für den englischen Kampfstil zu Fuß und Hindernisse für die italienische Attacke. Der weise alte Mann (er muß damals Mitte oder Ende sechzig gewesen sein; heute würde er längst eine Pension beziehen), entschied sich für dieses Gelände. Es scheint zwar keinen Grund gegeben zu haben, warum er sich nicht ohne Verluste nach Castelbaldo hätte zurückziehen sollen, aber da er niemand war, der unnötige Risiken auf sich nahm, muß er genau gewußt haben, was er tat.

87 *Das Stürmen der »Liebesburg«*

Hawkwood kampierte an Ort und Stelle. Am nächsten Morgen bemerkte Ordelaffi erstaunt, daß von der paduanischen Armee keinerlei Anstalten getroffen wurde, ihren Marsch wieder aufzunehmen. Es sah vielmehr so aus, als ob sie Kampfstellung bezöge und eine Schlacht anböte. Damit hatte er nicht gerechnet, und er war nicht vorbereitet, sofort darauf einzugehen.

Hawkwood war früh um die Wege. Er ritt auf einem thessalonischen Pferd zwischen den Mannschaften durch und plauderte mit den Leuten. Er wollte wissen, ob sie schon gefrühstückt hätten; es würde einen schweren Tag geben. Er schlug einige aus seiner eigenen Kompanie zu Rittern. Männer aus dem paduanischen Heer auszuzeichnen, stand ihm nicht zu. In diesem Fall überreichte er nur die goldenen Sporen, und der junge Francesco Carrara führte den Ritterschlag aus. Es hatte manches für sich, die Auszeichnungen vor anstatt nach der Schlacht zu vergeben. Die erfreuten Empfänger waren ihrer damit sicher, was immer auch geschehen mochte, und konnten sich gleich anschließend bewähren. Allerdings konnte es auch passieren, daß, wenn sie jetzt dem Feind in die Hände fielen, ihr Lösegeld höher angesetzt wurde.

Die Aufstellung der Truppen Hawkwoods erfolgte in der Weise, daß die Beschaffenheit des Terrains am besten ausgenutzt wurde. Der Entwässerungsgraben bot eine geeignete Frontlinie. Natürlich würde der Feind Brücken darüber schlagen oder ihn mit langen Reisigbündeln auffüllen, aber dennoch würde er die Wucht des gegnerischen Ansturms brechen, den zuvor bereits der aufgeweichte Boden verlangsamt hätte. Hawkwoods rechte Flanke war vom Kanal gedeckt, seine linke von einem Sumpf. Der Fluß lag hinter ihm. Eine schlechte Lage für Feiglinge, aber eine gute für entschlossene Männer, die nicht die Absicht hegten, davonzulaufen.

Hawkwood hatte das Gebiet mit Ubaldini und Biancardo inspiziert, und die Schlachtanordnung wurde akzeptiert. Das Hauptkorps der abgesessenen Reiter wurde in sechs Gruppen unter der Leitung ihrer verschiedenen Anführer aufgestellt. Es gab zwei Linien zu jeweils drei solcher Gruppen. Da Hawkwood eine genaue Vorstellung davon hatte, wie er die Schlacht schlagen würde, hielt er eine siebente Gruppe in Reserve. Sie bildete, zusammen mit seinen eigenen Leuten, eine dritte Linie, und diese beiden Einheiten erhielten den Befehl, im Sattel zu bleiben und nicht wie die anderen ihre Pferde mit den Pagen hinter die Kampflinien zu schicken. In Hawkwoods Plan bildeten sie keine Reserve für den Notfall, sondern eine Streitmacht, die im richtigen Moment eingesetzt werden sollte.

Im Zentrum dieser dritten Linie stand zwischen den beiden Gruppen gerüsteter Ritter der große *carroccio* von Padua, jener kuriose Symbolgegenstand, der den italienischen Staaten als Wahrzeichen und einiges mehr diente. Er ist als heiliger Kriegswagen bezeichnet worden. Genauer ausgedrückt, handelte es sich um einen flachen, rechteckigen, bunt begemalten Karren, auf dem nicht nur das Banner des Stadtstaates angebracht war, sondern auch ein Altar, an dem Messe gelesen werden konnte. Gewöhnlich wurde der Wagen von Ochsen gezogen. Während des Gefechts bot er eine geeignete Plattform, von der aus die Trompeter Befehle an die verschiedenen Anführer weiterleiten konnten. Da der *carroccio* die sentimentale Funktion eines Wahrzeichens mit der praktischen eines Befehlsstands während der Schlacht verband, wurde er immer heftig verteidigt. In der berühmten Schlacht von Legnano, zwei Jahrhunderte früher, unternahmen Barbarossa und seine deutschen

Ritter die größten Anstrengungen, sich ihren Weg zum *carroccio* von Mailand zu bahnen, aber sie wurden von zwei eigens mit der Verteidigung des Karrens betrauten Gruppen junger Freiwilliger, der Carroccio-Kompanie und der Todes-Kompanie, zurückgeschlagen. Hawkwood muß den Myriaden von Langbögen aus seinen französischen Feldzügen nachgeseufzt haben. Die Zahl seiner englischen Bogenschützen war viel zu klein. Er konnte sie nicht entlang der Front aufstellen, und er scheint sie nicht einmal am rechten Flügel zusammen mit den Armbrustern postiert zu haben. Diese letzteren hieß er, zusammen mit den paar Kanonieren und ihren Bombarden, das Kanalufer besetzen. Seine eigenen Bogenschützen behielt er für den Anfang mit seinen Lanzenreitern im Hintergrund, und auch sie blieben beritten. Ihnen kam ebenfalls eine Funktion in dem Manöver zu, das er im Sinn hatte.

Ordelaffi brauchte übermäßig viel Zeit, um seine Streitkräfte für den Angriff zu formieren. Verschiedene Gründe mögen dafür in Frage kommen, warum die Schlacht erst ziemlich spät am Tage begann. Der Entwässerungsgraben konnte nicht überquert werden ohne eine große Menge Reisigbündel, und die zu sammeln, wenn sie nicht mitgeführt wurden, kann einige Stunden in Anspruch genommen haben. Außerdem waren da diese merkwürdigen *ribauds* und versperrten nach rückwärts die Straße. Wahrscheinlich hätte es Antonio della Scala sehr verübelt, wären seine Erfindungen nicht zum Einsatz gekommen. Nicht zuletzt mögen Ordelaffi und seine Offiziere lange darüber diskutiert haben, wie klug es sein konnte, einen Frontalangriff gegen den fürchterlichen Hawkwood zu wagen, der sich das Terrain für die Schlacht genau ausgesucht hatte.

Wie dem auch gewesen sein mag, schließlich hatte die Veroneser Armee doch Kampfstellung bezogen. Es ist bemerkenswert, daß Ordelaffi seine Leute absitzen ließ und sich darauf einrichtete, nach englischer Manier zu kämpfen. Er stellte sie in zwei langen Querlinien auf. Auch er hielt den *carroccio* im Hintergrund mit einer ausgesuchten Truppe von dreihundert Lanzen zu seiner Verteidigung. Eine weitere große Reitereinheit stand in Reserve, und ganz hinten, noch hinter dem kostbaren *carroccio*, massierte er die Stadt- und Landtruppen, sicherlich in der Hoffnung, auf ihre unsicheren Dienste verzichten zu können.

Der Kampf begann. Mit lauten Rufen »Scala! Scala!« stürmte die vordere Linie der Veroneser bis an den Rand des Grabens und begann eilig, ihn mit Reisigbündeln aufzufüllen, bis sie ihn an vielen Stellen überqueren konnte. Die Paduaner Truppen erwiderten mit dem Schlachtruf der Familie Carrara, »Carro! Carro!« Hawkwood ließ seine eigenen Leute unter der Führung von Pietramala und galoppierte mit seinem Pagen nach vorn, um die Schlacht selbst zu dirigieren. Über das Meer von Helmen hinweg, die in dem Rhythmus auf und abwogten, in dem die zwei Lanzen-Reihen zustießen und sich zurückzogen, konnte er Ordelaffi sehen: eine einsame Reitergestalt auf der anderen Seite, die hin- und herritt, um seine Leute zusammenzuhalten und Kommandos zu erteilen.

Anfangs konnten die Veroneser Truppen auf der anderen Grabenseite nicht Fuß fassen. Sobald sie über die improvisierte Reisig-Brücke kletterten, wurden sie von den Paduanern mit ihren Lanzenspitzen zurückgestoßen. Mit Hartnäckigkeit gelang es den Angreifern aber da und dort dennoch, die Linie ihrer Gegner zu durchbrechen. Wo sie Fuß faßten, verstärkte sie Ordelaffi von hinten mit seinen Gruppen. Hawkwood sah, daß es nur eine Frage der Zeit war, bevor seine eigene Front unter dem Druck nachgeben würde. Er brachte seine nächsten drei Lanzengruppen nach vorn. Der Kampf wurde immer heftiger. Man könnte sich Berge von Leichen und den Entwässerungsgraben von Blut rot gefärbt vorstellen, aber die endgültigen Verlustzahlen sprechen dagegen. In diesem Stadium glich der Kampf noch eher einem großen Gedränge, und da jeder so gut geschützt war, erforderte er nicht wesentlich mehr Todesopfer als eine tüchtige Schlägerei unter modernen Zivilisten. Ordelaffi setzte seine gesamte zweite Linie ein und rief sogar noch einige der Infanteristen hinzu. Zahlenmäßig unterlegen, begannen die Paduaner Lanzenträger langsam, Fuß für Fuß, an Boden zu verlieren.

Hawkwood wußte, nun galt es: jetzt oder nie. Mit kühler Berechnung und starken Nerven hatte er gewartet, bis fast die ganze kampffähige Streitmacht Ordelaffis in die Auseinandersetzung verwickelt war. Nun überließ er Ubaldini die Führung. Es gab eine deutliche Absprache zwischen ihnen. Sobald Ubaldini sah, daß Hawkwood seinen Meisterstreich

88 *Francesco Carrera, zur Zeit der Schlacht von Castagnaro Herr von Padua*
89 *Francesco Carrera der Jüngere (»Francesco Novello«), der bei Castagnaro an Hawkwoods Seite kämpfte (rechts)*

geführt hatte, sollte er die müden Männer zu einer letzten Anstrengung aufrütteln und sie zum Gegenstoß antreiben.

Hawkwoods Plan war es, einen Überraschungsangriff von der Flanke und den rückwärtigen Stellungen heraus zu führen nach dem so erfolgreichen Vorbild von Poitiers durch den Gaskogner Heerführer des Schwarzen Prinzen, Captal de Buch.

Er übernahm wieder das Kommando über seine eigenen Leute und führte die berittenen Lanzenträger und Bogenschützen auf die rechte Seite der Stellung, wo die Armbruster und Bombardenschützen entlang des Kanals aufgestellt waren und vermutlich den Feind mit Geschossen irritierten, soweit sich Gelegenheit dazu bot. Im Vorbeireiten forderte Hawkwood sie durch eine schwungvolle Geste mit seinem Feldherrnstab auf, hinter ihm dreinzustürmen. Denn in diesem Augenblick brauchte er jeden Mann. Die größte Sorge bereitete ihm wahrscheinlich, daß der junge Carrara darauf bestand, an der Attacke teilzunehmen. Nicht auszudenken, sollte dem Sohn seines Herrn ein Unglück zustoßen, das den Triumph zunichte machte! Schließlich war es Hawkwood gelungen, kurz vor dem Losrücken Francesco und seine Ritter auf die am wenigsten exponierte Seite abzuschieben, wo sie, wenn etwas schief ging, am ehesten entkommen konnten.

Wir kennen weder die Breite noch die Tiefe dieses anderen Wasser-Hindernisses an der Flanke, noch wissen wir, wie die Engländer es überwunden haben. Offensichtlich hatte

Hawkwood alles sehr genau ausgekundschaftet und wußte, was er tat. Sonst wäre sein ganzer Plan zu einer tragischen Farce geworden. Soviel scheint sicher: Die Überquerung ging schnell, unerwartet und ohne Gegenwehr vonstatten. Ordelaffis Leute, die sich schon dem Sieg nahe glaubten, merkten nichts, bis von hinten her eine Flut von Pfeilen und Bolzen auf sie herunterprasselte. Und als sie sich bestürzt umdrehten, fielen Hawkwood und seine Reiter über sie her.

Hawkwood schleuderte seinen Feldherrnstab mitten unter die Feinde, im festen Vertrauen darauf, ihn wiederzubekommen. Dann zog der alte Haudegen sein Schwert und sprengte ins feindliche Gewühle. Er war noch nie auf persönliche Heldentaten aus gewesen – er war in erster Linie Heerführer und kein Paladin aus dem Heldenlied –, aber Ereignisse wie das augenblickliche zeigten, daß es ihm nicht an persönlichen Mut fehlte.

»Carne!« soll er gerufen haben, »Carne!«, womit er den Carrara-Kriegsruf grausam abwandelte in »Fleisch!«, »Fleisch!«

Die am nächsten stehenden Veroneser wurden im ersten Ansatz niedergeritten. Es kann nicht leicht gewesen sein für die Zweiergruppen, die sich in eine lange und schwere Lanze teilten, sich inmitten einer kämpfenden Masse schnell umzudrehen und in die Gegenrichtung zu zielen. Die unglücklichen Veroneser lösten sich in Verwirrung auf. Nun hielt Ubaldini seinen Augenblick für gekommen. Er befahl der paduanischen Hauptlinie den Gegenangriff und die angestrengten Männer konnten dem leichter nachkommen als sie

90 Veroneser Soldat, Ausschnitt aus einem Fresko in S. Anastasia, Verona (links)
91 Paduanischer Ritter, Detail eines Grabmals in S. Giorgio, Padua

92 *Ein* carroccio

es je für möglich gehalten hätten, da die feindliche Front, die sie vor einer Minute noch so hart bedrängt hatte, nun von selbst zerfiel. Daneben schossen die englischen Bogenschützen ihre Pfeile ab, bis es nicht mehr möglich war, Freund und Feind voneinander zu unterscheiden. Darauf zogen sie ihre kurzen Schwerter und stürzten sich in den Kampf.

Danach kann es nicht mehr lange gedauert haben. Die Veroneser Truppen fielen auseinander. Die Ritter stolperten übers sumpfige Feld und schrien ihren Pagen zu, die Pferde herzubringen. Ordelaffi und Ostasio da Polenta versuchten einen eigenen Gegenangriff unter Einsatz der Reserve-Kavallerie, aber sie kämpften vergebens gegen den Strom ihrer eigenen Flüchtlinge an. Nachdem Hawkwood den linken Flügel der Veroneser zerschlagen hatte, vertraute er darauf, daß Ubaldini die Reste der feindlichen Front aufrollen würde. Er dirigierte seine Truppe in Richtung auf den *carroccio* hinter den Linien und die verblüffte Bürgerwehr. Der *carroccio* wurde erobert und sogar seine Wachen ergaben sich. Die Bürgersoldaten flohen. Nur eine Gruppe unglücklicher Bauern, Teil einer Infanterieeinheit unter Giovanni da Isola, nahm die rhetorische Anweisung, »bis zum Tode zu kämpfen«, ganz wörtlich. Da sie nicht, wie die Berufssoldaten, die Spielregeln des Krieges kannten, lehnten sie es ab, sich zu ergeben; sie fielen wo sie standen. Ordelaffi selbst leistete mit etwa zweihundert Mann erbitterten Widerstand, aber nachdem er so seine Ehre gerettet hatte, rettete er auch sein Leben und ließ sich gefangennehmen. Ubaldini wurde es nicht müde, Hawkwoods Erfolg auszunützen. Mit der berittenen Reserve, zu der sämtliche Ritter stießen, die rechtzeitig an ihr Pferd gelangen konnten, fegte er über das chaotische Schlachtfeld und verfolgte die Fliehenden bis in die Nacht hinein.

Der Triumph der Paduaner war vollkommen. Neben Ordelaffi zählten Ostasio da Polenta, Facino Cane, die Gebrüder dal Verme und fast alle anderen Condottieri der Gegenseite zu den Gefangenen, zusammen mit etwa viertausendsechshundert Rittern und achthundert Fußsoldaten von geringem Lösegeldwert. Einige Minuten lang hatte es eine wirklich blutige Schlacht gegeben. Die gesamten Verluste werden mit siebenhundertsechzig Gefallenen und achthundertsechsundvierzig Verwundeten angegeben. Nur etwa hundert von diesen Toten stammten von Hawkwoods Seite, und das ist ein glaubwürdiges Verhältnis, das nicht auf die Übertreibung des Siegers zurückgeht. Die Veroneser waren während des schlimmsten Teils der Schlacht sehr im Nachteil gewesen und hatten zudem die entsetzlichen englischen Langbogen zu spüren bekommen. Die Gesamtzahl ihrer Toten wurde auch noch durch den

93 Szene aus einem Heerlager, gezeichnet von einem Veroneser Künstler, etwa um die Zeit von Hawkwoods Sieg

heroischen, wenn auch sinnlosen Widerstand ihres Bauernaufgebots erhöht. Castagnaro zeigt, daß Condottieri-Schlachten keineswegs immer unblutige Kriegsspiele waren, wie Machiavelli behauptete.

Die Beute an Material war nicht weniger eindrucksvoll als die Anzahl der Gefangenen. Hawkwood befand sich nicht nur im Besitz des heiligen *carroccio* von Verona, sondern das gesamte feindliche Lager und der Nachschub-Zug mit vierundzwanzig Bombarden, vierzig Munitionskarren und den drei *ribauds* waren in seine Hände gefallen.

Kein Wunder, daß es der junge Carrara nicht erwarten konnte, seinem Vater diese guten Nachrichten zukommen zu lassen. Bei Fackellicht begann er seine überschwengliche Depesche zu schreiben: »Von Castagnaro, bei meiner glücklichen Armee, am 11. März, eine Stunde nach Sonnenuntergang...«

Ein blutbefleckter Handschuh

Es war ein vergeudeter Sieg. Ein oder zwei Jahre später mußte Hawkwood erkennen, daß seine Bemühungen durch die nachfolgenden Fehler seines Auftraggebers zunichte gemacht wurden.

Giangaleazzo erging sich in seinem Garten in Pavia – schön und schrecklich wie seine geliebten Leoparden. Sein kurzer Spitzbart hatte den rötlichen Ton, der im Haar vieler Visconti zu finden war, und der seinem Gesicht etwas Fuchsartiges verlieh. Wenn er jagte – und er fand bescheidenen Gefallen an den sportlichen Vergnügungen der Aristokraten, wenn er auch sonst für ihre derben Späße, Weibergeschichten oder Spielleidenschaften wenig übrig hatte – ritt er zwanglos und ohne vorherige Ankündigung über Land, ohne auch hier jemanden in seine Routen und Pläne einzuweihen. Er pflegte an einer Waldlichtung zu halten und Audienz zu erteilen wie in einer Shakespearischen Komödie; aber schließlich war es ja auch dieses Italien, das Shakespeare aus dritter Hand zwei Jahrhunderte später umsetzen sollte in etwas, das uns heute nurmehr als unwirkliche, farbenprächtige Fabel erscheint. Zu Giangaleazzos Zeit aber waren Verschwörungen äußerst real und gehörten schon fast zum alltäglichen Geschehen. Brüder ermordeten oder verbannten einander, um Herzogtümer zu ergattern. Städte waren in feindliche Cliquen aufgespalten wie im Verona von Romeo und Julia, und was war Othello denn anderes als ein Condottiere in venezianischem Dienst, der die Tochter eines seiner Autraggeber heiratete?

Allein mit sich und seinen Gedanken oder im Gespräch mit seinem inneren Kabinett, prüfte Giangaleazzo die Lage in Italien und plante unter anderem den Sturz beider an der eben geschlagenen Schlacht von Castagnaro beteiligten Gegner. Durch den starken Einfluß, den die feindlich gesinnten Florentiner Schriftsteller in der Überlieferung ausübten, wurde Giangaleazzo für gewöhnlich der Nachwelt als ein Erzschurke dargestellt. Wenn aber Italien damals für das Maß an Einigung, das er ihm aufzuzwingen versuchte, bereit gewesen wäre, wenn es ihm wirklich gelungen wäre, auf der nördlichen Hälfte der Halbinsel einen einzigen großen Staat zu schaffen, der sich mit Frankreich und England hätte messen können, wären dann seine Täuschungsmanöver heute nicht längst vergessen, und würde man ihm nicht stattdessen das Andenken eines politischen Genies bewahren? Wie sein Vater war auch er kein brutaler, grausamer Typ. An Erbarmungslosigkeit und Gemeinheit wurde er von vielen seiner Opfer übertroffen. Sie waren nur weniger erfolgreich als er. Und schließlich wurde Giangaleazzo nicht von irgendeiner Laune oder blinder Eitelkeit getrieben, sondern von einem großen Vorhaben.

Verona fiel rasch in seine Hand. In der Nacht vom 18. November 1387, genau acht Monate nach seiner Niederlage bei Castagnaro, floh Antonio della Scala nach Venedig, und Verona wurde unmittelbar darauf zum Teil des Mailänder Hoheitsgebietes erklärt. Von Venedig aus suchte Antonio Hilfe bei Carlo Visconti, der immer noch die Rache gegen seinen Vetter betrieb, aber bevor diese Intrigen irgendeine Hoffnung auf Erfolg wecken konnten, starb Antonio und überließ seine Frau und seine Familie der Güte der venezianischen Republik.

Bei Padua ging es ganz ähnlich. Zuerst hatte er alte Carrara Giangaleazzo für seinen Freund gehalten. Es war abgemacht worden, daß ihm die Nachbarstadt Vicenza als Hehleranteil zufallen sollte, wenn er Mailand helfen würde, Verona zu bekommen. Als dieser Augenblick kam, wurde Carrara überlistet. Giangaleazzos Agenten sorgten dafür, daß das Volk von Vicenza ebenfalls für die Oberhoheit von Mailand stimmte. Dieser außenpolitische Mißerfolg erhöhte wiederum Carraras Unbeliebtheit bei seinen eigenen Untertanen. Der alte

Fürst dankte ab zu Gunsten seines Sohnes, aber dieser Schritt kam zu spät. Eine aufständische Bewegung gewann an Boden, ermutigt durch Giangaleazzos Propagandisten und den Aufmarsch seiner Truppen unter der Führung von Jacopo dal Verme. Das Ergebnis war, daß die Kommune von Padua Giangaleazzo »freiwillig« die Oberhoheit anbot. Die Carrara wurden politische Gefangene und die Stadt sank zu einem Satelliten von Mailand herab. Eine traurige Vorwegnahme des zwanzigsten Jahrhunderts!

Giangaleazzos Expansionspolitik machte gute Fortschritte. Als Venedig Mailands Triumph über Verona, Vicenza und Padua sah, zog es sich auf seine Inseln zurück und beschloß, sich auf seine östlichen Mittelmeer-Interessen zu konzentrieren. Der einzige italienische Staat, der es mit Mailand aufnehmen konnte, war Florenz.

Zunächst tastete sich Giangaleazzo an den Feind heran. Nach bewährtem Rezept versuchte er, den Feind zunächst durch Blockierung von Handelsstraßen und die Anwendung anderer wirtschaftlicher Schikanen zu schwächen und militärisches Vorgehen auf indirekte und versteckte »Maßnahmen mangels Krieg« zu beschränken. Er hatte viel Verwendung für Hawkwoods Kollegen bei Castagnaro, den verbannten Florentiner Ubaldini. Nach dem Fall von Verona zog Ubaldini mit seiner Bande durch die Romagna und versetzte seine Vaterstadt in beträchtliche Aufregung, da zu dieser Zeit niemand genau wußte, ob er in Giangaleazzos Dienst stand oder nicht. Diese Unklarheit war ganz nach dem Geschmack des Mailänder Herrschers: Er konnte seine Feinde im Zweifel lassen und immer, wenn es ihm paßte, die Verantwortung ablehnen. Im August 1389, als sich die Beziehungen zwischen Mailand und Florenz immer mehr zuspitzten, sandte er Ubaldini nach Parma, dem eine Schlüsselstellung bei der Kontrolle der Straße nach Bologna zukam. Hier beteiligte sich der Condottiere an einem Komplott mit dem Ziel, in Bologna eine Revolte hervorzurufen, plante die gleichzeitige Besetzung der Talstraßen in die Toskana, versuchte Lucca davon abzubringen, Florenz zu unterstützen und verdingte neue Truppen für den Krieg, der diesen Intrigen folgen sollte.

Noch ein anderer Condottiere, der bei Castagnaro gekämpft hatte, Ugolotto Biancardo, bedrohte Florentiner Territorium. Giangaleazzo schickte ihn in die Romagna und die Marken und versah ihn mit über 20000 Gulden sowie dem Auftrag, bis zu zweitausend Lanzen anzuwerben.

Als es zum Krieg kam, tauchte Ubaldini überraschend in Umbrien auf, um von hier aus die Florentiner auf jede mögliche Weise zu attackieren. Zunächst mußte er aber den nervös gewordenen Perugianern klarzumachen versuchen, daß er sie beschützen und nicht belästigen wolle. Dann begann er eine Reihe von Einfällen ins Val di Chiana und eroberte eine Anzahl kleiner Orte. Dieser Feldzug fand jedoch ein jähes Ende, als Ubaldini im Hochsommer plötzlich starb. Giangaleazzo hatte ihm zur Verstärkung zweihundert Lanzen unter Paolo Savelli geschickt, einem römischen Adeligen, der zum vertrauten Kreis in Pavia gehörte, aber dieser arrogante Feldherr war als Söldnerführer weniger erfolgreich als es der gutmütige Ubaldini gewesen war. Die toskanischen Operationen verliefen allmählich im Sande.

Der eigentliche Krieg wurde zwischen Jacopo dal Verme und Hawkwood geführt.

Hawkwood hatte sich nach seinem Triumph bei Castagnaro keineswegs auf die faule Haut gelegt. Sein lebenslänglicher Vertrag mit Florenz ließ ihm freie Hand, andere Aufträge anzunehmen, und 1389 befand er sich im Süden, mit den dynastischen Konflikten Neapels beschäftigt. Davon wird in einem späteren Kapitel noch die Rede sein.

Als Florenz gewahr wurde, welche Gefahr sich von Mailand her zusammenballte, sandte es eine dringende Botschaft an Hawkwood. Dieser reagierte darauf mit der üblichen Zuverlässigkeit und unternahm, obwohl er sich inzwischen den siebzigern näherte, einen seiner berühmten Gewaltmärsche. Als er Rom erreichte, befürchtete er nicht ohne Grund, daß seine Weiterreise nach Norden durch die Sienesen oder andere Mächte, die sich bei Giangaleazzo einzuschmeicheln suchten, behindert werden könnte. Um seine Absichten zu verschleiern, kam ihm der Brauch, Sicherheitsgeleit durch neutrales Gebiet anzufordern, sehr zu Hilfe. Er sandte Botschafter nach verschiedenen Orten aus und ließ sie um Durchgangsgenehmigungen ersuchen, die zu verwenden er nie im Sinn hatte. Nachdem er so ein völlig falsches Bild von der Route, die er einzuschlagen gedachte, entworfen hatte, marschierte er durch die Maremma weiter, die toskanische Küstenregion, die normalerweise wegen ihrer Malariasümpfe gemieden wurde. Es war eine schlechte Straße für die Armee, und er verlor eine Anzahl Pferde und erschöpfte seine Leute. Aber zu jedermanns Erstaunen tauchte der unermüdliche alte Mann selbst gesund und munter in Volterra auf und ritt von dort aus triumphierend nach Florenz, wo er mit Freude und großer Erleichterung empfangen wurde.

Inzwischen hatte die Republik Vorkehrungen getroffen, mit Alberico da Barbiano in Kontakt zu kommen. Den klugen Ratsherren war plötzlich eingefallen, daß Hawkwood ja nicht unsterblich sei. Und obwohl sie ihm voll vertrauten, solange sie ihn hatten, und nicht der Meinung waren, er benötige die Unterstützung von Alberico, wollten sie den Italiener dennoch gewinnen, nicht zuletzt deshalb, damit er ihnen nicht von der Gegenseite weggeschnappt würde. Sie schickten also einen Abgeordneten zu ihm nach Ravenna, der befugt war, ihm einen Sechsmonatsvertrag anzubieten, verlängerbar für weitere sechs Monate und zu dem gleichen Sold wie Hawkwood. Die offiziellen Instruktionen dieses Beauftragten lauteten: »Zum Schluß frage Barbiano, ob er unser *capitano generale* sein möchte, zusammen mit Sir John Hawkwood, nicht weil wir sie zusammen beschäftigen wollen, sondern in verschiedenen Lagern, jeden mit einer ehrenwerten Brigade Bologneser und unserer eigenen Truppen versehen ... Wenn er nicht zufrieden ist und ein besseres Angebot wünscht, dann brich die Verhandlungen nicht ab, sondern mache ihm Hoffnungen, ohne dich festzulegen.« Verschiedene andere Condottieri wurden damals noch in Florentiner Dienst genommen, einschließlich Konrad Landau mit zweihundert Lanzen. Dal Verme, auf der anderen Seite, hatte den Beistand von Facino Cane und mehreren gleichermaßen bekannten Feldherren.

Im Frühsommer von 1390 hatte sich dal Verme in einer gut befestigten Stellung in Crevalcore, nordwestlich von Bologna, eingerichtet. In einiger Entfernung südlich der Stadt stellte sich ihm Giovanni da Barbiano, Albericos Bruder, mit zwölfhundert Lanzen und zweitausend Mann Infanterie entgegen. Als Hawkwood dort mit nicht mehr als einer persönlichen Eskorte von fünfzehn Lanzen ankam, zogen sich die Mailänder aus ihrer Stellung zurück, und eine Zeitlang konnten Hawkwoods Leute ungehindert plündernd durch das Land um Modena und Reggio streifen und Vieh und Gefangene

94 Ansicht von Siena mit der Visconti-Schlange
95 Ansicht von Lucca, Anfang 15. Jahrhundert (rechts)

zusammentreiben. Im Juni rückte dal Verme wieder an, und Hawkwood mußte seine Streitkräfte zusammenziehen, um Bologna selbst zu verteidigen. Er wich fast bis an die Außenbezirke der Stadt zurück, besetzte Casalecchio und die Brücke, über welche die Via Emilia den Fluß Reno überquert und von Westen her nach Bologna hineinführt. Dal Verme ließ Schanzen anlegen. Keiner der beiden Generäle war von der tollkühnen Sorte. Dennoch fühlte sich Hawkwood stark genug, den Kampf zu suchen. Er schickte daher seinen Trompeter Zuzzo, um seinen Gegner durch die Übersendung eines blutbefleckten Handschuhs herauszufordern – ein Angebot, das der Mailänder Oberbefehlshaber dankend ablehnte. Zuzzo wurde erneut geschickt. Diesmal wurde er weniger freundlich aufgenommen. Dal Verme jagte ihn mit Schmähungen zurück. Jetzt war Hawkwood sicher, daß der Vorteil auf seiner Seite läge. Noch einmal mußte der gutwillige Zuzzo den Fehdehandschuh über den Fluß bringen. Bei dieser Gelegenheit behielt dal Verme den Boten über Nacht in seinem Hauptquartier. Man nimmt an, daß die Mailänder Armee knapp an Nahrungsmitteln war. Ihre Versorgungslinie war aufs Äußerste in die Länge gezogen, während Hawkwood ein befreundetes Bologna unmittelbar in seinem Rücken hatte, eine

97 Die Krönung von Giangaleazzo Visconti, Miniatur aus einem Missale des 14. Jahrhunderts. Man beachte die Geparden zu beiden Seiten

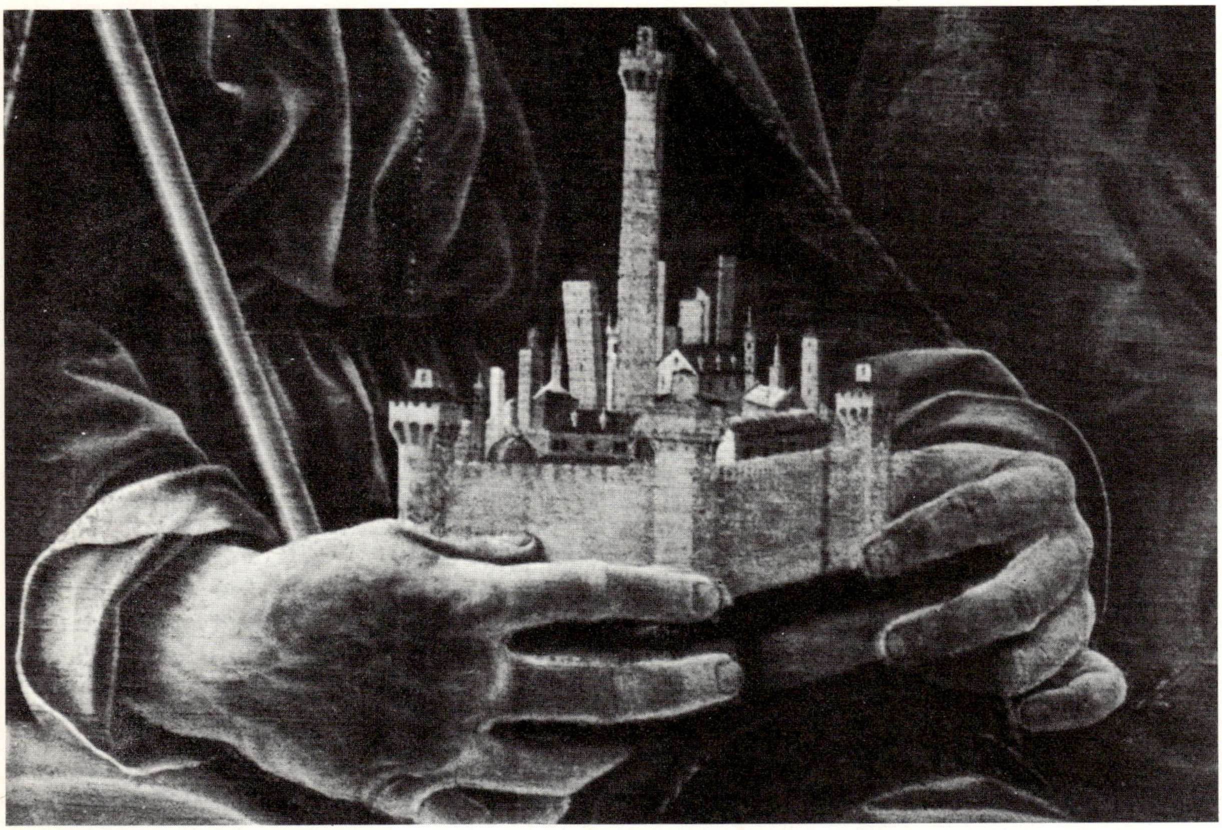

96 Ansicht von Bologna, 1474. Detail aus einem Gemälde von Francesco del Cossa

Stadt von so sprichwörtlichem Wohlleben, daß sie ihre Verteidiger bestimmt nicht hungern ließ. Sei es wegen des Nachschubproblems oder aufgrund von mangelndem Vertrauen in seine Kräfte, Hawkwood zu diesem Zeitpunkt und an dieser Stelle zu besiegen, jedenfalls beschloß dal Verme seinen heimlichen Rückzug und benutzte die unbeendete Verhandlung mit Zuzzo, um seine Absicht zu verbergen. In derselben Nacht, unglücklicherweise war es die Mittsommernacht, in der es nur wenige Stunden wirklich dunkel ist, begann dal Verme sich abzusetzen. Hawkwood entdeckte, was vor sich ging und nahm die Verfolgung auf. So rasch und energisch war sein Vorgehen, daß er die Mailänder Kolonne bald überholte und dal Verme zwang, sich zum Kampf zu stellen. Ein Angriff von der Flanke, angeführt von Giovanni da Barbiano, entschied die Schlacht innerhalb von ein oder zwei Stunden. Dal

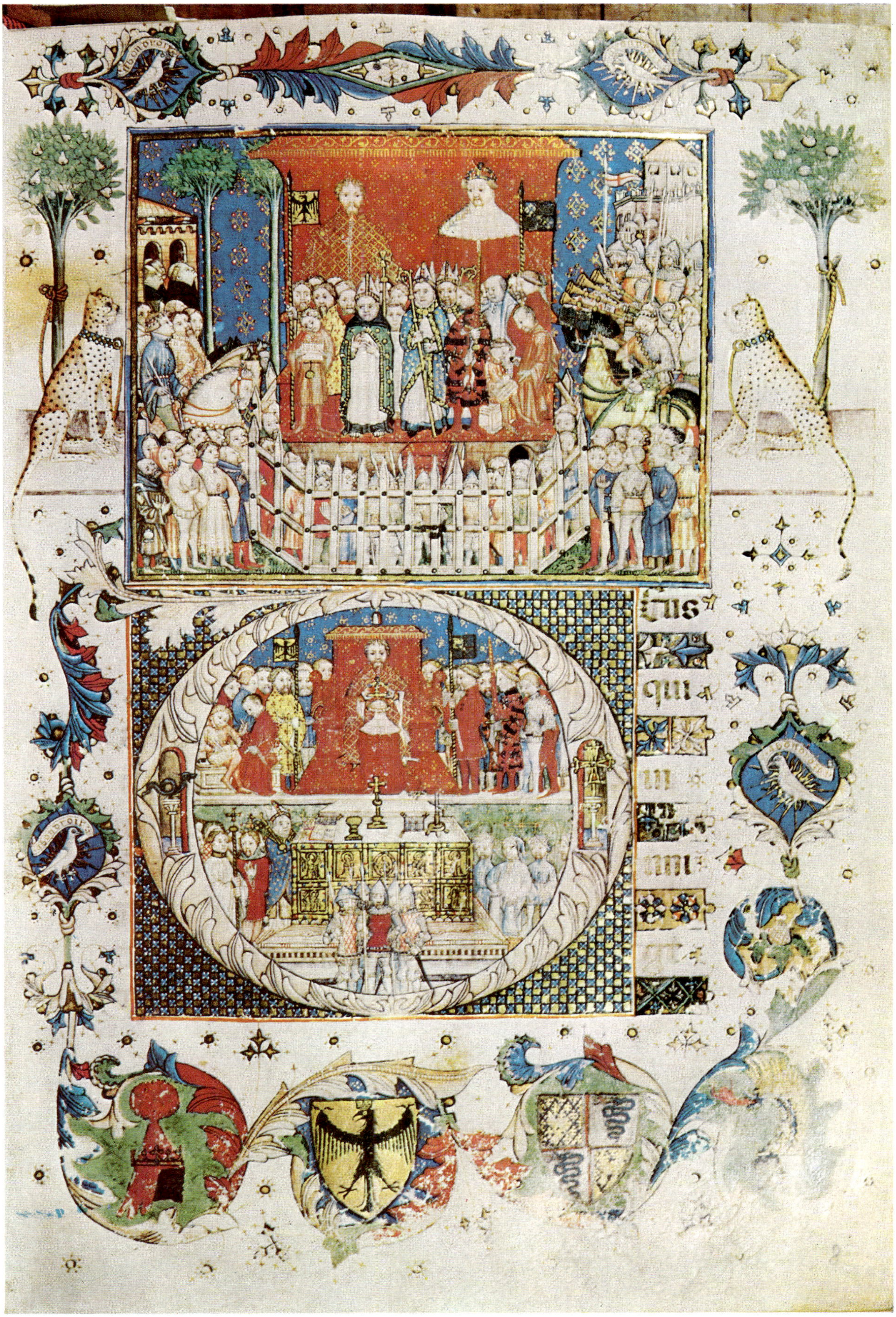

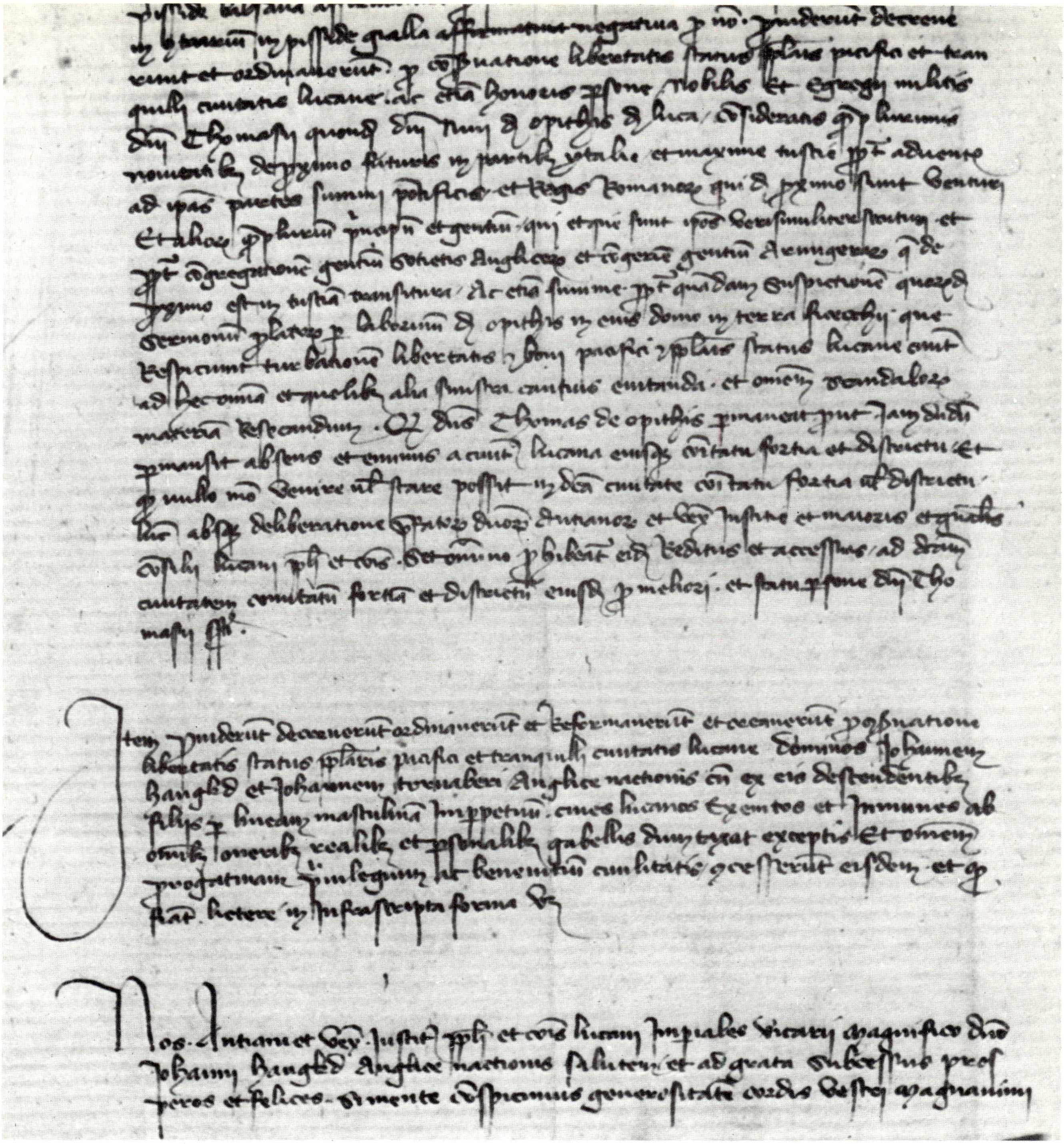

99 Urkunde mit der Hawkwood 1375 das Ehrenbürgerrecht von Lucca verliehen wurde

98 Paolo Savelli, nach Ubaldinis Tod 1389 Anführer der Mailänder Truppen gegen Florenz

Vermes geordneter Rückzug verwandelte sich in wilde Flucht. Hawkwood nahm fünfzig Reiter gefangen, einschließlich Facino Cane – zum zweitenmal innerhalb von drei Jahren – und Anghelino da Padula, einen anderen angesehenen Condottiere. Außerdem erbeutete er zweihundertzwanzig Pferde. Alles in allem kein großer Sieg, aber doch ein ganz hübscher Denkzettel für Giangaleazzo, der dadurch sicher in seiner Ansicht bestärkt wurde, daß Diplomatie und Unterminierung der militärischen Auseinandersetzung mit einem unbestechlichen Gegner vorzuziehen seien. Es scheint jedoch seinem Glauben an dal Verme

keinen Abbruch getan zu haben, denn in diesem Jahr wurde der Condottiere mit der Bürgerschaft der Stadt Mailand geehrt. Er war ebenfalls Bürger von Piacenza und, als ein mehr materielles Zeichen von Giangaleazzos Gunst, Inhaber verschiedener Lehen.

Die Saison endete gut für Hawkwood. Sein Erfolg für Bologna blieb in Ferrara, unmittelbar nordwestlich gelegen, nicht unbeachtet. Dort hatte sich der unpopuläre Markgraf noch unbeliebter gemacht, als er die politische Ausrichtung der Stadt änderte und die Freundschaft mit Mailand pflegte. Nun vollführte er eine rasche Kehrtwendung, schloß einen Separatfrieden mit Hawkwood und nahm im Oktober einen Allianzvertrag mit Florenz an. Auch Padua hatte vor kurzem die Mailänder Herrschaft wieder abgeschüttelt. Der junge Carrara war aus der Gefangenschaft geflohen und hatte mit Hilfe von Geldern aus florentinischen, bolognesischen, venezianischen und anderen viscontifeindlichen Quellen sowie einer Streitmacht von deutschen Rittern wieder Einzug in die Stadt gehalten. Es sah so aus, als ob Giangaleazzos Vormarsch auf die Adria zum Stillstand gebracht worden wäre.

Im nächsten Jahr sollte für Hawkwood mehr Arbeit anfallen. Aber bevor die Kriegssaison ernsthaft begann, entschloß sich Florenz, ihm dieselbe Ehre zukommen zu lassen, wie sie seinem Gegner von Mailand zuteil geworden war. Am 8. April erhielt der Engländer das Bürgerrecht von Florenz, und dieses Privileg sollte sich auch auf seine männlichen Nachkommen übertragen. Damit war jedoch keinerlei Recht verbunden, irgendein Amt in der Stadtverwaltung auszuüben. Die Florentiner Kaufleute ließen keine fremden Soldaten innerhalb ihrer Machtbereiche Fuß fassen.

Im Jahr 1391 gab es ausnahmsweise so etwas wie einen strategischen Plan. Mailand sollte in einer großen Zangenbewegung angegriffen werden. Hawkwood hatte dabei die Aufgabe, vom Osten her durch die Poebene heranzurücken, während eine französische Armee unter

Italienische Kaufleute und Handwerker im Spätmittelalter
◁ *100 Ein Wollhändler, der seine Ware gegen Weizen tauscht*

101/102 Ein Färber (oben) und zwei Goldschmiede (unten)

dem Grafen d'Armagnac im Westen über die Alpen kam. Dal Verme wußte um diese doppelte Bedrohung, und dieses Wissen läßt die Vorsicht, die er in seinen Manövern gegen Hawkwood an den Tag legte, verständlich und letzten Endes auch völlig gerechtfertigt erscheinen.

Der Engländer eröffnete seinen Feldzug am 15. Mai mit einer Überquerung der Etsch. Dal Verme machte keinen Versuch, ihn aufzuhalten. Er wagte es nicht, größere Truppeneinheiten so weit von Mailand entfernt einzusetzen, wenn kein Mensch wußte, wie bald d'Armagnac's Vorhut auf den alpinen Vorbergen gesichtet werden würde. Er ließ Hawkwood heranrücken. Hawkwood überquerte nacheinander die vielen Nebenflüsse des Pos, die durch die lombardische Ebene fließen. Immer noch hielt dal Verme still. Mit jedem Tag wurde die Nachschublinie der Florentiner länger, und er selbst hatte ja im vorigen Jahr die Erfahrung gemacht, wie entscheidend sich das auf die Handlungsfreiheit eines Heerführers auswirken konnte.

Auch Hawkwood wußte, was er tat. Ihm stand eine gut disziplinierte Armee zur Verfügung. Was er ebensowenig wußte wie dal Verme, war der Zeitpunkt, an dem seine französischen Verbündeten in Italien auftauchen würden. Er hatte mit ihrem baldigen Erscheinen gerechnet, aber bis jetzt war immer noch nichts von ihnen zu sehen. Er war aber auch bereit, es allein mit den Mailändern aufzunehmen, nur mußte es bald sein. Selbst er konnte nicht dafür garantieren, seine Armee so weit von ihrer Basis entfernt, noch sehr viel länger zu versorgen. Er rückte bis auf etwa fünfzig Kilometer an Mailand heran. Die Stadt befand sich in Alarmzustand. Giangaleazzo organisierte Prozessionen und Fürbittgottesdienste. Als Kind seiner Zeit fand er nichts dabei, katholische Frömmigkeit mit einer Verehrung für die antiken Heiden, politischen Realismus mit einem Glauben an astrologische Wahrsagungen zu verbinden. In diesem besonderen Augenblick aber kalkulierte er vielleicht, daß solche religiösen Demonstrationen helfen könnten, seinen Untertanen den Ernst der Lage klarzumachen, und gleichzeitig alle, die zur Panik neigten, etwas abzulenken. Er für seinen Teil vertraute – wie immer – auf dal Verme und mischte sich nicht in die militärische Seite des Konflikts ein.

Immer noch verhielt sich der Mailänder Feldherr abwartend. Hawkwood befahl den Rückzug. Er konnte sich nicht länger gedulden, noch konnte er bis zu den Toren von Mailand vordringen, wo dal Verme darauf lauerte, sich im geeigneten Moment auf ihn zu stürzen, und die Mailänder Bevölkerung bereit war, Haus und Hof bis zum letzten zu verteidigen; und er war immer noch ohne Nachricht von d'Armagnac. Aber auch so bestand für Hawkwood kein Grund, mit seiner Unternehmung unzufrieden zu sein. Er hatte das Hoheitsgebiet der Visconti ungehindert passiert und das Banner von Florenz fast bis zur feindlichen Kapitale getragen. Er hatte einen moralischen Sieg errungen, der seine Auswirkung auf die neutralen oder noch zögernden Staaten haben würde, und es war ihm – zumindest in dieser Saison – gelungen, die florentinischen und ihre alliierten Territorien vor Angriffen zu bewahren. Und all das ohne teure Verluste! Das war die Art von Krieg, wie sie den Kaufleuten in Florenz am liebsten war.

Jetzt endlich kam dal Verme in Bewegung. Eine Armee im Rückzug galt in jeder Hinsicht als weniger schrecklich. Er sandte Giangaleazzo eine zuversichtliche Depesche: »Schreibe mir, wie du willst, daß ich mit ihnen einig werde.« Giangaleazzo überließ das ganz ihm, was dal Verme bereits vorher gewußt hatte.

Die rivalisierenden Feldherren tauschten ebenfalls höfliche Botschaften untereinander aus. Es mag dem modernen Leser seltsam vorkommen, aber ein solcher Briefwechsel war nicht nur durch die ritterlichen Gepflogenheiten der Kriegführung bestimmt, sondern auch eng verbunden mit den praktischen Bedingungen, unter denen diese Kriegführung betrieben wurde. Eine echte Entscheidung verlangte im allgemeinen eine geordnete Schlacht, und eine solche setzte voraus, daß beide Seiten gewillt waren, ihre Streitkräfte auf einem für diesen Zweck geeigneten Terrain aufmarschieren zu lassen.

So zog sich Hawkwood in ordentlicher Weise zurück, und dal Verme ritt ihm nach, vorsichtig wie immer. Er sandte dem Engländer einen Käfig mit einem Fuchs als spöttische Herausforderung. Hawkwood betrachtete das Tier aufmerksam. Dann bemerkte er zu dem Mailänder Boten: »Ich kann sehen, daß dieses Geschöpf nicht dumm ist – es wird einen Ausweg finden.« Er zerbrach einen der Stäbe, und einen Augenblick später hatte sich der Fuchs durch die Lücke gezwängt und war frei.

Bei einer anderen Gelegenheit sandte er dal Verme eine Aufforderung zum Kampf, wieder einen symbolischen blutbefleckten Handschuh. Diesmal nahm dal Verme die Herausforderung an und erklärte sich bereit, am folgenden Tag zu kämpfen. Aber Hawkwood hatte dal Vermes Verhalten im vorigen Sommer nicht vergessen, und er beschloß, jetzt sei er an der Reihe, den Feind mit einem mitternächtlichen Verschwinden zum Narren zu halten. Er ließ die Banner, die von den Bäumen flatterten, zurück, ebenso ein paar Trompeter, die im verlassenen Lager zum Wecken blasen sollten, bevor sie ihm nachgaloppierten, und einige Transporttiere als Beute, um seine Verfolger abzulenken. Dann machte er sich mit seiner Truppe leise auf den Weg.

103 Ein Gonfaloniere trägt das Banner der Bürger von Florenz

Zwölf Monate vorher waren Hawkwood und Giovanni da Barbiano ungestüm hinter den Männern hergaloppiert, die sie getäuscht hatten, jetzt verfolgten Facino Cane und ein starker Trupp Mailänder Reiterei in wilder Jagd den verschlagenen Engländer. Genau das hatten Hawkwood und da Barbiano erwartet. Sie legten einen Hinterhalt, und die Mailänder gingen in die Falle. Zum dritten Mal wurde Facino Cane Hawkwoods Gefangener, und allmählich fragt man sich, worauf sich der Ruf dieses Mannes eigentlich gründete.

Dal Verme jedoch hatte seine Hauptstreitkräfte zurückgehalten, und jetzt entfaltete er seine große Fähigkeit. Die Bedrohung durch Hawkwood war vorbei. Zu spät, um noch mit den Florentinern zu kooperieren, waren die Franzosen unter d'Armagnac endlich aus den Alpentälern aufgetaucht. Mit einer Geschwindigkeit und Präzision, die Hawkwoods selbst würdig gewesen wäre, schwenkte dal Verme seine Armee herum und unternahm einen Gewaltmarsch von Lodi nach Alessandria, jener strategisch bedeutsamen Stadt, welche die westlichen Einfallstraßen nach Norditalien beherrschte. Am Fuße dieser Stadt zerschlug er am 25. Juli die französische Armee. Da war nichts von den professionellen Höflichkeiten der Condottiere-Kriegführung übrig. D'Armagnac fiel mit den besten seiner Ritter. Die Überlebenden flohen zurück in die Berge, wo viele von den Bauern hinterrücks niedergemacht wurden. Nur einem zerlumpten Rest der führerlosen Armee gelang es, heil wieder die Provence zu erreichen.

Damit endeten die großen Kriegsoperationen, aus denen beide Rivalen mit gleichen Ehren hervorgingen. Hawkwood hatte einen meisterlichen Vormarsch und einen ebensolchen Rückzug durchgeführt, was ihm, nach Ansicht von Fritz Gaupp, »sogar mehr Ruhm eingetragen hat als seine größten Siege.« Dal Verme auf der anderen Seite hatte einen großen Sieg errungen, wenn auch nicht über Hawkwood.

Dennoch waren die Gegner miteinander noch nicht ganz fertig. Sobald sie wieder etwas Atem geschöpft hatten, eröffnete dal Verme eine neue Front in der Toskana. Im Nu war Hawkwood zur Stelle, um ihm Einhalt zu gebieten. Von Ende September bis zum Beginn des Winters marschierten die beiden Generäle im Val d'Arno gegeneinander und auseinander, ohne etwas Entscheidendes zu unternehmen. Es kam zu einem etwas zähen Gefecht im Val di Nievole, bei dem Taddeo dal Verme, der die Nachhut für seinen Bruder anführte, von Hawkwood gefangen genommen wurde. Aber im wesentlichen blieb es ein unentschiedener Wettkampf. Die Mailänder Truppen zogen sich zurück, und am 26. Januar 1392 wurde in Genua ein Friede unterzeichnet. In Florenz herrschte große Freude, als man erfuhr, daß Giangaleazzos Angriffspläne zunichte gemacht worden waren und daß der englische Feldherr der Stadt ihr Vertrauen wieder einmal trefflich gelohnt hatte.

Es war sein letzter Kampf gewesen. Nicht nur, weil er zu alt wurde, sondern weil auch, so lange er lebte, kein Angriff mehr gegen die Stadt seiner Wahl unternommen wurde.

»Der einstige tapfere Krieger«

104 *Eine Dame des 14. Jahrhunderts sucht ihren Schneider auf*

Hawkwoods letzte Jahre verliefen nicht ohne Sorge. Er hatte finanzielle Schwierigkeiten, er war ein alter Mann mit jungen Töchtern, die verheiratet werden mußten, und seine eiserne Gesundheit begann allmählich brüchig zu werden.

1390 war er mit seinen Steuerzahlungen sehr im Rückstand. Aber er hatte eben seinen erfolgreichen Feldzug zur Verteidigung von Bologna geführt, und die Florentiner zeigten sich nicht undankbar. Im November dieses Jahres erließen sie ihm seine Schuld, und im darauffolgenden April, als sie ihm das Bürgerrecht ihrer Stadt gewährten, verbanden sie diese Ehre mit einigen materiellen Vergünstigungen: Er erhielt gewisse Steuerfreiheiten, die sich auch auf seine männlichen Nachkommen vererben sollten, und es wurde ihm ein sofortiger Zuschuß von 2000 Gulden über seinen normalen Lebensunterhalt hinaus genehmigt. Für Donnina wurde eine Witwenpension von 1000 Gulden unf für jede Tochter eine staatliche Aussteuer von 2000 Gulden bewilligt.

Diese letzte Maßnahme muß beide Eltern einer beträchtlichen Sorge enthoben haben, denn Janet hatte mit vierzehn das heiratsfähige Alter erreicht, und bald würde auch Catherine so weit sein. Hochzeiten in Florenz waren teuere, prunkvolle Zurschaustellungen, und Hawkwoods Familie hatte dem bürgerlichen Standard der Gesellschaft, der er diente, zu entsprechen. Dennoch scheint sich der alte Mann selbst, wie so viele Väter nach ihm, gegen manchen Betrag aufgelehnt und die ganze Verantwortung seiner Frau zugeschoben zu haben.

Janets Hochzeit fand im September 1392 statt, als mit Mailand Frieden herrschte und kein anderer Feldzug den General von zu Hause fernhielt. Der Bräutigam war Brezaglia, Sohn des Grafen Lodovico aus dem lombardischen Herzogtum Friaul im Nordosten. Dieser Edelmann hatte nach dem Brauch der italienischen Staaten verschiedene Ämter als unparteiischer Auswärtiger innegehabt, zuerst in Ferrera als *podestà*, dann als *capitano del popolo* in Florenz. Dort muß er mit dem Oberbefehlshaber der Stadt gut bekannt geworden sein.

Die Hochzeitsvorbereitungen kann man sich in etwa so vorstellen: Es war üblich, daß ein Schneider mit einem oder zwei Gesellen einige Wochen vor dem Ereignis ins Haus zog und für den gesamten Haushalt Kleider nähte. Nicht nur Hawkwood erzitterte bei dem Gedanken an solche Ausgaben. Andere Väter teilten seine Empfindungen, und ständig wurden Aufwandsbestimmungen erlassen in dem vergeblichen Versuch, die Hochzeitskosten in überschaubaren Grenzen zu halten. Nie traf es deutlicher zu, daß »die Gesetze von Männern gemacht werden«, aber sie zu umgehen, war in diesem Fall sicher eine Tat der Frauen. Es gab zum Beispiel eine Florentiner Bestimmung, daß der teuerste Pelz, Hermelin, allein den Rittern und ihren Damen vorbehalten bleiben sollte. Wir können sicher sein, daß Donnina sich darauf berief und ihren Mann davon zu überzeugen suchte, daß Sir John und Lady Hawkwood nichts weniger Kostbares tragen dürften. Wir können fast ebenso sicher sein, daß er darauf erwiderte, kein Mensch beachte diese Regelung, und jeder, der sich einen Hermelin leisten könne (und auch viele, die es nicht könnten), trage ihn, ungeachtet der Bestimmung. Das konnte auch der Dame »Donnina Visconti von Mailand, Gemahlin des Sir John Hawkwood« weder entgangen sein noch Freude bereitet haben, und bestimmt fand sie diese Tatsache zwar bedauerlich, ja ungeheuerlich, aber nicht als Grund, daß sich diejenigen, deren Stand sie ausdrücklich dazu berechtigte, Hermelin zu tragen, mit Eichhörnchen, Fuchs, Marder, Katze, Haselmaus oder sonst einem ordinären Pelz vorlieb nehmen sollten.

105 Hochzeitsszene auf einer Florentiner Aussteuertruhe. Man beachte die luxuriöse Aufmachung der Frauen, gegen welche die Signoria vergeblich einzuschreiten versuchte

106 Damenmoden des 15. Jh. auf Fresken in Monza ▻

Ähnlich verhielt es sich mit dem Material für die Kleider. Eine Brautwohnung war übersät mit feinen Seidenstoffen, weißem Damast, dunkelrotem Samt und scharlachrotem Taft. Gürtel waren ein Hauptartikel, Knöpfe ein Gegenstand endloser Diskussionen. Alte Gesetze bestimmten, daß ein Silbergürtel nicht mehr als fünf Unzen wiegen und daß die Knopfreihe an einem Ärmel nicht über den Ellbogen hinausgehen dürfe – aber wer kümmerte sich darum? Die Braut mußte an ihrem Hochzeitstag einen glänzenden Kopfschmuck tragen, aber wahrscheinlich benötigte sie auch noch ein halbes Dutzend weitere für ihre Aussteuertruhe. Hawkwood mag die Empörung des hl. Bernhard von Siena, damals erst ein zwölfjähriger Junge, vorwegempfunden haben. »Ich kenne einige Frauen«, erklärte der Franziskanermönch ein paar Jahre später, »die haben mehr Köpfe als der Teufel. Jeden Tag legen sie einen neuen Kopfputz an. Ich sehe welche, die haben die Form von Kutteln, andere die eines Pfannkuchens, andere die einer Schüssel... Wenn ihr euch nur selbst sehen könntet, ihr schaut aus wie ein Haufen Eulen und Habichte! Ihr Weiber habt eure Köpfe zu Götzen gemacht!«

Janets Hochzeit fand in San Donato statt, und daß es nicht ärmlich dabei zuging, kann man sich denken. Zwar konnten die Hawkwoods sicher nicht mit dem Prunk konkurrieren, den Bernabò seinerzeit in Mailand für seine Tochter entfaltet hatte, aber Donnina wird in Erinnerung an diesen Tag für ihre älteste Tochter ihr Bestes getan haben. Bestimmungen schrieben die Anzahl der Gäste, die Reichhaltigkeit des Menüs und selbst das Gewand der servierenden Mädchen genau vor. So sollten diese Mädchen nur einfache Kopftücher tragen dürfen und in Holzschuhen herumlaufen müssen. Zuwiderhandelnde konnten mit einer Geldstrafe belegt oder sogar nackt mit Ruten durch die Stadt gepeitscht werden. Aber wer kümmerte sich draußen in San Donato um solche Vorschriften? Und welche Hochzeit hat sich je in den Grenzen ihres ursprünglichen Budgets gehalten? In Shakespeares »Romeo und Julia« sagt Julias Vater Capuleta zu Graf Paris, als er den Hochzeitstag seiner Tochter bestimmt:

Drum laßt uns ein halb dutzend Freunde laden,
und damit gut ...

107 *Damenmoden des 15. Jh. auf Fresken in Piemont*

Doch schon wenig später im Stück bittet er einen Diener:

Du, Bursche, geh, miet mir zwanzig tücht'ge Köche...

Und schließlich gibt er der Amme die Anweisung:

Sieh nach dem Backwerk, Frau Angelica,
spart nichts daran.

Und wahrscheinlich reagierte Hawkwood, als es so weit war, wie jeder andere Brautvater. Viel zu schnell kam Catherine an die Reihe. Zwei Monate nach der Hochzeit ihrer Schwester war sie mit einem deutschen Söldnerführer, Konrad Prospergh, verlobt.

Konrad war sicher ein Bräutigam nach des alten Mannes Herzen. Im letzten Krieg gegen Mailand war er von den Florentinern mit seinen zweihundert Lanzen angeworben worden, und während des berühmten Rückzugs durch die Lombardei hatte er unter Hawkwood gedient. Offensichtlich bewährte er sich dabei, denn er erhielt seine goldenen Rittersporen aus der Hand seines zukünftigen Schwiegervaters. Während der Endphase des Krieges, als Hawkwood und dal Verme in der Toskana auf- und abmarschierten, war der junge Deutsche mit sechshundert Lanzen von der verbündeten Bologneser Regierung in Dienst genommen worden. Er hatte im Gebiet von Reggio operiert und sich erneut ausgezeichnet durch einen Hinterhalt, in den er die Mailänder lockte und dabei eine Anzahl Reiter, Fußsoldaten und Pferde gefangennahm.

Nach Beendigung des Krieges zeichnete er sich in den Turnieren zur Feier des Friedens aus. Eines fand im Februar 1392 auf der großen Piazza von Bologna statt, bei dem er eine Gruppe Ritter anführte. Ein anderes wurde am 12. Mai auf der Piazza Santa Croce in Florenz abgehalten. Es ist sehr wahrscheinlich, daß Hawkwood mit seiner Familie diesem Turnier beiwohnte und daß sich die Mädchen für den siegreichen jungen Mann begeisterten, den ihr Vater im vorausgegangenen Jahr zum Ritter geschlagen hatte. Konrad war der Held des Tages. Er führte die Rote Kompanie mit vierzig Rittern gegen die von Graf Antonio Guidi geleitete Weiße Kompanie und gewann die Trophäe, einen kleinen perlenbedeckten Löwen. Im November darauf gewann er die Hand von Catherine Hawkwood. Sie sollten früh im nächsten Jahr verheiratet werden, aber ihr Vater war entweder nicht gewillt oder nicht fähig, schon wieder diese Ausgaben zu tragen. Die staatliche Mitgift von 2000 Gulden war nur eine geringe Hilfe. Sie wurde direkt an den Bräutigam ausgezahlt, so daß sie den Brautvater zwar von der Notwendigkeit entband, selbst Bargeld auf den Tisch zu legen, ihm aber nicht half, die Heiratskosten zu vermindern. Konrad befand sich in Bologna. Donnina hatte das Problem in die Hand genommen und löste es mit weiblicher Resolutheit. Sie schrieb an ihren

zukünftigen Schwiegersohn, der sich daraufhin seinerseits am 9. Januar von Bologna aus an die Florentiner Behörden wandte und um einen Vorschuß von 1000 Gulden bat, damit »Madonna Donnina meine Frau für die Hochzeit kleiden kann... Madonna Donnina schreibt, daß nur noch das Geld für ihre Kleidung fehlt.«

Die Signoria von Florenz zeigte Verständnis. Jedenfalls wurde die zweite Hawkwood Hochzeit elf Tage nach diesem Brief in allen Ehren gefeiert.

Dem General war inzwischen klargeworden, daß seine Soldatentage vorüber waren. Selbst wenn Florenz seine Dienste noch einmal brauchen sollte, war er nun zu alt, um mit dem Feldherrnstab in der Hand an der Spitze seiner Truppen zur Rettung der Republik ins Feld zu reiten.

Seine Gedanken kehrten zu seinem Heimatland zurück, das er so lange nicht mehr gesehen hatte. Er empfand plötzlich eine Sehnsucht, sein Leben in England zu beenden. Das war mehr als ein sentimentaler Impuls seiner alten Tage, denn nie hatte er auch nur für einen Augenblick augehört, sich als Engländer zu fühlen. Bei seinen Verträgen bestand er immer auf einer Klausel, die ihn von der Teilnahme an einem Krieg gegen die König von England befreite. Dieser König war inzwischen der junge Richard II., Sohn seines einstigen

108 Lanzenstechen auf der Piazza Santa Croce in Florenz, um 1450. Bei solch einem Turnier lernte Catherine Hawkwood ihren zukünftigen Bräutigam kennen

109 Paolo Uccellos gemaltes Standbild von Sir John Hawkwood (»Johannes Acutus«) im Dom von Florenz, das lange nach dessen Tod entstand

IOANNES·ACVTVS·EQVES·BRITANNICVS·DVX·AETATIS·S
VAE·CAVTISSIMVS·ET·REI·MILITARIS·PERITISSIMVS·HABITVS·EST
·PAVLI·VGIELLI·OPVS·

110 Ein Heerlager, kurz nach Hawkwoods Tod auf eine Aussteuertruhe gemalt

Feldherrn, des Schwarzen Prinzen – Grund genug für Hawkwoods andauernde Loyalität. Und obwohl der General seit über dreißig Jahren Italien nicht verlassen, geschweige denn den Ärmelkanal überquert hatte, war er keineswegs ohne Kontakte zu England. Zwischen diesem Land und Florenz bestanden wichtige wirtschaftliche Verbindungen, vor allem der Wollhandel, und Hawkwood war als ein durch und durch zuverlässiger Engländer, der in Florenz lebte, persona grata bei der Regierung war und die englische Sprache fließend beherrschte, seinen Landsleuten dabei eine große Hilfe. Zeugnis davon gibt die Bevollmächtigung, die am 6. Februar 1385 in Westminster drei Engländern verliehen wurde, mit Florenz und anderen italienischen Städten Handelsabkommen zu treffen. Der Ritter »Johannes Haukewood« wurde zuerst genannt, gefolgt von »unserem Sekretär, John Bacon, Diakon von St. Martin's the Great, London«, und Sir Nicholas Dagworth, »von unserem Rat«. Hawkwood muß als Sprecher fungiert haben, der die anderen beiden empfing, als sie nach Italien kamen, und ganz allgemein den Verlauf ihrer Verhandlungen erleichterte. Hätte er sich den Wunsch erfüllen können, neun Jahre nach diesem Dienst für sein Land nach England zurückzukehren, wäre er dort wahrscheinlich nicht ohne Freunde oder Bekannte gewesen.

Zuerst mußte er jedoch seine Angelegenheiten in Ordnung bringen, über seine italienischen Besitzungen verfügen und mit der Signoria von Florenz zu einer Einigung kommen, damit sein Lebensunterhalt in seinem Ruhestand gesichert wäre. In den ersten Monaten des Jahres 1394 verkaufte er sein Gut bei Poggibonsi und begann Verhandlungen mit Florenz über die Abtretung von Montecchio und die anderen kleinen Orte in der Region Arrezzo, die ihm gehörten und die er hatte befestigen lassen. Das Haus in San Donato behielt er bis zu seinem Lebensende. Am problematischsten war seine lebenslängliche Rente. Was würde damit geschehen, wenn er nicht nur Florenz, sondern Italien verließe? Es begannen lange offizielle Diskussionen.

Dabei ging es ihm gesundheitlich keineswegs gut. Er lag die meiste Zeit im Bett oder auf einem Diwan. Nur ein Mann von seinem unbezähmbaren Geist konnte sich einem Traum hingeben, der die Durchquerung eines ganzen Kontinents unter den harten Reisebedingungen des 14. Jahrhunderts mit einschloß. Aber er sprach immer wieder von England. Donnina lauschte, insgeheim wohl voller Zweifel, ob er je die Reise beginnen und allein durchführen könne. Er muß überzeugend gesprochen haben, denn sonst hätte sich die Mailänder Dame kaum mit der Absicht getragen (wie es sicher der Fall war), sogar noch nach seinem Tod mit ihren jüngeren Kindern zu der unbekannten Insel aufzubrechen.

Im März dieses Jahres verabschiedete der gesamte Rat von Florenz nach langer Debatte mit einhunderteinundachtzig gegen vierundzwanzig Stimmen eine Resolution, die Pension seinem Wunsch gemäß umzuwandeln. Die Resolution begann: »In Anbetracht, daß Hawkwood, der aufgrund seines hohen Alters müde und, wie er selbst sagt, durch Krankheit arbeitsunfähig geworden ist, den Wunsch hat, sich in seine alte Heimat zurückzuziehen und seine Jahresrente umzuwandeln...« Die Genehmigung kam jedoch zu spät.

Fünf Tage nach dem Ratsbeschluß erlitt Hawkwood einen Schlaganfall und starb, wahrscheinlich in der Nacht vom 16. März. Der Tod scheint ihn überraschend heimgesucht zu haben. Er hatte kein Testament gemacht, nur Giovanni di Jacopo Orlandini beauftragt, sich um die Interessen seiner Kinder zu kümmern.

Als die Nachricht von seinem Tode am nächsten Morgen die Stadt erreichte, wurde sofort ein öffentliches Komitee einberufen, um das Begräbnis ohne Rücksicht auf die Kosten zu arrangieren. Es ist der beste Beweis, wie sehr die Florentiner Hawkwood geschätzt hatten, daß sie sich selbst jetzt, als er tot war und diesen ausgekochten Geschäftsleuten nicht mehr nützen konnte, großzügig zeigten, als es galt, ihm die letzte Ehre zu erweisen. In der Theorie unterlagen Begräbnisse den gleichen strengen Vorschriften wie die Hochzeitsausstattungen: Es gab ein Limit für Fackeln und Kerzen; Geschmeide, Rüstungen oder andere wertvolle Dinge durften nicht mit dem Leichnam begraben werden, und es bestand sogar die

vernünftige Vorschrift, daß die Trauerkleidung, die großen Umhänge, die über den Kopf gezogen wurden und bis auf den Boden gingen, nur zusammengeheftet werden sollten, »um das Material nicht zu verderben, das später zu Kleidern verwendet werden konnte«. Selbst wenn irgendeine dieser kleinlichen Sparmaßnahmen bei Hawkwoods Beerdigung zur Anwendung kam, so wurde die Gesamtzeremonie davon nicht beeinträchtigt. Sogar Donnina muß zugegeben haben, daß Florenz eine würdige Feier inszeniert hatte.
Sie selbst wurde mit ihren Töchtern, dem kleinen John und dem Gesinde von San Donato auf Gemeindekosten mit schwarzer Kleidung ausstaffiert. Hawkwoods Leichnam wurde

zuerst von seinem Heim abgeholt und in eine der Stadtkirchen gebracht. Die leere, mit rotem Samt und Gold drapierte Bahre wurde auf der Piazza della Signoria aufgestellt, und der Leichenzug formierte sich um sie. Alle Geschäfte waren auf Geheiß der Regierung geschlossen. Die vornehmsten Ritter von Florenz trugen die Bahre, um den Leichnam zu holen, der dann, wie es der Brauch war, für alle sichtbar, durch die Stadt getragen wurde. Er war in prunkvolle goldene Gewänder gehüllt, ein gezogenes Schwert lag auf ihm, und der Feldherrnstab steckte zwischen den erkalteten Fingern. Vierzehn aufgeputzte Pferde, geführt von Soldaten, die unter ihm gedient hatten, zogen feierlich einen Wagen mit seinem bekränzten Helm, seinem Schwert und Schild, den Wimpeln, Fahnen und der gesamten

111 Ansicht von Florenz im 14. Jahrhundert mit dem Campanile von Santa Maria Navella, dem Baptisterium und dem Turm des Bargello (links)

112 König Richard II. von England, der Hawkwoods Gebeine nach England überführen ließ (rechts)

Ausstattung eines Ritters. Die ganze Stadt versammelte sich, selbst die Mitglieder der Signoria, obwohl das Protokoll ihre Teilnahme bei solchen Gelegenheiten nicht vorsah. Es gab unzählige wehende Banner und einen ganzen Wald von großen Wachsfackeln. Sämtliche Glocken in Florenz läuteten. Priester, Mönche, Klosterbrüder und Chorknaben zogen mit der Prozession und sangen ihre klagenden Psalmen.
Für eine Weile wurde jetzt die Bahre neben dem Taufbecken im Baptisterium San Giovanni abgesetzt. Die Frauen stimmten ihre Klagelieder über den Toten an, wie sie heute noch in einigen Teilen Süditaliens üblich sind. Dann nahmen die Ritter die Bahre wieder auf und trugen sie über die Straße in den Dom zu einem prächtig geschmückten Katafalk. Der Klerus des Doms zelebrierte den Trauergottesdienst und hielt eine Eloge auf den Verstorbenen. Danach wurde der tote General in ein provisorisches Grab im Chor versenkt, da die eigentliche Grabstätte, die ihm die Signoria schon zu Lebzeiten versprochen hatte, noch nicht fertiggestellt war.
Hawkwood war es nicht beschieden, in dem Grab, das ihm die Florentiner zugedacht hatten, zu ruhen, denn die Sehnsucht seiner letzten Tage, nach England zurückzukehren, wurde in unerwarteter Weise erfüllt.
Von England, und zwar von keinem Geringeren als König Richard II. selbst, kam eine Bitte, die von der Signoria nicht abgeschlagen werden konnte. Ihre Antwort ist uns überliefert und lautet in etwa so: »Durchlauchtiger und unbesiegbarer Fürst, höchst verehrter Herr und unser besonderer Wohltäter: Unsere Verehrung kann Eurer Hoheit nichts verweigern. Wir werden nichts, was in unserer Macht steht, ungetan lassen, damit wir Euren Wunsch erfüllen können. Und obwohl wir finden, daß es uns und unserem Volk zum Ruhme gereichen würde, wenn wir die Gebeine des einstigen tapferen Kriegers Sir John Haukkodue behielten, der als Feldherr unserer Armee so glorreich für uns gekämpft hat ... gewähren wir dennoch in Übereinstimmung mit Eurem Ersuchen die Erlaubnis, daß seine sterblichen Überreste in sein Heimatland zurückkehren, auf daß nicht gesagt werde, Eure Hoheit hätten vergeblich und erfolglos etwas von der Ergebung unserer Wenigkeit verlangt.«
Hawkwoods Gebeine fanden ihre letzte Ruhestätte in der Pfarrkirche von Sible Hedingham, seinem Geburtsort. Das Grab selbst ist verschwunden. Die Nische, die es einst enthalten hat, ist noch in der Südwand der Kirche zu sehen, und das Emblem des Habichts (hawk = der Habicht) darin noch erkennbar.
Kam Donnina nach Sible Hedingham und beaufsichtigte die Arbeiten an dem Grabstein – sogar die Darstellung einer Figur, die Hawkwoods erste Frau darstellt? Wir wissen es nicht. Daß sie plante, mit ihrer unverheirateten Tochter Anna und ihrem Sohn nach England zu reisen, steht jedoch fest, denn die Signoria sandte König Richard einen weiteren Brief, voller Respekt und Rhetorik, und empfahl Hawkwoods Witwe seinem königlichen Schutz. Es gibt jedoch keinen Anhaltspunkt dafür, daß sie wirklich reiste. Anna heiratete einen gutsituierten Herrn aus Mailand, der ihrer Mutter gefallen haben muß. Von Klein John wird behauptet, er habe sich in Sible Hedingham niedergelassen, aber die spätere Geschichte der Familie liegt im dunkeln.
Am deutlichsten wird die Erinnerung an Hawkwood in Uccellos Reiterporträt an der Nordwand des Florentiner Doms gewahrt. Dieses seltsame, einfarbige Gemälde verlangt ein Wort der Erklärung. Uccello hat Hawkwood natürlich nie gesehen, denn er wurde erst einige Jahre nach dem Tod des Condottiere geboren. Das Porträt sollte ursprünglich als Entwurf für ein Marmorgrabmal dienen, das in dem eben fertiggestellten Kirchenschiff aufgestellt werden sollte. Als der Grabstein nicht gebraucht wurde, beschlossen die Florentiner Stadtväter, ein Fresko als Erinnerungsbild in Auftrag zu geben: daher das Skulpturhafte des Gemäldes. Das Fresko wurde mangelhaft ausgeführt, und Uccello beauftragt, es erneut anzufertigen. (Ein weiterer Beweis, daß Hawkwoods Anspruch auf die Dankbarkeit der Stadt selbst vierzig Jahre nach seinem Tod noch nicht vergessen war.) Schließlich wurde das Fresko auf Leinwand übertragen und an seinem jetzigen Standort aufgehängt.

Hawkwoods Nachfolger

Mit Hawkwoods Tod endete die Vormachtstellung der ausländischen Condottieri. Die italienischen Söldnerkapitäne übernahmen die Führung und folgten dem von Alberico da Barbino gesetzten Leitbild. Zwar dienten auch weiterhin noch Soldaten vieler Nationen in den verschiedenen Kompanien, aber sie hatten bald keine hohen Ränge mehr inne. Unter den letzten führenden Offizieren waren Graf Konrad von Eichelberg, den die Italiener »Conte Corrado di Achilberg« nannten, und Bernardone da Serres, ein Gaskogner, von dem Hawkwood eine gute Meinung gehabt hatte.

Konrad unterzeichnete 1391 einen Vertrag mit Florenz für ein Jahresgehalt von 1200 Gulden für die Zeit, die er sich in Italien aufhielte. Im nächsten Jahr wurde der Vertrag in ein Abkommen auf Lebenszeit umgewandelt, mit dem sich der Graf verpflichtete, nie gegen die Republik Florenz zu kämpfen und ihr, wenn immer es nötig sein sollte, zu Hilfe zu eilen. Das scheint ihn jedoch nicht daran gehindert zu haben, immer engere Beziehungen zum Florentiner Erzfeind Giangaleazzo zu pflegen. Als letzterer im Frühjahr 1396 einen seiner beliebten Entwaffnungspläne zur Eliminierung der überflüssigen freien Kompanien entwarf, erschien Konrad als sein beauftragter Repräsentant in Florenz, um den Vertrag zu diskutieren.

Später in diesem Jahr ernannten die Florentiner Bernardone da Serres zum Nachfolger für Hawkwoods ehemaliges Amt des *capitano generale*, und er ersetzte den Engländer, soweit das überhaupt irgendeiner konnte. Er war vor vielen Jahren nach Italien gekommen, hatte für gewöhnlich der Sache der avignonesischen Päpste gedient und verschiedene Burgen zur Belohnung erhalten. Diese Besitzungen sowie seine militärische Vergangenheit verursachten zunächst eine gewisse diplomatische Schwierigkeit, da Florenz den Papst in Rom anerkannte. Als Bernardones ursprüngliche Sechsmonats-*condotta* ablief und erneuert werden sollte, mußte zuerst Roms Zustimmung eingeholt werden, und Florenz arrangierte es, daß der Papst die dem General von Avignon verliehenen Ländereien kaufen konnte.

Als wenig später zwischen Mailand und Florenz erneut ein Krieg ausbrach, erwies sich der Gaskogner als durchaus zufriedenstellender Feldherr, und man war sich darüber einig, als seine weitere Beschäftigung diskutiert wurde, daß man »keinen besseren oder vertrauenswürdigeren« haben könne. 1400 war er wieder *capitano generale* und hielt diese Stellung weitere zwei Jahre. Dann, am 26. Mai 1402, wurde er gegen besseres Wissen gezwungen, eine Schlacht gegen die Mailänder Armee unter Jacopo dal Verme zu schlagen.

Die Szenerie war vertraut – besonders für dal Verme: Casalecchio am Ufer des Flusses Reno, westlich von Bologna, wo zwölf Jahre vorher Hawkwood ihn zurückgeschlagen, verfolgt und besiegt hatte. Bernardone war weniger erfolgreich. Er hatte sich den Wünschen von Giovanni Bentivoglio zu fügen, der sich erst vor kurzem zum Herrn von Bologna gemacht hatte. Da er genau wußte, wie verhaßt er bei seinen Mitbürgern war, wollte er unbedingt verhindern, mit ihnen bei einer Belagerung eingeschlossen zu werden. Daher bestand er darauf, daß der Condottiere die Schlacht vor der Stadt schlagen solle, und obwohl die Bedingungen ungünstig waren, hatte sich Bernardone zu fügen. Er verlor und wurde gefangengenommen. Bentivoglios Einschätzung der innerpolitischen Lage war genau richtig gewesen. In jener Nacht revoltierten die Bologneser, öffneten der Mailänder Armee, der viele ihrer eigenen exilierten Parteiführer angehörten, die Tore, erklärten die Stadt zur freien Kommune und boten Giangaleazzo an, die Oberherrschaft zu übernehmen. Bentivoglio wurde bei dem Aufstand getötet. Bernardone gewann seine Freiheit auf ganz einfache Weise zurück: Er schloß mit Mailand einen Vertrag. Diese Verbindung mit dem gierigen Condottieri-Sammler Giangaleazzo sollte jedoch nur einen oder zwei Monate dauern. Danach beschloß Bernardone, Italien ganz zu verlassen und in seine heimatliche Gaskogne zurückzukehren.

Zusammen mit den beiden ausländischen Heerführern alten Stils hatte die Signoria von Florenz auch Italiener in Dienst genommen, die den nun aufkommenden neuen Condottierie-Typ weit besser repräsentierten.

Noch während Hawkwood am Leben war, aber bereits zusehends alterte, hatten sich die Stadtväter durch eine vom 1. Mai 1393 datierte *condotta in aspetto* der Dienste des bekannten Perugianer Abenteurers Biordo Michelotti versichert. Aber als Hawkwood im folgenden Frühjahr starb und sie Michelotti an seiner Stelle zum *capitano generale* ernennen wollten, mußten sie feststellen, daß ihr Angebot zu spät kam.

Michelottis Augenmerk war von jeher auf seine Vaterstadt gerichtet gewesen. Als junger Mann hatte er das übliche Verbanntenschicksal erlitten. In der heute so bezaubernden umbrischen Stadt tobte der ständige Kampf zwischen den Parteien besonders heftig. Michelotti entstammte dem reichen Bürgertum, dem *popolo grasso*, das in Perugia den Parteinamen *Raspanti* (etwa die »Krallenden« oder die »Mausenden«) und als Wappentier eine

113 Ein Papst schlichtet einen Streit, Miniatur des späten 14. Jahrhunderts

Katze besaß. Gegen sie standen die alten Adelsfamilien und das »kleine Volk«, *il popolo minuto*, das die Adeligen zu beschützen vorgaben. Diese Partei hatte einen Falken als Symbol und trug den Namen *Beccherini*, was soviel wie »Schlächter« bedeuten sollte. Beide Parteien machten ihren Namen Ehre.

Ein Condottiere-Dasein war häufig die einzige Alternative für einen intelligenten jungen Mann, dem die geregelten Karrieren seiner eigenen Gemeinschaft verschlossen blieben. Michelotti wählte diesen Ausweg und erfreute sich im Dienst verschiedener Herren, ja sogar, einer Überlieferung zufolge, im Kampf für den König von Frankreich gegen England, zahlreicher Erfolge. Während dieser Jahre scheint er, wie immer auch das Parteiglück in Perugia wechselte, nicht versucht zu haben, sich wieder in dieser Stadt niederzulassen. Er wartete auf seine Stunde: Wenn überhaupt, würde er nur als Herrscher nach Perugia zurückkehren. Michelotti war der erste jener neuartigen Condottieri, die ihre militärische Macht dazu gebrauchten, um sich selbst zu Diktatoren zu erheben.

1391 war er bei Alessandria an dal Vermes Sieg über D'Armagnac beteiligt. Als im nächsten Jahr Frieden geschlossen wurde, begab er sich nach Florenz, und es sah so aus, als würde er von der Republik zum Nachfolger Hawkwoods bestimmt. Aber gerade zu diesem Zeitpunkt kam die lang ersehnte Gelegenheit, nach Perugia zurückzukehren.

Diese Stadt hatte, für den Augenblick jedenfalls, ihre Kapazität an innerer Fehde erschöpft. Das Pendel war wieder zurückgeschwungen bis zu dem Punkt, an dem es zu Beginn von Michelottis Karriere gestanden hatte: Die Adeligen und ihre plebejischen Parteigenossen waren drinnen, die Raspanti draußen. Aber jedermann hatte den Streit von Herzen satt, und Papst Bonifaz IX. wurde gebeten, als Schiedsrichter zu wirken. Natürlich war jede Partei davon überzeugt, Gott auf ihrer Seite zu haben, und daß sein Stellvertreter auf Erden an einer so offensichtlichen Tatsache nicht vorübergehen könne. Daher das freudige Willkommen, das dem Papst bereitet wurde, als er 1392 in Perugia erschien. Die Stadträte legten neue scharlachrote Gewänder zu Ehren dieses Ereignisses an und das Volk tanzte durch die Straßen.

Dieser Freudenrausch währte jedoch nicht lange. Bald befand sich Bonifaz in dem üblichen Dilemma eines Friedensstifters zwischen Streitenden, von denen keiner eine Handbreit Boden preisgeben will. Das Kloster, in dem er logierte, wurde zu seiner Fluchtburg. Er wagte es kaum, seinen erregbaren Gastgebern draußen in den engen Straßen zu begegnen. Seine Leibwache hielt sich bereit, jederzeit einen Angriff zurückzuschlagen.

Von seiner Festung bei Deruta aus, ein oder zwei Tagesritte südlich von Perugia, auf der anderen Seite des Tibertals, beobachtete Michelotti die Situation mit dem größten Interesse. Er war eine populäre Figur. Sein Mut und sein Charme hatten ihm in Umbrien viele Freunde gewonnen, und die Raspanti sahen in ihm ihren natürlichen Anführer. Die Aristokraten auf der Gegenseite, die sich an ihre bedenkliche Vormachtstellung in der Stadt klammerten, erkannten in ihm ihren potentiellen Hauptfeind. Sie sandten Boten aus, die ihm verlockende Angebote machten, wenn er sich aus dem Streit heraushalte – eine Taktik, die bei vielen Condottieri Erfolg gehabt hätte.

Endlich entschlossen sich die gegnerischen Fraktionen in Perugia, dem Papst die Vollmacht zur Schlichtung des Streits zu erteilen. Bonifaz verkündete daraufhin seinen reiflich überlegten Urteilsspruch: Es müßte eine Versöhnung stattfinden, und zu diesem Zweck müßten die Verbannten zurückgeholt und eine ausgewogene konstitutionelle Regierung eingesetzt werden. Einen Monat später, am 17. Oktober 1393, ritt Michelotti im Triumph mit zweitausend amnestierten Verbannten in Perugia ein. Als erstes machten sie dem Papst ihre Aufwartung, der sich immer noch im Kloster San Pietro aufhielt. Später fanden freie Wahlen statt und ein neuer Stadtrat wurde ernannt, der sich zur Hälfte aus dem Adel und zur Hälfte aus der Kaufmannsklasse zusammensetzte. Unnötig zu sagen, daß die unteren Bevölkerungsschichten eine direkte Vertretung weder erwarteten noch bekamen.

Michelotti kannte seine Landsleute zu gut, um nicht an der Beständigkeit dieser glücklichen Lösung zu zweifeln. Sie hielt genau einen Monat. Der Papst befand sich immer noch in San Pietro, dafür hatte sich Michelotti vorübergehend aus der Stadt entfernt.

Unruhe kam auf. Ein Adeliger tötete einen der Raspanti. Er wurde vor den *podestà* zur Verurteilung gezerrt. Als dieser sein Urteil fällte, focht Pandolfo dei Baglioni, ein Mitglied der führenden aristokratischen Familie, den Richterspruch an. In der Überzeugung, daß nun die bösen Tage wiederkommen würden, in denen es keine Gerechtigkeit mehr für die ehemaligen Exilierten gäbe, nahmen die Raspanti das Recht in ihre eigenen Hände. Es kam zu einem Massaker. Nicht nur Baglioni selbst fand unter seinem Haustor den Tod, sondern noch sechzig seiner Verwandten wurden verfolgt und niedergemacht. Eine andere Adelsfamilie, die Ranieri, hielt in einem der massiven Geschlechtertürme, wie sie heute noch, vor allem in San Gimignano, zu sehen sind, einer dreitägigen Belagerung stand. Schließlich wurde sie ausgehungert. Man schleppte sie vor Gericht, wo der *podestà* – zu seiner Ehre sei's gesagt – sich weigerte, ein Urteil gegen sie zu fällen. Besser wäre es jedoch gewesen, er hätte sie, zumindest für den Augenblick, in das schrecklichste Verließ gesperrt. Denn so wurden sie zum Ranieri-Turm zurückgetrieben, niedergemetzelt und aus den Fenstern geworfen.

So standen die Dinge, als Michelotti eilig zurückkehrte. Der Papst hatte verzweiflungsvoll die Hände über dem Kopf zusammengeschlagen und sich jenseits des Tibers nach Assisi

114 Papst Bonifaz IX.
115 Ansicht von Perugia, im Vordergrund das Kloster San Pietro, in dem Papst Bonifaz logierte.

BONIFA
CIVS.IX
GENE
STIRPE
THOMA
CIBO

116 Das Banner von Perugia – ein silberner Greif mit einem Schwert in der Pranke vor einem karmesinroten Hintergrund

zurückgezogen. Als der Condottiere das Heft in die Hand nahm und wie kein anderer die Ordnung wiederherstellte, billigte Bonifaz diese Lösung. Erst später, als er von Michelottis wachsender Popularität und dem geplanten Dauerzustand erfuhr, befielen ihn plötzlich Angst und ein verständlicher Groll. Er verpflichtete nun selbst einen Condottiere für die Zeit von einem Monat (eine völlig wirkungslose Geste gegen einen Rivalen von Michelottis Fähigkeit und Ansehen) und bemühte sich, die neue Regierungsordnung zu stürzen. Aber Michelotti saß nun so fest im Sattel, daß es schon anderer Maßnahmen bedurft hätte, um ihn abzuwerfen.

Einige Jahre lang blieb er der unangefochtene Herrscher der schönen umbrischen Stadt, die, wie irgend jemand einmal gesagt hat, wie »eine knorrige Riesenhand über fünf Hügel hingebreitet liegt«, hoch über dem Tibertal und inmitten jener sanften Landschaft, die uns aus zahlreichen Gemälden vertraut ist. Seine *condotta* mit Florenz erneuerte er nicht, wenngleich er die Beziehung aufrechterhielt. Er betrachtete sich jetzt als Souverän, als einen Verbündeten, um den man sich bemüht, und nicht als einen General, den man in Dienst nimmt.

Das wurde deutlich durch den Stil, in dem er seine Vermählung feierte. Die erwählte Braut war Bertolda Orsini aus dem alten römischen Adelsgeschlecht. Sie zog mit einem prächtigen Gefolge in die Stadt ein. Der Zug, zu dem neben den Verwandten der Braut und dem Dienstpersonal auch die Botschafter von Florenz und Venedig und viele andere Standespersonen gehörten, kam die steile Straße zu den Toren der akropolisähnlichen Stadt heraufgeritten. Die Frauen von Perugia liefen auf die Straße, um Blumen zu streuen und ihr Staunen über die Schönheit des Mädchens zum Ausdruck zu bringen. Sie war wirklich eine strahlende Erscheinung, in goldene Gewänder gehüllt und mit juwelenbekränztem Haar. Mit diesem gelungenen öffentlichen Ereignis hatte sich Michelotti die Zuneigung vieler gewonnen und einer Gemeinschaft Frieden gebracht, die zu lange unter Unsicherheit und Gewalt gelitten hatte. In der Stadt wehten Tausende von Fahnen, Balkone und Torbogen waren mit Girlanden bekränzt und Bauern stellten sich an, um ihre ländlichen Erzeugnisse den prunkvollen Hochzeitsgeschenken hinzuzufügen.

Michelotti besaß alle Voraussetzungen, die Gegensätze zu überbrücken. Seine parteiliche Unterstützung erhielt er von der Kaufmannsklasse, aber kraft seiner Geburt und seiner militärischen Laufbahn wurde er vom Adel respektiert, und seine menschlichen Fähigkeiten gewannen ihm die Zuneigung des *popolo minuto*.

Doch selbst er konnte es nicht jedermann recht machen. Durch seine erfolgreiche Befriedung der Stadt und seine Übernahme der Herrschaft hatte er sich den Papst zu einem nachtragenden, wenn auch im Moment machtlosen Feind gemacht. Bonifaz wurde durch seinen ehemaligen Gastgeber, den Abt von San Pietro, über alles, was in der Stadt vorging, auf dem laufenden gehalten. Der Abt schielte nach einem Kardinalshut, und er hatte bald erkannt, daß der sicherste Weg zur Erlangung dieser Würde über die Beseitigung Michelottis und die Wiederherstellung des päpstlichen Einflusses in Perugia führte. Er gehörte selbst einer der alten Patrizierfamilien an, den Guidalotti, und um ihn herum sammelte sich nun die Untergrundopposition aus den Mitgliedern dieser Klasse.

Diskussionen über irgendein politisches Problem endeten leicht in einer Verschwörung mit dem Ziel, das für die Unzufriedenheit verantwortlich gemachte Individuum aus dem Weg zu räumen. So war es auch in diesem Fall. Abt Guidalotti wurde bald zur treibenden Kraft bei einem Plan, an dem sich zwanzig oder mehr entschlossene Regimegegner beteiligen wollten. Ob der Papst in das Vorhaben eingeweiht wurde, wissen wir nicht, jedenfalls konnte der Abt sicher sein, daß die Nachricht in Rom nicht ungünstig aufgenommen würde. Was die Reaktion ihrer Landsleute betraf, so wiegten sich die Verschwörer in der optimistischen Annahme, daß ein paar Rufe, »Der Tyrann ist tot!«, jedermann dazu brächten, die veränderte Situation widerspruchslos hinzunehmen.

Man bestimmte einen Märzsonntag im Jahr 1398. Eine Zeit wurde gewählt, zu der die meisten der führenden Bürger im San Lorenzo-Dom die Messe zu hören pflegten. In Anlehnung an das biblische Vorbild bestimmte der Abt als Signal, mit den vergifteten Dolchen loszustechen, den Moment, in dem er Michelotti mit einem Bruderkuß begrüßte.

Der Sonntagmorgen brach an. Der Abt bestieg sein Pferd – denn sein Kloster lag am äußersten Ende der Stadt – und ritt zu dem Haus seiner Familie, dem Palazzo Guidalotti, wo sein alter Vater lebte. Hier stießen die anderen Verschwörer zu ihm. Die Gruppe bewegte sich dann zum Haus von Michelotti, nachdem sie sich zuvor überzeugt hatte, daß er dort zu finden wäre. Der Abt verkündete, er hätte seiner Hoheit wichtige Nachrichten persönlich zu überbringen. Da der Condottiere Guidalottis Status als Sprachrohr des Papstes kannte, schöpfte er keinen Verdacht, sondern kam schnell herunter, um seinen Besucher zu begrüßen. Guidalotti ergriff seine Hand und gab den vereinbarten Judaskuß, worauf seine Gefolgsleute Michelotti sogleich umringten und so rasend auf ihn einhieben und -stachen (trotz des Giftes, in das sie ihre Dolche noch zusätzlich getaucht hatten), daß der ganze Hausgang von Blut triefte.

Nach Beendigung ihrer Mission verlor die Gruppe weitgehend die Nerven. Nur die zwei Beherztesten hielten sich an das ursprüngliche Programm, ritten auf die Piazza und verkündeten ihre Tat. Der Abt, der sich von Amts wegen sicherlich am besten zum Sprecher geeignet hätte, eilte mit den meisten der übrigen zu seinem Kloster zurück, wahrscheinlich weniger aus Bestürzung über seine Tat, als vielmehr beunruhigt von der neuen Erkenntnis, daß sie unvorhergesehene Folgen haben könnte.

Und darin hatte er nicht unrecht. Michelottis Popularität war unterschätzt worden. Wie vereinbart, hatte man seinen Tod vor der Kathedrale verkündet und die Nachricht war sofort ins Innere des Gotteshauses gedrungen. Es gab einen wütenden Andrang zu den Portalen. Der Priester blieb allein am Altar zurück, seine Gemeinde eilte nach Hause, um sich zu bewaffnen. In kurzer Zeit war ganz Perugia in Aufruhr. Einige von Michelottis Anhängern trugen eine Silberschale vor sich her mit dem Blut, das sie angeblich aus den Wunden ihres sterbenden Führers aufgefangen hatten. Die Schale wurde wie die Reliquie eines Heiligen zur Schau gestellt und das Stadtbanner mit dem grimmigen silbernen Greif

auf rotem Feld darüber entfaltet. Dieses Symbol heizte die Volkswut noch weiter an. Der alte Parteienhaß loderte wieder auf. Der Guidalotti-Palast wurde gestürmt und angezündet, und der unglückliche Vater des Abtes kam mit vielen anderen bei diesen Repressalien um. Der Abt selbst entfloh, denn inzwischen wollte er nicht einmal mehr den massiven Mauern von San Pietro trauen, und hatte sich daher bereits auf den Weg nach Casalina gemacht.
In ihrem hoffnungslos gespaltenen Zustand war die Stadt dann reif, von Giangaleazzo durch eine seiner typischen Methoden eingenommen zu werden, und bald wurde sie es auch.
Irgendwie hatte die Signoria von Florenz kein Glück bei ihren Versuchen, einen geeigneten und bleibenden Ersatz für Hawkwood zu finden. So ist es nicht verwunderlich, daß sie noch Jahre später voll Sehnsucht an die Zeit jenes tüchtigen und verläßlichen Engländers zurückdachte.
1396, während sie noch einen Vertrag mit Bernardone da Serres aushandelte, versuchte sie, sich eines italienischen Feldherrn auf Dauerbasis zu versichern. Sie wandte sich an Cecchino Broglia, einen Piemontesen, der unter Hawkwood bei Castagnaro gekämpft hatte. Damals hatte er ihr Angebot, ihn mit hundert Lanzen in Dienst zu nehmen, ausgeschlagen und stattdessen eine *condotta* für zweihundert Lanzen von Giangaleazzo angenommen und für die Mailänder bei Alessandria gekämpft, doch wurde ihm das nicht nachgetragen. Der Florentiner Agent hatte die Weisung, ihm vertraulich mitzuteilen, »daß sie ihn sehr liebten und über eine Entscheidung von seiner Seite, in Florenz leben und sterben zu wollen, erfreut wären. Sie würden alles seinem Rang Zustehende tun und seinen Ansprüchen bei der Rekrutierung von Truppen entgegenkommen.« Später wurden diese Versicherungen konkretisiert auf das Angebot eines Einjahres-Vertrages und einer Lebensrente von 1200 Gulden. Broglia lehnte die Bedingungen als ungenügend ab.
Steht Biordo Michelotti als Exempel für den Condottiere mit politischen Ambitionen, so kann Broglia als Beispiel für das räuberische Element gelten, das in diesem Beruf so häufig war.
Nach Alessandria und dem Frieden von 1392 hatte ihn Giangaleazzo mit verschiedenen Lehen belohnt, aber Broglia war nicht dafür geschaffen, ein beschauliches Leben zu führen und zu warten, bis seine Dienste gebraucht würden. Er zog es vor, mit seiner räuberischen Bande südwärts in die Marken zu ziehen, wobei er manchmal störende Abstecher in Florentiner Gebiet unternahm. Seine Position war zwielichtig. Er besaß zwar von Giangaleazzo eine *condotta in aspetto*, aber als Florenz wie Perugia sich in Mailand über ihn beschwerten, erwiderte der schlaue Visconti, er sei für Broglias Taten nicht verantwortlich. Giangaleazzo hatte oft Ärger durch das zügellose Verhalten seiner Söldnerführer – Facino Cane gehörte auch dazu – aber er verstand es, sich diplomatischem Protest geschickt zu entziehen. Spät im Herbst 1394 ritt Broglia vom Süden her in die Toskana ein, und zu Beginn des folgenden Jahres ergriff er Besitz von der aretinischen Festung Gargonza. Nun beschlossen die Florentiner, gegen ihn vorzugehen. Zunächst sandten sie jedoch eine Protestnote an Giangaleazzo und erinnerten ihn daran, daß er ihrem Gebiet Schutz vor Broglias Raubzügen zugesichert hatte. Dieses Mal fühlte sich Giangaleazzo verpflichtet, etwas zu tun. Er rief Broglia zur Ordnung, und der Condottiere zog sich aus dem Gebiet von Arezzo zurück, allerdings nur, um sich kurz darauf in das Territorium von Lucca zu begeben. Im Juni nächsten Jahres, 1396, sandte Florenz erneut Beschwerden an den Hof von Pavia. In dieser Zeit war es, daß die Signoria auf die Idee kam, es könne für sie vorteilhafter sein, wenn sie Broglia auf ihre Löhnungsliste setzte, aber, wie bereits erwähnt, stießen ihre Vorschläge auf wenig Gegenliebe.
Broglia kehrte zu dem banditenähnlichen Dasein in den Marken zurück. Florenz war immer noch der Meinung, daß es besser wäre, im Kampf diesen rauhen Burschen für sich als gegen sich zu haben. Im September 1398 erhöhte die Signoria ihr Angebot. Die Lebensrente würde 2000 Gulden betragen und ein Haus sollte für seine Familie in der Stadt gestellt werden. Broglia hielt die Verhandlungen in Gang, ohne sich festzulegen. Erst sechs Monate

117 Die Porta Marzia von Perugia. Man beachte die zahlreichen Geschlechtertürme im Hintergrund

118 Die Festung von Assisi, die sich der Condottiere Cecchino Broglia 1398 zum Hauptquartier wählte

waren seit der Ermordung seines ehemaligen Kameraden Michelotti vergangen, und die politische Lage in Umbrien war weiterhin ungeklärt. Wahrscheinlich verstand Broglia von solchen Dingen nicht viel, ihn fesselte nur der Gedanke, daß, wenn Michelotti die Herrschaft von Perugia an sich gerissen hatte, er das Gleiche in der benachbarten Stadt Assisi tun könne. Daß er nicht, wie Michelotti, aus der Stadt stammte und von einer der großen Parteien unterstützt wurde, schien ihm nicht weiter schwerwiegend. Wenn er überhaupt einen Unterschied zwischen den beiden Fällen sah, dann höchstens den, daß er sich zu klug dünkte, um sich von seinen Feinden täuschen und ermorden zu lassen.

Broglia ließ sich also in Assisi nieder, wo Kardinal Albornoz nur dreißig Jahre vorher eine mächtige Papstfestung erbaut hatte, die einem Räuberhauptmann ein ideales Hauptquartier hoch über der Stadt bot. Während er weiter mit den Florentinern feilschte, kassierte er Schutzgebühren von all den Staaten, die er mit seinen Söldnerbanden bedrohen konnte.

»Ihr wißt, was für ein hervorragender Mann er ist«, schrieben die Florentiner an ihre venezianischen Verbündeten am 22. März 1399, »und wie wichtig es ist, daß wir ihn auf unserer Seite haben.« Im Juli schrieben sie dann: »Wir haben ausgerechnet, was über zwei Monate Messer Broglia und Messer Conte vom Papst erhielten, unter dem Versprechen, sechs Monate lang nicht in das Gebiet der Kirche einzufallen...« Und der Brief führte anschließend Beträge von insgesamt 32300 Gulden auf.

Das Ende der Geschichte kann als Ironie des Schicksals bezeichnet werden. Broglia ließ sich endlich bewegen, wenigstens für drei Jahre das angebotene Amt des *capitano generale* in Florenz anzunehmen. Ein paar Monate nach dieser Bekanntmachung starb er an einer Seuche, und Florenz hatte die Kosten für ein festliches, der Würde des Amtes entsprechendes Begräbnis zu tragen.

Man muß einfach Sympathie empfinden mit diesen Stadträten, die immer darum kämpften, ihre Republik zu schützen, ohne einen Gulden vom Geld der Steuerzahler unnütz auszugeben. So litt Florenz, obwohl weit entfernt von einer Demokratie im heutigen Sinn, in seinen Konflikten mit Mailand an den gleichen Behinderungen wie eine moderne Demokratie in der Konfrontation mit einer Diktatur. Es gab Zeiten, da konnte der reiche Bankier oder Wollhändler sich einem Visconti oder einem Papst gleich fühlen: wenn Botschafter angehört, Condottieri in Dienst genommen und Verträge unterzeichnet wurden. Aber wenn er nicht ganz unzurechnungsfähig war, und das war ein Florentiner Kaufmann höchst selten, wußte er, daß dieser Augenblick vorüberging und daß er in jedem Fall die Macht mit anderen teilte. Giangaleazzo war Alleinherrscher von Mailand und würde es bis zu seinem Tode bleiben.

So konnten zum Beispiel in Sachen Condottieri die Florentiner nichts entscheiden ohne lange Diskussionen, Resolutionen und Abstimmungen – eine schwarze Bohne für »ja« und eine weiße Bohne für »nein«. Wenn Giangaleazzo dagegen einen weiteren General für den in seinem Hirn herangereiften geheimen Plan benötigte, brauchte er nur einen Finger krumm zu machen und zu winken.

Alberico da Barbiano

Es wird Zeit, endlich etwas ausführlicher über Alberico da Barbiano zu sprechen, der in seiner Bedeutung weit mehr Hawkwoods Nachfolger war als irgend einer jener Söldnerkapitäne, um deren Dienst sich Florenz bemühte.

Wie bereits erwähnt, war Alberico ein paar Jahre lang Nachbar des Engländers in der Romagna gewesen, sein Waffenbruder beim Massaker von Cesena sowie bei anderen, ehrenwerteren Aktionen und sein Gegner in einigen Feldzügen. Seine starke, verständliche Abneigung gegen die ausländischen Heere, die sein Land verwüsteten, hatte ihn veranlaßt, die rein italienische *Compagnia di San Giorgio,* die Sankt-Georgs-Kompanie, zu gründen. Nach seinem Triumph über die Bretonen im Jahr 1379 hatte er seine Streitkräfte unter das Banner von Karl von Durazzo gestellt, der von Ungarn kam, um für die Krone von Neapel zu kämpfen. Um sich Papst Urban VI. für seine Unterstützung dankbar zu erweisen, sandte Karl Alberico und seine Kompanie gegen die dem Pontifex feindlich gesinnten toskanischen Städte. Bei dieser Gelegenheit war es, daß im März 1380 der romagnolische Ritter dem Engländer als Gegner gegenüberstand. Nach der Einnahme von Arezzo bedrohte Alberico Florenz, das zu diesem Zeitpunkt von Hawkwoods Schwager Luz Landau und dessen Bruder Eberhard verteidigt wurde. Am 1. April kam es zum Kampf. Eberhard nahm unter anderem Giovanni da Barbiano sowie siebzig Pferde gefangen. Danach kam Hawkwood, übernahm das Oberkommando von den deutschen Brüdern und bereitete einen Angriff auf die Georgs-Kompanie vor, in der eine Anzahl Exil-Florentiner kämpften. Vor diesem Ausländer nun hatte Alberico großen Respekt. Er verweigerte die Schlacht und zog ab. Eben noch hatte er 20000 Gulden von Lucca gefordert, nun war er froh, sich auf den halben Betrag einigen und sich in die einsame Sumpflandschaft der Maremma zurückziehen zu können. Neun Jahre später waren er und Hawkwood wieder Kollegen in einigen ziemlich ergebnislosen Operationen rund um Neapel, von denen Hawkwood eilig zurückbeordert wurde durch den Ausbruch des Krieges zwischen Florenz und Mailand. Während dieser Epoche stand Alberico beständig im Dienst von Karl von Durazzo und nach dessen Ermordung in dem seines kleinen Sohnes Ladislaus. Zum Lohn für seine Treue wurde ihm der Titel eines Großkonnetabels des Königreichs beider Sizilien verliehen.

Im Jahr 1392 machten jedoch die Intrigen im Streit um den neapolitanischen Thron die unmittelbaren Hoffnungen des sechzehn Jahre alten Ladislaus zunichte. Alberico selbst geriet in Gefangenschaft, die bis spät ins nächste Jahr hinein dauerte. Sie scheint durch die Vermittlung von Giangaleazzo ihr Ende gefunden zu haben, dem Alberico daraufhin während der nächsten zehn Jahre diente. Die Umstände von Albericos Eintritt in Mailänder Dienste schildert ein vorwurfsvoller Brief, der nach Giangaleazzos Tod geschrieben wurde, als der Condottiere diesen Dienst wieder quittierte. Der Schreiber, Uberto Decembrio, Sekretär des Herzogs, erinnert Alberico daran, wie er in düsterer Gefangenschaft schmachtete, unfähig, das riesige Lösegeld zu zahlen, das der Herzog von Venosa von ihm forderte, worauf Giangaleazzo seine Freilassung bewirkt habe durch die Zahlung einer Summe von 27000 Gulden. Als sich nach seiner Freilassung der Graf selbst vor dem höchst edlen Fürsten präsentierte, habe dieser ihm als erstes großzügig die Schuld für sein Lösegeld und den Preis für ein Pferd und andere Gaben erlassen und ihn dann zum *capitano generale* seiner Armeen ernannt mit einer regelmäßigen Vergütung von 500 Dukaten im Monat und dem Sold für 300 Lanzen und 50 Fußsoldaten. Des weiteren habe er ihn und seine Erben mit zwei sehr schönen und starken Kastellen im Gebiet von Verona und Parma belehnt, samt Steuereinnahmen und Gerichtshoheit.

Eine dieser Burgen war Montecchio Emilia, von der noch einige Befestigungen erhalten sind.
Der Sekretär des Herzogs fährt dann fort: Eingedenk all dessen habe Graf Alberico feierliche und bindende Eide der Lehnspflicht und Huldigung für sich und seine Erben dem besagten Herzog und seinen Söhnen gegenüber geschworen und dem Fürsten versprochen, ihm alle Zeit ergeben und treu zu dienen und nicht aus seinem oder seiner Söhne Dienst auszuscheiden, es sei denn, mit dem Einverständnis und der besonderen Erlaubnis des obengenannten Herrn, sondern daß er vielmehr immer und beständig gebunden sei, treu im Dienst des obengenannten Herrn und seiner Kinder zu verbleiben. So sei es verbrieft und feierlich bekräftigt durch das Siegel des besagten Grafen Alberico zu Urkund der Wahrheit.
Bevor wir den Stab über Alberico brechen, wollen wir seinen Treuebruch im Lichte der historischen Ereignisse betrachten.
Für den Augenblick lag das alles noch in der Zukunft. Es war gegen Ende des Jahres 1393, daß losgekaufte Gefangene erschien, um seinem neuen Herrn in dem hellen Audienzsaal des Schlosses von Pavia seinen Dank abzustatten und sich Jacopo dal Verme und den anderen Condottieri zuzugesellen, die den militärischen Teil von Viscontis Plänen ausführten.
Daß Alberico zum »capitano generale seiner Armeen« ernannt worden war, bedeutet kein Mißtrauensvotum gegen dal Verme. Wie an anderer Stelle bemerkt, mußte das Amt eines *capitano generale* nicht unbedingt höchste und ungeteilte Befehlsgewalt beinhalten. Giangaleazzo hielt sich eine Art Geheimkabinett, bestehend aus Männern seines Vertrauens, und Jacopo kam darin verdienterweise eine Position zu, die der eines Kriegsministers entsprach. Zu den übrigen, die bestimmte Spezialkenntnisse mitbrachten, gehörten Pietro da Candia, Bischof von Novara, Niccolò Diversi, ein Bankier aus Lucca und Niccolò Spinelli aus dem Regno, ein in der Staatskunst versierter Mann. Das eigentliche Zentrum des Kreises bildete der geheime Sekretär, Pasquino Capelli aus Cremona, dessen ruhiges und diskretes Wesen in dieser extrovertierten Epoche über den enormen Einfluß, den er ausübte, hinwegtäuschte. Giangaleazzo verstand zu delegieren. »Sprich mit Pasquino dar-

119 Montecchio Emilia, eines der Kastelle, die Giangaleazzo Visconti Alberico da Barbiano schenkte
120 Bildnis Giangaleazzos auf seinem Grabmal

über«, war seine Lieblingsantwort auf Detailfragen. Auf militärischem Gebiet wollte er oft gar nicht so genau wissen, was seine angeworbenen Generale taten, so daß er sie gegebenenfalls verleugnen konnte. Zu dal Verme, seinem vertrauten und ständigen Feldherrn, der seit den Tagen seines Staatsstreichs gegen Bernabò sein Schwert führte, hatte er eine viel engere Beziehung. Er verwandte ihn manchmal zu diplomatischen Missionen, außerdem oblag ihm die Oberaufsicht über die gesamten Mailänder Streitkräfte.

Alberico war trotz seiner Reputation nicht mehr als einer der vielen Condottieri, die Giangaleazzo um sich zu sammeln beliebte, weil er sie benötigte oder auch nur, um sie seinen Feinden zu entziehen.

Zu dieser Kategorie gehörte z. B. der berühmte Piemontese Facino Cane, der seinen Beinamen »Hund« (cane = Hund) eher seinen aggressiven Eigenschaften als einer übergroßen Anhänglichkeit verdankte. Wie früher berichtet, hatte er 1387 für Verona gekämpft und war einer von Hawkwoods zahlreichen Gefangenen bei Castagnaro gewesen. Er muß sehr rasch ausgelöst worden sein, denn noch im selben Jahr trat er in den Dienst von Giangaleazzos Freund Teodoro von Montferrat, der ihn zu Raubzügen im Territorium von Savoyen aufforderte. 1390 gehörte er zu den Carlo Malatesta untergeordneten Condottieri, die für Giangaleazzo kämpften. Er wurde abermals von Hawkwood gefangengenommen, und erneut ein Jahr später, diesmal schwer verwundet, als er Hawkwoods Rückzug verfolgte. Am 20. November 1393, ungefähr zum Zeitpunkt von Albericos Befreiung, lieh Giangaleazzo Cane 4000 Gulden, zinsfrei, aber zurückzahlbar auf Aufforderung. Als Gegenleistung versprach der Piemontese, wie auch Alberico einige Wochen später, dem Mailänder Fürsten alle Zeit zur Verfügung zu stehen. Dieses Darlehen führte sogleich zu Verwicklungen mit Savoyen, da Cane das Geld dazu verwendete, sich von diesem westlichen Bergland auf eigene Faust eine kleine Domäne abzuzwacken. Giangaleazzo sah sich wieder einmal genötigt, die Verantwortung für Canes Verhalten abzulehnen. Er machte jedoch das Angebot, »Länder, Güter und Personen mit dem Bann zu belegen, um Savoyen Genugtuung zu leisten«. 1395 und 1396 diente Cane Orleans gegen Genua und dann Genua gegen Orleans. 1397 stand er wieder unter dem Banner der Visconti. Er muß jedoch immer ein unbequemer Untergebener gewesen sein, der besessen war von seinem eigenen Ehrgeiz, sich als Herrscher in seinem Heimatgebiet niederzulassen, ohne Rücksicht auf die benachbarten Staaten. Gegen Ende des Jahres 1400 sah sich Giangaleazzo gezwungen, auf seinen Freund Teodoro Druck auszuüben und die Entlassung Canes aus dem Dienst von Montferrat zu verlangen.

Facino Cane hat sich seinen festen Platz in der Galerie der berühmten Condottieri weniger wegen seiner Kühnheit auf dem Schlachtfeld erobert als wegen der erfolgreichen Durchsetzung seiner eigenen Machtinteressen, die schließlich (wie wir noch sehen werden), die politischen Ereignisse entscheidend beeinflußt haben. Alberico da Barbino ging aus ganz anderen Gründen in die Geschichte ein.

Spätere Geschichtsschreiber wie Machiavelli sahen in ihm den eigentlichen Vater des Condottieresystems. Nationaler Stolz verleitete sie dabei zum Teil, den Beitrag der ausländischen Vorläufer herunterzuspielen. Zweifellos aber war Alberico eine typische Figur. Hawkwood, der seine Reiter von ihren stolzen Rossen absteigen ließ und jene englischen Bogenschützen mit ihren teuflischen Langbogen beschäftigte, stellte einen Einzelfall dar und hatte keine Nachahmer. Seine Neuerungen hinterließen keine Spur in der Taktik der italienischen Kriegführung. Nach seinem Tod kletterten die italienischen Ritter dankbar in ihre Sattel zurück und ließen sich nicht mehr daraus vertreiben. Das war Albericos Verdienst. Unter ihm zu dienen, wurde zur anerkannten Lehrzeit für einen abenteuerlustigen jungen Mann.

Machiavelli schrieb über ein Jahrhundert später, als das Condottieresystem sein Ende fand: »Der erste, der eine solche Miliz zu Ehren brachte, war Alberico aus der Romagna. Aus seiner Schule gingen unter anderen Braccio und Sforza hervor, die zu ihrer Zeit über Italien walteten. Jene Anführer von Mietstruppen fingen damit an, das Fußvolk um seine Ehre zu bringen, um selbst zu größerem Ansehen zu gelangen. Dieses taten sie, weil sie selbst ohne Länder und auf persönliche Mittel beschränkt, mittels weniger Fußsoldaten kein großes Ansehen erhalten, zahlreiche aber nicht ernähren konnten. Sie beschränkten sich also auf Reiterei, wo sie denn mittels einer geringeren Zahl Unterhalt und Ehre zu gewinnen vermochten.«

Hier müssen natürlich Machiavellis eigene Vorurteile in Rechnung gestellt werden, seine Abneigung gegen Söldnerheere, seine übertriebenen Beschreibungen ihrer lustlosen Kampfesweisen und sein kaum begründeter Glaube an die Überlegenheit eines zu Fuß kämpfenden patriotischen Bürgerheers. Aber selbst wenn man all das mit einkalkuliert, läßt sich aus diesem Bild die Wahrheit erkennen: Alberico machte tatsächlich den reitenden Ritter erneut zum wichtigsten Faktor der italienischen Taktik, und seine Schüler, so unterschiedlich sie sein Vorbild auch sonst abwandelten, gingen von diesem Hauptprinzip nicht ab.

In *The Archaeology of Weapons* vermittelt R. Ewart Oakeshott eine gute Vorstellung, wie es gewesen sein muß, unter den damaligen Bedingungen zu reiten und zu kämpfen. »Die Hauptfunktion des Schlachtrosses, ja eigentlich seine einzige, bestand darin, eine wendige, gut geschulte und den kleinsten Bewegungen des Reiters gehorchende ›Basis‹ zu bieten, von der aus er kämpfen konnte.« Nach einem ausführlichen Hinweis auf die große Bedeutung der Steigbügel, fährt Oakeshott fort: »Als die Rüstung schwerer wurde, versah man den Sattel mit einem hochgezogenen Sitz, so daß die Beine des Reiters nicht mehr so gespreizt werden mußten, und sein ›Sitz‹ im Sattel eher dem Stand glich, den er einnehmen würde, wenn er am Boden kämpfte.«

In *The Story of the Sforzas* behauptet L. M. Collison-Morley, Alberico hätte das Visier am Helm und den hinteren Nackenschutz erfunden sowie als erster die Pferde durch schön gearbeitete Lederschabracken geschützt. Die erste dieser Behauptungen ist irreführend. Visire kannte man seit langem und der beste Typ war in Deutschland entwickelt worden, aber Alberico hat vielleicht irgendwelche Änderungen erfunden oder Visiere dort eingeführt, wo die Truppen bisher nicht damit ausgestattet gewesen waren. Ganz sicher hat er der Schutzbedeckung der Pferde mehr Aufmerksamkeit gewidmet als Hawkwood, denn dem Engländer war die Beweglichkeit am wichtigsten, und seine Pferde wurden ja nicht unmittelbar den Waffen des Feindes ausgesetzt, während sie bei Alberico mitten im Schlachtgetümmel standen.

So lange Giangaleazzo lebte, hielt Alberico sein Treueversprechen.

Genua war im Herbst 1396 in französische Hände gefallen, eine Entwicklung, die Mailand zwar nicht willkommen war, aber die der Herzog im Augenblick hinnehmen mußte. Er richtete seine Aufmerksamkeit daher nach Osten und Süden, nahm seine Expansionspläne wieder auf und machte sich die aufreibenden Fehden der verschiedenen Städte zunutze, vor allem soweit sie die Stellung seines einzigen wirklich halsstarrigen Feindes schwächen konnten: Florenz. In seinen Träumen spielte er mit dem Gedanken, daß es nach Ausschaltung der großen toskanischen Republik nichts mehr gäbe, das sein Vordringen aufhalten könne. In den päpstlichen Gebieten herrschte das übliche Chaos, und im Regno tobten die dynastischen Streitigkeiten weiter. Konnte er da nicht wirklich davon träumen, mit der Zeit ganz Italien zu beherrschen?

Seine unmittelbaren Pläne für 1397 waren, ohne vorherige Kriegserklärung gegen seinen Hauptfeind im Norden, Francesco Gonzaga von Mantua, vorzugehen und gleichzeitig Florenz mit Einfällen in sein Territorium abzulenken. Dal Verme wurde mit dem Angriff auf Mantua, Alberico mit der Kampagne in die Toskana beauftragt. Pisa, der traditionelle Feind von Florenz und dem Herzog von Mailand ein williger Vasall, sollte das Instrument für diese Kampagne sein.

Im Winter wurden die ersten Maßnahmen getroffen. Wie ein zeitgenössischer Chronist, Ser

121 Ein italienischer Ritter um 1400. Man beachte den Steigbügel, den Helm mit Visier und die schön gearbeitete Schutzbedekkung des Pferdes

Naddo da Montecatini, schrieb, »sandte der verfluchte Herzog von Mailand, um die Pisaner zu rächen, im Dezember und im März erneut über sechstausend Pferde nach Pisa mit guten Truppen und tüchtigen Anführern, an ihrer Spitze Graf Alberico da Barbiano... Nachdem sie dort zwei Monate lang geblieben waren, vermehrten sie ihre Anzahl und zogen in Richtung Siena... Am 23. März waren sie in Mercatale di Greve, stahlen Pferde und eine große Menge Getreide und Vieh und nahmen zahlreiche Gefangene, Männer wie Frauen.« Obwohl Alberico sich als Befreier Italiens »von den Barbaren« hervortat, machte es für das Land selbst wenig Unterschied, ob es von einem der ausländischen Söldnerheere oder von der einheimischen Sankt-Georgs-Kompanie verwüstet wurde.
Diese Frühjahrsoffensive erfüllte die Florentiner mit Besorgnis. Um der Gefahr zu begegnen, waren neue finanzielle Abgaben notwendig; sogar die Priester mußten in die Tasche greifen. Was die armen Geschäftsleute empfanden, erfahren wir aus Datinis Klage seiner Frau gegenüber: »Krieg ist mit den Pisanern ausgebrochen. Die anderen Kaufleute und ich, wir sind alle ruiniert. Gott gebe uns, was wir brauchen!« Er hatte eben 250 Gulden zu einem obligatorischen Verteidigungsdarlehen beigesteuert.
Das war am 19. März. Da er durch Geschäfte in Florenz aufgehalten wurde, schickte er seiner Frau in Prato genaue Anweisungen, daß alles bewegliche Gut von ihrem Landsitz in den Stadtbereich geschafft werden solle. Nicht einmal Geräte aus Eisen dürften zurückgelassen werden. Wenn sie und die Dienstboten noch Zeit hätten, das Stroh wegzuschaffen, sollte das ebenfalls in Sicherheit gebracht werden. »Lege es hin, wo es dir gutdünkt, denn wenn das Vieh keinen Hafer bekommen kann, muß es mit Stroh vorlieb nehmen.« Die vorausgehende Nacht, warnte er, seien die Angreifer nur zwölf Meilen in der anderen Richtung von Florenz entfernt am Werk gewesen.
Während Alberico so in der ganzen Toskana Aufregung verursachte, zog dal Verme seine Armee in Cremona zusammen. Ende März setzte er zu seinem Überraschungsangriff auf die mantuanische Festung Borgoforte an, wo Hawkwood einst dem Kaiser den Weitermarsch verwehrt hatte. Sie war gut verteidigt, und der Angriff schlug fehl. Dal Verme mußte einen Belagerungspark heranschaffen und sich auf die langwierige Proezdur von Blockade und Bombardierung einstellen. Erst Mitte Juli konnte er Giangaleazzo die freudige Nachricht senden, daß die Festung gefallen sei. Danach eilte dal Verme Ugolotto Biancardo zu Hilfe, der Governolo belagerte, einen kleineren Ort weiter im Osten, am Mincio, einem Nebenfluß des Pos, gelegen. Hier gingen die Mantuaner und ihre Verbündeten zu einem entschlossenen Gegenangriff über. Carlo Malatesta rückte mit einer Verstärkungskolonne an und warf durch einen Ausfall von den Befestigungsanlagen die Mailänder zurück. Unter Ausnutzung dieses Anfangserfolges trieb Malatesta dal Verme bis Borgoforte und schließlich bis auf das andere Poufer. Dal Verme verlor nicht nur alles eroberte Gelände, sondern auch seinen Belagerungspark, Schiffe und Lebensmittelvorräte. Aber er hatte derartige Rückschläge schon früher erlebt und ließ sich davon nicht beeindrucken. Er ging erneut zum Angriff über, und dank der mangelnden Einheit unter den gegen ihn Verbündeten war am Ende des Sommers Borgoforte wieder in Mailänder Hand.
In den nächsten beiden Jahren realisierte Giangaleazzo seine Pläne Schritt für Schritt. In Pisa starb 1398 der von ihm abhängige Doge Jacopo D'Appiano. Ihm folgte im Amt sein Sohn Gherardo, der die Stadt für 200000 Goldgulden an Giangaleazzo verkaufte, trotz des Angebots der Bürger, ihm dieselbe Summe zu zahlen, wenn er ihnen ihre Freiheit erhielte. Mailänder Truppen besetzten die Stadt. Pisas Fahnen wurden eingezogen und am 31. März 1399 in feierlicher Ehrenbezeigung vor dem Herzog in seinem Palast in Pavia gesenkt. Im November ergab sich ihm die Republik Siena. Perugia folgte am 21. Januar 1400. Diese Stadt war kurze Zeit von Ceccolino Michelotti, dem Bruder des ermordeten Biordo, regiert worden, aber als einer von des Herzogs Condottieri, Ottobuono Terzo, an der Spitze von zweitausend Lanzen in Umbrien einrückte, hielt er es für klug, sich Mailand zu ergeben. Während dieser Periode war Alberico da Barbiano im Norden tätig gewesen. Ende Sep-

122/123 Die Certosa im Bau (122). Die Fassade (123) wurde erst unter den Sforza vollendet

tember 1399 geriet sein Bruder Giovanni mit Beutegut beladen auf einem Plünderungszug im Territorium von Bologna in Gefangenschaft. Anstatt aber wie üblich in Erwartung auf Lösegeld festgehalten zu werden, wurde er von den Bolognesern hingerichtet, dem Gerücht nach auf Drängen seines alten Feindes Astorre Manfredi von Faenza. Alberico machte diesen jedenfalls für den Tod seines Bruders verantwortlich. Er erhielt vom Herzog die Erlaubnis, gegen Bologna zu marschieren, aber er ließ es nicht zu einer militärischen Auseinandersetzung kommen. Statt dessen folgte er dem Beispiel seines Herrn, mischte sich in die innerpolitischen Intrigen der Stadt ein und half, die Regierung zu Fall zu bringen. Mit den neuen Oberen vereinbarte er einen gemeinsamen Angriff auf Manfredis Stadt Faenza, nicht ganz fünfzig Kilometer südöstlich an der Via Emilia gelegen. Aber größere Dinge waren im Gang, und bald benötigte ihn der Herzog an anderer Stelle, so daß sein persönlicher Streit für den Augenblick nicht weiter verfolgt werden konnte.

Diese größeren Dinge waren eine Bedrohung Giangaleazzos von jenseits der Alpen. Mit Verzweiflung hatten die Florentiner gesehen, wie eine italienische Stadt nach der anderen von Mailand einverleibt wurde. Sie hielten nach einem starken Verbündeten Ausschau. Aber Venedig war auf dem Meer beschäftigt, und sonst schien sich kein geeigneter Helfer auf der italienischen Halbinsel anzubieten. Ihre größte Hoffnung lag bei Kurfürst Ruprecht von der Pfalz, der nach der Absetzung von Wenzeslaus zum »Römischen König« gewählt worden war. Wenzeslaus hatte auf Giangaleazzos Seite gestanden und ihm den ersehnten Herzogtitel für 100000 Goldgulden verkauft. Ruprecht würde – natürlich gegen Vergütung – statt dessen den Florentinern helfen. Diese Vergütung bestand aus 200000 Gulden in bar und weiteren 200000 nach vier Monaten Feldzug auf Mailänder Territorium.

Im Sommer 1401 kamen Ruprecht und seine deutschen Ritter über die Alpen in die Lombardei. Der Herzog führte seine gesamte Condottieri-Mannschaft gegen sie ins Feld: Alberico, Facina Cane, Ottobuono Terza und wie sie alle hießen, selbst den alten Jacopo dal Verme in persona. Was folgte, war ein für beide Seiten kostspieliges Geplänkel. Es kam zu keinem größeren Zusammenstoß zwischen den zwei Heeren, nur zu einem kurzen Reitergefecht vor den Mauern von Brescia. In dieser Stadt waren Facino Cane und Ottobuono Terzo stationiert, deren Soldaten einen deutschen Furagetrupp verjagten. Ruprecht war mit einer schwächeren Streitmacht erschienen als erwartet, und die Visconti-Gegner hatten sich nicht, wie erhofft, unter seinem Banner gesammelt. Zu allem Unglück wütete auch noch eine Seuche in der Lombardei. Nach seinem Mißerfolg bei Brescia, Mitte Oktober, zog er sich langsam via Padua und Venetien nach Deutschland zurück, weniger in Konflikt mit den Mailänder Truppen als mit der Florentiner Signoria über die zweite Rate an Gulden. Es war wirklich eine unglückliche Epoche für die Florentiner, die eben erst ein Staatsbegräbnis hatten ausrichten müssen für einen *capitano generale*, der keinen einzigen Schwertstreich für sie ausgeführt hatte.

Auch Giangaleazzo war nicht frei von finanziellen Sorgen. Selbst die riesigen Einkünfte von Mailand reichten nicht aus, um all seine Bedürfnisse zu befriedigen, zu denen nicht nur die Anwerbung von Condottieri und die Unterminierung von Regierungen gehörten, sondern auch der Bau des Mailänder Doms, die Errichtung der Certosa, des großen Kartäuserklosters bei Pavia, und die Förderung von Kunst und Wissenschaft. Tatsächlich begannen 1402 einige seiner Generale über ihre Soldrückstände ungeduldig zu werden. Albericos Dankbarkeit war nach acht Jahren erschlafft, und er schaute sich nach neuen Möglichkeiten um. Papst Bonifaz bemühte sich zu dieser Zeit, einige der römischen Condottieri wie Bertoldo Orsini, Paolo Savelli und Giovanni Colonna dem Herzog abspenstig zu machen, und er näherte sich auch Alberico.

Aber – das stürzte all diese Abenteurer in ein großes Dilemma – Giangaleazzos Stern war immer noch im Steigen. Er hatte die fruchtlose Invasion aus Deutschland überstanden. Als nächstes beabsichtigte er, mit Florenz' traditionellem Verbündeten Bologna fertigzuwerden, das von dem unpopulären Diktator Giovanni Bentivoglio beherrscht wurde. Verfügte

er über diese Stadt, dann konnte er endlich zum Angriff auf Florenz übergehen. Und sobald sich dieses ihm ergeben hätte, würde er sich dort selbst zum König von Italien krönen.
Der erste Teil des Plans klappte programmgemäß. Wie im vorigen Kapitel beschrieben, besiegte dal Verme Ende Mai die Florentiner und Bologneser Streitkräfte. Nach der nächtlichen Revolte in Bologna gehörte Alberico zu dem siegreichen Heer, das in die Stadt einritt. Erst im vorigen Jahr hatte ihn Bentivoglio in einem Hilferuf an die Venezianer boshaft als »die Kreatur von Mailand« beschrieben. Jetzt war Bentivoglio tot und eine Rechnung beglichen, aber Alberico stand immer noch eine andere offen.
Giangaleazzos Befehl lautete, nach Florenz zu marschieren. Alberico weigerte sich mit der Begründung, für eine so große Expedition über das Gebirge nicht genügend Proviant zu haben. »Mir sticht etwas ins Auge«, soll er gemurmelt haben, »Faenza!« Früher hatte er sich mit der Hoffnung getragen,Herr von Bologna zu werden. Inzwischen wußte er, daß der Herzog andere Pläne für die Stadt hegte. Alberico würde sich daher mit der Herrschaft über Faenza begnügen. Damit wäre ein klarer Schlußstrich unter die Fehde mit Astorre Manfredi gezogen.
In diesem Sommer war Alberico nicht der einzige Condottiere mit eigenen Ideen. Facino Cane, der eigentlich dal Verme gegen Padua unterstützen sollte, begab sich statt dessen nach Mailand, vielleicht um vorzuschlagen, der Herzog möge sich etwas mehr um seine siegreichen Generäle und ein bißchen weniger um die Krönungsinsignien, die er für die geplante Zeremonie in Florenz bestellt hatte, kümmern. Schließlich müsse diese Stadt erst noch eingenommen werden. Cane sei gern bereit, dabei zu helfen, wenn er dafür entsprechend bezahlt würde. Tatsächlich überfiel er die Florentiner im August, hatte aber wenig Erfolg. Facino Cane in einem Gefecht zu schlagen, war eine Sache, eine ganz andere aber war es, dem Würgegriff der »Großen Schlange« zu entgehen, wie der Herzog jetzt genannt wurde, weniger wegen seines Familienemblems als wegen seiner heimtückischen Angriffe. In Florenz herrschte Schrecken, aber noch nicht völlige Verzweiflung. Politische Spaltungen zersplitterten die Einheit des Widerstands, und einige Bürger, die des Herzogs Vorliebe für die Ausnützung interner Unstimmigkeiten kannten, fühlten, daß sein Sieg unaufhaltsam sei. Aber, wie Hans Baron in *The Crisis of the Early Italian Renaissance* gezeigt hat: »Die erfahrenen Kaufleute in der Regierung der Arnostadt müssen einen gewissen Hoffnungsschimmer gesehen haben.« Sie errieten, was die Mailänder Archive den modernen Historikern bestätigten, daß die endlosen Angriffskriege des Herzogs seine wirtschaftlichen Hilfsmittel erschöpft hatten. Wenn Florenz seine Niederlage hinauszögern könnte, würde Mailand zusammenbrechen. Aber Florenz selbst befand sich in sehr ernster Lage, und sein weiterer Widerstand erforderte, nach Baron, »ein großes Maß an ruhigem Selbstvertrauen und Glauben an die Freiheit und Unabhängigkeit, wie sie in diesem Sommer 1402 sonst nirgendwo auf der Halbinsel zu finden waren.«
Weniger gut informierte Florentiner Bürger konnten nur auf ein Wunder hoffen, und gerade diese Hoffnung erfüllte sich.
Die Seuche hatte in Mailand stärker um sich gegriffen. Der Herzog, der erlebt hatte, wie ihr – nicht selten zum Vorteil für seine eigenen Pläne – anderswo Staatsmänner zum Opfer fielen, wußte sehr wohl, daß er auch nicht unsterblich war. Um der Ansteckung zu entgehen, zog er sich auf sein Schloß bei Melegnano, damals bekannt als Marignano, knapp dreißig Kilometer von der Stadt entfernt, zurück. Dort empfing er als eine seiner letzten Amtshandlungen die abgesandten Bittsteller von Bologna. Am 13. August ergriff ihn ein Fieber. Während der nächsten drei Wochen standen murmelnde Ärzte und Astrologen um sein Bett und in den Vorzimmern herum und wetteiferten mit gegensätzlichen Arzneien und Prognosen. Es half alles nichts mehr. Am 3. September starb Giangaleazzo, kurz nach seinem fünfzigsten Geburtstag.
Es gab niemand, der gleich seinen Platz hätte einnehmen können. Die drei Söhne aus erster Ehe waren als Kinder gestorben. Seine zweite Frau und Kusine ersten Grades, Caterina

Visconti, hatte ihm zwei weitere geboren, die er in seiner Madonnenverehrung Giovanni Maria und Filippo Maria genannt hatte. Diese Söhne waren bei seinem Tod erst vierzehn beziehungsweise zehn Jahre alt. Sie wuchsen zu äußerst absonderlichen Männern heran, wie es aufgrund ihres problematischen und durch Inzucht noch verstärkten Erbguts nicht erstaunlich ist. Für die allernächste Zukunft jedoch mußte ihr gemeinsames Erbe von einem Regentschaftsrat verwaltet werden.

Caterina stand an der Spitze dieser Regentschaft, der ansonsten Jacopo dal Verme und Alberico da Barbiano angehörten sowie Francesco Gonzaga von Mantua, der Graf von Urbino, Pandolfo Malatesta, Vater des später berüchtigten Sigismondo, und Francesco Barbavara von Novara, den sich Caterina zum Liebhaber genommen zu haben scheint.

In den ersten kritischen Tagen handelten diese Regenten mit bewundernswerter Klugheit. Des Herzogs Krankheit und Tod wurden geheimgehalten, bis die notwendigen Dispositionen getroffen waren, um die Stellung der jungen Erben zu sichern. Die Armee wurde in die Hauptstadt zurückgerufen. Dal Verme, der seinem Herrn nach dem Tode ebenso treu ergeben war wie zu dessen Lebzeiten, achtete darauf, daß seine Wünsche respektiert wurden. Von all den Condottieri, die in Giangaleazzos Sold gestanden hatten, war er der einzige, der seinem Andenken echte Treue bewahrte.

Doch mit der anfänglichen Harmonie der Regenten war es bald zu Ende. Die besondere Gunst, die Caterina Barbavara entgegenbrachte, war mehr, als die anderen tolerieren konnten. Giangaleazzos ungefestigte Eroberungen begannen auseinanderzufallen. Die Generäle, die plötzlich keiner zentralen Macht mehr unterstanden, fingen an, sich Territorien an Zahlungs Statt anzueignen. Facino Cane ritt ins Piemont, um sich dort einen kleinen Herrschaftsbereich abzuzweigen, Ugo Cavalcabò bemächtigte sich Cremas und Cremonas, Franchino Rusca installierte sich in Como, und Ottobuono Terzo, dem es mißlang, die Visconti-Eroberungen in Umbrien zu halten, eilte heim nach Parma und machte sich zum Despoten seiner Heimatregion. Überall herrschte Anarchie. Bergamo zersplitterte in politische Machtgruppen, Brescia wurde von der Guelfenpartei übernommen.

Die Condottieri, die unter solchen Umständen keine Zukunft mehr für sich sahen, verließen einer nach dem anderen die Visconti und gingen, anderswo ihr Glück zu suchen. Carlo Malatesta und Alberico da Barbiano nahmen die bereits früher an sie herangetragenen Angebote des Papstes an. Nur dal Verme versuchte dem monströsen Jüngling Giovanni Maria zu dienen, den er nun Herzog nennen mußte. Erst als seine Stellung völlig unhaltbar wurde, verließ auch er Mailand und trat in venezianische Dienste, in denen er, der Überlieferung nach, im Kampf gegen die Türken gefallen sein soll.

Alberico beendete seine Karriere im Regno. Nach seiner im Dienst des Papstes verbrachten Zeit zog er wieder südwärts nach Neapel und nahm erneut seine alte Stellung als Großkonnetabel bei König Ladislaus ein. Er hielt dieses Amt bis zu seinem Tod im Jahr 1409. Bis dahin war eine neue Generation Condottieri in den Vordergrund gerückt, unter denen zwei der vielen, die er selbst in der Kriegskunst unterwiesen hatte, herausragten: Muzio Attendolo Sforza und Braccio da Montone. Ihre Freundschaft und Rivalität laufen wie ein roter Faden durch die verworrenen Ereignisse der Epoche.

Albericos Schüler

Der Leser mag sich daran erinnern, daß Hawkwood, als er Cotignola wieder befestigte und vergrößerte, einen hilfreichen Nachbarn gefunden hatte: Giovanni Attendolo.
Giovanni muß für den berühmten englischen Feldherrn eine besondere Achtung empfunden haben. Er selbst war ein rauher Bursche mit einem Stall voll kriegerischer Kinder und einer Frau, Elisa dei Petrascini, die es an Kampfeslust mit jedem von ihnen aufnehmen konnte, denn sie stammte aus einer der wildesten Familien dieser martialischen Gegend. Sie gebar einundzwanzig Kinder, in der Hauptsache Knaben, die zu Berufssoldaten heranwuchsen, denn sonst gab es für sie in der Romagna kaum etwas zu tun. Der bedeutendste unter ihnen wurde der im Sommer 1369 geborene Muzio.
Wenn sie gerade nicht kämpften, beschäftigten sich die Attendoli mit der Bestellung ihres Landes. Sie lebten in einem kahlen Steinhaus, ihre Existenz war spartanisch. Es gab keine regelmäßigen Mahlzeiten; die Familienmitglieder aßen, wenn sie Hunger hatten, und waren sie müde oder betrunken, warfen sie sich auf die am Boden liegenden Matratzen. Die Kinder wurden in der Geringschätzung von Behaglichkeit und Eleganz aufgezogen. Statt Gemälden hingen an den Wänden Schilde und Rüstungen, und die dienten nicht zur Dekoration.
Das also war das Milieu, aus dem Muzio hervorging. Der Beginn seiner Laufbahn hört sich wie eine Legende an, kann aber durchaus Tatsache sein. Sein Urenkel, Francesco Sforza II., Herzog von Mailand, pflegte die Geschichte zu erzählen, wenn er bewundernde Gäste in seinem Schloß herumführte. Alles, sagte er, verdanke die Familie der Axt, die in dem Baum steckengeblieben sei. Mit dieser Act hätte der Knabe Muzio in der Nähe des Hofes gearbeitet, als ein paar Soldaten vorbeikamen, die Truppen für den Condottiere Boldrino da Panicale anwarben. Ob Muzio schon fünfzehn war – die Geschichte wird meistens ins Jahr 1384 verlegt – oder erst zwölf, wie eine andere Version behauptet, jedenfalls scheint er den Soldaten gefallen zu haben. Sie versuchten ihn anzuwerben und neckten ihn, als er zögerte. Schließlich schwang er übermütig die Axt, um sie gegen einen Baum zu schleudern. Bliebe sie im Stamm stecken, würde er mit ihnen ziehen; fiele sie dagegen zu Boden, zu Hause bleiben. Die Axt blieb stecken. In der folgenden Nacht nahm sich Muzio, ohne sich der Mühe zu unterziehen, auf Wiedersehen zu sagen oder gar eine elterliche Genehmigung einzuholen, eines der väterlichen Pferde und ritt den Soldaten nach. Ein oder zwei Jahre später kehrte er zu einem Besuch zurück und wurde willkommen geheißen, da er sich in der Zwischenzeit bewährt hatte. Man erzählt, der stolze Vater habe ihm nicht nur das entwendete Pferd verziehen, sondern ihm noch weitere vier dazu geschenkt. Mit diesem militärischen Kapital gelang es ihm dann, die Zulassung zur Sankt-Georgs-Kompanie zu erringen und unter dem Idol seiner Generation zu dienen: unter Alberico da Barbiano.
Bekannt wurde er sicher erst als Albericos Schüler. Sein erster Feldherr, Boldrino, war ein geachteter und beliebter Heerführer, aber er wurde in Macerata umgebracht. Seine Soldaten zwangen die Stadt, demütig Abbitte für seinen Tod zu leisten, und eine Zeitlang führten sie seinen Leichnam in einem schönen Sarg mit sich, so wie frömmere Menschen vielleicht eine Reliquie mit sich getragen hätten, und betrachteten ihn weiter als ihren Anführer. Diese Geste mag neben der Symbolik auch noch einen praktischen Zweck gehabt haben: Sie schob eine Nachfolgekrise hinaus, welche die Kompanie gespalten hätte. Aber abgesehen davon, waren diese Söldner nicht ohne Anhänglichkeit, und es kam gar nicht selten vor, daß ein toter Condottiere tief betrauert und blutig gerächt wurde, lange nachdem er den letzten Sold ausgezahlt hatte.

Muzio verlor nie die Verbindung zu seiner Familie, und Cotignola behielt stets seinen Platz im Herzen des umherziehenden Soldaten. Die Attendoli waren ein richtiger Familienclan. Bei einem Besuch, als er neunzehn war, geriet Muzio mitten in eine der typischen lokalen Fehden.

Sein Bruder Bartolo war mit einem Mädchen verlobt, das von Martino Pasolini, Mitglied einer benachbarten Familie, mit der die Attendoli in Streit lagen, entführt worden war. Dieses Mal reagierten die Attendoli aus irgendeinem Grund nicht darauf. Seltsamerweise waren nun die Pasolini tief gekränkt. Sie empfanden es als eine Beleidigung des Mädchens, das sie in ihrer Familie aufgenommen hatten, gleichbedeutend einem Zweifel an ihrer Tugend. Die Ehre gebot es, daß sie nun die Attendoli angriffen. Das taten sie denn auch ohne Vorwarnung, töteten zwei und verwundeten Muzio. Dieses Ereignis rüttelte die Attendoli endlich aus ihrer Interesselosigkeit auf. Die Vendetta wurde so erbarmungslos geübt, daß zum Schluß Martino Pasolini und einige seiner nächsten Verwandten das Gebiet von Cotignola verließen, und die Zurückbleibenden es für angebracht hielten, ihren Nachnamen zu ändern.

Muzio diente unter Alberico zwölf oder fünfzehn Jahre. Er war durchschnittlich groß und sehr kräftig, hatte schmale Hüften, dazu aber die starken, behaarten Hände seines bäuerlichen Geschlechts. Seine Züge waren streng, manchmal geradezu erschreckend: Eine Hakennase stand aus seinem verwitterten Gesicht, die kleinen blauen Augen blickten scharf unter buschigen Brauen hervor.

Er machte wenig Worte, aber diese wenigen waren gehaltvoll und nicht ohne Witz. »Wenn du drei Feinde hast«, pflegte er zu sagen, »so schließe Frieden mit dem ersten, einen Waffenstillstand mit dem zweiten und wende dich dem dritten mit all deinen Kräften zu.« Seinem Sohn Francesco gab er die drei Lehren auf den Weg: »Rühre keines anderen Weib an; schlage keinen von deinen Leuten, oder wenn es geschehen, schicke ihn weit fort; und reite kein störrisches Pferd und keines, das gerne die Eisen verliert.«

Muzio war Analphabet. Erst spät in seinem Leben lernte er die Buchstaben zu malen, die er bis dahin seinen Sekretären diktiert hatte. Für diese Arbeit verwendete er am liebsten Mönche, denn, so meinte er, ein und dieselbe Hand vermöge nicht das Schwert ebensogut wie die Feder zu führen. Bei Mönchen könne man sich darauf verlassen, daß sie an all die mühsamen Details dächten, die für die Haltung eines Söldnerheeres notwendig waren. »Sie sind dazu da«, sagte er einmal, »ihre Nase in alles hineinzustecken – es gibt nichts, in das sie sich nicht unter dem Vorwand ihrer Religion einmischen.«

Er hatte es gern, wenn man ihm vorlas. Von den alten römischen Schriftstellern liebte er vor allem Caesar und Sallust, deren vorwiegend militärische Sujets ihm gefielen. Den Gelehrten, der diese Autoren für ihn übersetzte, belohnte er mit Haus und Garten. Aber Muzio schätzte auch die alten Heldenlieder, die von Karl dem Großen, Roland und den Paladinen erzählten.

Seine besondere Schwäche galt den Frauen, und sicherlich entstand der Rat, sich nicht an verheirateten Frauen zu versuchen, aus eigenen unliebsamen Erfahrungen.

Muzio war in jeder Hinsicht ein Mann der Leidenschaften, die er jedoch unter Kontrolle zu halten versuchte. Einmal allerdings, als er in Albericos Kompanie war, traf ihn der berühmte Feldherr in heftigem Disput mit zwei Brüdern, die so vertrauenerweckende Namen trugen wie »Skorpion« und »Tarantel«, um die Teilung einer Beute. Alberico versuchte zu vermitteln, aber Muzio zügelte sein Temperament nicht einmal seinem Feldherrn gegenüber. »So«, sagte Alberico gutgelaunt, »du versuchst also auch noch deinen General zu nötigen?« Das Verb *sforzare*, das er dabei verwendete, trug Muzio den Spitznamen ein, unter dem er und seine Nachfahren in die Geschichte eingegangen sind. Von jetzt an ziemt es sich auch für uns, von ihm als »Sforza« zu sprechen.

Während er in der Georgs-Kompanie diente, entstand die große Freundschaft zwischen ihm und Braccio da Montone, eine Freundschaft, die in ihren frühen Tagen an jene aus den

Ritterromanen erinnerte. Die beiden jungen Männer standen in deutlichem Kontrast zueinander. Braccio hatte den ungestümen Mut eines Roland, Sforza war, trotz seines heftigen Temperaments, einem Olivier ähnlicher, vorsichtig und selbstbeherrscht. Wie in ihren Anlagen unterschieden sie sich auch in ihrer Herkunft, und ebenso verschieden waren später ihre Theorien der Kriegsführung, die mit ihren Namen gleichgesetzt wurden.

Braccio, geboren 1368 in Perugia oder Montone, einem Bergdorf nördlich der Stadt, war ein Jahr älter als Sforza. Sein Vater, Oddo Fortebraccio, war Herr von Montone. »Braccio«, was soviel heißt wie »Arm«, wurde offensichtlich der Spitzname für den Sohn (der auf den Namen Andrea getauft war), als er ins Söldnerheer eintrat. Die Mutter, Jacoma Montemelini, stammte aus der Perugianer Aristokratie, und die Familiensympathien richteten sich natürlich gegen die Raspanti, die Partei des reichen Bürgertums, die in dieser Zeit unter Michelotti wieder an die Macht gekommen war. Bereits in zartem Alter wurde der zukünftige »Braccio« in den lokalen politischen Konflikt verwickelt. Als Jugendlicher wurde er verwundet, zum Waisen gemacht und ins Exil gejagt, Erfahrungen, die sein ganzes späteres Leben beeinflußten. Während sich Sforza immer seiner bescheidenen Anfänge erinnerte und

124 Braccio da Montone

nur empfinden konnte, daß er aufgestiegen war, wurde Braccio von hochgeschraubten Erwartungen zerfressen, was jemandem seiner Abstammung zustünde. Die Herrschaft von Perugia stach ihm ins Auge, geradeso wie sie Michelotti einst gelockt hatte.

Auch in Erscheinung und im Auftreten unterschieden sich die beiden jungen Soldaten voneinander. Braccio war, nach den Angaben von Gianantonio Campano, »von mittlerer Größe mit einem länglichen, blühenden Gesicht, das seiner Erscheinung große Vornehmheit verlieh. Seine Augen waren nicht schwarz, aber sehr leuchtend, sprühend vor Lebenslust, doch auch mit einem gewissen Ernst. Ob ernst oder fröhlich, er war immer wohlerzogen, so daß sogar seine Feinde zugaben, er hebe sich in jeder Gruppe von Personen als Führer heraus... Er verband militärische Strenge mit einer Art bürgerlicher Bescheidenheit und einem höfischen Wesen.«

Sforza war glücklich, unter Alberico zu dienen, Braccio dagegen sehnte sich nach einem eigenen Kommando. Sein erster Versuch, die Kompanie zu verlassen und sich unabhängig zu machen, war kein Erfolg, und er kehrte nur an Erfahrung reicher zurück. Verbissen machte er sich erneut ans Werk. Er hatte nie Schwierigkeiten, Soldaten anzuwerben, da er, wie Campano bezeugt, von seinen Leuten geliebt wurde und keiner wie er die Gabe hatte, Männer zum Kampf anzustacheln. Sein zweiter Versuch war glücklicher. Er kam zu Geld und kaufte davon Besitzungen in Foligno, sechsunddreißig Kilometer von Perugia entfernt, aber eine große Feuersbrunst brach aus und zerstörte alles. Die Bürger zeigten Mitgefühl und trugen angeblich dazu bei, einige seiner Verluste wieder wettzumachen. Wenn man aber weiß, wie berüchtigt Braccio wegen seiner Grausamkeit war (trotz Campanos langer Elogen), fragt man sich, wie spontan diese Spenden wohl gewesen sein mögen. Auf alle Fälle reichten sie nicht aus, um Braccios Position wiederherzustellen, und so kehrte er erneut in Albericos Kompanie zurück.

Seine unbestrittene Fähigkeit als Soldat rief die Eifersucht einiger anderer Söldnerkapitäne hervor. Sie beschwerten sich bei Alberico, daß er anmaßend und widersetzlich sei. Wahrscheinlich hatten sie damit nicht ganz unrecht, dennoch konnte das ihren Vorschlag, Braccio aus dem Weg zu räumen, nicht rechtfertigen. Albericos Frau war hinreichend über die Pläne der Generäle informiert und legte ein Wort ein für den stürmischen jungen Aristokraten, aber Alberico zog den Rat seiner Offiziere vor. Daraufhin ließ sie Braccio eine Warnung zukommen. Dieser verließ eilig die Kompanie und verdingte sich dem Papst. Unnötig zu sagen, daß es sich dabei um eine rein berufliche Beziehung handelte, die nichts mit seinen persönlichen Ansichten oder Sympathien zu tun hatte, denn Braccio war, wie ein Chronist behauptet, »gottlos und ketzerisch in seinem Privatleben. Er glaubte weder an Gott noch an die Heiligen, er verabscheute die Ämter und Dienste der Kirche, hörte niemals die Messe und war sehr grausam.« Obwohl alle diese zeitgenössischen Urteile mit Skepsis aufgenommen werden müssen, da die meisten Verfasser für die eine oder die andere Seite parteiisch waren, dürfte diese Feststellung zutreffen. Braccio glaubte hauptsächlich an Braccio.

Derselbe Chronist gibt zu, daß er tapfer war und sich zumindest seinen Kameraden gegenüber im Krieg loyal zeigte. Alberico sah das und erkannte zu spät, daß sein Mißtrauen unbegründet gewesen war. Er versuchte die Dinge wieder einzurenken und drängte Braccio, zur Georgs-Kompanie zurückzukehren. Braccio erwiderte mit verständlichem Hochmut, daß er einem Feldherrn, der sich gegen seinen ergebenen Offizier so benommen habe, nicht mehr trauen könne.

Sforza scheint in diese Intrigen nicht verwickelt worden zu sein. Möglicherweise war er gerade anderswo beschäftigt. Ganz sicher hätten ihn seine Kameraden auch nicht in ihre Pläne eingeweiht, da sie ja wußten, wie eng er mit Braccio befreundet war. Denn wäre Sforza über das Komplott informiert gewesen, hätte er seinen Freund gewarnt, ohne auf die Intervention von Albericos Frau zu warten. Die Rivalität zwischen den beiden jungen Männern war ehrenvoll, und Mord und Verrat dieser Art lagen nicht in Sforzas Charakter. Er wollte seine Kameraden übertreffen, nicht sie beseitigen.

Sein eigener Dienst bei Alberico endete, als er ungefähr siebenundzwanzig Jahre alt war. Während dieser Zeit hatte er hauptsächlich im Heer von Giangaleazzo gekämpft. Als er sich selbständig machte, nahm er eine Zweijahres-*condotta* von Perugia an, aber Giangaleazzo konnte es nicht zulassen, diesen vielversprechenden jungen Mann im Dienst einer Stadt zu sehen, die er zu annektieren trachtete, und so räumte er diuese potentielle Schwierigkeit aus dem Weg, indem er Sforza einen Vertrag zum doppelten Sold anbot. Dieses Mailänder Engagement dauerte jedoch nicht lange. Wie Braccio wurde auch Sforza zur Zielscheibe eifersüchtiger Verleumdungen. Der Herzog entließ ihn. Er fand neue Beschäftigung bei der sich nun anbietenden Stadt: Florenz. Das war 1397 oder 1398, als die Republik mit Pisa im Krieg lag, und Pisa, unterstützt von Mailand, sich die Dienste von Alberico da Barbiano ausgeborgt hatte. Meister und Schüler standen sich somit als Gegner gegenüber. Nichts hätte die Tatsache deutlicher machen können, daß Sforza in beruflicher Hinsicht mündig geworden und nun ein anerkannter und eigenständiger Condottiere war.

Werfen wir noch einmal einen Blick auf diesen vierschrötigen Abenteurer mit scharfen Augen und ungeschliffener Zunge, der ohne Rüstung, mit einem roten Barett auf dem kurzgeschorenen Kopf, durch sein Lager spazierte. Kinn und Wangen waren ebenfalls glatt rasiert, damit Helm und Visier ungehindert darübergleiten konnten. Sforza legte großen Wert auf ordentliches Aussehen, aber er verachtete jede geckenhafte Zurschaustellung. Einmal, als seine Truppen eben aus dem Winterquartier gekommen waren, bemerkte er einen Mann mit rostiger Rüstung. Zeit zur Säuberung blieb nicht mehr, da die Truppen direkt in den Kampf zogen. So befahl ihm Sforza zur Strafe, mit offenem Visier zu kämpfen.

125 Muzio Attendolo Sforza, Fresko von Bernardino Luini
126 Eine beschädigte Terrakotta mit dem Familienwappen der Sforza in Cotignola. Oben der Helm mit dem Viscontidrachen, der einen Mann verschlingt (s. Abb. 61), *unten der von Ruprecht von der Pfalz verliehene Löwe, eine Quitte (cotogna) haltend*

Als aber andererseits ein Soldat mit einem zu prunkvollen Federbusch am Helm durchs Lager stolzierte, wurde er von den Soldaten auf Sforzas Veranlassung hin mit einem Pfeifkonzert begrüßt. Sforza hatte keine Angst vor den regelmäßigen Truppeninspektionen der auftraggebenden Regierungen, die zum *condotta*-System gehörten. Seine Leute waren ohne Konkurrenz. In ihrer Disziplin und ihrem Äußeren scheinen sie einen ähnlichen Ruf genossen zu haben wie Hawkwoods Kompanie in ihren besten Tagen.
Tatsächlich hatten Hawkwood und Sforza einiges gemeinsam. Auch Sforza kümmerte sich stets zuerst um seine Truppe. Er war ebenfalls von Charakter nicht grausam, fand keinen Gefallen an Gemetzel und zügelte, soweit ihm das möglich war, seine Leute bei ihren Raub- und Plünderzügen. In Geldangelegenheiten war er sehr gewissenhaft und zahlte stets seine Schulden zurück, so daß er, wenn er einmal Geld leihen mußte, immer Kredit erhielt. Er verabscheute Unehrlichkeit und Untreue und zeigte bei Verstößen dagegen kein Erbarmen. So ließ er einen Mann, der Futter gestohlen hatte, an einen Pferdeschwanz binden. Spott, den er selbst nicht ertragen konnte, war sein beliebtestes Bestrafungsinstrument. Wenn einer seiner hochgeborenen jungen Offiziere dem Verbot zum Trotz eine Geliebte als Page verkleidet im Lager hielt, amüsierte sich Sforza damit, den Ritter in Frauenkleidung zu stecken und ihn den rauhen Kommentaren der gesamten Kompanie auszusetzen. Dabei hätte er gerade in diesem Punkt mehr Verständnis aufbringen müssen, war doch sein eigenes Liebesleben sprichwörtlich. Darin hatte er nichts mit Hawkwood gemeinsam. Ebensowenig auf religiösem Gebiet. Hawkwood hatte sich darin nie hervorgetan. Er war ruhig, korrekt und sehr englisch gewesen. Sforza dagegen war ebenso fromm wie Braccio gottlos. Er besuchte jeden Tag die heilige Messe, und wenn er einmal durch irgendeine militärische

Situation davon abgehalten wurde, machte er das Versäumnis dadurch wett, daß er am nächsten Tag zwei Messen hörte. Er ging regelmäßig zur Beichte und empfing die Sakramente in andächtigster Weise.

Doch das alles stellte für sein reges Sexualleben keinerlei Hindernis dar. Während der Florentiner Periode begann seine Liaison mit Lucia Tregani. Lucia stammte aus gutem Hause und war nicht ohne moralische Skrupel. Da sie nicht verehelicht war, gab sie sich Sforza hin in dem Glauben, von ihm geheiratet zu werden. Doch das gehörte zu den Schulden, die er nicht beglich. Reguläre Ehen waren weniger eine moralische Notwendigkeit als eine nützliche Einrichtung, ein Bündnis zu festigen, und da ein und dieselbe Person kaum erwarten durfte, diese Chance öfter als ein- bis zweimal nutzen zu können, war die Heirat etwas, womit man vorsichtig umgehen mußte. Wenn Sforza das von ihm verführte Mädchen nicht heiratete, dann wahrscheinlich deshalb, weil ihn ein gesunder Instinkt davor warnte, seine Freiheit aufzugeben. Viele Condottieri hatten ihre Karriere dadurch gefördert, daß sie die Tochter, und sei es nur eine illegitime, eines bedeutenden Auftraggebers heirateten. Eine solche Gelegenheit konnte sich in Sforzas Leben noch ohne weiteres bieten.

Was immer auch die Gründe dafür gewesen sein mögen, jedenfalls heiratete Sforza Lucia Tregani nicht, obwohl ihre Beziehung fester und zärtlicher gewesen zu sein scheint als manch eine sanktionierte Verbindung. Ihr erstes Kind, ein Sohn, wurde am 23. Juli 1401 in San Miniato geboren, und im Lauf der nächsten acht Jahre schenkte Lucia einem halben Dutzend weiteren das Leben. Dieser erste Knabe erhielt den Namen Francesco: Er sollte der große Francesco Sforza werden, dessen Heirat mit der Tochter seines Herrn, und das große Erbe, das damit verbunden war, eine Generation später bewiesen, wie wichtig es für einen Condottiere sein konnte, sich für die geeigneten Heiratsmanöver frei zu halten.

Zu Beginn des 15. Jahrhunderts stieg Sforzas Ruhm immer höher. Daraus erwuchsen ihm Freunde wie Feinde.

Seine Dienste für Florenz beeindruckten einen Verbündeten der Republik, jenen Ruprecht von der Pfalz, dessen fruchtloser Vorstoß nach Italien gegen Giangaleazzo bereits beschrieben wurde. Es war die Gewohnheit von Fürsten (wie wir später noch im Fall Bartolomeo Colleonis sehen werden), einen Condottiere dadurch auszuzeichnen, daß ihm gewährt wurde, das fürstliche Wappen zu führen. Ruprecht verlieh Sforza das Recht, seinen eigenen aufgerichteten Löwen zu verwenden. Sforza führte als Emblem eine Quitte, *cotogna*, in Anlehnung an den Namen der kleinen Stadt, an die er stets mit Zuneigung dachte. Der deutsche König schlug nun eine Kombination der beiden heraldischen Zeichen vor: die Quitte in des Löwen Pranke, und Sforza nahm die Idee dankbar auf. Später wurde Sforzas Wappen noch durch einen Helm, der einen geflügelten Drachen und einen menschlichen Kopf trägt, vervollständigt.

Diese Geste königlicher Huld wurde zwar gern entgegengenommen, aber darüber hinaus war Ruprecht nicht in der Lage, Sforzas Karriere zu fördern. Er zog sich bald auf die eigene Seite der Alpen zurück, um sich den mannigfaltigen Schwierigkeiten der teutonischen Welt zuzuwenden, und ein paar Jahre später starb er, ohne erneut versucht zu haben, sich in die italienischen Belange einzumischen. Größere Konsequenzen auf lange Sicht hatte für Sforza dagegen die Feindschaft, die er ungefähr zur selben Zeit bei einem obskuren Kollegen namens Tartaglia hervorrief und die sich zu einer Dauerfehde ausweitete. Die beiden Condottieri, jeder von Florenz beschäftigt, mußten voneinander entfernt gehalten werden, ebenso ihre Soldaten, die den Streit ihrer Feldherren sofort zu ihrem eigenen gemacht hatten. Viele Jahre später versetzte die Rachsucht Tartaglias der Freundschaft zwischen Sforza und seinem einstigen Waffenbruder, Braccio da Montone, den schwersten Schlag.

Dieses erste Jahrzehnt des fünfzehnten Jahrhunderts ist noch verworrener als gewöhnlich, selbst wenn man den hohen Grad an militärischer und historischer Konfusion Italiens zur Zeit der Renaissance in Rechnung stellt. Es waren die Jahre des Mailänder Chaos nach dem

Tod von Giangaleazzo, als sein geduldig aufgebautes Reich auseinanderfiel und alle, einschließlich vieler seiner ehemaligen Condottieri, sich um die Stücke rauften. In Mailand selbst hielt Giangaleazzos ältester Sohn, der unausgeglichene Giovanni Maria, das Herzogtum und versuchte es (soweit er dazu überhaupt imstande war) mit den verschiedensten Feldherren – dem gewalttätigen Ottobuono Terzo, dem kultivierten Carlo Malatesta von Rimini, mit Facino Cane u.a. – zu halten und zu regieren. Sein jüngerer Bruder, Filippo Maria Visconti, war nach Pavia verbannt, dem traditionellen Aufenthaltsort der Juniorpartner, und mit den Jahren wurde er zu wenig mehr als Facino Canes Geisel.

In diesem Wirrwarr der Ereignisse, die hier nicht alle aufgezählt werden können, fand Sforza einen neuen Aufgabenbereich im Dienste des Markgrafen von Ferrara, Niccolò d'Este. Bereits im zarten Alter von zehn Jahren hatte dieser Fürst seinen Staat zusammen mit einem

127/128/129 Muzio Sforzas Soldherr Niccolò d'Este (129) und zwei der berühmten Männer, die dieser an seinen Hof in Ferrera holte: der Maler Pisanello (127) und der Gelehrte Guarino da Verona (128)

ganzen Berg Probleme geerbt, wobei diese allerdings durch den Tod seines gefährlichsten Feindes, Giangaleazzo, schon erheblich geringer geworden waren. Niccolò d'Este wird in der Geschichte hauptsächlich als einer jener Fürsten erwähnt, die sich mit einem glänzenden Renaissancehof umgaben. In seiner Jugend wurde sein Geschmack durch einen Lehrer, Donato Casentino, geformt, der ein Freund Petrarcas und Boccaccios gewesen war. Im Mannesalter erfuhr er eine Weiterentwicklung durch die Gesellschaft von Künstlern und Gelehrten, Männern wie Pisanello und Guarino da Verona, mit denen er befreundet war. Zunächst jedoch hatte Niccolò um sein Erbe zu kämpfen, und es war ein Glück für ihn, daß er, wie so viele seiner Zeitgenossen, Soldatentum und Gelehrsamkeit miteinander verbinden konnte. Die vordringlichsten Aufgaben bestanden darin, seine widersetzlichen Vasallen zur Ordnung zu rufen und sich mit Ottobuono Terzo zu beschäftigen, der sich selbst zum Despoten von Parma und Reggio, beide unangenehm nah an der Grenze zu Ferrara gelegen, ernannt hatte. Bei diesen Bemühungen fand der Bücherliebhaber in dem Analphabeten Sforza einen geeigneten Partner. Wer weiß, wieviel diese Verbindung zu Sforzas Vorliebe für die Klassiker beigetragen hat.

Was für bildende Gespräche sie auch immer beim Lagerfeuer oder beim Ritt über die unendlichen Weiten der Lombardei geführt haben mögen, ihr Hauptgeschäft war ernsterer

Natur. Gegen Ottobuono zu kämpfen, war kein Kinderspiel. Die Folgen waren zu schwerwiegend, die Leidenschaften zu heftig erregt.

Der Kampf erreichte 1408 seinen Höhepunkt. Sforza prallte in einem Reitergefecht mit Ottobuono zusammen, stieß ihn aus dem Sattel und war dabei, ihn niederzumachen. Bei dieser Gelegenheit scheint es nicht um Lösegeld gegangen zu sein. Man kann sich auch schwerlich jemanden vorstellen, der Ottobuono ausgelöst hätte. Im selben Augenblick ging der Feind jedoch zum Gegenangriff über. Ottobuono nutzte den Moment und entkam. Dagegen wurde nun Sforzas Bruder, Michele Attendolo, der beste Soldat in der Familie nach ihm, gefangengenommen. Auch hier scheint der Gedanke an Lösegeld im Anschluß an eine ehrenhafte Gefangenschaft nicht aufgetaucht zu sein. Stattdessen ließ Ottobuono seine Gefangenen entgegen allen Konventionen halb verhungern und sogar foltern, bis es ihnen nach vier Monaten endlich gelang zu fliehen. Außer sich über dieses Verhalten, schwor Sforza Rache. Wie leicht ließe sich kommentieren, daß unter dem Druck der Ereignisse eben wieder der rauhe Bauer aus der Romagna hinter dem dünnen Firnis des Rittertums zum Vorschein gekommen sei, aber leider kann die traurige Wahrheit nicht verschweigen

130 Leonello d'Este, Sohn des Niccolò

131 Grabmal des Gegenpapstes Johannes XXIII. im Baptisterium von Florenz

werden, daß sich Niccolò d'Este, dieser blaublütige Humanist, zum willigen Verbündeten machte bei dem Hinterhalt, in dem diese Rache geübt wurde.

Der Markgraf lud Ottobuono zu einem friedlichen Gespräch unter der Flagge des Waffenstillstands ein. Als Verhandlungsort sollte eine Waldlichtung vor der Stadt Rubiera, unweit von Ottobuonos Festung Reggio, dienen. Ottobuono nahm die Einladung mit jenem Mangel an natürlicher Skepsis an, der in dieser Zeit so oft großen Karrieren ein verfrühtes Ende setzte. Er erschien ohne Waffen auf einem kleinen spanischen Pferd, einem sogenannten Genet, und nur mit dem Minimum an Begleitung, das er seiner neuen Würde schuldig zu sein glaubte. Plötzlich sah er, daß ihm der Markgraf mit einer Gruppe vollbewaffneter Soldaten entgegenritt, zu der auch sein ehemaliger Gefangener Michele Attendolo und der schreckliche Sforza gehörten. Dieser Letztgenannte ritt eines jener feurigen Pferde, die er immer bevorzugte, das aber selbst er im jetzigen Augenblick schwer unter Kontrolle zu bekommen schien. Da Ottobuono nicht sofort die Konferenz abberief, ist anzunehmen, daß es noch etwas gab, was er nicht gleich entdeckte: die Gestalten, die in den Bäumen um den Treffplatz herum lauerten.

Ottobuono beschwerte sich, daß die Regeln gebrochen worden seien. Sforza, anscheinend immer noch bemüht, sein widerspenstiges Pferd zu beruhigen, rief, er hätte es sich zur Regel gemacht, niemals unbewaffnet irgendwohin zu gehen. Eine weitere Erörterung dieses Themas war schwierig, denn sein Pferd schien das Zaumzeug zwischen die Zähne genommen zu haben und stürmte um den Platz herum. Ottobuonos Verdacht mag durch die Schadenfreude eingelullt worden sein, mit der er den Bemühungen seines Rivalen, sein Pferd zu meistern, folgte. Da brachten dessen unvorhersehbare Schwenkungen Sforza plötzlich an Ottobuonos Seite. Noch bevor sich dieser der unerwünschten Nähe entziehen konnte, gewann Sforza mit einem Mal die absolute Kontrolle über sein Pferd. Ottobuono fühlte sich bei der rechten Hand ergriffen und – wahrscheinlich das letzte, was er überhaupt fühlte – von Sforzas Dolch mit solcher Wucht durchstoßen, daß die Spitze auf der anderen Seite wieder herauskam. Sollte er doch noch etwas gespürt haben, dann sicher nicht mehr lange. Er fiel aus dem Sattel. Michele Attendolo glitt von seinem Pferd und vollendete das mörderische Werk. Bevor Ottobuonos hilflose Eskorte entfliehen konnte, wurde sie von den Männern aus dem Hinterhalt überwältigt. Bei Gott keine schöne Geschichte, noch ist sie schon zu Ende: Ottobuonos Körper wurde nach Modena gebracht und dort von einigen der Leute, die er durch die Errichtung seiner Herrschaft ins Exil getrieben hatte, barbarisch zugerichtet.

Sforza blieb noch eine Weile im Dienst von Ferrara, bis Reggio und die östliche Hälfte von Ottobuonos Territorium unter die Herrschaft des Markgrafen gebracht worden waren. Da es danach in dieser Region keine weitere Beschäftigung mehr für ihn gab, nahm er als nächstes einen Vertrag von Baldassare Cossa an, der aus einer adeligen neapolitanischen Familie stammte, seine abwechslungsreiche Laufbahn als eine Art Pirat begonnen und es schließlich unter dem Namen Johannes XXIII. zum Papst bzw. Gegenpapst (da die avignonesische Spaltung fortdauerte) gebracht hatte. Seinem Grab – von Donatello und Michelozzo errichtet – begegnet man erstaunlicherweise im Baptisterium von Florenz. Es befindet sich dort, weil er nach seiner Amtsenthebung und Gefangennahme aufgrund eines ganzen Katalogs skandalöser Vorfälle Abbitte leistete und seine Tage als Bischof von Tusculum beenden durfte.

Es war jedoch in der ersten Fülle seines Ruhms, als sich Sforza zu ihm begab. Er sollte Rom dem Papsttum zurückerobern. Die Stadt war ein Jahr zuvor an König Ladislaus von Neapel verlorengegangen, und seitdem wurden die Papstwahlen und anderen Geschäfte nolens volens in der Toskana durchgeführt. Johannes hatte »eine Condottiere-Seele«, schrieb Janet Penrose Trevelyan in ihrer *Short History of the Italian People*, und so wandte er sich natürlich an Männer dieses Berufes, um seine Ziele durchzusetzen. Wieder einmal kämpfte Sforza unter demselben Banner wie Braccio. Der Papst stachelte auch die Partei der Anjou auf, ihren Anspruch auf die neapolitanische Krone zu erneuern, und die Kriegswelle flutete wieder gegen Ladislaus.

Gleichzeitig mit seinem Auftraggeber wechselte Sforza auch seine Geliebte, oder, um genauer zu sein, er gab Lucia Tregani auf zugunsten einer rechtmäßigen Ehefrau, Antonia, der verwitweten Schwester eines Sieneser Adeligen, Graf Salimbeni. Das war die Art sozialen Aufstiegs, für den er sich seinen Junggesellenstand so weise erhalten hatte. Antonia lieferte ihm gesellschaftlichen Hintergrund und Status. Außerdem brachte sie ihm eine Mitgift ein, zu der auch vier Burgen gehörten. Zur gegebenen Zeit schenkte sie ihm einen Sohn, Bosio, der zu einem guten Reiteroffizier heranwuchs, aber leider früh im Kampf fiel. Was geschah aber mit der zärtlichen und ergebenen Lucia, Sforzas Gefährtin während der vorausgegangenen zehn Jahre, die ihm sieben Kinder geboren hatte? Lucia blieb gar nichts anderes übrig, als die Dinge zu akzeptieren. Sie nahm sogar den Gatten an, der rücksichtsvoll für sie ausgesucht wurde: Marco Fogliano von Ferrara, einer von Sforzas eigenen Hauptleuten. Zweifellos waren sie beide daran gewöhnt, Befehle entgegenzunehmen. Lucia zog nach Ferrara und nahm Sforzas Kinder mit. Francesco durfte die anregende, humanistische Erziehung der Kinder des Markgrafen teilen, der seinerseits aber vom Gegenangebot keinen Gebrauch machte: Als er ein paar Jahre später seinen eigenen Sohn zum Soldaten ausbilden lassen wollte, schickte er ihn nicht zu Sforza, sondern zu Braccio. Vielleicht ist diese Tatsache aber auch bedeutungslos. Die beiden großen rivalisierenden Condottieri hatten ihre ständigen Hoch- und Tiefpunkte, und Niccolòs Wahl in einem bestimmten Augenblick mag mehr von einem väterlichen Verantwortungsgefühl als von einer persönlichen Vorliebe bestimmt worden sein.

Leonello d'Este war im übrigen ebenso illegitim wie Francesco Sforza. Die Markgräfin Gigliola blieb kinderlos, ein Unglück, das ihr Gatte dadurch wettzumachen versuchte, daß er anderenorts reichlich für Nachwuchs sorgte. »*Di qua e di là del Po, tutti figli di Niccolò*« (diesseits und jenseits des Po, alles Kinder von Niccolò), sangen respektlos seine neidischen Untertanen. Selbst den gewissenhaftesten Historikern soll es unmöglich gewesen sein, alle seine Kinder aufzuzählen.

Sforzas gesellschaftlicher Aufstieg dauerte an. Der Papst schuldete ihm 4000 Dukaten und konnte nicht bezahlen. Er tat das Gleiche, was einer seiner Vorgänger mit Hawkwood getan hatte: Anstelle des Geldes bot er ihm die Herrschaft über Cotignola an. Was den Engländer aber nur mäßig beeindruckt hatte, erfüllte Sforza mit übergroßem Entzücken. Mochte Cotignola auch ein unbekannter kleiner Ort sein, es war doch seine Vaterstadt und die Heimat der Attendoli. Er erklärte diesen Augenblick zum stolzesten in seinem Leben. Nicht lange danach mußte der neue Herr von Cotignola erfahren, daß fast der ganze Ort durch Feuer verheert worden sei. Nur sein eigenes Haus, in dem seine streitbare Mutter noch lebte, sei der Vernichtung entgangen, weil es aus Stein erbaut war. Sforza sandte sofort eine große Summe, damit die Bewohner ihre Häuser wieder aufbauen konnten.

Es war ein Glück, daß er das Geld zur Verfügung hatte, denn Papst Johannes erwies sich als unzuverlässiger Zahlmeister. Sforza begann mit seiner Stellung unzufrieden zu werden; außerdem wurde er es leid, stets an der Seite eines anderen Feldherrn, Paolo Orsini, zu kämpfen, der sein alter Feind war. Von Neapel aus machte ihm König Ladislaus Gegenangebote und versuchte, ihn auf seine Seite zu ziehen. Sforza nahm an. Der Papst war wütend. Er gab eine Karikatur in Auftrag, auf der Sforza an einem Bein wie ein gehängter Verräter baumelnd zu sehen war, und darunter stand eine bissige Anspielung auf Sforzas bäuerliche Herkunft: »*Io sono Sforza, villano di Cotignola*...« (»Ich bin Sforza, Bauernlümmel aus Cotignola...«).

Sforza kümmerte sich nicht darum. Ein glänzendes neues Kapitel seiner Karriere begann, in dem sich seine Geschicke erneut mit denen Braccio da Montones verwoben. Ladislaus stellte jedoch eine Bedingung: Sforzas Sohn Francesco mußte als Unterpfand für seines Vaters Treue von Ferrara nach Neapel gebracht werden. Der jetzt elfjährige Knabe kam, mit der ganzen Anmut, die er am Hof von Ferrara erworben hatte. Der König war entzückt, bezeichnete ihn als *una cosa divina*, als etwas Göttliches, und machte ihn zum Grafen von Tricarico und Herrn über verschiedene Städte. Die Zeichen standen gut für die Familie Sforza.

Die beiden Rivalen

Als Sforza südwärts nach Neapel ritt, verließ er in gewisser Hinsicht die Renaissance und kehrte ins Mittelalter zurück.

Damals wie heute stand der Süden Italiens in seiner Entwicklung weit hinter dem Norden zurück. Hier fand man weder freie Republiken noch dynamische Diktatoren. Es gab nur das Regno, das Königreich, mit einem Hofstaat und einem veralteten Feudalapparat, zu dem keine erkennbare Alternative existierte.

Ladislaus, der die umstrittene Krone als Kind geerbt und als Jüngling erkämpft hatte, trug sie nun seit über zehn Jahren, ohne daß sie ihm ernsthaft streitig gemacht worden wäre. Er war auch jetzt erst Anfang dreißig, ehrgeizig und aggressiv. Seine Lust am Krieg wurde nur noch durch sein Vergnügen an politischer Intrige übertroffen. Er liebte Turniere und Frauen. In der anderen Festung am Hafen, dem alten Castel dell'Ovo, pflegte er seinen Harem unterzubringen. Seine ältere Schwester Johanna teilte diesen Sinn für Ausschweifungen, und ihr Mangel an Moral war allgemein bekannt. Sie galt als seine voraussichtliche Erbin, da er keine eigenen Kinder hatte und auch ihre Ehe kinderlos geblieben war. Die dynastischen Konflikte Neapels versprachen, noch nicht so bald aufzuhören.

Alberico hatte bis zu seinem Tod im Jahr 1409 das Amt des Großkonnetabels von Neapel innegehabt. Danach gab es nach allgemeiner Auffassung nur zwei bedeutende Söldnerkapitäne in Italien: seine zwei glänzendsten Schüler, Braccio und Sforza. Welcher von den beiden der bessere sei, wurde in endlosen Streitgesprächen diskutiert, und die Soldaten spalteten sich in zwei Lager. Unter Beiseitelassung von Charakter und Temperament der beiden Heerführer, konzentrierten sich die Disputanten auf die verschiedenen Theorien der Kriegführung, zwischen denen sie grundlegende Unterschiede zu erkennen behaupteten, die dem modernen Leser aus den Kriegsberichten gar nicht so deutlich werden. Braccio, so wurde hervorgehoben, glaubte an die Verwendung von Soldaten in kleinen Abteilungen und gab damit der Initiative seiner jüngeren Offiziere mehr Spielraum. Sforza dagegen blieb der alten, von Alberico bevorzugten Tradition treu, der Verwendung von massiven Streitkräften, die zur richtigen Zeit und am rechten Ort eingesetzt wurden. Sollte es je einem zeitgenössischen Soldaten in den Sinn gekommen sein, daß jede der beiden Methoden etwas für sich haben könnte und daß jede taktische Situation nach Lage der Dinge beurteilt werden sollte, so tat er gut daran, den Mund zu halten. Es gab zweierlei Denkrichtungen, die so unvereinbar miteinander waren wie damals die beiden päpstlichen Höfe oder heute die Anhänger gegnerischer Fußballclubs. Die beiden Lager waren bekannt als die Sforzeschi und die Bracceschi, und diese Bezeichnungen reichten über den Tod der wettstreitenden Heerführer hinaus.

Ladislaus hatte bereits mit Braccio in Verbindung gestanden. In Albericos Todesjahr, als er sich nach einem bestmöglichen Ersatz umsah, fiel die Aufmerksamkeit des jungen Königs auf ihn. Er entdeckte, daß Braccio den brennenden Ehrgeiz hatte, Herr über Perugia zu werden. Ladislaus versprach, ihm bei diesem Projekt zu helfen, das gut in seine eigene großangelegte Eroberungspolitik paßte: Er träumte von ähnlichen Operationen wie Giangaleazzo, nur in der umgekehrten Richtung. Die Perugianer bekamen jedoch Wind von Braccios Plan. Sie waren eben der Visconti-Herrschaft entgangen und verspürten keinerlei Wunsch, schon wieder ihre Freiheit zu verlieren; sollte aber ein neuer Diktator unvermeidlich sein, dann wollten sie lieber Untertanen eines im entfernten Neapel residierenden Herrschers werden als eines Landsmanns aus dem Exil, der erneut die erbittertsten Feindseligkeiten in ihrem kleinen Gemeinwesen auslösen mußte. Sie wandten sich daher an Ladislaus und machten ihm einen Gegenvorschlag: Sie würden seine Oberhoheit anerkennen, wenn er den exilierten Perugianern seine Unterstützung entziehe und seinen guten Willen dadurch beweise, daß er Braccio hinrichten ließe. König Ladislaus hielt dieses Angebot für durchaus vernünftig, das gegenüber seinem uspründlichen Plan viele Vorteile aufwies. Er stimmte zu und machte sich sogleich ans Werk, indem er Braccio zu einem Besuch aufforderte. Der Condottiere ließ sich klugerweise wegen Unpäßlichkeiten entschuldigen. Er wußte genug über Ladislaus, um zu erraten, daß diese Reise nicht sehr gesundheitsfördernd sein würde. Der König war wütend, ließ seine Maske fallen und sandte Truppen gegen ihn. Die Perugianer fühlten sich zwar in ihrer Hoffnung auf Braccios Tod enttäuscht, aber es blieb ihnen dennoch nichts anderes übrig, als das Ladislaus gegebene Wort zu halten und ihn als das kleinere Übel zu akzeptieren. Für den Rest seiner Regierung waren sie ihm treue Untertanen.

Nach dieser Geschichte wußte Ladislaus, daß er nie auf Braccios Schwert würde zählen können, denn dieser hatte etwas gegen Vorgesetzte, die ihn einmal ermorden lassen wollten. Er war zu den Florentinern, den steten Feinden Neapels übergegangen und nahm einen langfristigen Vertrag über das Kommando ihrer Streitkräfte an. Am 2. Januar 1410 hatte er die Neapolitaner aus Rom verjagt. Bei dieser Gelegenheit rechtfertigte er seinen Ruf, grausam zu sein, voll und ganz, denn – wenn man den Berichten glauben darf – er amüsierte sich damit, bestimmte Gefangene von den höchsten Türmen dieser unglücklichen Stadt herunterwerfen zu lassen. Unglücklich war Rom damals in der Tat, verfallen und herrenlos, eine sterbende Stadt im Vergleich zu den aufstrebenden Handelszentren wie Florenz und Mailand. Man wundert sich fast, warum seine erschöpfte Bevölkerung dort blieb, aber wohin hätten die Bürger denn in dieser Zeit, in der die lokalen Rechte eifersüchtig gehütet wurden, gehen sollen? Sie hatten keine andere Wahl, als in ihrer gespenstischen Stadt zu bleiben, sich in ihre Schatten zu ducken, wenn Könige, Condottieri und Kardinäle mit ihrer wilden Soldadeska über sie hinwegstürmten. Andere Besatzungsmächte waren auch nicht besser als Braccio. Man erzählt sich, daß Ladislaus, als er Rom in Händen hatte, selbst als Plünderer großen Stils die Stadt durchstreifte, Beute forderte und alle, die seine Habgier nicht befriedigen konnten, enthaupten ließ.

Da Braccio nun im Dienst seiner Feinde stand, hatte sich der König offensichtlich um Sforza bemüht. Das stellte sich als eine gute Entscheidung heraus. Obwohl Ladislaus selbst in den Kampf zog, verdankte er seine größeren Erfolge während der nächsten beiden Kampfperioden weitgehend der Erfahrung und dem Spürsinn seines Generals sowie den disziplinierten Truppen, die Sforza mit sich brachte. Rom wurde zurückerobert, der Kirchenstaat großenteils überwältigt, im Sommer 1414 die Toskana überfallen und Florenz bedroht. Es sah so aus, als ob sich Ladislaus' höchste Ambitionen erfüllten. Doch mitten in diesem Feldzug warf ihn eine schwere Krankheit nieder. In einer Sänfte wurde er aus seinem toskanischen Heerlager in sein Schloß in Neapel getragen, aber kaum dort angekommen, starb er am 6. August.

Sforza bekam nun einen neuen Auftraggeber: die sogleich zur Königin ernannte Johanna II. Die neue Situation steckte für ihn voller Möglichkeiten und voller Gefahr.

Die Möglichkeiten lagen in Johannas Geschlecht und Charakter. Jede Frau würde notwendigerweise mehr von ihrem Oberbefehlshaber abhängen als ein Mann, besonders ein jüngerer Mann wie ihr Bruder, der selbst fähig war, einen Feldzug zu führen. Was ihren Charakter anbelangte, so zeigte die Königin nur ein sehr begrenztes Interesse für Politik und Verwaltung. Sie würde sich also bereitwillig dem Rat des Mannes fügen, der ihr Vertrauen gewann.

Die Gefahr lag in denselben Gegebenheiten, denn dieses Vertrauen würde sich nicht auf Verdienste gründen, sondern auf ganz willkürliche Faktoren. Wie die erste Königin Johanna, die eine Generation vorher selbst Neapel mit ihren vier Ehen und dem ihr zugeschriebenen

Gattenmord schockiert hatte, zeigte auch die neue Monarchin eine nymphomanische Neigung, die bei der Wahl ihrer Ratgeber den Ausschlag gab. Johanna war fünfundvierzig, ein gefährliches Alter, weniger für sie selbst und ihren Thron als für Männer wie Sforza, deren Karrieren von ihrer launenhaften Gunst abhingen.

Ihre Thronbesteigung feierte sie damit, daß sie sich einen sechsundzwanzigjährigen Liebhaber, Pandulfo Alopo, nahm und ihn zum Großkämmerer machte mit weitestreichenden Machtbefugnissen. Alopo wird als ungebildeter, durchtriebener und verweichlichter Kerl beschrieben – die fast unvermeidbare Beschreibung eines solchen Mannes von seiten seiner erfolglosen Rivalen. Vielleicht trifft sie sogar zu, obwohl Alopos Fähigkeit, seiner Regentin zu gefallen, Zweifel an seiner Verweichlichung aufkommen läßt. Möglicherweise ist es

132 König Ladislaus von Neapel

jedoch bezeichnend, daß die Königin von Sforza, als er ihrer Ratsversammlung beiwohnte, unmittelbar so beeindruckt war, daß sie plötzlich ein völlig neues Interesse an militärischen Dingen entwickelte und ihn nach der offiziellen Zusammenkunft zu einem Gespräch unter vier Augen zurückbehielt.

Diese Gefahr einer Nebenbuhlerschaft versetzte Alopo in verständliche Unruhe. Der Condottiere, der genaue Gegentyp von ihm, konnte gut Johannas Appetit auf Abwechslung wecken. Er war ein Mann ihres Alters, in dem sich der unbestreitbare Charme der Reife mit nach wie vor unverminderter Männlichkeit verband. Sforza war nicht nur als Feldherr, sondern auch als Liebhaber berühmt. Schon rein physisch stach er in ihrem Ministerrat hervor. Kein Zweifel, daß da ein Rivale erwuchs, mit dem man zu rechnen hatte.

Und das Schlimmste war, daß Sforza inzwischen Witwer geworden zu sein scheint. Während seiner Abwesenheit führte seine Schwester Margherita das Regiment in der Burg Tricarico, der entlegenen Festung in der Basilicata, die der verstorbene König dem Knaben

Francesco geschenkt hatte. Jedenfalls muß Antonia Sforza inzwischen gestorben sein, sonst hätte Alopo nicht das Gerücht verbreiten können, jener Emporkömmling aus dem Norden hege den tollkühnen Gedanken, mit der Königin Bett und Thron zu teilen.
War an diesem Gerücht etwas dran? Träumte Sforza tatsächlich davon, König von Neapel zu werden? Es ist nicht sehr wahrscheinlich. Schon seine angeborene Vorsicht spricht gegen eine solche Spekulation, die im feudalistischen Süden, wo der Mythos vom Erbkönigtum immer noch stark verankert war, die in allen anderen Dingen so uneinigen Feudalherren geschlossen gegen ihn als emporgekommenen Abenteurer aufgebracht hätte. Wären Alopos Behauptungen in irgendeiner Weise fundiert gewesen, dann hätten die übrigen Minister anders gehandelt, als sie es später taten.
Zunächst war jedoch Alopos Einfluß stark genug, um Sforza im Castel Nuovo hinter Schloß und Riegel zu setzen. Er verbrachte vier Monate in einem der Verließe. Damals lernte er die Initialen seines Namens zu malen, die er später auf Dokumente zu setzen pflegte. Ein bescheidenes Pensum für vier Monate erzwungener Muße! Aber das Castel Nuovo war nicht für den intellektuellen Fortschritt seiner Gefangenen bestimmt.
Daß Sforza jemals wieder das volle Tageslicht erblickte, verdankte er dem Drängen seiner früheren Kollegen im königlichen Ministerrat. Johannas Mißregierung erschütterte das Königreich von Grund auf. Aufständische Barone hatten zu den Waffen gegriffen und Städte wie Capua und Aquila eingenommen, die unbedingt zurückerobert werden mußten. Wer aber konnte diese Aufgabe durchführen, wenn nicht der große Condottiere? Alopo erkannte, daß seine eigene Vormachtstellung in Gefahr stand, solange er nicht dieses Problem löste. Er beugte sich dem Willen seiner Kollegen, und Sforza wurde freigelassen. Um aus der Not noch eine Tugend zu machen, schloß Alopo mit seinem potentiellen Rivalen einen Pakt, der die gefürchtete Gefahr wirksam bannte: Sforza heiratete des Großkämmerers Schwester Catella. Damit entfernte ihn Alopo vom Heiratsmarkt, und Sforza machte die beste Partie, die er erwarten konnte (es sei denn, er hätte tatsächlich von königlichen Heiratschancen geträumt), und erhielt ein Unterpfand für Alopos weitere Gunst. Um ihre Interessen noch enger miteinander zu verknüpfen, sorgte Alopo dafür, daß Sforza das hohe Amt des Großkonnetabels des Königreiches verliehen wurde, das vor ihm sein einstiger Lehrmeister Alberico innegehabt hatte. Es brachte ein Gehalt von 8000 Dukaten ein. Außerdem erhielt Sforza die Herrschaft über einige Kastelle einschließlich Benevent und Manfredonia. Sein ehemaliger Feind erwies sich als sehr großzügig. Solange er so weitermachte, war Sforza recht zufrieden, Hand in Hand mit ihm zu arbeiten.
In dem Feldzug, der auf seine Freilassung folgte, stand Sforza Tartaglia als ebenbürtiger Gegner gegenüber, mit dem er sich während ihrer gemeinsamen Dienstzeit für Florenz so schlecht vertragen hatte. Er lockte ihn in einen Hinterhalt, aber Tartaglia gelang es, daraus zu entkommen. Dieses an und für sich unbedeutende Ereignis gab ihrer alten Feindschaft neue Nahrung, und das hatte wenig später weit ernstere Folgen.
Ebenfalls um diese Zeit war es, daß Francescos Heirat arrangiert wurde. Der vielversprechende Jüngling war nun fünfzehn, ein durchaus übliches Alter für einen Bräutigam. Als Braut wurde Polissena Ruffo erwählt, eine junge Adelige aus Montalto in Kalabrien. Sie war eine gute Partie, denn sie brachte eine Mitgift von 20000 Dukaten und die Herrschaft über verschiedene Städte mit. Francesco ritt – um bei der Schwiegerfamilie Eindruck zu machen – mit einer eleganten Eskorte altgedienter Soldaten seines Vaters zur Hochzeit in die Spitze des italienischen Stiefels. Leider endete die Ehe tragisch. Der armen Polissena wurde ihre reiche Mitgift zum Verhängnis. Sie lebte gerade lange genug, um Francesco eine Tochter zu gebären. Dann wurden beide, Mutter und Tochter, von einer Tante vergiftet, die sich damit in den Besitz des Vermögens brachte.
Sforza hatte inzwischen seine eigenen Probleme. Die verschiedenen Ereignisse in seinem Leben während dieser Zeit sind schwer zu datieren, und es ist unmöglich, sie in eine genaue chronologische Folge zu bringen, beispielsweise herauszufinden, wie seine Angelegenheiten

133 Königin Johanna II. von Neapel

gerade an Francescos Hochzeitstag standen. Auf alle Fälle waren die ersten zweieinhalb Regierungsjahre der Königin Johanna, von Mitte 1414 bis Ende 1416, voller Wechselfälle, an denen Sforza sein Teil zu tragen hatte.

Die skandalöse Lebensweise der Königin brachte die Barone des Regno bald zu der Überzeugung, daß es besser wäre, sie würde wieder heiraten, und zwar einen geeigneten Gatten, welcher der Würde und Verantwortung dieses Amtes entspräche. Johanna erklärte sich bereit, Jakob von Bourbon, Graf von la Marche, aus französischem königlichem Geblüt zu heiraten. Sie wollte ihn aber nicht zum König von Neapel ernennen, sondern lediglich zum »Generalvikar, Herzog von Kalabrien und Prinz von Tarent«. Das hatte ihr Alopo geraten, der damit rechnete, daß er, solange sie ihren Thron nicht ganz teilte, seinen beherrschenden Einfluß weiter ausüben könne. Derselbe Gedanke ging auch seinen Gegnern durch den Kopf.

Jakob erreichte Manfredonia an der adriatischen Küste im Sommer 1415. Er wurde vom Adel herzlich empfangen, der ihn auf dem Weg quer durch die Halbinsel zu seiner in Neapel wartenden Braut eskortierte. Sforza scheint zu dieser Geleitgruppe gehört zu haben, was seinem Amt als Großkonnetabel zukam; außerdem war Manfredonia eines der Kastelle, die ihm übereignet worden waren.

Die erste Bekanntschaft der Barone mit Jakob überzeugte sie rasch davon, daß er der Mann für ihre Zwecke wäre. Was zuerst nur als loser Plan bestanden hatte, wurde nun fest vereinbart und, noch bevor die Reitergruppe ihr Ziel erreicht hatte, zur Ausführung gebracht. Sforza gehörte bekanntlich zu Alopos Leuten und war eindeutig der gefährlichste Gegner. Man nahm ihn gefangen und rief Jakob zum König von Neapel aus. Als die Gruppe in Neapel ankam, wurde Alopo ergriffen und getötet und Johanna unter Arrest gestellt, ohne Macht, selbst irgendeine politische Maßnahme zu treffen.

Zum zweiten Mal innerhalb von zwei Jahren saß Sforza in Neapel gefangen. Er hatte noch Glück gehabt, mit dem Leben davongekommen zu sein, aber schließlich hatte er nichts getan, was so großen Haß hervorrufen konnte, wie der junge Großkämmerer – er war ein Fremder, der von Berufs wegen in die Angelegenheit verwickelt wurde, ein großer Soldat, den sogar der feindseligste Baron achten konnte, und er war nie Johannas Liebhaber gewesen. Mochte er leben, aber für den Augenblick konnte man ihn nicht frei herumlaufen lassen.

Dieses Mal wurde er im Castel dell'Ovo gefangengehalten, der grimmigen Festung, die sich auf einer Felseninsel einen Bogenschuß weit von der Küste erhebt. Sie hatte vor ihm berühmte und tragische Gefangene beherbergt, beispielsweise den sechzehnjährigen Konradin, den letzten Staufenkönig, bevor er 1268 auf dem Marktplatz enthauptet wurde. In jüngerer Zeit hatte die isolierte Festung Ladislaus als Unterkunft für seine Frauen gedient.

Dieser Herbst war für Sforza recht unerfreulich, ebenso das folgende Jahr. Er wurde der Tortur unterworfen, da sich seine verschiedenen Kastelle, die zur Beherrschung des Landes wichtig waren, nicht ergeben wollten. Sforza weigerte sich, die Losungsworte zu verraten, so daß sie nicht eingenommen werden konnten. Seine rauhe Natur und sein eiserner Wille widerstanden den Pressionen, denen er ausgesetzt war.

Seine Schwester, die Tricarico verteidigte, zeigte sich als würdige Trägerin des Familiennamens. Unterhändler kamen, um die Ergebung der Burg zu verlangen. Margherita Attendolo trat ihnen in Ritterrüstung mit dem Schwert in der Hand entgegen. Als sie ihre Forderung vorbrachten, ließ Margherita sie einsperren. Sie protestierten und behaupteten, freies Geleit erhalten zu haben. Margherita erwiderte, sie persönlich hätte keine solche Zusage gemacht, und sie würde nur ihr eigenes Versprechen halten. Sie machte das grimmige Gelöbnis, daß die Gesandten eines schrecklichen Todes sterben müßten, wenn ihrem Bruder weiteres Leid geschähe. Man behauptet, daß Sforzas Freilassung durch die Verwandten dieser Geiseln, die sie in Tricarico festhielt, beschleunigt wurde.

Zur gleichen Zeit erwuchs Sforzas Burgen außerhalb des Regno, seinen älteren Besitzungen in der Romagna, Bedrohung von anderer Seite. Zur Erklärung ist es nötig, zu Braccio zurückzukehren und zu sehen, wie es ihm erging, während sein Rivale im Castell dell'Ovo schmachtete.

Mit dem Tod von Ladislaus und dem daraus folgenden Nachlassen der neapolitanischen Bemühungen in Mittelitalien war Braccios alter Traum von der Herrschaft über Perugia wieder aufgelebt. Braccio hatte zuletzt Papst Johannes als Statthalter von Bologna gedient und dabei seine persönliche Macht ausgebaut, indem er sich einmal hier, einmal dort eine Burg aneignete. Michele Attendolo hatte sich mit seiner Kompanie unter Braccios Kommando begeben, denn dessen rein berufliche Auseinandersetzungen mit Sforza stellten für Sforzas Verwandte kein Hindernis dar, Aufträge von ihn anzunehmen. Tatsächlich war seine freundschaftliche Beziehung zu Michele auch der Grund, warum Braccio zunächst versprach, die Besitzungen seines alten Freundes in der Romagna in Ruhe zu lassen. Da trat jedoch Tartaglia ein weiteres Mal kurz aber unheilvoll in Erscheinung. Eben mit knapper Not dem Hinterhalt Sforzas entkommen, verwies Tartaglia streng darauf, daß man sich hier keiner Gefühlsduselei hingeben dürfe. *Er* sei Braccios Freund und Kollege, Sforza seit Jahren sein Gegner. Tartaglia forderte die Festungen für sich selbst. Braccio zögerte eine Weile, doch als Sforza im Castel dell'Ovo gefangensaß und niemand wußte, ob er jemals wieder lebend zum Vorschein kommen würde, zog er es vor, sich Tartaglia warmzuhalten. Eine vielleicht verständliche Entscheidung, aber, wie sich später herausstellen sollte, keine glückliche. Sforza war wütend über einen in seinen Augen gemeinen Verrat ihrer Jugendfreundschaft. Braccio hatte ihn getreten, als er wehrlos war. Ihr Verhältnis zueinander blieb gestört, auch wenn sie Jahre später einander wieder freundschaftlich begegnen konnten.

Braccios Entscheidung verstimmte auch Michele Attendolo, der nicht länger einem solchen Feldherrn dienen konnte. Die Atmosphäre war spannungsgeladen. Erreichte Tartaglia sein Ziel, würde Michele wahrscheinlich ermordet. Michele war mit einem von Braccios

jüngeren Offizieren befreundet, und der half ihm zu entkommen. Dieser Offizier war ein so bemerkenswerter Mann, daß er gleich bei seiner ersten Erwähnung eine ausführliche Beschreibung verdient:

Niccolò Piccinino war, wie sein Spitzname (*piccinino* = winzig klein) besagt, von sehr kleinem Wuchs, aber seine starke Persönlichkeit ließ ihn über dieses Handikap triumphieren, ebenso wie er mit eisernem Willen seine schwache Gesundheit wettmachte. 1386 in Perugia geboren, stammte er aus derselben Stadt wie Braccio, aber im Gegensatz zu seinem adeligen Vorgesetzten war er ein Metzgerssohn und hatte sein Berufsleben als Weber begonnen. Tatsächlich personifizierten die beiden Männer das traditionelle Bündnis zwischen Adel und *popolo minuto* gegen das reiche Bürgertum.

Piccinino hatte einen wachen Verstand. Seine Ausbildung war dürftig – Lesen, Schreiben, Rechnen –, aber das war schon mehr, als die meisten seiner Kameraden aufzuweisen hatten. Weben langweilte ihn. Er träumte von einer Abenteurerlaufbahn, für die er auf den ersten Blick durch seine kleine Statur völlig ungeeignet erschien. Zum Glück hatte er einen Onkel, der unter Bartolomeo da Sesta in der Romagna kämpfte, und diese Beziehung verschaffte ihm eine Probestellung als Page. Schon bald bewies er, daß brutale Kraft nicht alles ist. Dieser kleine Mann konnte reiten, fechten und töten wie die Besten. Er erwarb sich das Recht, als Reiter zu kämpfen. Außerdem gewann er die Hand der Tochter seines Feldherrn, und sie brachte ihm die für einen zukünftigen Condottiere erforderliche Mitgift ein, nämlich drei Pferde. Schon nach kurzer Zeit verdächtigte er seine Frau – ob zu recht oder zu unrecht, bleibt dahingestellt – der ehelichen Untreue. Vielleicht war es unvermeidlich, daß er auf diesem Sektor einen gewissen Minderwertigkeitskomplex nicht los wurde. Man behauptet, er hätte der Frau noch gestattet, ihr Kind auszutragen, und sie dann ermordet. Vielleicht ist das aber auch nur eine Lagerfeuergeschichte. Sie paßt jedenfalls nicht ganz zu der Tatsache, daß er das Kind als seinen Sohn anerkannte, obwohl man das auch wieder als den Wunsch ansehen könnte, gute Miene zum bösen Spiel zu machen und nicht zuzugeben, daß man betrogen worden war. Ob nun aber diese grausige Geschichte wahr ist oder nicht, jedenfalls quittierte Piccinino den Dienst seines Schwiegervaters und wechselte zu Braccios Kommando über, ein Schritt, der keiner besonderen Erklärung bedarf, angesichts von Braccios Renommee und der Tatsache, daß beide aus Perugia stammten. Schon bald zog er Braccios Aufmerksamkeit auf sich. Das konnte gar nicht ausbleiben, besonders als er zwei Gegner in einem Turnier besiegte. Bei dieser Gelegenheit setzte ihm Braccio den Siegerkranz aufs Haupt. Als ein länger anhaltendes Zeichen seines Beifalls gab er Piccinino später auch noch seine Tochter zur Ehe, was merkwürdig gewesen wäre, wenn er ihn für den Mörder seiner ersten Frau gehalten hätte. Piccinino war in seiner Treue zu Braccio unerschütterlich, und nach dem Tod seines Feldherrn wurde er zum Hauptverfechter seiner militärischen Methoden, zum anerkannten Führer der Bracceschi, so wie Francesco Sforza seines Vaters Tradition aufrechthielt und die Schule der Sforzeschi anführte. In der nächsten Generation sollten sich diese beiden in gleicher Weise als Rivalen gegenüberstehen wie Braccio und Muzio Sforza vor ihnen.

In der Zwischenzeit jedoch, in der Periode, die auf Johannas Thronbesteigung in Neapel folgte, befand sich Braccio in einer ausgesprochen günstigen Position, seine Pläne in Umbrien voranzutreiben. Nicht nur hatte Perugia seinen starken Beschützer verloren, sondern Braccio wurde fast gleichzeitig von den Verpflichtungen gegenüber seinem letzten Auftraggeber, Papst Johannes XXIII., befreit. Dieser Papst war äußerst schlecht beraten gewesen, als er sich einer großen Kirchenversammlung, dem Konzil von Konstanz stellte, von dem er wegen skandalösen und ungeziemenden Lebenswandels abgesetzt wurde. Zu diesem Zeitpunkt existierten neben ihm noch zwei Gegenpäpste. Das Konzil von Konstanz machte reinen Tisch, setzte alle drei Päpste ab und erwählte nach einer längeren, für die Formalitäten und Verhandlungen notwendigen Pause 1417 einen neuen: Oddo Colonna, der den Namen Martin V. annahm. Er war für alle Seiten annehmbar, und mit seiner Wahl

134 Castel dell'Ovo in Neapel, in dem Sforza von 1415 bis 1416 gefangen saß

endete endlich das Große Schisma, das König Ladislaus so gut in seine Pläne gepaßt hatte. Aber während des zweijährigen Interregnums, in dem es überhaupt keinen Papst gab, hatte Braccio völlige Handlungsfreiheit und konnte sich die Mittel für sein eigenes Vorhaben beschaffen, indem er den Bürgern von Bologna die Freiheit ihrer Stadt verkaufte, die er im Namen des jetzt abgesetzten und gefangengehaltenen Papstes regiert hatte. Zwar ließ sich über die Rechtmäßigkeit dieser Transaktion streiten, wie die Bologneser sehr wohl wußten, aber wenigstens waren sie von Braccios Gegenwart befreit und so lange ihre eigenen Herren, bis eine stärkere Macht sie wieder überwältigte. Sie zahlten Braccio 82000 Gulden, die es ihm ermöglichten, eine große Anzahl zusätzlicher Lanzen anzuwerben. Mit diesen und einer Gruppe Exil-Perugianer, die wie er dem Adel angehörten, machte er sich daran, seine Heimatstadt zu erobern.

Perugia einzunehmen, war ein schwieriges Unterfangen. Auf einem Bergkegel, 493 m über dem Meeresspiegel und fast 300 m über dem Tibertal gelegen, besaß die Stadt ungeheure natürliche Vorteile. Hinzu kam die robuste Tradition seiner Bewohner, die sich damit brüsteten, das kriegerischste Volk Italiens zu sein. Sie kannten Braccios Ambitionen schon lange und hatten beschlossen, daß er in ihrer Stadt nicht Fuß fassen sollte, denn sie wußten nur zu gut, daß damit der alte Klassenkrieg mit den üblichen Repressalien erneut aufflammen würde. Die Nachricht, daß Braccio nun endgültig gegen sie marschiere, und zwar in solcher Stärke, verursachte tiefes Unbehagen, aber niemand sprach von Ergebung. Die Tore wurden verbarrikadiert, eine Anordnung erlassen, daß keiner die Stadt verlassen dürfe, und die Bevölkerung auf einen verzweifelten Verteidigungskampf vorbereitet.

Tatsächlich hatten sie eine gute Chance, den Eindringling zurückzuschlagen. Zwar hätte sich ein Bürgerheer nie mit berittenen Kriegern im offenen Feld messen können, aber wenn es im Schutze der Wehrgänge kämpfte, konnte es viel erreichen. Perugia zu stürmen, wäre selbst mit einer erprobten Belagerungsartillerie eine gewaltige Aufgabe gewesen. Es auszuhungern, würde viel Zeit in Anspruch nehmen und unvermeidlich zu der Zerstörung der Ländereien in der Umgebung führen, was einem fremden Eroberer vielleicht gleichgültig sein konnte, von einem General aber, der hoffte, als zukünftiger Herrscher in die Stadt einzuziehen, politisch sehr kurzsichtig gedacht wäre.

Braccio rückte also mit seinem Heer an, mühte sich die steile Bergstraße hinauf und kampierte unterhalb der massiven Stadtmauern, die zum Teil noch aus etruskischer Zeit stammten. Perugia muß jedem Belagerer einen entmutigenden Anblick geboten haben. Braccio ließ seine Truppen aufmarschieren, was aber die Perugianer nur wenig beeindruckte. Ja, es wird sogar behauptet, daß einige auf Kampf Versessene einen Ausfall wagten und die sorglosen Belagerer überraschten. Später versuchte Braccio, die Befestigungsanlagen zu stürmen. Seine Leute drangen ein Stückchen in die Stadt ein, wurden jedoch wieder zurückgeworfen. Sogar die Perugianer Frauen schleuderten Steine und gossen heißes Wasser auf die Invasoren. Braccio zog sich für den Moment zurück. Doch solange der Condottiere in der Stadt nicht Fuß fassen konnte und wie ein Wolf um sie herumschlich, solange konnten auch die Bürger nicht zu ihren Besitzungen im *contado* gelangen. Eine solche Situation war auf die Dauer unerträglich. Wenn Braccio ihr Territorium nicht verließ, dann mußte er offen bekämpft werden. Als Hilfe in diesem riskanten Unternehmen engagierten die Perugianer einen anderen bedeutenden Condottiere: Carlo Malatesta.

135 Papst Martin V.

Die Schlacht wurde am 15. Juli 1416 geschlagen. Das Terrain lag nahe am Tiber, wo die Straße nach Assisi den Fluß über eine Brücke aus dem 13. Jahrhundert überquerte, die erst während des Rückzugs der Deutschen 1944 gesprengt wurde. In diesem Tal zwischen den beiden rivalisierenden Nachbarstädten Assisi und Perugia ist immer viel gekämpft worden. Sogar der später heilige Franziskus hatte sich dort einst geschlagen und war gefangengenommen worden. Der genaue Platz, an dem Braccio mit Malatesta zusammenstieß, befand sich zwischen Sant'Egideo und dem Fluß, der etwa dreihundert bis vierhundert Kilometer entfernt lag. Man behauptet, das sei die Schlacht gewesen, die Uccello in dem Bild festgehalten hat, das als »Die Schlacht von San Romano« in die Kunstgeschichte einging. Aber dafür gibt es keinen Beweis, und wahrscheinlicher ist, daß als Vorlage des Gemäldes ein florentinischer Sieg über die Sienesen diente.

Braccios Schlacht an diesem glühend heißen Julitag verlief jedoch keineswegs weniger heroisch als die auf dem Bild dargestellte. Sie dauerte sieben Stunden. Die Hitze muß für einen Mann in schwerer Rüstung und mit den gepolsterten Kleidungsstücken darunter unerträglich gewesen sein. Der Staub ließ ihn fast ersticken. »Sehr schmerzvoll«, schrieb der Chronist Fabretti, »waren die Seufzer, die aus den Helmen herausdrangen.« Daran ist nicht zu zweifeln.

Braccio hatte den großen Durst vorhergesehen. Er ließ zahllose Krüge Wasser hinter den Linien anhäufen, so daß immer, wenn eine seiner Abteilungen sich zurückzog, um sich von einer Attacke zu erholen, genügend Vorrat für Männer wie Pferde vorhanden war. Vielleicht

136 Niccolò Piccinino, Medaillon von Pisanello, um 1441

hatte sich Braccio bei dieser Vorsorge an Sforza erinnert, der zwar Kälte und die meisten anderen Plagen aushalten konnte, aber für seine Empfindlichkeit Hitze und Durst gegenüber bekannt war. Wenn Sforza bei solchem Wetter kämpfte, verlangte er immer, daß ein Lastgaul mit Wein und Wasser beladen in seiner Reichweite gehalten würde. Braccios Ausweitung dieser Idee und die Sorge für das Wohl seiner Leute bestimmten weitgehend den Ausgang der Schlacht. Denn die gegnerische Front begann abzubröckeln, als Malatestas Soldaten, die keinen solchen Erfrischungsstützpunkt hatten, vom Durst gepeinigt zum Flußufer wankten. Der Anblick der ersten Wassersuchenden übte auf ihre ausgedörrten Kameraden eine unwiderstehliche Suggestion aus. Sobald Braccio einen ernsten Grad von Verwirrung in den gegnerischen Reihen entdeckte, befahl er einen allgemeinen Angriff. Damit war die Sache beendet. Carlo Malatesta und sein Neffe Galeazzo wurden zusammen mit hundert ihrer erschöpften Soldaten gefangengenommen. »Es war seltsam anzusehen«, schrieb der Chronist, »daß die niedrigsten von Braccios Soldaten Gefangene wie eine Herde Vieh vor sich her trieben.«

Diese Schlacht, deren Staubwolke zumindest von den ängstlichen Beobachtern in Perugia gesehen werden konnte, überzeugte die Bürger von der Zwecklosigkeit, Braccio länger Widerstand zu leisten. Die hartnäckigsten Gegner wurden von denen überstimmt, welche die

Meinung vertraten, ein schnelles und demütiges Sichfügen in das Unvermeidliche wäre auf die Dauer gesehen für alle Beteiligten das Beste. Unterhändler wurden rasch zu Braccios Lager entsandt, um ihm die Herrschaft anzubieten. Die gleichen Frauen, die erst vor kurzem noch damit beschäftigt gewesen waren, Wurfgeschosse aufzulesen und Güsse von siedendem Wasser vorzubereiten, schmückten jetzt ebenso eifrig ihre Balkone mit prächtigen Tüchern und sammelten Blumen, dem Sieger auf den Weg zu streuen. Als Braccio in die Stadt einritt, jubelten dieselben Stimmen, die wenige Monate zuvor seine Soldaten mit Drohungen und Verwünschungen überschüttet hatten, mit rasch gewandeltem Enthusiasmus: »*Evviva Braccio, Signore di Perugia!*«

Die Dinge kamen gar nicht so schlimm, und die schrecklichsten Befürchtungen hinsichtlich Braccios Grausamkeit bewahrheiteten sich nicht. Vielmehr machte er einen staatsmännischen Versuch, alle Parteien in diesem zersplitterten Gemeinwesen miteinander zu versöhnen. Er lenkte sie von ihren Streitigkeiten ab durch Bauvorhaben in der Stadt, so den weiteren Ausbau der Befestigungen, die erst vor kurzem seiner Belagerung standgehalten hatten, und die Errichtung einer schönen vierbogigen Loggia gegenüber der Kathedrale, sowie durch attraktive Pläne, den Einfluß Perugias nach außen hin zu vergrößern. Wieweit diese Projekte ausgeführt werden konnten, ist schwer zu sagen, aber der Machtübernahme Braccios folgten eifrige Freundschaftsdemonstrationen von seiten der kleineren Städte aus der Nachbarschaft, die zum Symbol dafür ihre Banner am Tag des Sant' Ercolano, des Schutzpatrons der Stadt, nach Perugia sandten. Ebenso sicher ist auch, daß Braccio seine Landsleute mit einem neuen dynamischen Geist erfüllte. Er haßte Faulpelze, *i consumatori della piazza*, jene, »welche den Stadtplatz abnutzen«, wie er sie nannte. Als Herr über Perugia regierte er unangefochten für den Rest seines Lebens, und seine Machtergreifung scheint durch seine allgemeine Beliebtheit gerechtfertigt worden zu sein.

Während Braccios Geschicke ihrem Zenith zustrebten, befand sich Sforzas Stern auf seinem tiefsten Punkt. Sehr bald jedoch nahmen die Dinge eine günstigere Wendung. In Neapel gab es eine natürliche Reaktion auf den französischen Ehemann, der Johannas Thron an sich gerissen hatte und seine Position dazu verwendete, Ehren und Schlüsselpositionen an seine Landsleute, die mit ihm nach Italien gezogen waren, zu verteilen. Im November 1416 kam es zu einem Staatsstreich unter der Führung von Ottino Caracciolo. Johanna wurde freigelassen und ihr Gatte mit all seinen Protegés aus dem Königreich verbannt. Keine sechs Monate nach Braccios triumphalem Einzug in Perugia entstieg ein nicht weniger glücklicher Sforza der Düsternis des Castel dell'Ovo und wurde erneut in sein Amt als Großkonnetabel eingesetzt. Dennoch erreichte er nie mehr die gleiche Beziehung zur Königin. An die Stelle des toten Alopo war ein neuer Günstling getreten, Giovanni Caracciolo, ein Vetter (aber kein Freund) jenes anderen Caracciolo, der den Coup gegen die Franzosen angeführt hatte. Giovanni besaß all den Charme, den Johanna bei ihren Ministern suchte. Er hatte auch wirkliche Fähigkeiten, aber Sforza kam mit ihm nicht zurecht, und ihre gegenseitige Abneigung versperrte dem Condottiere den Weg zu weiterem Aufstieg.

Sforza mußte jedoch nicht lange am Hof herumlungern. Bald kamen geeignetere Verpflichtungen im Feld auf ihn zu. Es gab immer noch keinen Papst. Die Kardinäle saßen nach wie vor in Verfahren verstrickt in Konstanz, während Rom inzwischen von dem neuen Herrn von Perugia, der sich selbst den Titel *Almae Urbis Defensor* (»Beschützer der segensreichen Stadt«) verliehen hatte, in Besitz genommen worden war. Sforza erhielt die Aufgabe, ihn zu vertreiben und die Stadt für Neapel zurückzugewinnen. Im Sommer und Herbst 1417 näherten sich seine Reiter Rom von Ostia und der Küste her. Braccios Truppen zogen sich vor ihnen zurück. Sforza ritt ein durch Straßen, in denen sich Unrat und der Schlamm von früheren Hochwassern türmten. Nichts blühte, außer dem Unkraut zwischen Pflastersteinen. Ein englischer Chronist aus dieser Zeit erzählt von Wölfen, die er mit eigenen Augen gesehen hatte, wie sie streunende Hunde vor der Peterskirche jagten.

Aber auch wenn Rom kaum mehr als ein Name war, so hatte dieser Name doch immer noch große Anziehungskraft, und wettstreitende Fürsten hätten viel darum gegeben, die Stadt unter ihre Kontrolle zu bekommen. Von besonderer Bedeutung war Rom zweifellos für jeden Papst, und jede Macht, die es besetzt hielt, besaß in ihm ein wertvolles Handelsobjekt. Es traf sich, daß fast unmittelbar, nachdem Sforza die Stadt eingenommen hatte, die Kardinäle Martin V. zum Papst wählten, einen Römer, der deshalb um so begieriger war, seine Vaterstadt wieder zur päpstlichen Residenz zu erheben. Ein Handel wurde daher abgeschlossen. Sforza als der von Neapel ernannte General sollte Statthalter von Rom werden, bis seine Heiligkeit bereit sei zurückzukehren. Papst Martin würde dafür Johanna in ihrem umstrittenen Anspruch auf den Thron von Neapel bestätigen. Dieser Streit hatte seit eh und je zwischen den rivalisierenden Dynastien bestanden, den Anjou (zu denen Johanna selbst gehörte) und dem Hause Aragon, das seit langem auf Sizilien regierte und Süditalien ebenfalls beanspruchte. Da sich Johanna den Fünfzigern näherte, keine Kinder hatte und selbst einen Erben bestimmen wollte, war es für sie erstrebenswert, die Anerkennung des Papstes zu erhalten.

137 Ansicht von Rom, Fresko von Taddeo di Bartolo, 1414

Die Feindseligkeiten zwischen Sforza und Braccio dauerten in den nächsten ein bis zwei Jahren mehr oder weniger zusammenhanglos an, wie es unter den gebotenen Verhältnissen von Ort und Zeit üblich war, da man leichter einen Kriegszustand ohne viel Aktion in die Länge ziehen als eine Bereinigung an einem Konferenztisch erzielen konnte. Hie und da lieferten eine Schlacht oder eine Belagerung dem Chronisten ein handfestes Ereignis, das er für diese Kriegssaison notieren konnte, aber keine der beiden Seiten hatte die Mittel, einen beständigen Kampf in Gang zu halten.

Der Feldzug von 1419 wurde energischer geführt als die meisten. Es kam im Juni zu einem harten Gefecht auf der Via Cassia zwischen Viterbo und Montefiascone, südlich des Bolsena-Sees. Braccio gewann überlegen. Sforza wurde verwundet. Der Kampf dauerte sporadisch den Sommer hindurch an und weitete sich über Umbrien bis zur Romagna aus. In seinem Bemühen, die Situation zu retten, ging Sforza so weit, seinen alten Streit mit Tartaglia beizulegen und ihn dazu zu bringen, auf seine Seite überzuwechseln. Diese unaufrichtige Versöhnung wurde durch eine Heirat besiegelt, bei der wirklich nur die Vernunft den Ausschlag gegeben haben kann: Tartaglias Sohn erhielt eine von Sforzas Töchtern, vermutlich eines der Kinder aus seiner Verbindung mit Lucia Tregani.

Das Privatleben von Sforza und Braccio während der damaligen Epoche ist, wie bei fast allen Condottieri, sehr spärlich belegt. Man weiß jedoch, daß Sforza um diese Zeit eine dritte Ehe einging, Catella Alopo muß also gestorben sein. Jetzt, mit etwa fünfzig, heiratete er die verwitwete junge Gräfin von Celano, die ihm die Lehensgüter ihres vorherigen Gatten einbrachte und einen Sohn Gabriele gebar, der aber nicht die väterliche Kriegsbegeisterung erbte und später Erzbischof von Mailand wurde. Von Braccios persönlichem Bereich ist noch weniger bekannt. Er hatte eine Frau, Nicolina da Varano, und einen kleinen Sohn, Carlo, der viele Jahre später als Condottiere auftaucht.

Da die militärischen Resultate von 1419 enttäuschend gewesen waren, erwägte Papst Martin die Möglichkeit, auf diplomatischem Weg zu seinem Ziel zu gelangen. Zwei Jahre nach seiner Wahl residierte er noch immer in dem Dominikanerkloster Santa Maria Novella in Florenz und wartete auf den triumphalen Einzug in seine Vaterstadt Rom, der aber wenig ratsam schien, solange seine Macht nicht stärker gefestigt war. Im Januar 1420 sandte er nach Sforza als dem Mann, der seine Rückkehr vorbereiten sollte. Obwohl Sforza nicht im Dienst des Papstes, sondern dem der Königin Johanna stand, blieb ihm nichts anderes übrig, als der Ladung zu folgen.

Vor langer Zeit beschrieb Noel Valois in den damals hochgeschätzten Kolumnen der *Enzyclopaedia Britannica* Papst Martin als »einen guten und vornehmen Mann, der ein einfaches Leben führte und frei von Intrige war«, aber gerade die letzte Behauptung paßt schlecht mit seiner Politik in Sachen neapolitanische Thronfolge zusammen, die Sforza eng betraf. Während der nächsten paar Jahre verbündete sich Martin abwechslungsweise mit Johanna gegen Ludwig III. von Anjou, mit Ludwig gegen Johanna und Alfons von Aragon, und schließlich mit Johanna und Ludwig gegen Alfons. Solch permanenter päpstlicher Gesinnungswechsel mußte selbst den zynischsten Condottiere wie einen ergebenen Hund erscheinen lassen.

Die Florentiner drängten Martin, mit Braccio Frieden zu schließen, und die Tatsache, daß er die Herrschaft über verschiedene Städte und Burgen im päpstlichen Territorium an sich gerissen hatte, als Fait accompli hinzunehmen. Martin verkündete Sforza, daß man in Anbetracht seines Versagens Braccio gegenüber besser auf eine Annäherung dieser Art hinarbeiten sollte, so unangenehm es auch sein mochte. So wurde der Ölzweig nach Perugia geschickt, und im Februar 1420 hielt Braccio seinen effektvollen Einzug in Florenz. Wie es dem Herrn von Perugia zustand, hatte er sich prächtig in ein Purpurgewand mit Gold- und Silberstickerei gehüllt und seine vierhundert Begleiter auf die schönsten und größten Pfede gesetzt, die er auftreiben konnte. Der Prozession schloß sich eine Begrüßungsabordnung, bestehend aus städtischen Würdenträgern und ausländischen Botschaftern, an. Zusammen zogen sie durch die jubelnde Menge bis zu dem Platz, auf dem Papst Martin sie mit dem freundlichsten Lächeln, das er aufbringen konnte, empfing. Hier begrüßte er Braccio öffentlich als den päpstlichen Vikar von Perugia, Assisi, Orvieto und all der anderen Orte, deren Herrschaft er sich in den letzten Jahren bemächtigt hatte. Auch Sforza mußte seinen Ärger verbergen und seinen ehemaligen Kameraden mit diplomatischen Komplimenten empfangen. Weder für ihn noch für den Papst kann dieser Tag sehr glücklich gewesen sein. In der Nacht grölten Lausbuben unter ihren Fenstern:

Papa Martino –
Non vale un quattrino!
E'Braccio valente
Che vince ogni gente!

»Papst Martino ist keinen Groschen wert! Es ist der tüchtige Braccio, der alle Leute besiegt!«

So war die öffentliche Meinung.

Partnertausch

Die letzten Jahre von Sforza und Braccio können mit einem Gruppentanz verglichen werden, bei dem die Teilnehmer vortreten, zurückgehen, sich umeinander drehen, in die Hände klatschen, auseinandergehen und die Plätze wechseln. In dem Kampf um die neapolitanische Thronfolge hatten keine zwei Staaten dieselben Interessen, und es kam zu ständig neuen Partnerkonstellationen, in welche die beiden Condottieri immer mitverwickelt waren. Die in Florenz zur Schau gestellte Harmonie dauerte nicht an. Sforza war in Johannas Dienst nicht glücklich. Ihr Günstling, Giovanni Caracciolo, besaß zuviel Macht. Der Papst teilte Sforzas Abneigung gegen Caracciolo, und da die Königin diesem Mann völlig hörig war, beschloß Martin, ihr seine Unterstützung zu entziehen und ihren Rivalen, Ludwig von Anjou, als König von Neapel anzuerkennen. Das war ein eiskalter Vertrauensbruch, denn schließlich war Rom, in das der Papst endlich am 30. September 1420 im Triumph einzog, ihm als Gegenleistung für die Anerkennung von Johannas Titel zurückgegeben worden. Jetzt hatte der »gütige und edle Mann ... frei von Intrige« nicht nur gegen diese Abmachung verstoßen, sondern ihr auch noch den General entführt. Sforza wurde beauftragt, für den neuen Kandidaten des Papstes, Ludwig von Anjou, zu kämpfen, und zu gegebener Zeit marschierte er gegen Neapel und griff die Stadt bei der Porta Capuana an.

In der Zwischenzeit traf Johanna, von Caracciolo gut beraten, ihre Gegenmaßnahmen. Sie wandte sich hilfesuchend an Ludwigs Vetter und Rivalen, Alfons von Aragon, der bereits das Zwillingskönigreich Sizilien innehatte und einen historischen Anspruch auf Neapel erhob. Wenn er ihr jetzt beistehen würde, sollte er als Erbe anerkannt werden. Das war ein plausibles Angebot von einer alternden, kinderlosen Königin. Alfons, der später zwar unter dem Beinamen »der Großmütige« bekannt wurde, dachte jedoch realistisch genug, um Garantien zu fordern. Eine Vereinbarung wurde getroffen, in der Johanna versprach, daß er Castel Nuovo und Castel dell'Ovo »beim ersten Anblick der aragonischen Segel« erhalten sollte.

Um ihre allgemeine militärische Position zu verstärken und um zu gewährleisten, daß sie nicht ausschließlich von Alfons abhing, nahm Johanna Braccio in ihren Dienst, so daß die eben erst versöhnten Rivalen sich erneut als Gegner gegenüberstanden. Sie hatten lediglich die Seiten gewechselt. Braccio und seine Truppen trafen Anfang Juni 1421 in Neapel ein. Johanna übertrug ihm nicht nur Sforzas ehemaliges Amt als Großkonnetabel, sondern machte ihn auch zum Fürsten von Capua. Braccio, dessen Machtbestrebungen immer größere Ausmaße annahmen, war von diesen zusätzlichen Würden sehr angetan, und er eröffnete energisch die Kriegshandlungen gegen Sforza, der die Stadt von Norden her zu erobern suchte.

Ende Juni langte Alfons mit einer großenteils aus Katalanen bestehenden Armee von Sizilien her an. Was immer er über Braccio denken mochte (und zwischen den beiden kann es gut Eifersüchteleien gegeben haben), für den Condottiere, den sie bekämpften, empfand er eine große Hochachtung. Als er während einer der Schlachten in der Bucht Sforza von der Ferne aus beobachtete, rief er einen gefangenen Offizier zu sich und sagte ihm: »Euer Feldherr ist der tapferste Heerführer unserer Zeit. Geh und erzähle ihm das von mir.« Der Gefangene wurde freigelassen, um diese Botschaft auszurichten und das königliche Versprechen hinzuzufügen, daß in Zukunft Alfons' Armbruster nicht absichtlich auf Sforza zielen würden. Um nicht zurückzustehen, sandte Sforza dafür seine Zusage, daß seine Männer Anweisung bekämen, das aragonische Flaggschiff nicht zu beschießen.

Der Austausch solcher Höflichkeiten wurde keineswegs als unvereinbar empfunden mit Verrat und Racheakten. Tartaglia kämpfte immer noch unter Sforzas Fahne, aber er war nie ein wirklich zuverlässiger Untergebener gewesen. Immer stärker wurde der Verdacht, daß er zum Feind überwechseln wolle. Es kam vor, daß er Befehle nicht ausführte, und man beobachtete, daß jedesmal, wenn einer von seinen Leuten in Braccios Hände fiel, er mit auffallender Milde behandelt wurde. Kompromittierende Briefe von Alfons wurden abgefangen. Anscheinend erhielt Tartaglia auch Pferde aus dieser Quelle. Zum Glück für Sforza wurde ihm die lästige Pflicht, gegen einen Kampfgenossen vorgehen zu müssen, dessen Sohn seine Tochter geheiratet hatte, weitgehend abgenommen. Der Papst und Ludwig von Anjou überzeugten sich selbst von Tartaglias Schuld und befahlen seine Bestrafung. Der Verdächtige wohnte in Aversa, außerhalb von Neapel an der Straße nach Capua. Sein Haus wurde während der Nacht umringt und Tartaglia nackt aus dem Bett gezerrt. Ein Geständnis, wahr oder falsch, aber vielleicht sogar wahr, wurde ihm mit Hilfe der brutalen Methoden der damaligen Zeit entrissen. Dann wurde er ohne weitere Umstände auf die Piazza getrieben und umgebracht. Bei den unteren Rängen gab es noch Loyalität: Tartaglias Männer waren empört über diese Behandlung ihres Anführers und, obwohl ihnen der Papst verlockende Angebote machte, unter einem anderen Anführer in seinem Sold zu bleiben, zogen sie es vor, ihre Truppe aufzulösen. Nicht lange danach fand man die Mehrheit von ihnen in Braccios Lager.

Ein solcher Wechsel war am leichtesten vorzunehmen, da die beiden Armeen so nahe beieinander lagerten. Neapel war zwischen ihnen aufgeteilt. Auf der einen Seite stand die Königin mit Alfons und Braccio, auf der anderen Ludwig von Anjou und Sforza, unterstützt vom Papst in Rom und den Medici-Bankiers von Florenz. Es handelte sich praktisch um ein Patt, ein Treten am Ort, das für die an einen Bewegungskrieg gewöhnten Condottieri langweilig und für ihre Auftraggeber kostspielig war.

Dieser Zustand wurde durch eine allgemeine Vereinbarung beendet. Martin hatte Erfahrung im Aushandeln solcher Kompromisse. Sein dreizehn Jahre währendes Pontifikat war mit Konkordaten und Abmachungen aller Art angefüllt. Dieses Mal wurde er durch die Bereitschaft der Berufssoldaten, die Sache zum Abschluß zu bringen, unterstützt. Braccio und Sforza waren weitgehend die Schiedsrichter der Situation, vor allem Braccio. Er wartete ungeduldig darauf, wegzukommen und sich um seine eigenen Angelegenheiten kümmern zu können. Er hatte verlockende Angebote erhalten, sich in den Kampf, der damals zwischen Venedig und Mailand wütete, einzuschalten. Er war bereits Fürst von Capua, und Johanna wollte nun seine Dienste mit der Regierung der Abruzzen belohnen, dem rauhen Gebiet, das sich östlich des päpstlichen Territoriums erstreckte und sich so schön an seine Besitzungen dort und in der Romagna anschloß. So veranlaßte Braccio, der von einer starken Position aus argumentierte, Sforza, mit der Königin Frieden zu schließen. Nachdem die beiden Condottieri sich untereinander geeinigt hatten, zogen die anderen Gruppen nach. Caracciolo behielt seinen Platz bei Hofe. Die beiden Thronprätendenten versprachen, sich aus dem Königreich zurückzuziehen. Ludwig von Anjou ging allerdings nicht weiter als bis Rom. Damit endete, um beim oben gebrachten Bild zu bleiben, die erste Figur des Tanzes. Zu neuen, komplizierteren Figuren kam es in den folgenden Monaten.

Caracciolo fühlte, daß Alfons als präsumtiver Erbe seinen eigenen beherrschenden Einfluß über die Königin gefährdete. Empfand er für Sforza auch keine Sympathie, so betrachtete er ihn auf politischem Gebiet doch nicht als nennenswerte Bedrohung, und er überlegte sich, ob er ihn nicht gegen den Spanier ausspielen könne. Allem Anschein nach war Sforza auf der Suche nach einem neuen Auftraggeber, denn weder der Papst noch Ludwig von Anjou machten Anstalten, ihn in Sold zu nehmen, und er hatte keine Reserven mehr, um seine Truppen zu bezahlen.

Es wäre unklug gewesen, Braccio zu übergehen, denn er war immer noch Großkonnetabel des Königreichs, abgesehen von den übrigen hohen Ehrentiteln, die ihm die Königin verlie-

138 Giovanni Caracciolo, Günstling der Königin Johanna, ermordet 1432

139 Das Kastell von Aquila in den Abruzzen

hen hatte. Caracciolo kam auf den klugen Gedanken, Braccio als Vermittler bei Sforza einzusetzen. Ein Treffen wurde vereinbart, und die beiden Soldaten kamen in Braccios Zelt zusammen, das auf einer Wiese am Rande der Straße nach Umbrien stand.

Braccio konnte es sich leisten, großmütig zu sein. Auf den ersten Blick war er der Erfolgreichere. Er hatte seinen ursprünglichen Ehrgeiz, Herr über Perugia zu werden, befriedigt und innerhalb weniger Jahre seinen Einflußbereich nach vielen Richtungen hin ausgedehnt. Zum jetzigen Zeitpunkt hegte er ohne Zweifel Machtträume auf einer viel höheren Ebene. Wenn auch Sforza Träume hatte, so sind sie schwerer zu erraten. Von niedrigerer Herkunft und ohne Bildung, war er vielleicht überrascht festzustellen, wie weit er es gebracht hatte und daß er sogar in den Ministerrat der Königin von Neapel aufgenommen worden war. Aber reichten seine Ambitionen wirklich nicht weiter? Sicherlich mußte es ihm 1422 zuerst darum gehen, seine Position zu halten. Braccios Beteuerungen, daß er jetzt wieder Persona grata bei der Königin sei und daß Caracciolo viel an seiner Mithilfe läge, eröffneten erfreuliche Perspektiven auf die unmittelbare Zukunft.

Er blieb die Nacht über in Braccios Heerlager und begleitete ihn am nächsten Morgen einige Meilen auf seinem Weg nach Norden. Sie trennten sich in größter Herzlichkeit. Sie sollten sich nie wiedersehen. Sforza ritt zurück. Als er sich in Neapel präsentierte, empfing ihn die Königin mit ihrer ganzen früheren Freundlichkeit.

Die Partner wechselten erneut, als sich die Tänzer für die Figur des Jahres 1423 gruppierten. Alfons hatte sich nicht an die Vereinbarung gehalten, daß er und Ludwig sich von Neapel und dem Regno entfernt halten sollten. Er und seine Katalanen traten sehr deutlich in Erscheinung, und es kam immer wieder zu Reibereien mit den Neapolitanern. Johanna selbst war verärgert und begann es zu bereuen, daß sie Alfons die Nachfolge versprochen hatte. Er nahm sich wirklich zuviel heraus. Noch war sie nicht tot und konnte ihren Entschluß revidieren. Die Beziehungen wurden gespannt. Alfons beschloß, ihr zuvorzukommen.

Im Mai nahm er Caracciolo gefangen, den er ganz richtig als Haupttriebfeder der gegen ihn gerichteten Opposition ansah. Johanna suchte rasch Zuflucht im Castell Capuano. Es war eine gut befestigte Burg, die von dem Normannenkönig Wilhelm dem Bösen errichtet und später von dem unermüdlichen Schlösserbauer Kaiser Friedrich II. weiter verstärkt worden war. Von Alfons' Truppen belagert, sandte die Königin einen dringenden Hilferuf an Sforza. Dieser hatte zwar nur eine beschränkte Anzahl Soldaten zur Verfügung, reagierte aber prompt mit seiner ganzen alten Energie. Er griff die Katalanen von hinten her an und jagte sie in die Flucht, wobei ihm ein Heer von Gefangenen und eine Menge Beutegut in die Hände fielen. Da er jedoch seine eigenen Streitkräfte für nicht ausreichend hielt, überredete er Johanna, Castel Capuano zu verlassen und sich nach Aversa zurückzuziehen. Sie willigte ein, bestand jedoch hartnäckig auf einer Forderung: Ihr Geliebter Caracciolo mußte um jeden Preis aus Alfons' Klauen befreit werden. Um das zu erreichen, war Sforza gezwungen (mit welchem Bedauern, kann man sich vorstellen), sämtliche katalanischen Gefangenen, die ihm eben in die Hände gefallen waren, gegen ihn auszutauschen.

Als die Königin in Aversa wieder etwas Atem geschöpft hatte, klagte sie Alfons öffentlich an und widerrief seine Ernennung zu ihrem präsumtiven Erben. Ludwig von Anjou, der so lange um den Thron gekämpft hatte, erhielt nun ihre Gunst und bekam den Thron bei ihrem Tod versprochen. Er wurde auf der Stelle zum Herzog von Kalabrien ernannt. Um die neue Gruppierung vollständig zu machen, rief Alfons Braccio herbei, so daß sich die beiden Condottieri erneut als Gegner gegenüberstanden.

Braccio befand sich immer noch im Norden und reagierte auf die Aufforderung des Aragoniers mit großer Gelassenheit. Er wollte zuerst seine Rechnung mit der Stadt Aquila begleichen, die mit ihren Sympathien ganz auf der Seite der Anjou stand und die Tore vor ihm verschlossen hatte. Die in den zerklüfteten Abruzzen gelegene Stadt war von Friedrich II. aus strategischen Gründen errichtet worden, und aus den gleichen Gründen konnte es Braccio nicht dulden, daß sie sich in feindlicher Hand befand. War er denn nicht Statthalter der Abruzzen? Aber wer, so argumentierten die Bewohner Aquilas sicher, hatte ihm diese Autorität über sie verliehen? Doch Königin Johanna. Und war er jetzt nicht in verräterischer Weise mit den Feinden dieser Dame verbündet? Sie widersetzten sich ihm. Braccio schlug sein Lager vor der Stadt auf und begann eine Belagerung, die während der ganzen zweiten Hälfte von 1423 und bis in das nächste Jahr hinein andauerte.

Alfons hatte zuerst im Castel Nuovo in Neapel Zuflucht gesucht, bis ihn die Ankunft seiner Flotte aus Sizilien daraus befreite. Sforza scheint sich wegen Alfons keine größeren Sorgen gemacht zu haben. Braccio war der ernsthafte Gegner. Warum sollte er warten, bis Braccio die Belagerung von Aquila satt hatte, oder aber bis er gar diese treue Stadt einnahm und danach triumphierend südwärts ritt, wann es ihm paßte? Weit besser, ihn zu überraschen, mitten im Winter nach Norden zu marschieren und ihn mit einer jener Attacken von hinten zu überfallen, die Sforza eben mit soviel Erfolg vor dem Castel Capuano durchgeführt hatte. Mit diesem Ziel und sicher auch, weil die Jahreszeit die Gebirgsstraßen schwer oder völlig unzugänglich machte, rückte das Heer von der adriatischen Seite an. Aquila liegt auf einem Hügel inmitten des breiten Tals des Aterno, einem Fluß, der in die Pescara fließt, die nahe der gleichnamigen Stadt ins Meer mündet. Aquila selbst liegt 721 m über dem Meeresspiegel, ist jedoch von viel höheren Berggipfeln umgeben, deren gewaltigste zum Massiv des Gran Sasso gehören und bis zu 3000 m erreichen. Für eine Belagerung mitten im Winter hätte sich Braccio keinen ungemütlicheren Platz aussuchen können.

Das neue Jahr 1424 hatte gerade begonnen, als sich Sforza, begleitet von seinem Sohn, der mit seinen zweiundzwanzig Jahren bereits ein erfahrener Krieger war, und von Michele Attendolo, entlang der flachen Küste dem Fluß Pescara näherte. Er hatte vor, den Fluß nahe bei der Mündung zu überqueren und in seinem Tal landeinwärts gegen das etwa 100 km entfernt liegende Aquila zu reiten. Braccio erfuhr von seinem Anrücken und sandte eine Truppe zum Fluß, um die Furt, derer man sich normalerweise bediente, zu versperren. Daraufhin beschloß Sforza, die Überquerung etwas weiter stromabwärts, nahe der Mündung vorzunehmen.

Es war Montag, der 3. Januar, ein Tag, den die Astrologen als ungünstig bezeichneten, aber Sforza wollte nicht bis zum anderen Morgen warten. Ein scharfer Ostwind blies von der See und trieb das Salzwasser gegen die Flußmündung, wo sich beim Zusammenprall mit der Flußströmung alarmierend hohe Wellen bildeten.
Sforza, auf seinem Schlachtroß Scalzanacha, befand sich selbst bei der Vorhut, als sie das Flußufer erreichten. Fünf Reiter stürzten sich ins Wasser und kamen heil ans andere Ufer. Nach ihnen ritt der junge Francesco, begleitet von Michele Attendolo. Sforza folgte mit einer kleinen Truppe Lanzenreiter. Es war ein hartes Stück Arbeit, aber nicht übermäßig gefährlich. Obwohl inzwischen fünfundfünfzig, konnte dem alten Haudegen ein Wellenguß mitten im Januar wenig anhaben.
Braccios Männer warteten auf sie und machten sich zum Angriff bereit. Sforza drehte sich im Sattel um und gab der restlichen Gruppe Zeichen nachzukommen. Aber die Soldaten zögerten eine fatale Minute lang, erschrocken über den gelbbraunen Strudel aus Gischt und

140 Wappen und Bildnis Ludwigs III. von Anjou

Sand. Sforza schrie gegen den Wind, daß keine Gefahr bestünde. Dann ritt er wütend und ungeduldig in den Fluß zurück, um ihnen die Gefahrlosigkeit zu demonstrieren und sie dadurch zum Gehorsam zu bringen. Sein Beispiel hatte den gewünschten Erfolg. Die Truppen stürzten sich in die Fluten. Aber einer der Pagen geriet, vielleicht von plötzlicher Panik ergriffen, in Schwierigkeit, und Sforza beugte sich zu ihm herunter, um ihm die Hand zu reichen. Scalzanacha schwankte, überschlug sich und warf ihn aus dem Sattel. Das Pferd war einen Moment später wieder oben, aber für den schwergepanzerten Condottiere kam jede Hilfe zu spät.
Nun fällt das Licht zum ersten Mal auf Francesco Sforza, der angesichts der historischen Rolle, die ihm später zukam, als der bedeutendste aller Söldnerkapitäne angesehen werden muß.
Francesco sammelte die Soldaten um sich und griff den Feind mit solchem Elan an, daß dieser es bald aufgab, die Flußüberquerung verhindern zu wollen. Aller Wahrscheinlichkeit nach erfuhr Francesco erst jetzt, daß sein Vater tot war, und wie es sich zugetragen hatte. Er stieg in ein Boot, das zufällig am nördlichen Flußufer gefunden worden war, und machte sich damit rasch auf die Suche nach der übrigen Armee, die von großer Trauer über den Tod ihres Anführers ergriffen war. In Francesco erkannten die Soldaten jedoch den würdigen Sohn ihres Feldherrn. Die Promptheit, mit der er das Kommando übernahm, wobei er

seinen eigenen Kummer hintanstellte, und seine Männer aufrichtete, gewann ihm von diesem Augenblick an ihre ganze Zuneigung.

Vielleicht machten die unglücklichen Umstände von Muzios Tod, die bei seinen Soldaten ein Gefühl von Scham und Schuld zurückließen, sie besonders entschlossen, ihren Anführer zu rächen. Es war nichts Ungewöhnliches daran, daß sie durch das Schwarzfärben ihrer Helme und Rüstungen sowie der Schutzpanzer ihrer Pferde ihre Trauer nach außen zur Schau trugen. Solche Bräuche tauchen oft in den Kriegsberichten auf, wenn eine Kompanie ihren populären Feldherrn verloren hatte. Das Bemerkenswerte war, daß Sforzas Truppen nicht nur Vergeltung schworen, sondern sie alsbald auch übten.

Die Truppen hatten nicht gezögert, Francesco den freigewordenen Platz seines Vaters zu übertragen, und diese Wahl wurde von Johanna rasch sanktioniert. Die Königin war tief betrübt über den Verlust des Generals, den sie sehr geschätzt hatte, und der in all den Wechselfällen mehr an ihrer Seite als an der ihrer Feinde gekämpft hatte. Bei ihrer bekannten Schwäche mußte sie von seinem Sohn sehr angetan sein. Francesco besaß die ganze Männlichkeit und alle äußeren Vorzüge seines Vaters, hatte dazu jedoch dank seiner weniger rauhen Kindheit noch Bildung und höfliche Manieren. Papst Pius II. erzählt, daß er mit fast sechzig noch wie ein junger Mann aussah, so groß und aufrecht war er. Man kann sich vorstellen, welches Wohlgefallen er bei Johanna mit zweiundzwanzig erwecken mußte. Sie bestätigte ihn im Besitz seiner väterlichen Ländereien und Burgen und behandelte ihn als den Oberbefehlshaber ihrer Streitkräfte.

Im Frühsommer zog er gegen Braccio, der immer noch Aquila belagerte. Die Einnahme dieser widerspenstigen Stadt war eine Herausforderung, die Braccio nicht ignorieren konnte. Sein Prestige stand nun auf dem Spiel.

Francesco wurde von Michele Attendolo unterstützt. Außerdem standen ihm starke päpstliche Streitkräfte zur Verfügung, angeführt von Jacopo Caldora, einem neapolitanischen Condottiere, den Martin V. in Dienst genommen hatte. Trotz all seiner diplomatischen Freundschaftsbezeigungen in Florenz drei Jahre zuvor, hatte sich der Papst mit Braccios Eroberung von Mittelitalien nie abgefunden, und seine nur mäßig verschleierten Bestrebungen für die Zukunft waren mit Martins eigenem Entschluß, die weltliche Macht der Kirche aufrechtzuerhalten, unvereinbar. Jeder Versuch, den Herrn von Perugia zu entmachten, konnte daher auf die Gebete wie auf die materielle Unterstützung des Heiligen Vaters rechnen. Schließlich gehörten, wie es in jedem italienischen Feldzug dieser Art der Fall war, der Armee noch zahlreiche Landsleute und politische Gegner von Braccio an, jene Raspanti, die er nicht hatte für sich gewinnen können und ins Exil schicken mußte.

Braccio erhielt Nachricht über die ungefähre Stärke der vereinigten Streitkräfte, die gegen ihn marschierten. Er wußte, daß sie zahlenmäßig überlegen waren, doch das schien ihn nicht übermäßig zu beunruhigen. Er hatte seinen toten Rivalen geachtet, aber niemals gefürchtet, und noch viel weniger würde er sich vor dessen Sohn fürchten, einem jungen Mann, der den (wie er glaubte) grundlegend überholten Methoden seines Vaters anhing. Hatte er dem alten Muzio schon früher Niederlagen bereitet, so dürfte Francesco erst recht kein Problem darstellen.

In dieser zuversichtlichen Stimmung beobachtete Braccio von seinem Heerlager, unterhalb von Aquila, das Anrücken der Feinde. Sie kamen von den gegenüberliegenden Bergen herunter, und der Abstieg war so steil, daß sie ihre Pferde am Zügel führen mußten. Es widerstrebte ihm, sie in einer so nachteiligen Position anzugreifen. Mochten sie herunterkommen, damit die Angelegenheit in einem fairen Kampf bereinigt würde. Vielleicht ließen sich die Aquilaner, die von ihren Befestigungen aus den Kampf beobachten konnten, dann endlich dazu bewegen, ihren Widerstand aufzugeben. Er begnügte sich damit, eine Truppe zu entsenden, welche dem Entsatzheer zur gegebenen Zeit den Fluchtweg abschneiden sollte. Dann rief er seine Pagen, ihn zu bewaffnen, ließ sich seinen Helm aufsetzen und ritt in die Schlacht.

141 Francesco Sforza auf einer Miniatur von 1490

IVVS FRAN SPHOR HVIVS IMPERII
PATER ET ASSERTOR BELLI PACISVE ARBITER
AC SEMPER VICTOR·VIXIT·VIVIT·VIVET

Die folgende Auseinandersetzung wies nichts mehr von einem höflichen Geplänkel auf. Möglicherweise hatte Braccio die Verbitterung und Entschlossenheit seiner Gegner unterschätzt. Michele Attendolo befahl seinen Fußsoldaten, die Pferde ihrer Gegner niederzustechen, eine Taktik, die in einigen mittelalterlichen Schlachten durchaus üblich war, die aber von Condottieri nicht angewandt wurde, da man sie als unritterlich und verschwenderisch ansah, denn die erbeuteten Pferde bildeten einen wertvollen Teil des Kriegsgewinns. Die Attendoli dachten jedoch mehr an Vergeltung als an Beute. Eintausend von Braccios Reitern wurden auf diese Weise ihrer Pferde beraubt, und viele von ihnen hatten, einmal am

142 Die Schlacht von Aquila, nach einem Fresko des 16. Jahrhunderts

Boden, keine Chance mehr, sich zu verteidigen. Die angreifenden Streitkräfte machten keine Gefangenen – die Perugianer Emigranten waren von jenem besonderen Blutdurst erfüllt, der in Bürgerkriegen geweckt wird –, und Braccios Männer schlugen mit der gleichen Wildheit zurück. Die Schlacht wütete acht Stunden lang. Die Entscheidung brachte ein Ausfall der Bürger von Aquila, die sich unverbraucht und begierig, endlich die Belagerung zu beenden, in den Kampf stürzten.

Selbst Braccio erkannte, daß der Tag verloren war, und nach dem Blutbad, dem er beigewohnt hatte, wußte er auch die Stimmung seiner Feinde einzuschätzen. Seine einzige Chance, selbst zu überleben, war, zu vermeiden, daß man ihn erkannte. Es muß eine äußerst bittere Entscheidung gewesen sein, als er sich entschloß, seinen glänzenden Helm abzunehmen und von sich zu werfen. Doch diese Geste war vergeblich. In der streitenden Masse gab es viele, die sein Gesicht besser kannten als seinen Helm. Von einem Landsmann aus Perugia stammte die Wunde, an der er später starb.

Obwohl sonst keine Schonung gegeben wurde, hob man den gestürzten Braccio auf, brachte ihn in Sicherheit und behandelte ihn mit der größten Aufmerksamkeit. Jacopo Caldora, der Condottiere des Papstes, schickte ihm die besten Ärzte, die er finden konnte, und die setzten alles daran, ihn von den Wunden zu heilen, die er am Kopf und an der Kehle erhalten hatte. Sie äußerten sich optimistisch über seine Genesung, aber es sieht so aus, als wäre Braccios Lebenswille gebrochen gewesen. Er schleppte sich noch drei Tage dahin, verweigerte jede Nahrung und äußerte kein Wort mehr. Da uns die genaue Art der Halswunde nicht überliefert ist, kommt einem der Gedanke, daß der arme Mann vielleicht gar nicht mehr in der Lage war, sich anders zu verhalten, aber die Überlieferung vom »gebrochenen Herzen« wird allgemein akzeptiert. Nach einer dunklen Vermutung soll Francesco Sforza sein Ende beschleunigt haben, indem er den Arm des Feldschers anstieß, während dieser die Wunde säuberte. Dieses Gerücht wurde von dem aquilanischen Dichter Ciunillo verbreitet, aber es widerspricht so sehr Francescos Charakter, daß es nie sehr viele Anhänger gefunden hat. Wenn wirklich so etwas Schmutziges getan wurde, dann eher von einem erbitterten Perugianer, der persönliche Rachemotive hatte.

Eine andere pittoreske Legende unterstützt die Version vom gebrochenen Herzen und ist dazu verwendet worden, das Ausmaß von Braccios Bestrebungen zu unterstreichen. Bevor er seine Familie verließ, um Aquila zu belagern, soll er seiner Frau eine kleine Truhe übergeben haben mit dem Bemerken, sie bis zu seiner Rückkehr verschlossen aufzubewahren. Sie dürfte sie nur bei der Nachricht von seinem Tod öffnen. Als Nicolina die Truhe aufmachte, fand sie darin zwei Gegenstände; das Szepter, das ihr als Königin zugedacht war, wenn seine Eroberungspläne den gewünschten Erfolg gehabt hätten, und den schwarzen Schleier, den sie als Witwe brauchte, wenn er scheitern würde. Mag auch das nur eine romantische Geschichte sein, die Symbolik von Ruhm oder Tod paßt jedenfalls gut zu Braccios Leben und Charakter.

So verschwanden innerhalb eines Jahres die beiden hervorragendsten Condottieri ihrer Generation. Papst Martins Groll verfolgte Braccio noch bis ins Grab, denn der Pontifex maximus verfügte, daß er in ungeweihter Erde außerhalb von Rom bestattet werden müsse. Perugia unterwarf sich rasch der päpstlichen Autorität. Zwei oder drei Monate später, am 29. Juli, ritt Martin im Triumph in die Stadt ein, die er als sein Eigentum beanspruchte. Zu einem späteren Zeitpunkt fand ein anderer feierlicher Einzug statt, zwar ruhiger und trauriger, aber in gewisser Weise nicht weniger triumphal: Braccios Gebeine waren aus ihrer entehrenden Ruhestätte ausgegraben und in die Stadt zurückgebracht worden, die allem zum Trotz stolz auf ihn war. Keine Glocken läuteten. Die Fenster der Häuser waren verhängt. Schweigend folgte die endlose Prozession der hohen Beamten und Bürger seinen sterblichen Überresten bis zur Kirche von San Francesco al Prato. Als diese Kirche im 19. Jahrhundert baufällig wurde, grub man Braccios Gebeine erneut aus, diesmal, um sie ziemlich pietätlos im Universitätsmuseum auszustellen, wo sich eine flammende lateinische Inschrift an die Besucher wandte: »O Ihr, die Ihr hier vorübergeht, bleibt stehen und weinet. Ich, in Perugia geboren, wurde in Montone als Emigrant aufgenommen. Mars machte mich zum Herrn meiner Heimat Umbrien und auch von Capua. Rom gehorchte mir, die Welt war mein Publikum, Italien meine Bühne. Aber Aquila bedeutete meinen Untergang, weshalb mein trauerndes Land mich in diese kleine Urne schloß. Hélas, *Mars* brachte mich hoch, *Mors* stürzte mich hinunter. So ziehet nun eures Weges.«

Doch nicht in Kirchen oder Museen wurde die Erinnerung an Braccio und Sforza wach gehalten, sondern eher an zahllosen Lagerfeuern und in Soldatentavernen, wo während der nächsten Generationen ihre Schlachten nachgefochten, ihre Taktiken kritisiert und ihre legendäre Tapferkeit jedesmal von neuem wieder aufgebauscht wurden. Die Überlebenden von Braccios Kompanie schlossen sich zuerst hauptsächlich seinem kleinen, aber furchterregenden Unteroffizier Niccolò Piccinino an. Er sorgte dafür, daß sein Herr und Landsmann nicht vergessen wurde. Francesco blieb der natürliche wie eingesetzte Erbe Sforzas und daher Führer der Sforzeschi. Königin Johanna selbst forderte ihn und seine jüngeren

Brüder auf, den Spitznamen Sforza zum immerwährenden Andenken an ihren Vater beizubehalten.
Trotz der Gunstbezeugungen, die ihm in Neapel widerfuhren, hielt es den jungen Mann nicht sehr lange dort. Er hatte die Aufmerksamkeit eines Mailänder Admirals, der im Dienst der Königin stand, auf sich gezogen. Dieser Mann empfahl ihn Filippo Maria

143 Filippo Maria Visconti, Relief von Benedetto Briosco, 1497

Visconti, dem jüngeren Sohn von Giangaleazzo und zu dem Zeitpunkt Herzog von Mailand. Ein paar Monate nach seinem Sieg über Braccio bei Aquila begann Francesco Sforzas Beziehung zu dem großen Herzogtum im Norden, eine Beziehung, die mit einem bescheidenen Kommando über fünfzehnhundert Reiter und dreihundert Fußsoldaten anfing und erst endete, als er Herr über den ganzen Staat war.
Doch bevor diese Geschichte erzählt werden kann. müssen wir zwanzig und mehr Jahre zurückgehen, um zu sehen, was sich inzwischen in Mailand ereignet hat.

Carmagnola

Die zehn Jahre zwischen 1402 und 1412, die Giovanni Maria Viscontis Tyrannei in Mailand dauerte, boten skrupellosen Abenteurern wie Facino Cane vielerlei Möglichkeiten, konnten aber Feldherren vom Format Hawkwoods oder dal Vermes nur wenig verlocken.
Tatsächlich kann man von Giovanni Maria kaum behaupten, daß er regiert habe. Dazu hatte er wenig Begabung und noch weniger Neigung. Solange er seine Machtentfaltung und die Befriedigung seiner sadistischen Triebe genießen konnte, scherte er sich nicht darum, daß die großen politischen Ziele seines Vaters verraten wurden.
Giangaleazzos Wille wurde rasch mißachtet. Zwei von Bernabòs Söhnen, Carlo und Ettore, kehrten aus ihrem langen Exil zurück und machten den Versuch, die Macht zurückzuerobern, die ihr Familienzweig siebzehn Jahre zuvor verloren hatte. Caterina, die Witwe des verstorbenen Herzogs, ihre Schwester beziehungsweise Halbschwester, wurde zusammen mit ihrem Liebhaber, Barbavara, überwältigt. Sie starb 1404, dem Gerücht nach »von ihrem Sohn vergiftet«. Giovanni wäre zwar zu dieser Schandtat durchaus fähig gewesen, aber er verübte schließlich nicht alle Verbrechen, zu denen er die Fähigkeit besessen hätte. Zu diesem Zeitpunkt hatte sich der bereits vorher uneinige Regentschaftsrat ganz aufgelöst. Carlo und Ettore erwiesen sich bei all ihrer Kühnheit – vor allem Ettore, einer von Bernabòs Bastarden, wurde als »ein Mann ohne Furcht« beschrieben – als unfähig, ihren Sieg zu festigen und eine wirksame Regierung zu bilden. Sie wurden vertrieben, kehrten jedoch wieder zurück. Eine Zeitlang war das Herzogtum die Arena für eine allgemeine blutige Auseinandersetzung, bei der die Condottieri an sich rissen, was immer sie konnten, und jede Autorität anerkannten, die ihnen paßte, oder aber gar keine.
In einem so brodelnden Kessel mußte der Abschaum nach oben steigen. Damit ist nicht zuletzt auch Facino Cane gemeint, der unter all den miteinander wetteifernden Condottieri den neuen Herzog am stärksten beherrschte. Giovannis Kaprizen sind legendär. Er war berüchtigt dafür, daß er sich um Mitternacht in den nächtlichen Straßen seiner Hauptstadt mit der Jagd auf Menschen verlustierte, zu der er mit seinem Jäger, Squarcia Giramo, und einer Meute ausgehungerter Hunde aufbrach, um die Bürger zu hetzen, die unvorsichtigerweise so spät noch unterwegs waren. Als ihn 1409 die Menge mit einem klagenden »pace! pace!«, »Frieden! Frieden!« begrüßte, ließ er seine Söldner auf sie einschlagen, wobei zweihundert Menschen getötet wurden. Danach verbot er bei Todesstrafe, die Wörter *pace* und *guerra* (Krieg) in den Mund zu nehmen. Sogar die Priester am Altar sollten *dona nobis tranquillitatem*, statt *dona nobis pacem* beten. Selbst wenn man die abscheulichsten Geschichten beiseite läßt, besteht kein Zweifel an der ausschweifenden, perversen Willkür des Herzogs. Während er sich seinen verworfenen Vergnügungen hingab, wurde er von Facino Cane beschützt, der sich dabei in aller Ruhe sein eigenes Nest polsterte.
Cane, der selbst Piemontese war, wählte sich einen jungen Mann aus dieser Gegend, von dem er fand, daß er das Zeug zu einem Condottiere habe: einen gewissen Francesco Bussone. Dieser Schafhirtensohn mit frischen Backen, kastanienbraunem Haar und nicht ohne Charme, stammte aus einem Dorf südlich von Turin, Carmagnola, unter dessen Namen er in die Geschichte eingegangen ist. Er war tapfer, begabt und ehrgeizig. Cane charakterisierte ihn mit den wenigen Worten: »Er gehört zu denen, die, wenn sie erst einmal ein paar Ehren gekostet haben, unersättlich werden. Er hat mehr Ehrgeiz, als je ein Bauer vor ihm gehabt hat.« Cane hielt ihn für die erste Zeit im Hintergrund, da er sich keinen gefährlichen Rivalen heranzüchten wollte. Carmagnola konnte es sich leisten zu warten. Er war 1390 geboren und erst zweiundzwanzig Jahre alt, als seine große Chance kam.

In jenem Jahr, 1412, schien Canes Position völlig gefestigt. Der Herzog stellte keinerlei Problem dar. Sein jüngerer Bruder, Filippo Maria, war praktisch ein Gefangener in Canes Hand. Dieser nervöse, zwanzigjährige junge Mann, der sehr abergläubisch war und sich vor der Dunkelheit, dem Donner und einer Menge anderer Dinge fürchtete, wurde im Kastell von Pavia gefangengehalten, wo sein Vater und sein Großvater so viele glückliche Stunden verbracht hatten. Es schien für ihn keinen Weg daraus zu geben, es sei denn, seinem perversen Bruder käme der Einfall, ihn umzubringen.

Doch plötzlich änderte sich die Situation. Cane erkrankte während einer Belagerung von Brescia und wurde nach Pavia gebracht. Diesen Augenblick wählte eine Gruppe Mailänder Adeliger, um sich ihres verhaßten Herzogs zu entledigen. Vielleicht handelte es sich dabei um eine reine Koinzidenz der Ereignisse, vielleicht aber fühlten sich die Verschwörer durch die Nachricht ermutigt, daß der Oberbefehlshaber vorübergehend außer Gefecht gesetzt sei. Giovanni wurde jedenfalls mit zahlreichen Dolchstößen in der Kirche San Gottardo niedergemacht. Sein Leichnam lag verlassen in seinem Blute bis (nach einer Geschichte, die das Klischee von der Hure mit dem goldenen Herzen einführt) eine Dirne in seine Nähe kroch und rote Rosen auf ihn streute. Die Nachricht von der Ermordung wurde postwendend in das nur ein oder zwei Pferdestunden von Mailand entfernt liegende Pavia gebracht. Cane richtete sich von seinem Sterbelager auf und bat seine Offiziere, Filippo Maria als dem rechtmäßigen Erben die Treue zu schwören. Er muß gewußt haben, daß seine eigenen Stunden

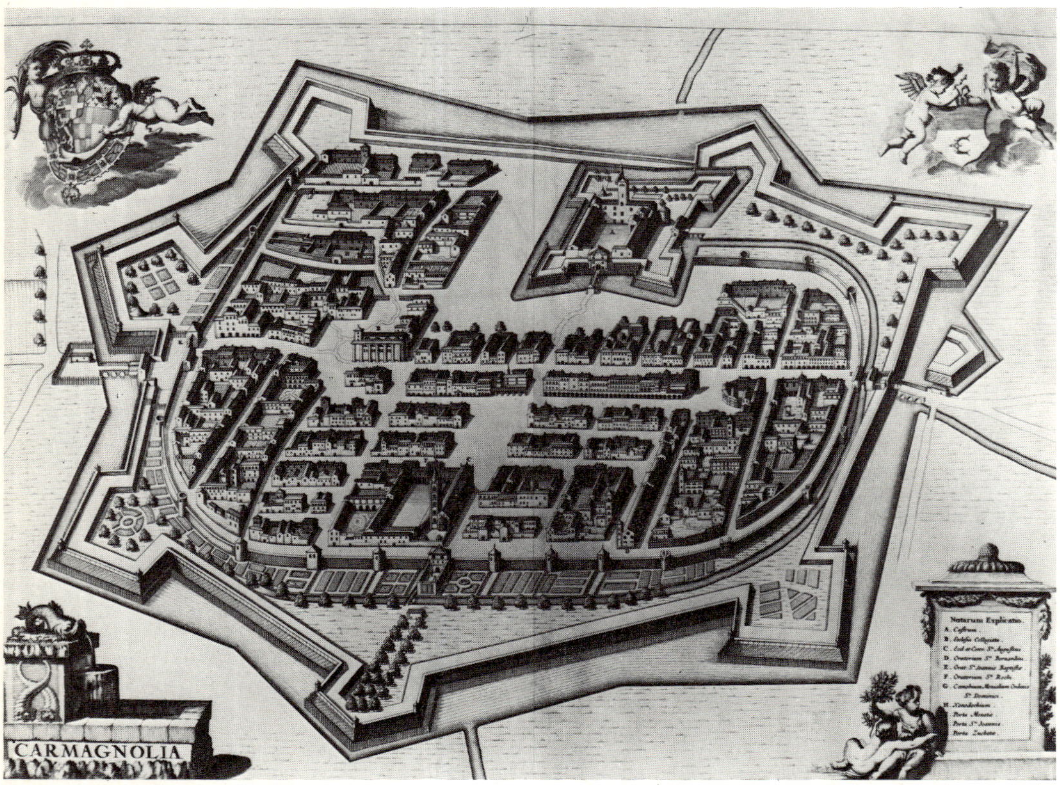

144 Ansicht von Carmagnola, Geburtsort von Francesco Bussone

gezählt waren, denn er riet seiner Frau, Beatrice di Tenda, wieder zu heiraten und den neuen Herzog zum Gemahl zu nehmen.

Auf den ersten Blick mochte diese Verbindung seltsam erscheinen, denn Beatrice war doppelt so alt wie Filippo, aber bei näherer Überlegung stellte sich das Projekt als für alle Beteiligten vorteilhaft heraus. Der Erzbischof von Mailand drängte den jungen Visconti anzunehmen. Damit würde er sich die Loyalität von Facino Canes Truppen sichern, zusammen mit all den Ländereien, die sie besetzt hielten, und dem großen Privatvermögen, das ihr

145 Francesco Bussone

verstorbener Heerführer angesammelt hatte und das sich auf fast 500000 Gulden belief. Beatrice ihrerseits konnte niemals hoffen, dieses Erbe für sich zu erhalten, nicht einmal das Geld, von der Macht ganz zu schweigen, so daß ihre beste Möglichkeit, in seinen Genuß zu kommen, wenn auch nur indirekt, darin bestand, es dem neuen Herzog als willkommene Mitgift einzubringen.

Da Filippo alles andere als ein Soldat war, benötigten seine Truppen sofort einen neuen Heerführer. Carmagnola hatte immer Canes Gunst genossen, und es ist gut möglich, daß auch sein Name in den letzten Ratschlägen des sterbenden Condottiere auftauchte. Jedenfalls stieg Carmagnola von diesem Augenblick an immer höher im Dienste Mailands. Er und der Herzog waren fast gleichaltrig, und Filippo genoß es, der Bevormundung eines alten Schurken wie Cane zu entgehen und mit einem jungen Mann seiner Generation zu tun zu haben.

Filippo handelte mit erstaunlicher, ja geradezu verdächtiger Promptheit, wenn man die unbarmherzige Art und Weise bedenkt, mit der die Familie Visconti für gewöhnlich die Geschicke ihrer nächsten Verwandten regelte. Am 16. Mai, demselben Tag, an dem Giovanni ermordet wurde und Facino Cane starb, schritt Filippo zur Tat. Wie sein Vater, der in ähnlicher Weise Jahre seiner Jugend unbeachtet in Pavia verbringen mußte, hatte sich auch Filippo ohne Zweifel oft ausgemalt, wie es wäre, wenn eines Tages eine große Wendung einträte. Aber während Giangaleazzo gezwungen war, geduldig auf seine Zeit zu warten, reagierte Filippo ohne zu zögern auf eine Situation, die ihn eigentlich hätte völlig überraschen müssen. Aber hat sie das wirklich? Sicher, er belohnte die rosenstreuende Prostituierte mit übergroßer Freigebigkeit und bestrafte die Mörder mit ebenso großer Härte, aber solche Gesten waren genauso konventionell wie die Trauergewohnheiten. Sie beweisen keineswegs, daß er nicht wußte, was im Gange war, oder daß er Bedauern darüber empfand, von jetzt ab Herzog und sein eigener Herr zu sein.

Als er sicher war, daß ihn Carmagnola und die übrigen Söldner Canes unterstützten, marschierte er auf Mailand. Ettore Visconti versuchte, ihm den Eintritt in die Stadt zu verwehren. Filippo hatte jedoch den Beistand von Vincenzo Marliano, Kastellan der Porta Giovia, jener enormen Festung aus rotem Ziegel, die Filippos Lieblingsresidenz werden sollte, seine Fliehburg. Marliano verwehrte nicht nur Ettore den Zutritt, sondern er benützte seine Autorität auch, um die Bürger zu sammeln und andere Teile der Stadt zu besetzen. Einige Tage lang herrschten verworrene Kämpfe. Dann wurden Ettore und seine Anhänger verjagt, und Filippo hielt seinen triumphalen Einzug unter den Willkommensrufen einer Bevölkerung, die auf bessere Zeiten hoffte und die wenigstens die eine Gewißheit besaß, daß Filippo nicht schlimmer sein konnte als sein Bruder.

Ettore zog sich nur bis in die alte Stadt Monza zurück, kaum fünfzehn Kilometer nordöstlich von Mailand gelegen. Carmagnola wurde zu seiner Verfolgung entsandt. Es kam zu einem heftigen Kampf, bei dem Ettore den kürzeren zog. Trotz seiner Furchtlosigkeit wandte er sich zur Flucht, aber Carmagnolas Männer schlugen ihn nieder, und er verblutete. Seine Schwester Valentina hielt in Monza weiterhin aus, aber sie war so klug zu wissen, daß Ettores Tod Bernabòs Nachkommen ihres fähigsten Führers beraubt hatte. Sie ergab sich unter Bedingungen, die ihr und den restlichen Überlebenden des Familienzweigs akzeptable Garantien zusicherten.

Diese Ereignisse zu Beginn seiner Regentschaft überzeugten Filippo davon, daß Carmagnola der Mann für ihn sei. Unter all den Erfolgsnachrichten, die er erhielt, war die Tötung seines Vetters – soviel endgültiger als eine Gefangennahme mit all ihren nachfolgenden Scherereien – keineswegs die unangenehmste. Er ließ Carmagnola freie Hand, und der junge Condottiere zeigte schon bald, was er konnte.

Stadt für Stadt, Schloß für Schloß, baute er die herzogliche Autorität wieder auf, wie sie zur Zeit Giangaleazzos bestanden hatte. Stieß er bei einer Festung auf Widerstand, ließ er sie schleifen. Erbitterte Feinde, die von ihm besiegt wurden, begegneten keinerlei Ritterlichkeit, sondern wurden aufs Grausamste bestraft, um andere für die Zukunft abzuschrecken. Als er Lodi nach einem Überraschungsangriff einnahm, stellte er den Herrn dieser Stadt in einem Eisenkäfig öffentlich zur Schau, eine Marter, aus welcher der Unglückliche erst durch das offizielle Todesurteil des Herzogs befreit wurde. Bei anderer Gelegenheit mußte Carmagnola die Adda im Dezember mit Brückenschiffen überqueren, da seine Feinde die Steinbrücke zerstört hatten. Ein feindlicher Soldat schwamm unter Wasser und versuchte, die Ketten, welche die Boote zusammenhielten, durchzufeilen. Carmagnolas aufmerksame Wachtposten entdeckten den Mann und fingen ihn in einem Netz. Der Condottiere belohnte seinen Mut, indem er ihn, nackt wie er war, auf dem Mittelpfeiler der alten Brücke aussetzte. Als Filippo degli Arcelli ihm von den Mauern von Piacenza herunter Widerstand leistete, ergriff Carmagnola Sohn und Bruder seines Gegners und ließ sie vor seinen Augen pfählen. Gnade war nicht die Mailänder Art. Herzog und General waren einander ebenbürtig.

Filippo versäumte es nicht, seine Anerkennung zum Ausdruck zu bringen. Er ernannte seinen jungen Feldherrn zum Grafen von Castelnuovo di Scrivia und setzte ihn mit einer prunkvollen Zeremonie im Mailänder Dom in sein Amt ein. Carmagnola durfte das Visconti-Wappen führen, jenes schreckliche, wenn auch nicht unpassende Emblem einer Schlange, die einen Mann verschlingt. Filippo gestattete ihm auch, die schöne Antonia Visconti zu heiraten, die wahrscheinlich seine Halbschwester aus einer der spärlichen Liebesaffären Giangaleazzos war. Der neue »Graf von Carmagnola«, wie er für gewöhnlich genannt wurde, richtete sich in einem prächtigen Palais häuslich ein, dem Broletto Nuovo, das selbst in einer so wohlhabenden Stadt wie Mailand auffiel. Dort kamen seine Kinder zur Welt in ebenso rascher und regelmäßigen Aufeinanderfolge wie die militärischen Siege der vorausgegangenen Jahre. Aber es waren alles Mädchen – Antonia, Margherita, Isabella, Luchina... Dem geadelten Bauern fehlte nur noch ein Sohn, dem er seinen Titel vererben konnte.

Um die Wahrheit zu sagen, es fehlte ihm auch noch etwas anderes: das wirkliche Vertrauen des Herzogs. Das Verhältnis zwischen den beiden Männern hatte nichts, was der lebenslangen Beziehung zwischen Giangaleazzo und Jacopo dal Verme vergleichbar gewesen wäre. Filippo traute niemandem, am wenigsten einem Condottiere. Bisher hielt er Carmagnola noch für unentbehrlich, aber das war keine Garantie für die Zukunft. Er wollte um jeden Preis vermeiden, daß noch einmal jemand eine solche Vormachtstellung einnahm, wie sie Facino Cane innegehabt hatte.

Filippo hatte die aufgezwungene Gefangenschaft in Pavia gegen die freiwillige Einschließung in der Porta Giovia in Mailand getauscht. Es scheint, daß er zu tiefst an seiner äußeren Erscheinung litt – er war immer häßlich gewesen und wurde später auch noch korpulent –, denn er wollte sich nie porträtieren lassen. Aber seine extreme Abneigung, sich in der Öffentlichkeit zu zeigen, seine Weigerung sogar, bei einer bestimmten Gelegenheit sein Haus zu verlassen, um Kaiser Sigismund zu begrüßen, das war ausgesprochen neurotisch. Filippos besondere und bestimmt nicht ganz unbegründete Furcht vor Mördern muß durch eine allgemeine Platzangst noch intensiviert worden sein. Selbst wenn er den Schutz seiner Festung verließ, um in eines seiner Landschlösser zu ziehen, reiste er nicht auf der Straße, sondern kroch in einer stark befestigten Staatsbarke durch die grüne lombardische Ebene auf Kanälen, die eigens dafür gegraben worden waren.

Seine Besucher, auch Carmagnola, mußten sich in Rede und Benehmen ungemein vorsehen. Niemals konnten sie zum Beispiel einen Blick aus dem Fenster werfen, ohne daß der Herzog, der in ständiger Angst vor Verschwörern lebte, annahm, das sei sein verabredetes Signal für draußen wartende Verbündete. Filippo war imstande, mehrmals im Laufe einer Nacht sein Zimmer zu wechseln. Er schlief schlecht, und dieses nächtliche Hin und Her störte weniger ihn als seine Leibwächter. Er unterwarf jeden immer wieder neuen Kontrollen. Carmagnola bildete keine Ausnahme. Er wußte, wie gefährlich es war, irgend etwas vor seinem Herrn zu verbergen. Als ein Meister der Verwaltung stattete Filippo seinen Nachrichtendienst

vorrangig aus. Obwohl er selbst höchst selten Porta Giovia verließ, besaß er eine unangenehm genaue Kenntnis von allem, was sich im Umkreis von hundert Kilometern ereignete. Carmagnola verfügte über viel Mut, und den brauchte er auch, um in so trüben Wassern zu fischen. Er besaß auch die Zähigkeit, die Schlagfertigkeit und den Geiz der Bauern, zusammen mit der Verschlagenheit der kleinen Händler. Gerade ohne diese letzte Eigenschaft hätte er sich bei einem solchen Vorgesetzten gar nicht behaupten können.
Er wußte, was ihn erwartete, wenn er eines Tages aufhörte, nützlich zu sein. Was war mit Beatrice di Tenda geschehen, nachdem sich Filippo die Truppen und Schätze ihres ersten Gatten gesichert hatte? Ein paar Jahre später wurde die mittlerweile überflüssig gewordene Herzogin des Ehebruchs mit einem hübschen Pagen, Michele Orombello, angeklagt. Das Beweismaterial war mehr als zweifelhaft. Beatrice galt als Musikliebhaberin, und der Page

146 Beatrice di Tenda, Witwe des Facino Cane und erste Frau von Filippo Maria Visconti, Relief von Benedetto Briosco, 1490

hatte versucht, ihre traurige Existenz durch sein Lautenspiel ein wenig aufzuhellen. Dabei war er allerdings so unvorsichtig gewesen, sich auf ihre Bettkante zu setzen. Obwohl des Herzogs Heirat eine rein formelle Angelegenheit gewesen zu sein scheint, konnten solche Vertraulichkeiten nicht geduldet werden. Das unselige Paar wurde der Folter unterworfen. Beatrice beteuerte ihre Unschuld. Der junge Mann brach zusammen und gab das gewünschte Geständnis, das sie auch weiterhin heftig bestritt. Sie wurde enthauptet, Orombello ebenfalls hingerichtet, und, damit das Maß voll werde, auch noch zwei der Kammerfrauen, die angeblich mehr wußten, als es der Würde des Herzogs zuträglich war. Wenn eine Herzogin so behandelt wurde, dann konnte sich Carmagnola keine Illusionen darüber machen, was einen in Ungnade gefallenen General erwartete. Doch soweit sind wir noch nicht.
Während der ersten zehn Jahre der langen Regierungszeit Filippos stieg der Graf stetig in seiner Gunst.
Er schlug die Revolten nieder, wo immer sie sich erhoben, stellte Einheit und Autorität im Herzogtum wieder her und sicherte die Grenzen gegen die Feinde von außen, die ihren Nutzen aus der vergangenen Schwäche Mailands gezogen und auf Viscontis Territorium übergegriffen hatten.
Seit dem Tod von Giangaleazzo versuchten die Schweizer immer wieder, ihre Position in den

zur Lombardei abfallenden Alpentälern zu festigen. Es kam nicht nur zu Grenzverletzungen, sondern auch zu Streitigkeiten über Zölle und Abgaben. Der St. Gotthard-Paß war die lebenswichtige Verkehrsader des Mailänder Handels mit dem Europa nördlich der Alpen. Jeder Versuch, die Route abzuschneiden, mußte als ernste Bedrohung aufgefaßt werden. Bei verschiedenen Gelegenheiten ging Carmagnola ohne entscheidendes Ergebnis gegen eindringende Streitkräfte aus den benachbarten Schweizer Kantonen vor, aber erst 1422 stieß er mit ihnen in einer regelrechten Schlacht zusammen.

147 Schlacht von Arbedo am 30. Juni 1422

Dieses Treffen fand am 30. Juni in Arbedo, in der Nähe von Bellinzona, statt. Jede Armee zählte einige tausend Männer. Die Mailänder waren zahlenmäßig überlegen, obwohl die genauen Ziffern wie gewöhnlich nicht bekannt sind. Carmagnola teilte das Kommando mit einem anderen herzoglichen Condottiere, Angelo della Pergola. Ihre Truppen setzten sich hauptsächlich aus berittenen Lanzenträgern und Armbrustern zusammen. Auf der Gegenseite standen die Männer von vier Schweizer Kantonen. Es waren jene typischen derben Fußsoldaten, deren Unerschrockenheit in ihren Glanzzeiten so oft die gegen sie eingesetzten Reiterkolonnen zerschlugen. In Arbedo führte nur ungefähr ein Drittel von ihnen den Langspieß. Doppelt so viele gebrauchten die knapp einen Meter achtzig lange Hellebarde, deren mörderische Spitze mit einer Streitaxt kombiniert war.

Carmagnola hatte nie zuvor mit einem solchen Feind zu tun gehabt. Diese unabhängigen Gebirgler waren so ganz anders als die Söldnersoldaten. Ihre Kampftechnik hatte ebenfalls nichts zu tun mit den Kavallerieattacken, mit denen in der lombardischen Ebene die meisten Schlachten entschieden wurden.

Der Condottiere machte gleich zu Anfang einen kostspieligen Fehler, als er eine solche Attacke befahl. In wenigen Augenblicken verlor er dabei vierhundert Pferde, die von den unerschütterlichen Pikenspitzen der Schweizer aufgespießt wurden. Er beging diesen Fehler nicht noch einmal, sondern ließ alle seine Reiter absteigen und eng beieinanderstehende Gruppen bilden, deren Lanzen in der besten Hawkwoodschen Tradition ausgerichtet waren. Die Armbrustschützen wurden an den beiden Flügeln aufgestellt. Dann gab er erneut das Signal zum Angriff.

Nun kämpften beide Seiten in ziemlich ähnlicher Weise. Es standen Lanze und Schwert gegen Pike und Hellebarde. Dazu kamen die Bolzen der Armbrustschützen, die in den hintersten Reihen der Schweizer ihre Tribute forderten. Im übrigen waren die Schweizer in der Minderzahl, und das bloße Gewicht der italienischen Massen begann ihre Frontlinie aufzureißen. Einer der Schweizer Anführer geriet so in Panik, daß er seine Hellebarde in den Boden pflanzte als Zeichen der Ergebung. Pergola sah das Signal und wollte annehmen, aber Carmagnola weigerte sich. Er konnte den Anblick seiner unter den Schweizer Piken zusammenbrechenden Reiter nicht vergessen. Nein, schrie er, Männer, die keine Schonung gewährten, verdienten auch selbst kein Mitleid.

In diesem Augenblick jedoch machte er seinen zweiten Fehler. Als er einen Blick auf den Flügel warf, sah er etwas, was er für die Vorhut einer anderen Schweizer Armee hielt, von der bekannt war, daß sie in der Nähe sein mußte. Aus Angst, daß im Augenblick des Sieges seine Männer von der Woge eines massiven Gegenangriffs erfaßt und überrollt würden, tat er das einzig Vernünftige: Er ließ seine Truppen einhalten, so daß sich die Linien neu bilden konnten. Dann, als er sich selbst bereit machte, dem Anprall zu begegnen, entdeckte er seinen Irrtum. Das war keine zweite Streitmacht, sondern nur ein Haufen Schweizer Furageure, einige hundert an der Zahl, die dem Schlachten zuschauten, ohne die geringste Neigung zu zeigen, daran teilzunehmen. Dieses kurze Zögern kostete aber Carmagnola den vollen Triumph, den er hätte erringen können. Die Schweizer hatten dadurch Zeit gefunden, sich geordnet zurückzuziehen. Sie waren jedoch schlecht davongekommen. Sie gaben den Verlust von vierhundert Mann zu, und wahrscheinlich waren es weit mehr. Allerdings zählten die Mailänder noch größere Verluste durch die überflüssige Reiterattacke. Beide Seiten lernten aus dieser Begegnung. Die Schweizer erkannten, daß die Pike eine bessere

Waffe als die Hellebarde war, und nahmen sie in Zukunft mehr in Gebrauch. Obwohl Carmagnola seine Chance verpaßt hatte, sie in die Flucht zu schlagen, konnte er einen entscheidenden Sieg für sich verbuchen, einen der ganz wenigen, die in den italienischen Kriegen über Schweizer Infanterie errungen wurden.

Der Sieg von Arbedo bezeichnete den Höhepunkt seiner Karriere im Dienst von Mailand. Carmagnolas Erfolg übte auf den Herzog auch eine negative Wirkung aus. Seine Beliebtheit bei den Soldaten wurde beunruhigend. Eifersüchtige Höflinge, wie Zanino Riccio und Oldrado da Lampugnano, nutzten Filippos mißtrauisches Naturell für ihre Zwecke. Sie bedienten sich geschickt der Astrologen, auf deren verschwommenen Rat der Herzog so viel gab. Agenten des Sicherheitsdienstes berichteten über alles, was Carmagnola tat. Selbst wenn er so aufrichtig und treu wie dal Verme gewesen wäre, hätten ihre Nachforschungen bestimmt einen Grund zur Verdächtigung ergeben. Da Carmagnola aber war, wie er nun einmal war, dürften sie genügend Belastungsmaterial zu Tage gefördert haben, um des Herzogs Befürchtungen zu bestätigen. Zum Beispiel hatte man ihm als besondere Gunst, die den Beschluß des Großen Rats von Venedig erforderte, gestattet, einiges von seinem jüngst erworbenen Reichtum in venezianischen Schatzanweisungen anzulegen. Das war ein Privileg, das nur selten Fremden gewährt wurde, und sofort argwöhnte Filippo, daß sein General sich gegen eine Wende des Glücks absichern wollte.

Alles deutete darauf hin, daß Venedig Mailands Hauptgegner in der nächsten Zukunft würde. Die Serenissima hatte einen Wendepunkt in ihrer Politik erreicht. Jahrhundertelang war ihr Blick nach Osten gerichtet gewesen, da sie als große Seemacht ihre Reichtümer aus der Levante und dem weiten asiatischen Kontinent bezog. Sicher und isoliert inmitten der Sümpfe und Lagunen gelegen, die ursprünglich der Grund für seine Entstehung gewesen waren, hatte sich Venedig meist aus den Streitigkeiten der italienischen Halbinsel herausgehalten. Erst die vorhergehende Generation hatte begonnen, die Mailänder Expansion mit ernsthafter Besorgnis zu betrachten und sich in die Kämpfe um die Herrschaft einiger dazwischenliegender Staaten wie Verona einzumischen. Nun drängte eine mächtige Gruppe nach vorn, die »Festländer«, die sich dafür stark machten, daß die Republik in Zukunft ihre Interessen mit Nachdruck auf italienischem Boden vertreten und den Einfluß Mailands blockieren müsse, der unter Herzog Filippo wieder zugenommen hatte. Es sei schön und gut, daß die großen Handelsschiffe die Reichtümer des Orients die Adria herauf an die Landungsbrücken von Venedig brächten, aber wie sollten diese Waren auf dem Landweg nach Frankreich und Deutschland weitertransportiert werden, wenn Mailand sämtliche Alpenpässe kontrollierte? Als im gleichen Jahr von Carmagnolas Sieg über die Schweizer die Mailänder sich wieder Genuas bemächtigten, des einzigen Meereshafens, der es ernsthaft mit Venedig aufnehmen konnte, machten sich am Rialto schlimme Befürchtungen breit. Geeigneterweise fiel diese Entwicklung mit einem Dogenwechsel zusammen: Im folgenden Jahr, 1423, starb der Doge Tomaso Mocenigo, der bis zum Schluß an der traditionellen ostwärtsgerichteten Politik festgehalten und bis zum letzten Atemzug die Wahl eines »Festländers« zu verhindern gesucht hatte, der den Staat in militärische Abenteuer stürzen würde, von denen kein Mensch wissen konnte, wie sie ausgingen. Doch Mocenigos Bemühungen blieben vergeblich. Francesco Foscari, der führende Exponent der neuen Linie, war ein überzeugender Redner und ein gerissener Politiker. Beim zehnten Wahldurchgang gewann er die genügend große Stimmenzahl, um Doge zu werden. Niemand konnte vorhersehen, daß dieser bereits über fünfzigjährige Mann jenes Amt während der nächsten vierunddreißig Jahre innehaben würde, in denen auf eine Periode des Triumphs eine unglückliche Epoche mit drei kostspieligen Kriegen gegen Mailand und der Reduzierung des venezianischen Schatzes um zwei Drittel folgte.

Damit trat der Umschwung in der Politik Venedigs ein, das es zu einer bedeutenden Festlandsmacht und zum ersten Mal zu einem wichtigen Auftraggeber für Condottieri machte. Es war ganz natürlich, daß Carmagnola einen Blick in diese Richtung warf.

Im übrigen gab es zu diesem Zeitpunkt auch hinsichtlich seiner eigenen Situation Veränderungen. Filippo ernannte ihn zum Statthalter des kürzlich zurückeroberten Hafens von Genua. Das war zwar eine Ehre, aber eine von jenen, die mit Skepsis betrachtet werden müssen. Es war ein Amt, das Profit brachte, aber keinerlei militärischen Einfluß. Obwohl Carmagnola offiziell *capitano generale* der Mailänder Streitkräfte blieb, wurde die Zahl der tatsächlich seinem Kommando Unterstehenden auf symbolische dreihundert Reiter reduziert. Wie wenig wohl er sich dabei auch gefühlt haben mag, im Moment hatte er keine andere Wahl. Er ließ Antonia und ihre kleinen Töchter in seinem prächtigen Mailänder Palazzo zurück und machte sich gehorsam und mit gebührendem Eifer an die Verwaltung Genuas. Eine der ihm anvertrauten Aufgaben bestand in der Aufrüstung einer neuen Flotte, was allein schon darauf hinwies, daß Filippo sich mit Venedig auf dem Meer messen wollte. Der Herzog hatte offensichtlich das Gefühl, Carmagnola jetzt in eine Position manövriert zu haben, in der er relativ harmlos war. So konnte er den nächsten Schritt tun. Ohne Vorwarnung sandte er ihm eine Verfügung, die ihn seines Postens als Oberbefehlshaber enthob und einen anderen Mann an die Spitze der neuen Flotte stellte.

Trotz all seiner Gerissenheit scheint Carmagnola diesmal überrascht worden zu sein. Er protestierte schriftlich gegen die Verfügung. Sein Brief wurde ignoriert. Er schrieb ein zweites Mal: Wenn der Herzog keine Verwendung mehr für ihn habe, würde er ihm dann wenigstens gestatten, sein Schwert anderswo anzubieten? Wieder keine Antwort.

Es spricht sehr für Carmagnolas Mut und Selbstvertrauen, daß er nun beschloß, seinem Herrn persönlich gegenüberzutreten, ohne erst formell um eine Audienz nachzusuchen, die ihm sicher nicht gewährt werden würde. Zum Glück hatte der Herzog vorübergehend seine Festung verlassen und sich auf eines seiner Landschlösser, Abbiategrasso, etwa zwanzig Kilometer westlich von Mailand, begeben. Das verringerte das Risiko etwas. Mit einer kleinen Gruppe seiner zuverlässigsten Soldaten verließ Carmagnola heimlich Genua und ritt so rasch er konnte gen Norden. Er erreichte unangekündigt Abbiategrasso und verlangte den Herzog zu sprechen. Nach langem Warten erhielt er die Antwort, Seine Hoheit sei indisponiert. Ob der Graf vielleicht sein Anliegen bei Zanino Riccio vorbringen möchte? Aber gerade das wollte der Graf nicht, da er die Rolle des Höflings bei der Intrige gegen ihn genau durchschaute. Er wiederholte seine Bitte um Audienz, die ebenso hartnäckig abgelehnt wurde. Man erzählt, daß Carmagnola, als er kehrtmachte und den Hof überquerte, zufällig den Blick nach oben richtete und sah, wie sich Filippo hinter den Mauerzinnen verbarg. Wütend habe er hinaufgerufen, daß er diesen Tag noch bereuen werde.

Der Fehdehandschuh war geworfen. Filippo schickte Oldrado da Lampugnano mit einer Reitergruppe, um diesen aufsässigen Diener einzuholen und festzunehmen. Carmagnola konnte ihnen jedoch ausweichen. Seine Familie befand sich noch in Mailand. Er selbst wagte nicht, sich dort sehen zu lassen. So schickte er heimlich zu Antonia und bat sie, ihm nachzukommen. Doch sein Palazzo war bereits umstellt, Frau und Kinder standen unter Hausarrest und seine Besitzungen hatte man konfisziert.

Diese und andere Umstände lassen vermuten, daß Carmagnola, was immer er auch für Überlegungen angestellt haben mochte, keinen unmittelbaren Akt der Treulosigkeit gegen seinen Herrn vorgehabt hatte. Ganz sicher bestand keine endgültige Abmachung zwischen ihm und Venedig, denn er wandte sich nicht sofort der Republik zu. Er begab sich zuerst nach Savoyen und bot seine Dienste Herzog Amadeus VIII. an, aber dieser Herrscher war zu vorsichtig, um seinen Nachbar in Mailand gegen sich aufzubringen. Daraufhin mußte Carmagnola umkehren, Norditalien inkognito durchqueren und sich nach Venedig durchschlagen, wo ihm der neue Doge ein Willkommen bereitete, das sicher dazu beitrug, ihn die Demütigungen der vergangenen Wochen vergessen zu lassen.

Um diese Zeit war es, daß Filippo Visconti, nachdem er sich des einen Condottiere entledigt hatte, einen neuen heranholte: den jungen Sforza. Francesco kam von Neapel nach Norden, um in die Dienste Mailands zu treten.

Diener der Serenissima

Carmagnola stand von nun an im Dienst jenes Staates, der, wenn auch nicht die gewaltigste Militärmacht Italiens, so doch die wohlhabendste, die wirtschaftlich am besten organisierte und politisch gesehen stabilste war.

Die ersten Regierungsjahre des Dogen Foscari brachten der Stadt eine Periode von unvergeßlichem Pomp und Glanz. Eine Bevölkerung von nahezu 200000 Menschen drängte sich auf den kleinen Inseln und fand ihr gutes Auskommen in einem Exporthandel, der, den Schätzungen nach, einen Profit von zwanzig Prozent abwarf. Venedig stand auf dem Gipfel von Reichtum und Macht. Die Eroberung Konstantinopels durch die Türken lag noch fast dreißig Jahre in der Zukunft, und die Reisen Vasco da Gamas und Christoph Columbus' mit ihren verhängnisvollen wirtschaftlichen Folgen sollten erst Ende des Jahrhunderts stattfinden. 1425 hatte die Serenissima, die »durchlauchtigste Republik«, allen Grund zur Zufriedenheit. Dreitausend Handelsschiffe segelten unter ihrer Flagge, einige sogar bis nach England und den Niederlanden. Fast jede Woche lief ein neues Kriegsschiff im *Arsenale* vom Stapel. Foscari suchte diese Sicherheit auf dem Wasser mit einer vergleichbaren Stärke auf dem Festland zu verbinden, und die Gelegenheit, den berühmten Mailänder Condottiere zu engagieren, war zu gut, als daß man sie hätte vorübergehen lassen dürfen.

Dieser blühende und dynamische Handelsstaat war paradoxerweise einem so hohen Grad an staatlicher Einmischung und Kontrolle unterworfen, wie ihn ein heutiger Geschäftsmann oft für eine Erfindung seines eigenen Jahrhunderts hält. Sogar die Handelsschiffe baute man im Arsenal. Sie blieben Staatseigentum und wurden von den privaten Kaufleuten nur gemietet. Sie segelten in Konvois, deren Zusammensetzung, Fahrtordnung, Anlaufhäfen und Frachtgebühren genau festgelegt waren. Bei zahllosen Details bestand man auf Standardisierung und Kontrolle. Dennoch wurde der venezianische Händler keineswegs von der Bürokratie erdrosselt, sondern machte goldene Geschäfte und verstand es, reiche Einnahmen mit einem internationalen Ruf für Zuverlässigkeit und Wert zu verbinden.

Venedig hatte als eine Art Demokratie begonnen, aus der dann eine Oligarchie von nur zweihundert vornehmen Familien hervorging. Ihre Mitglieder, etwa dreizehnhundert, die im *Libro d'oro*, im Goldenen Buch, verzeichnet waren, bildeten den Großen Rat, der nominell die Regierung der Republik in Händen hatte. Die eigentliche Macht lag beim Dogen und verschiedenen kleinen Ausschüssen, von denen der berühmte »Rat der Zehn« nach und nach vorherrschend wurde. Wie groß auch immer die Unstimmigkeiten in diesen Ausschüssen und die Streitigkeiten zwischen bestimmten Familien sein mochten, allgemein genoß die Regierung eine so große Achtung, daß es in Venedig keine Staatsstreiche, Volksaufstände und ähnliches gab. Während Mailand von den Fehden der Visconti-Vettern, Rom durch den Widerstreit zwischen Papst und Gegenpapst, Neapel von den Thronansprüchen der Häuser Anjou und Aragon, Florenz – vor dem Thriumph der Medici – durch die Rivalität verschiedener Familien und kleinere Städte wie Perugia durch ständige Parteikämpfe aufgerieben wurden, schien Venedig Jahr für Jahr schwerelos dahinzugleiten wie der Buzentaur des Dogen über die Lagune. Eine äußerst wirksame Geheimpolizei trug viel zu dieser Stabilität bei. Die venezianische Justiz mag uns zwar düster erscheinen, sie wurde jedoch mit Sorgfalt und im großen und ganzen gerecht geübt. Sie waltete nicht unterschiedslos hart ihres Amtes, sondern konnte in Fällen, welche keine Bedrohung der Staatssicherheit darstellten, sogar relativ human sein, und im allgemeinen war sie sachlich. Unschuldige Menschen mußten nicht die Laune eines Diktators fürchten wie in so vielen anderen Städten.

Da die Venezianer in allen Dingen als Geschäftsleute dachten, durfte ihr begeisterter Willkommensgruß Carmagnola nicht zu irgendwelchen übersteigerten Forderungen ermutigen. Die *condotta*, die sie mit ihm aushandelten, war das Ergebnis langer Diskussionen, in denen fast jeder Punkt angefochten wurde. Zwar kannten sie seinen Wert, aber sie kannten auch seine schwierige Situation. Im Augenblick befanden sie sich nicht im Krieg, und so konnten sie sich das Feilschen leisten. Nach etwa einem Monat, nachdem beide Seiten Konzessionen gemacht hatten und Carmagnola sich mit einem persönlichen Gesuch an den Dogen hatte wenden müssen, lag das Dokument endlich unterschriftsreif vor. Dem Condottiere war es keineswegs gelungen, sich all das zu sichern, was er wünschte oder was ihm seiner Meinung nach zustand, aber als Flüchtling mit nur einer Handvoll Leute mußte er nehmen, was man ihm gab. Sobald es zum Krieg kam, würde er sich in einer besseren Position befinden, um Forderungen zu stellen.

Eine kurze Zeit dauerte der unsichere Frieden noch an. Foscari bemühte sich um eine Allianz mit den Florentinern, die sich in der Vergangenheit als die stärksten Gegner der Mailänder Expansion erwiesen hatten. Von Nutzen würde es auch sein, könnte man Savoyen dazu bringen, Mailand vom Rücken her zu bedrohen. Herzog Filippo, der genau merkte, was vor sich ging, unternahm seinerseits Gegenschritte. Er beschloß, Carmagnola aus dem Weg zu räumen, sei es durch Gift oder durch Entführung und Hinrichtung. Sein

148 Der Doge Francesco Foscari erhält die Statuten vom Oberen der Teppichwebergilde

Spionagedienst berichtete ihm, daß sich der Condottiere nicht mehr in Venedig selbst aufhalte, sondern in Treviso, einer etwa dreißig Kilometer landeinwärts gelegenen Stadt. Dort musterte er die Männer und Pferde, die ihm vertraglich zugesichert waren, eine Aufgabe, die unmöglich auf den übervölkerten Inseln der Kapitale auszuführen war. Der Herzog sandte also seine Agenten nach Treviso unter dem Vorwand, Hunde zu kaufen. Da die venezianische Gegenspionage aber noch viel besser funktionierte, wurden die Mailänder abgefangen, unter der Folter verhört und diskret beseitigt. Die Rolle des Herzogs in dieser Affäre wurde öffentlich nicht erwähnt. Theoretisch war Mailand immer noch eine befreundete Macht, und die diplomatischen Konventionen mußten aufrechterhalten bleiben.

Diese Ereignisse fanden im Spätsommer 1425 statt. Sechs Monate danach hatte der Doge seine geplante Liga gegen Mailand zusammen und Carmagnola erhielt den Auftrag, das Kommando der verbündeten Streitkräfte zu übernehmen. Die Florentiner konnten sich der Wahl Venedigs nur anschließen. Der Condottiere, den sie besonders geschätzt hatten, Braccio da Montone, war achtzehn Monate zuvor getötet worden. Sforza der Ältere war ebenfalls tot, Sforza der Jüngere nach Mailand gegangen, und Piccinino, der Braccios Kompanie übernommen hatte, ebenfalls in Mailänder Dienste getreten. Carmagnola war nicht nur, wie Machiavelli später schrieb, »einer der herausragendsten Soldaten jener Epoche«, er war auch fast der einzige, der für diese Aufgabe zur Verfügung stand.

Die venezianisch-florentinische Allianz wurde am 27. Januar 1426 unterzeichnet. Zwei oder drei Wochen später ernannte man Carmagnola in feierlicher Zeremonie in der Markuskirche zum *capitano generale* der alliierten Streitkräfte, mit all den Vorrechten, Erleichterungen und Ehren, die mit dieser Stellung verbunden waren, ganz zu schweigen von einem Sold von 1000 Goldgulden im Monat.

Von nun an ist Carmagnolas Karriere von einem großen Fragezeichen überschattet.

Warum wurde dieser Feldherr, der zuvor für seine Initiative und Energie bekannt war, ein Mann von erst Mitte dreißig, plötzlich zum Synonym für Inaktivität?

Eine mögliche Antwort darauf wäre, daß er immer noch auf eine Versöhnung mit Filippo hoffte und den Streit nicht verschärfen wollte, indem er Mailand zu großen Schaden zufügte. Vielleicht trieb er wirklich, wie behauptet wurde, von Anfang an ein doppeltes Spiel. Sein späteres Verhalten könnte sich jedenfalls, wenn auch nicht völlig überzeugend, daraus erklären lassen.

Es existiert noch eine andere Deutung seiner Untätigkeit auf dem Schlachtfeld: Carmagnolas Frau und Kinder befanden sich als Geiseln in der Hand des Herzogs. Daß Antonia und ihre Töchter aus demselben Geschlecht wie der Herzog stammten, dürfte dabei nicht allzuviel Bedeutung gehabt haben, wenn man bedenkt, was die Visconti gerade ihren nächsten Verwandten schon angetan hatten. Auch die naive Vermutung, der Herzog, dessen Ehen kinderlos waren, hätte Antonia und Carmagnola voneinander getrennt halten wollen, damit sie keinen Sohn bekämen, der einen berechtigten Anspruch auf das Herzogtum erheben könne, wirkt wenig überzeugend. Im übrigen hält einen auch noch eine zusätzliche Informationslücke davon ab, der »Geisel-Version« zuviel Gewicht beizumessen: Die Historiker sind sich über die Länge des Zeitraums, während dessen Antonia und ihre Töchter in Mailand festgehalten wurden, nicht einig. Marion Crawford erklärt eindeutig, Carmagnola und seine Frau seien am vierundzwanzigsten März 1427 im Triumph in Venedig eingezogen, während ein späterer Historiker die Auffassung vertritt, die »Familienzusammenführung« sei erst 1432 erfolgt. Die erste Version erscheint jedoch glaubhafter, denn man weiß, daß Carmagnola seine dritte Tochter, Isabella, dem jungen Sigismondo Malatesta von Rimini verloben konnte, und es wäre nicht viel Zeit geblieben, eine solche Verlobung zu arrangieren, wenn das Mädchen bis zu den letzten Lebenswochen ihres Vaters in Mailand gefangengesessen hätte.

Zu wenig Aufmerksamkeit ist wahrscheinlich einem dritten und letzten Grund für Carmagnolas merkwürdige Trägheit im Krieg gegen seinen ehemaligen Herrn geschenkt worden. Er war, wie er selbst klagte, ein kranker Mann. Kurz nachdem er 1426 sein Kommando übernommen hatte, stürzte er in voller Rüstung vom Pferd. Keine augenscheinliche Verletzung wurde festgestellt. Er schien nur eine starke Erschütterung erlitten zu haben. Aber von diesem Zeitpunkt an klagte er ständig über Schmerzen und Schwindelanfälle. Seine Ärzte verordneten ihm Bäder in der Adria oder besser noch in den warmen Quellen von Abano Terme bei Padua, deren Heilwirkung seit der Antike bekannt war. Daraufhin verließ Carmagnola, wenn immer es seine militärischen Aufgaben erlaubten – und nach Ansicht seiner Kritiker gelegentlich auch, wenn das nicht der Fall war – sein Lager und tat etwas für seine Gesundheit. Waren diese Reisen notwendig? Die Venezianer hatten ihre Zweifel daran. Einmal sandten sie zwei ihrer eigenen Ärzte ins Lager. Sie untersuchten den Patienten, warnten ihn vor den Thermalbädern so früh im Jahr und verschrieben ihm stattdessen (in der besten Tradition der Militärmedizin aller Zeiten) ein kräftiges Abführmittel. Wer hatte recht? Nach all diesen Jahrhunderten und ohne genaue Angaben kann das heute niemand mehr entscheiden. Jedenfalls ist anzunehmen, daß Carmagnola nicht simulierte, sondern während dieser ganzen Jahre wirklich an den Nachwirkungen seines Sturzes litt, die bei dem damaligen Stand der Medizin niemand diagnostizieren und behandeln konnte. Eine vorübergehende Besserung könnte der Grund sein, warum gelegentlich seine alte Brillanz durchbrach wie beispielsweise bei seinem Sieg von Maclodio.

Was immer der wahre Grund für Carmagnolas mangelnde Initiative auch sein mochte, in diesem ersten Feldzug benahm er sich ganz untypisch. Er belagerte die Mailänder Festung Brescia, überließ dann aber die genaue Planung der Verschanzungen dem Florentiner General unter ihm. Danach nahm er als passiver Zeuge an den ersten Attacken teil und ritt kurz darauf weg zur Behandlung nach Abano Terme. Sei es durch glücklichen Zufall oder kluge Berechnung, jedenfalls kehrte er einige Tage bevor die Mailänder sich ergaben in sein Hauptquartier zurück, gerade rechtzeitig, um den ganzen Verdienst am Sieg für sich zu verbuchen, obwohl er daran fast überhaupt keinen Anteil gehabt hatte.

Inzwischen war ein anderer der ihm unterstellten Feldherren, Francesco Bembo, mit einer Flottille kleiner Schiffe den Po hinauf gesegelt, in den Nebenfluß Adda eingebogen und hatte unangenehm nahe bei Pavia einen Scheinangriff ausgeführt. So endete trotz der Pflichtversäumnisse des Oberbefehlshabers der Feldzug von 1426 sehr vorteilhaft für die Liga. Papst Martin, der im großen und ganzen äußerst nachsichtig gegen Filippo war und von Anfang an versucht hatte, die Allianz gegen ihn zu verhindern, schaltete sich nun erneut ein und überredete die Parteien, Frieden zu schließen. Dazu kam es dann am 30. Dezember. Der Herzog mußte sich verpflichten, die Familie Carmagnolas freizulassen und verschiedene Festungen abzutreten.

Selbst wenn er das erste Versprechen eingelöst hat, das zweite hielt er ganz sicher nicht, so daß gegen Ende des Winters Carmagnola von den Venezianern den Auftrag erhielt, die Feindseligkeiten erneut zu eröffnen. Er zögerte, diesem Ansinnen nachzukommen. Lag das an seinem ständigen schlechten Befinden oder daran, daß er keine Lust hatte, die Familie, mit der er eben erst wieder vereint worden war (wenn das wirklich zutraf) schon wieder zu verlassen? Wir wissen es auch diesmal nicht. Jedenfalls tat der *capitano generale* zwei oder drei Monate lang nichts und hielt seine Auftraggeber hin: Es fehle an Weidegrund für die Pferde, er verfüge nicht über genügend Männer oder genügend Geld, und die Männer, die er habe, seien unzureichend ausgebildet, usw. Im Juni gingen ihm die Entschuldigungen aus, und er setzte sich lustlos mit seiner Armee in Marsch.

Daraufhin passierte nicht viel. Obwohl der junge Sforza und der kriegerische kleine Piccinino gegen ihn zu Feld zogen, brachten sie ihn nicht dazu, sich zu einer Schlacht zu stellen. Vielleicht wurde ihr Eifer auch von ihrem obersten Befehlshaber, Carlo Malatesta, gezügelt, dessen Führerqualitäten von den Historikern nicht sehr hoch eingeschätzt werden. Wie die meisten männlichen Mitglieder dieser berühmten Familie aus Rimini fand Carlo es angebracht, seine bescheidenen Einkünfte durch Condottieredienste aufzubessern. Er war ebenso gebildet wie sein berühmter Neffe Sigismondo, aber von viel angenehmerem und weniger leidenschaftlichem Wesen. Zu diesem Zeitpunkt war er dreiundsechzig Jahre alt. Er muß es mit seinen beiden draufgängerischen Untergebenen nicht ganz leicht gehabt haben, denn sie repräsentierten zwei entgegengesetzte Schulen der Kriegführung und waren auch persönlich erbitterte Feinde, da keiner von ihnen den erst kurz zurückliegenden Tod seines Lehrmeisters vergessen konnte. Der Sohn von Muzio Sforza und der getreue Nachfolger von Braccio da Montone bildeten wahrlich ein seltsames Gespann.

Es kam während dieses Sommers zu einigem Hin- und Hermarschieren und viel langweiligem Schanzenausheben, aber nur einmal zu einem lebhaften Gefecht, bei welchem die Hauptverluste in ein paar venezianischen Pferden bestanden. Im September ließ Carmagnola seine Auftraggeber wissen, daß er sich ins Winterquartier zurückziehe.

Den Venezianern verschlug es die Sprache. Obwohl zwei »Kommissare«, wie man heute sagen würde, Carmagnolas Hauptquartier regelrecht zugeteilt waren, um ihn zu beschatten und von einander unabhängige vertrauliche Berichte über alles, was er tat, zu schreiben, schlug diese Nachricht von der vorzeitigen Beendigung des Feldzugs wie ein Blitz ein. Die

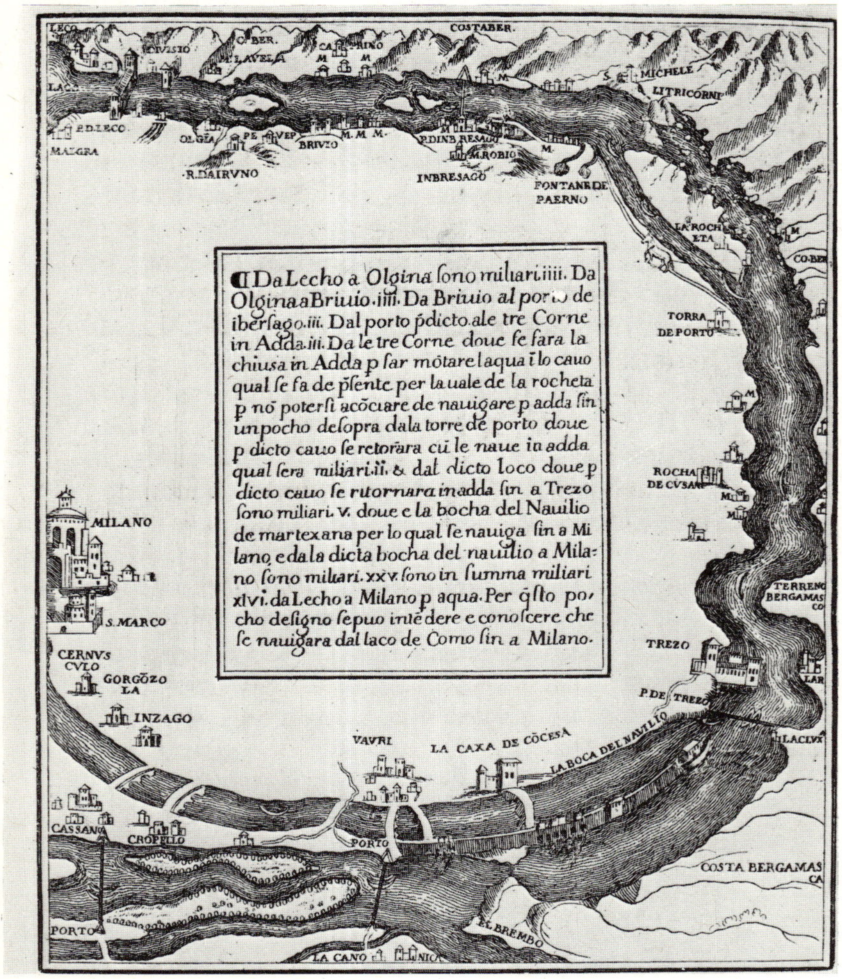

Beauftragten empfahlen, den *capitano generale* öffentlich zurechtzuweisen, aber die Vorsicht behielt in den Ratskammern der Republik die Oberhand, und es wurde nichts unternommen, was ihn hätte demütigen können. Carmagnola mußte mit Sorgfalt behandelt werden. Er erhielt jedoch die strikte Anweisung, seine Truppen wieder ausmarschieren zu lassen.

149 Der Oberlauf der Adda, die aus dem Comersee entspringt und kurz vor Cremona in den Po mündet

Er gehorchte. Das Marschieren wurde feierlich wieder aufgenommen. Es kam allen so vor, als würde er die Sache nicht ernst nehmen und nur versuchen, die Zeit herumzubringen, bis der Herbst so eindeutig einsetzte, daß er unangefochten ins bequeme Winterlager zurückkehren konnte. Sforza und Piccinino gaben die Hoffnung auf eine entscheidende Aktion auf, und selbst der ältliche Malatesta wurde leicht verärgert. Sie konnten nicht von

sich aus eine Entscheidung herbeizwingen, ohne daß Carmagnola ihnen dazu eine Chance gab. Einen Feldherrn seiner Erfahrung und seines Renommees, der an der Spitze einer so beträchtlichen Streitmacht stand, konnte man nicht einfach angreifen.
Wieder leuchtet das Fragezeichen auf. War er krank und versuchte sich hinzuschleppen, bis er die Saison mit Anstand für beendet erklären konnte? In diesem Fall muß er plötzlich, wie es kranke Menschen können, all seine Kräfte zu einer gewaltigen Anstrengung zusammengerafft haben. Oder waren seine Manöver von Anfang an fingiert und nur dazu bestimmt, seine Gegner einzulullen und in Sicherheit zu wiegen?
Denn plötzlich ging Carmagnola zur Offensive über. An einem nebeligen Morgen des 11. Oktober rückte er gegen das Mailänder Lager bei Maclodio vor, in der Nähe des Flusses Oglio und auf halbem Weg zwischen Lodi und Brescia. Er kannte das Gebiet, das wie geschaffen schien für den Plan, den er entworfen hatte. Es bestand aus sumpfigen Wiesen, durchzogen von aufgeschütteten Dammwegen, die sich für den Durchmarsch von Truppen geradezu anboten, aber gleichzeitig die Soldaten auf einzusehenden, feststehenden Schußlinien entlang führten. Carmagnola verfügte über ein paar neue, besonders mörderische Waffen, mächtige Armbrüste, in Dreiergruppen auf Rädern montiert, die ihre langen Pfeile mit entsetzlicher Geschwindigkeit durch die Luft schossen. Der Herbstnebel, der die feuchte Flußniederung einhüllte, und ein paar gelegentliche Baum- oder Buschgruppen lieferten seinem Vorhaben die nötige Deckung.
Das Ganze war nichts anderes als ein riesiger Hinterhalt, in den die gesamte gegnerische Armee stürzen sollte. Von Anfang an stellte Carmagnola seine eigenen Truppen mit diesem Ziel auf. Eine große Anzahl Soldaten wurde an verborgenen Posten untergebracht, von denen aus der Feind – wenn Malatesta einmal auf den Köder hereingefallen war – von allen Seiten angegriffen werden konnte. Eine Abteilung von zweitausend Mann wurde für das Finale aufgehoben: Sie sollte den Mailändern den Fluchtweg abschneiden. Das Kommando dieser Division überließ Carmagnola dem Florentiner Condottiere Niccolò da Tolentino. Diese vorausschauenden Dispositionen zusammen mit der absichtlichen Laschheit von Carmagnolas Eröffnungsattacke, der das stets schwierige und riskante Manöver folgte, einen Rückzug zu fingieren, der nicht in eine echte Flucht ausarten durfte, lassen vermuten, daß er den Kampf genau nach Plan führte, und daß er wenigstens an diesem einen Tag des Jahres 1427 all seine Fähigkeiten entfaltete, die ihn einst zu Filippos hervorragendstem Soldaten gemacht hatten.
Carlo Malatesta ging in die Falle. Glücklich über die Leichtigkeit, mit welcher der erste Angriff zurückgeschlagen worden war, und überzeugt, daß Carmagnola nun seine Möglichkeiten erschöpft hätte und man ihm jetzt endlich eine entscheidende Niederlage beibringen könne, gab er Sforza und Piccinino den Befehl, die Verfolgung aufzunehmen. Auch er selbst blieb nicht zurück, sondern galoppierte mit dem Rest der Armee in das Nebelloch.
Der Zusammenbruch übertraf Carmagnolas kühnste Erwartungen. Auf sein Signal hin kam eine Kompanie nach der anderen aus ihren Verstecken hervor. Auf den Dammwegen verknäuelten sich die Reiter hilflos ineinander, da sie von allen Seiten beschossen wurden. Sie konnten weder vor noch zurück, denn hinter ihnen hatte Niccolò da Tolentino den Weg abgeschnitten. Malatesta, Sforza und Piccinino übergaben ihre Schwerter, und als sich diese illustren Drei ergeben hatten, wer hätte da noch den Helden spielen mögen? Carmagnola machte zehntausend Gefangene, während seine eigenen Verluste geradezu lächerlich gering waren. Die erbeuteten Waffen und Fahnen wurden zu gleißenden Hügeln gehäuft. Die Früchte des Siegs waren in ihrer Fülle fast hinderlich.
Es ist schade, daß kein Maler jener Zeit anwesend war, um Carmagnolas Abendgesellschaft jener Nacht auf einem Genrebild darzustellen. Es hätte die meisten der führenden Condottieri jener Epoche auf einem Gemälde festgehalten, Sieger und Verlierer in freundlichem Gespräch über Erinnerungen oder Berufsprobleme. Daß die Atmosphäre

wirklich entspannt war, läßt sich aus dem späteren Verlauf der Ereignisse schließen: Sforza und Piccinino wurden am nächsten Morgen freigelassen, Malatesta einem von Carmagnolas venezianischen Offizieren übergeben, der ihm ebenfalls sofort die Freiheit schenkte – ohne Lösegeld. Fast alle übrigen Gefangenen erhielten wenige Tage später ihre Freiheit wieder. Sie zu ernähren und zu bewachen, hätte Carmagnolas Möglichkeiten überschritten. Aber die Tatsache, daß er die höchsten Persönlichkeiten laufen ließ, wäre doch höchst sonderbar gewesen, wenn sich seine Frau und Kinder tatsächlich noch in Mailänder Hand befunden hätten.

Diese großzügige Behandlung der Besiegten fand weder in Venedig noch in Florenz Zustimmung, wenn auch der Sieg als solcher mit Freude aufgenommen wurde. Unter diesen Umständen war es nicht leicht, den Oberbefehlshaber zu kritisieren, aber es gab viel unzufriedenes Gemurmel. Warum hatte er dem Herzog eine Armee zurückgegeben, die zwar entwaffnet, sonst aber so gut wie neu war? Und warum war er nicht bis vor die Tore Mailands vorgestoßen?

Carmagnola verspürte keinerlei Wunsch, den Winter mit der Belagerung von Mailand zuzubringen, einer Stadt, die dafür bekannt war, verzweifelten Widerstand zu leisten. Und

150 Niccolò da Tolentino in der Schlacht von San Romano am 1. Juni 1432

was hätte er nach Auffassung der Venezianer denn mit zehntausend Gefangenen anfangen sollen? Außer daß man sie zu Galeerensklaven machte – eine undenkbare Lösung für einen Condottiere – gab es nichts, was man mit ihnen hätte anfangen können, es sei denn, vielleicht ihr Wohlwollen für spätere Kampfzeiten gewinnen. Als Florenz meinte, er hätte wenigstens einen ganz bestimmten Mailänder Offizier hängen lassen können, gegen den es einen besonderen Groll hegte, antwortete Carmagnola arrogant, ein General töte keine Gefangenen. Eine wunderschöne Antwort, die nur leider auf einige der dunkleren Episoden seiner eigenen Laufbahn nicht zutrifft.

Wenn schon der Sieger Kritik hervorrief, um wieviel weniger zufrieden mußte sich Filippo mit dem aufwendigen Team von Generalen zeigen, das seine Armee ins Unglück geführt hatte. Francesco Sforza wurde öffentlich des Verrats angeklagt und im Schloß Mortara gefangengesetzt.

Privat erklärte ihm der Herzog jedoch, daß er ihm nichts nachtrage und daß es sich nur um eine seiner indirekten Methoden handle, ein anderes Problem anzugehen. Sforza müsse im Moment diese Verunglimpfung seines Rufs erdulden. Sie würde später an ihm mehr als gutgemacht werden. In Wirklichkeit, so betonte der Herzog, besäße Sforza sein volles Vertrauen, und zwar so sehr, daß er ihm jetzt eine wichtige und heikle Aufgabe übertrage: Lucca würde von Florenz bedroht und müsse gerettet werden, aber Lucca würde Sforzas Dienste nicht annehmen, wenn man in ihm einen Abgesandten Mailands vermute. Daher müsse er den Makel der Degradierung und Entlassung auf sich nehmen, damit er in der toskanischen Stadt so auftreten könne, als handle er in eigenem Interesse. Das war ein alter Trick, der vor allem bei den Mailänder Herzögen beliebt war, und der auch diesmal wieder funktionierte. Sforza wurde freigelassen und begab sich nach Lucca. Er hatte dort so viel Erfolg, daß ihm die Bevölkerung die Herrschaft über ihre Stadt anbot. Sforza lehnte die Ehre jedoch ab, möglicherweise aufgrund einer generösen Summe, die ihm Florenz bot, wenn er von der Szene verschwinde. Man verschleierte diese Zahlung geschickt als Rückstände, die man seinem verstorbenen Vater noch schulde. Sforza zog sich also auf den alten Familiensitz in Cotignola zurück, und wie durch Zufall wurde Piccinino kurz darauf aus dem Dienst Mailands entlassen und bot sich Lucca als Beschützer an.

Die direkten Feindseligkeiten zwischen Mailand und der venezianisch-florentinischen Liga hatten sich langsam totgelaufen und wurden nach dem Winter nicht wieder aufgenommen. Ein zweiter Friedensvertrag kam im Frühling zustande. Da jedoch keiner wußte, wie lange er anhalten würde, bestanden die Alliierten darauf, daß Carmagnola eine neue Zweijahres-*condotta* unterschrieb mit einer Option auf seine Dienste für eine weitere Zweijahres-Periode. Darüberhinaus bemühten sich die Florentiner, den Kontakt zu Sforza zu intensivieren. Sie näherten sich ihm in Cotignola und boten ihm an, in ihre Dienste zu treten, aber Filippo, der wohl wußte, daß es nur eine Frage der Zeit war, bevor der Konflikt wieder aufflammte, war entschlossen, Sforza auf der Mailänder Seite zu halten. Wieder einmal hatte der Einzeldespot einen gewaltigen Vorteil vor einem republikanischen Komitee: Der Herzog konnte seinen Condottiere nicht nur mit Geld locken, sondern auch mit einer Braut. Bianca Maria Visconti, Filippos einziger Tochter, sollte später einmal eine bedeutende Rolle zukommen. Die erste Heirat des Herzogs mit der vierzigjährigen Witwe von Facino Cane war sicher kinderlos geblieben und wahrscheinlich gar nicht vollzogen worden. Nachdem er sie hatte enthaupten lassen, blieb er lange unverheiratet, bis er aus rein diplomatischen Gründen beschloß, sich mit Maria von Savoyen zu vermählen. Auch diese Ehe wurde nicht vollzogen. Ein Hund heulte bei ihrer ersten Begegnung, und der abergläubische Herzog erklärte, ob aus Überzeugung oder nicht, daß es schreckliche Folgen habe, wenn man ein so schlechtes Omen nicht beachte. Man liest nirgends, daß sich die neue Herzogin jemals beklagt hätte. Als ihr eröffnet wurde, daß sie diese groteske Kreatur heiraten müsse, hatte sie einen hysterischen Anfall bekommen. Des Herzogs Nichtbeachtung kam ihr daher sicher nicht ungelegen. Unglücklicherweise sah sie sich jedoch zu einem völlig isolierten Dasein verdammt, rundum von Spionen umgeben und ganz auf die Gesellschaft ihres eigenen Geschlechts beschränkt. Filippo hatte keine Lust, sich mit einem Erben zum Narren halten zu lassen, von dem er genau wußte, daß er nicht von ihm stammen konnte.

Trotz dieser beiden unproduktiven Ehen war der Herzog nicht impotent. Er hatte eine Maitresse, Agnese del Maino, und Bianca Maria war ihr einziges Kind. Mit den Jahren wurde es immer unwahrscheinlicher, daß er noch andere Nachkommen – legitim oder illegitim – hervorbringen würde, daher hätte Biancas zukünftiger Ehemann als Erbe des Visconti-Herzogtums gute Aussichten. Sforza konnte den ihm hingestreckten Köder nicht

übersehen. Da Bianca Maria aber erst sieben oder acht Jahre alt war, gab es keine unmittelbare Möglichkeit, die Aufrichtigkeit des Herzogs auf die Probe zu stellen. Sforza blieb nichts weiter übrig, als das Beste zu hoffen und jede Bindung zu vermeiden, die eine solche Partie unmöglich machen würde. Als der Krieg ausbrach, fand man ihn unter dem Banner von Mailand.
Das spielte sich Anfang 1431 ab. Carmagnola war wieder *capitano generale* der venezianischen Streitkräfte und kampfunlustiger denn je. Die Serenissima hatte ihn mit Ehren überhäuft, ihn zum Vicomte und Erbherrn von Chiari ernannt und ihm einen weiteren Lehenssitz im Gebiet von Brescia geschenkt. Wenn er seinen Feldzug in der Lombardei erfolgreich führte, würde er natürlich die ihm ehemals vom Herzog überlassenen und später eingezogenen Güter wiedererhalten, und sollte er Filippo selbst stürzen, konnte er sogar Herzog von Mailand werden. Die Aussichten waren ungemein verlockend. Dennoch entwickelte Carmagnola keinerlei Ehrgeiz und versuchte sogar vergeblich, sein Kommando niederzulegen. Er muß gewußt haben, daß er kein zweites Mal einen Sieg wie den von Maclodio erringen konnte.
Frieden wäre ihm lieber gewesen, ein Frieden, der es ihm ermöglicht hätte, seinen Streit mit Filippo beizulegen, ohne die Vorteile, die er von Venedig erhielt, einzubüßen. Der Herzog korrespondierte mit ihm und suchte angeblich seine Vermittlung bald zu einem Frieden zu kommen, aber die eigentliche Absicht wird wohl gewesen sein, ihn auf seine Seite zu ziehen. So jedenfalls kam es den Venezianern vor, denen Carmagnola klugerweise die Briefe zeigte. Sie warnten ihn, sich von den schönen Worten aus Mailand betören zu lassen, und beobachteten ihn nun doppelt argwöhnisch, ob er nicht ihre Interessen verriet.
Der geringe Eifer, den Carmagnola bei diesem Feldzug an den Tag legte, förderte diesen Argwohn. Sein Überraschungsangriff im Winter auf Lodi war ein Fiasko, desgleichen sein Versuch, das Kastell Soncino einzunehmen, wo er sich auf Verrat verlassen hatte, aber mit Nachdruck zurückgeschlagen wurde. Im Mai wiederholte er den Angriff mit verstärkten Kräften: Sforza bereitete ihm eine beschämende Niederlage. Im Juni versuchten die Venezianer Cremona einzunehmen. Gelang ihnen das, dann verfügten sie über die ganze Strecke der Adda bis zu ihrem Zusammenfluß mit dem Po. Carmagnola belagerte die Stadt zu Lande, während eine Flottille venezianischer Galeeren unter Niccolò Trevisani sie vom Wasser her blockierte. Trevisani wurde von einer Mailänder Flotte unter dem Kommando von Eustachio Pacino völlig geschlagen, und daß Carmagnola hierbei nicht eingriff, machte in Venedig einen schlechten Eindruck. Er schob die Schuld auf mangelnde Informationen. Die Venezianer wunderten sich. Sie wunderten sich noch mehr, als er es im Oktober, nach einem völlig verschlafenen Sommer, unterließ, einen venezianischen Feldherrn zu unterstützen, dem es gelungen war, auf den Befestigungen der Stadt Fuß zu fassen. Die Cremoneser selbst schoben die Rettung ihrer Stadt nur Carmagnolas Nichteingreifen zu.
In diesem Winter wurde das unwillige Gemurmel in den Ratskammern von Venedig lauter. Carmagnola befand sich im Gebiet von Brescia. Als man erfuhr, daß die Mailänder dabei waren, Soncino zu evakuieren, die Festung, die er im Frühjahr zweimal vergeblich einzunehmen versucht hatte, und daß er nicht einmal diese Gelegenheit nutzte, da mußte sich der Gedanke aufdrängen, daß Carmagnola ein doppeltes Spiel trieb.
Auf einer geheimen Versammlung am 29. Mai beschloß man zu handeln.

Giovanni d'Imperio erhielt den Auftrag, Carmagnola nach Venedig zu holen, ohne in irgendeiner Weise seinen Verdacht zu erregen. Normalerweise wurde ein Condottiere nicht ermutigt, die Stadt zu besuchen. Selbst der *capitano generale*, der bei mehr als einer Gelegenheit dort mit allen Ehrenbezeigungen empfangen worden war, hatte um Erlaubnis zu ersuchen, wenn er die Kapitale betreten wollte. Manchmal mußte Carmagnola wochenlang auf die entsprechende Genehmigung warten.
Er wurde nun in der höflichsten Weise gefragt, ob er sich der Mühe unterziehen könne, nach

151 Bianca Maria Visconti, einziges Kind des Herzogs Filippo Maria

Venedig zu reisen, um einen neuen Feldzug für die beginnende Kriegssaison zu besprechen. Giovanni d'Imperio hatte genaue Anweisungen. Er mußte den Grafen mit äußerster Ehrerbietung, wenn nötig unter Zuhilfenahme von Schmeichelei behandeln. Sollte er jedoch anfangen, Entschuldigungen vorzubringen und militärische Verpflichtungen oder Krankheit vorzuschützen, dann wäre er unter Arrest zu stellen und im Kastell von Brescia gefangenzuhalten: keine ganz leichte Aufgabe bei einem so berühmten General inmitten seiner eigenen Armee. Der venezianische Gesandte war daher bestimmt sehr erleichtert, als Carmagnola keine Einwände machte, sondern sich mit ihm auf die mehrtägige Reise begab. Sie ritten den Gardasee entlang, streiften Verona und schließlich Padua, wo er (um ja jedes Mißtrauen aus dem Weg zu räumen) mit allen Ehren begrüßt wurde. Man erreichte Venedig am 7. April, als in der Stadt gerade die Feierlichkeiten für Ostern, das keine zwei Wochen mehr ausstand, vorbereitet wurden.

Acht Adelige hießen Carmagnola willkommen und geleiteten ihn zum Dogenpalast, wo ihn Foscari angeblich zum Essen erwartete. Carmagnola verabschiedete seine eigene Begleittruppe am Portal. Man ließ ihn ein paar Minuten in einem Vorzimmer warten. Dann erschien Leonardo Mocenigo und übermittelte des Dogen tiefstes Bedauern: Er sei von einem plötzlichen Unwohlsein ergriffen und daher nicht in der Lage, den Grafen zu empfangen, hoffe jedoch, es morgen nachholen zu können. Carmagnola murmelte ein paar mitfühlende Worte und ging, immer noch in Begleitung der acht adeligen Venezianer, über den Hof in Richtung auf den Kanal, wo sein Boot wartete. Seine Eskorte drängte ihn jedoch zu einer kleinen Pforte.

»Diesen Weg, Herr Graf«, sagten sie, der oft erzählten Geschichte zufolge.

»Aber das ist nicht *mein* Weg«, entgegnete er.

»Sie irren sich. Es ist der beste Weg.«

Die Tür öffnete sich. Einige Häscher sprangen heraus, packten ihn und stießen ihn in ein Verließ.

»Ich bin verloren!«, soll er geschrien haben, als man ihn in die Finsternis stieß. Er machte sich keine Illusionen.

Sein Verfahren wurde zwei Tage später eröffnet. Er verweigerte jede Nahrung. Trotz seiner Schwäche hielt er der ersten Tortur stand, der er am dritten Verhörtag unterzogen wurde. Als man ihm jedoch einen Arm gebrochen und seine Füße grausam verbrannt hatte, legte er das Geständnis ab, das seine Folterknechte ihm zu entreißen beauftragt waren. Er gab zu, Venedig in der Vergangenheit verraten und das auch für die Zukunft beabsichtigt zu

152 Zwischen dem Löwen und St. Theodor auf dem Markusplatz fanden in Venedig die Hinrichtungen statt. Hier wurde Carmagnola am 5. Mai 1432 enthauptet

haben. Die Angelegenheit war jedoch nicht sehr befriedigend, und es sieht so aus, als hätten einige, einschließlich des Dogen, Vorbehalte dagegen geäußert. Der Prozeß wurde während der Ostertage ausgesetzt, wodurch die Richter länger über den Fall nachdenken und das Beweismaterial prüfen konnten und der unglückliche Gefangene mehr Zeit hatte, über das zu erwartende Urteil zu rätseln. Machiavelli zeigt in seinem Werk *Der Fürst* auf, wie dieses Urteil durch politische Notwendigkeit bestimmt wurde: »Sobald sie bemerkten, daß er nunmehr in ihrem Dienste erkaltete, sie also keine weiteren Vorteile durch ihn zu hoffen hätten, ihn aber nicht entlassen konnten noch wollten, um das Erlangte nicht zu verlieren, sahen sie sich genötigt, ihn zu ihrer eignen Sicherheit zu töten.«

Der Gerichtshof fällte sein Urteil am 5. Mai in geheimer Abstimmung. Trotz der Geheimhaltung wurde hinterher glaubwürdig gemunkelt, der Doge hätte für Freispruch gestimmt. Selbst wenn das zutrifft, war er in der Minderheit. Das Urteil, das veröffentlicht wurde, lautete: »Daß der genannte Graf Francesco Carmagnola, öffentlicher Verräter unseres Staates, heute zur üblichen Stunde mit einem Knebel im Mund und, wie es der Brauch ist, mit auf dem Rücken gebundenen Händen, zwischen die zwei Säulen des Markusplatzes geführt werde, dem üblichen Ort für die Hinrichtung, und daß dort sein Kopf von den Schultern geschlagen werde, so daß er stirbt.«

Am selben Abend wurde das Urteil ordnungsgemäß vollstreckt mit all dem Pomp, auf den die Venezianer bei keiner Gelegenheit – ernst oder heiter – verzichteten. Carmagnola trug seine prächtigsten Gewänder: eine langärmelige karminrote Tunika, einen scharlachroten Umhang und ein elegantes Samtbarrett. Aber unter dem Umhang waren seine Arme auf dem Rücken gefesselt, und ein hölzerner Knebel verhinderte einen letzten Protestschrei. Seine Beine in den engen roten Hosen hatten ihren soldatischen Schritt verloren, da die Verbrennungen an seinen Füßen noch nicht verheilt waren. Seinen alten Hund ließ man neben ihm hertrotten, als er zum Richtblock vor dem Markusdom humpelte.

Die Nachricht von seiner Hinrichtung wurde seiner Frau in dem Kloster, wo sie mit ihren Töchtern untergekommen war, überbracht. Man versicherte ihr, daß die Republik nachsichtig mit ihr verfahren werde, wenn sie ihr Bedauern zum Ausdruck brächte über die Rolle, die sie in Carmagnolas Intrigenspiel mit ihrem Verwandten gespielt hätte. Man forderte von ihr eine Aufstellung ihrer Juwelen, versprach ihr jedoch eine Pension, wenn sie sich in aller Stille nach Treviso zurückzöge. Auch für ihre Töchter würden Vorkehrungen getroffen. Isabellas Verlobung mit Sigismondo Malatesta war nun allerdings hinfällig, denn der junge Condottiere aus Rimini weigerte sich, die Tochter eines hingerichteten Verräters zu heiraten.

Carmagnolas Leichnam wurde unter dem angemessenen Geleit von zwei Dutzend Fackelträgern zuerst zur Kirche von San Francesco della Vigna gebracht, aber ehe das Begräbnis beginnen konnte, kam es zu einer Störung. Carmagnola hatte seine letzte Beichte einem Kapuzinermönch abgelegt, der nun erschien und den letzten Wunsch des Generals verkündete, im Kloster von Santa Maria Gloriosa dei Frari beerdigt zu werden. Dem wurde stattgegeben, aber Carmagnola durfte dort nicht für immer liegen. Später wurden seine Gebeine nach Mailand überführt und neben denen seiner Frau in der großen Kirche San Francesco beigesetzt. Denn Antonia hatte sich nicht damit abgefunden, als Pensionärin einer Regierung, die ihren Gatten hatte hinrichten lassen, in Treviso zu bleiben, und die erste sich bietende Gelegenheit ergriffen, in ihre Vaterstadt zu fliehen.

Sforza und Mailand

Sforza war nun dreißig. Acht Jahre waren vergangen, seitdem er seines Vaters Kompanie übernommen hatte und nach Norden gekommen war, um bei Filippo Visconti in Dienst zu treten. Es hatte Tiefpunkte in seiner Karriere gegeben wie seine Teilnahme an der demütigenden Niederlage bei Maclodio, aber danach war es ihm gelungen, sein Prestige zurückzugewinnen, indem er Carmagnola bei anderer Gelegenheit besiegte. Nicht nur, daß der Herzog nicht auf ihn verzichten wollte, er hatte auch versucht, sich seine ständige Verfügbarkeit durch das vage Versprechen zu sichern, ihm sein einziges Kind zur Ehe zu geben. Im selben Jahr, in dem Carmagnola hingerichtet wurde, festigte Filippo dieses Versprechen durch eine formelle Verlobung zwischen dem General und der kleinen Bianca Visconti.

In Sforza verbanden sich viele der robusten Anlagen Muzio Attendolos mit den gepflegten Manieren und der Bildung einer aristokratischen Erziehung. Während sein Vater auf dem Bauernhof von Cotignola aufgewachsen war, hatte Francesco seine Jugend an den Höfen von Ferrara und Neapel verbracht. Der erste Sforza war Analphabet gewesen, wenn auch mit einer rührenden Hochachtung für die Welt der Gelehrsamkeit und Literatur, die seinen geistigen Horizont überstieg. Der zweite Sforza war ein eindrucksvoller Redner und geistreicher Gesprächspartner, der in späteren Tagen mit so kultivierten Freunden wie Cosimo Medici, Papst Pius II. und Federigo von Urbino Konversation zu halten pflegte. Doch all das verweichlichte ihn nicht. Es wäre auch keinem seiner Zeitgenossen die Idee gekommen, daß Interesse an geistigen Problemen und Freude an der Kunst mit politischer und militärischer Aktivität unvereinbar sein könnten. Sforza erlernte das Soldatenhandwerk unter der Führung seines Vaters, genauso wie dieser es unter Alberico da Barbiano erlernt hatte. Er war körperlich robust, zäh und dynamisch. Er schlief gut und liebte einfache, kräftige Speisen. Von Charakter war er zugänglich, freigebig und gesellig. Die Soldaten, die unter ihm gedient hatten, vergaß er sein Leben lang nicht, sondern begrüßte sie, wenn er ihnen auf der Straße begegnete, und er erinnerte sich sogar noch an die Namen der Pferde, die sie geritten hatten. Ein solcher Heerführer mußte beliebt sein. In seiner Jugend im Regno hatte er sich die Ergebenheit der Familie Simonetta aus Kalabrien erworben, die ihm in den Norden folgte. Cicco Simonetta wurde sein geheimer Sekretär und ein anderes Mitglied dieser Familie, Giovanni, später sein Biograph. Es blieb nicht aus, daß die dauernde Beschäftigung dieser Süditaliener mit der Zeit die Eifersucht der Mailänder hervorrief, und man gab Sforza zu verstehen, daß er an Popularität gewönne, wenn er sich seines Sekretärs entledige. Er lehnte jedoch diesen Vorschlag lachend ab mit dem Bemerken: »Wenn ich das täte, könnte ich ihn nur durch einen neuen Cicco ersetzen, und wenn ich ihn mir selbst aus Wachs formen müßte.«

Eine solche Reaktion war typisch für die offene, humorvolle Art, die er von seinem Vater geerbt hatte. Sforza gab auch nichts auf den Aberglauben, dem viele seiner Zeitgenossen, auch die intelligentesten, huldigten, obwohl man ihn sicher oft darauf aufmerksam machte, daß sein Vater an einem Tag verunglückte, an dem er nicht auf die Warnung der schlechten Vorzeichen geachtet hatte. Als ihn ein Astrologe nach Tag und Stunde seiner Geburt fragte, antwortete er, er habe keine Ahnung, aber sein Sekretär hätte es zweifelsohne irgendwo aufgeschrieben.

Als er 1435 in einer Mission nach Florenz kam, machte er die Bekanntschaft von Cosimo Medici, der im Jahr zuvor aus seinem kurzen und angenehmen Exil in Venedig zurückgekehrt war und die lange Herrschaft der Medici einleitete. Die beiden Männer wurden

Freunde auf Lebenszeit. Der gewitzte Bankier gab Sforza gute Ratschläge und bestärkte ihn in seiner Politik. Später arbeiteten sie eng zusammen und gehörten zu jener Handvoll Staatsmänner, denen Italien nach dem Frieden von Lodi 1454 die Epoche eines relativen Friedens verdankte. In seinen Privatangelegenheiten folgte der Soldat jedoch dem Rat des Geschäftsmanns nicht uneingeschränkt. Als Cosimo ihn drängte, Geld für seine Kinder zurückzulegen (zu diesem Zeitpunkt hatte Sforza bereits einige, denen er sehr zugetan war), antwortete er ihm, er sei nie ein Kaufmann gewesen und wolle auch jetzt keiner werden. »Wenn meine Kinder rechtschaffen sind, dann werden sie stets genügend Geld haben. Sind sie es nicht, dann wird ihnen das, was ich für sie zur Seite schaffen kann, nie genug sein.«
In seiner äußeren Erscheinung muß der junge Sforza sehr beeindruckend gewesen sein. Als er älter war und in seiner Position unangefochten, verglich man ihn gern mit den edelsten der römischen Soldatenkaiser, mit Trajan oder Hadrian. Wahrscheinlich wurde die typmäßige Ähnlichkeit mit diesen Vorbildern bei seinen Porträts und Medaillen noch bewußt akzentuiert.
Alles in allem war Francesco Sforza einer der sympathischsten Condottieri, wie er zweifellos auch einer der historisch bedeutendsten war. Dabei blieb er aber doch ein Mann des Quattrocento mit dem dazugehörigen Quantum an Grausamkeit und Verschlagenheit. So kam es vor, daß er einen seiner Offiziere, Sarpellione, den er des Verrats verdächtigte, foltern und hinrichten ließ, eine Tat, die selbst von seinen Freunden mißbilligt wurde. Im Fall von zwei anderen treubrüchigen Offizieren, Troilo Orsini und Pietro Brunoro, veranlaßte er seinen Bruder Alessandro, kompromittierende Briefe zu fälschen, so daß sein Feind, Alfons von Aragon, glauben mußte, sie trieben ein doppeltes Spiel, und sie in Spanien ins Gefängnis werfen ließ.
Dieser Affäre folgte noch ein romantisches Nachspiel. Einer der beiden Condottieri, Brunoro, hatte eine Geliebte namens Bona, ein junges Mädchen aus den Bergen, voll Ausdauer und Tatkraft. Sie hatte als Mann verkleidet mit ihm im Lager gelebt. Nun setzte sie zu seiner Befreiung Himmel und Hölle in Bewegung und wurde bei allen möglichen einflußreichen Persönlichkeiten vorstellig, darunter, wie behauptet wird, König Heinrich VI. von England. Durch zehn Jahre langes unaufhörliches Bemühen gewann sie ihrem Liebhaber die Freiheit zurück. Sie heirateten und gingen im Dienste Venedigs auf die griechischen Inseln. Brunero fiel bei der Verteidigung von Negroponte gegen die Türken und es ist unwahrscheinlich, daß Bona dem entsetzlichen Massaker entging, das auf den Fall der Stadt folgte. Doch für diese Ereignisse kann Sforza nicht mehr verantwortlich gemacht werden. Ursprünglich hatten sich Brunoro und sein Kamerad schuldig gemacht, indem sie die beiden Städte Iesi und Fabriano Alfons in die Hände fallen ließen.
Filippo Visconti und seine zwei obersten Generäle bildeten ein äußerst kontrastreiches Trio: Sforza, der gutaussehende, kraftvolle Ritter, Piccinino, der seine kleine Statur und anfällige Gesundheit mit aggressivem Ehrgeiz und Wildheit kompensierte, und der Herzog selbst, häßlich und dickleibig, neurotisch ängstlich und an Verschlagenheit beiden überlegen.
Er ließ sie gern im Ungewissen. Zwar hatte er Sforza die Hand seiner einzigen Tochter versprochen, aber Piccinino vertraute er den Oberbefehl über seine Truppen an, und als Kaiser Sigismund 1431 nach Mailand kam, war es wieder er, der ihm den goldenen Reichsapfel, das Symbol der Souveränität, überreichen durfte.
Sforza und Piccinino waren nur zwei der herausragenden Söldnerführer in einer condottierireichen Epoche. Sie hatten einige sehr nennenswerte Berufskollegen, darunter Erasmo da Narni – Gattamelata, der vielen Herren gedient und Braccios Kavallerie angeführt hatte. Zwei Jahre nach Carmagnolas Tod empfand es Venedig als Glück, ihn anwerben zu können, obwohl er damals bereits sechzig Jahre alt war. Daneben gab es Bartolomeo Colleoni, der ein Jahr älter als Sforza war und zu den ersten Offizieren Carmagnolas gehört hatte. Zu diesen Offizieren zählte auch der tapfere Florentiner Niccolò da Tolentino, der Carmagnola so erfolgreich bei Maclodio beigestanden hatte. Er wurde

jedoch ein oder zwei Jahre später von den Mailändern gefangengenommen und starb in der Haft – ein unübliches Schicksal für Leute seines Berufs. Der zu sanfte Carlo Malatesta war bald nach seiner Niederlage bei Maclodio in vorgerücktem Alter gestorben, aber sein Neffe Sigismondo (dem man nie übermäßige Sanftmut vorwerfen konnte) hatte gerade seinen ersten Auftritt auf der historischen Bühne hinter sich, die Lösung seiner Verlobung mit der Tochter des in Ungnade gefallenen Carmagnola. Doch seinen militärischen Ruhm mußte sich der fünfzehnjährige Sigismondo erst noch verdienen, desgleichen sein zukünftiger Rivale, Federigo von Urbino, der zu diesem Zeitpunkt ein Knabe von zehn oder elf Jahren war und als Geisel in Venedig festgehalten wurde. Federigo di Montefeltro, Sigismondo Malatesta und Bartolomeo Colleoni werden nachstehend in eigenen Kapiteln ausführlich behandelt und müssen im Moment, während das Scheinwerferlicht auf Sforza gerichtet ist, ihre gelegentlichen Auf- und Abtritte als Nebenfiguren absolvieren. Wichtig ist jedoch, sich vor Augen zu halten, daß alle diese Condottieri Zeitgenossen waren, und daß ein großer Altersunterschied nur zwischen dem ältesten und dem jüngsten bestand.

Es sollte nicht lange dauern, bis die lombardische Ebene und das Hügelland um den Gardasee und Brescia wieder zum Schlachtfeld wurden, auf dem Sforza und Piccinino, Colleoni und Gattamelata in ständigen Konflikten gegeneinanderrückten. Auf Carmagnolas Tod folgte jedoch eine kurze Verschnaufpause. Während des Kaisers Besuch in Italien kam ein hastig geschlossener Friede zwischen Mailand, Venedig und Florenz zustande, und Sforzas aktive Dienste wurden daher im Moment nicht benötigt. Bei seinem krankhaften Mißtrauen fühlte der Herzog, daß ihm wesentlich wohler wäre, wenn sich der Condottiere in etwas größerer Entfernung aufhielte. Tatsächlich bestand von seiner Seite aus nie wirkliches Vertrauen oder Sympathie für Sforza, was ihn jedoch nicht daran hinderte, den Condottiere für sich einzusetzen, wenn immer es ihm vorteilhaft erschien. Nun kam ihm in den Sinn, daß er Sforza gegen den neuen Papst, Eugen IV., ins Spiel bringen könne, der durch die Kursänderung in der päpstlichen Politik eine große Opposition auslöste und der sich als gebürtiger Venezianer von Haus aus sicher nicht als ein Freund Mailands erweisen würde. Filippo schickte nach Sforza. Wie immer war die Atmosphäre geladen mit Bedrohung und Verdächtigung. Sforzas Freunde warnten ihn davor, sich in des Herzogs Gewalt zu begeben. Dieser gab seinerseits seinen Botschaftern geheime Instruktionen: Sollte Sforza zögern, der Aufforderung nachzukommen, so gelte das als Beweis seiner Treulosigkeit und sie hätten ihn auf der Stelle zu töten. Sforza selbst war entweder unglaublich naiv, was unwahrscheinlich ist, oder bereit, das Risiko einzugehen. Er folgte der Vorladung sofort und nahm nicht einmal seine Leibwache mit sich. Filippo fühlte sich zumindest für den Augenblick beruhigt und eröffnete dem zukünftigen Schwiegersohn seinen Plan, beziehungsweise einen kleinen Teil davon.
Sforza sollte auf Urlaub gehen. Sicher wäre es gut, wenn er sich etwas um seine Besitzungen im Regno kümmerte. Königin Johanna konnte nicht ewig leben, und wer immer von ihr im letzten Moment zum Nachfolger bestimmt würde, hätte mit Unruhen in Neapel zu rechnen. Sforza könne auf Filippos Unterstützung rechnen, wenn er seine Interessen gegen Alfons von Aragon verteidigen müsse. Im übrigen böten sich einem unternehmungslustigen Condottiere gute Gelegenheiten in den päpstlichen Territorien, wo sich viele Städte gegen den unpopulären neuen Pontifex auflehnten.
Sforza verstand den Wink. Er ritt gen Süden und fand bereits in der Mark Ancona, wo sich der päpstliche Vikar, der kriegerische Kardinal Vitelleschi, Feinde auf allen Seiten machte, ein reiches Betätigungsfeld. Er wurde dort freudig begrüßt. Wenn sich diese kleinen Hügelstädte schon vor irgendeinem Herrn zu beugen hatten, dann war ihnen dafür der rauhe, aber gutmütige Soldat noch am liebsten. Eine Stadt nach der anderen öffnete ihm die Tore: Ascoli, Osimo und selbst Recanati, Vitelleschis eigener Bischofssitz. Sforza besetzte den berühmten Wallfahrtsort Loreto, allerdings erst, nachdem der dortige Schrein von dem

Kardinal seiner Schätze beraubt worden war. Ende 1433 hatte sich Sforza eines großen Gebiets bemächtigt. Er legte sich der päpstlichen Autorität gegenüber keinerlei Zwang auf. Ja, er begann sogar seine Briefe mit der frischfröhlichen Unverschämtheit: »Von unserem Schloß Fermo, Peter und Paul zum Trotz...«

Fermo blieb viele Jahre lang sein ideales Hauptquartier. Es lag geschützt in den gebirgigen Marken hoch über der Adria, weit weg von Mailand, Venedig und Neapel und doch wieder so zentral, daß er selbst rasch nach Norden oder Süden reiten konnte. Einmal hoffte er sogar, daß seine Hochzeit mit Bianca Maria dort stattfinden könne. Es existiert ein Brief von seinem Bruder Alessandro Sforza, in dem er seinen Beauftragten bittet, »alles Notwendige« herbeizuschaffen: Heu, Stroh, gute Betten, Fleisch, Geflügel, Wild, Fisch, Schinken, Zicklein, Lämmer, Eier, Käse und so weiter. Außerdem solle er Köche, hübsche Burschen zur Aufwartung und das übrige für so prunkvolle Festlichkeiten unerläßliche Dienstpersonal herbeischaffen. Aber der Herzog verstand es, die Hochzeit wieder einmal zu verschieben, so daß alle Vorbereitungen umsonst gewesen waren. In Fermo wurde später jedoch Francescos erster Sohn, Galeazzo, geboren.

Sforza war in den Marken zu erfolgreich, als daß er nicht die Eifersucht des Herzogs erregt hätte. War die Anregung zu diesem Unternehmen ursprünglich von diesem selbst ausgegangen, so in der Absicht, daß sämtliche Eroberungen an ihn fallen sollten. In den nächsten zwei Jahren gruppierten sich die Partner wieder ständig um.

Als Gegengewicht zu Sforza sandte der Herzog Piccinino in die Romagna, um dort ebenfalls einige Städte gegen die päpstliche Autorität aufzuwiegeln. Gleichzeitig ließ er mit der üblichen Doppelzüngigkeit allgemein verbreiten, Piccinino sei von der Undankbarkeit seines Herrn angewidert und versuche, einen unabhängigen Staat aufzubauen. Als dieses Gerücht lange genug in Umlauf war, konnte Piccinino es indigniert zurückweisen und den Papst der Verleumdung bezichtigen. Zur Demonstration seiner selbstlosen Ergebenheit übergab er nunmehr die von ihm eingenommenen Städte dem Herzog.

Inzwischen schloß sich Sforza näher an den Papst an. Eugen empfand zwar keine besondere Sympathie für ihn, benötigte jedoch dringend Freunde. Selbst in Rom war er nicht mehr sicher. Dort hatte ihn ein anderer Condottiere der Visconti bedroht, Niccolò Fortebraccio, ein Neffe des berühmten Braccio, und ihn 1434 mit Piccininos Hilfe aus der Stadt vertrieben. Der Papst mußte verkleidet Tiber abwärts fliehen, doch die feindseligen Bürger erkannten ihn und bewarfen ihn mit Steinen. Erst neun Jahre später wagte er sich nach Rom zurück. Bis dahin residierte er in Florenz. In dieser schwierigen Lage blieb ihm nicht viel anderes übrig, als um Sforzas Wohlwollen zu buhlen, indem er dessen Eroberungen in den Marken hinnahm und ihn auch noch mit Ehren und Titeln auszeichnete: Päpstlicher Vikar, Markgraf von Fermo, Gonfaloniere (Bannerträger) der Kirche und so fort. Sforza revanchierte sich für diese Gunstbezeigungen dadurch, daß er sich mit Fortebraccio bei Fiordimonte schlug und ihn tötete. Die Freundschaft des Papstes ging jedoch nicht sehr tief. Er konnte Sforza die Eroberungen in der Mark Ancona nicht verzeihen, und sein Groll brachte ihn schließlich dazu, sich an einer Verschwörung zu beteiligen mit dem Ziel, den Condottiere zu ermorden. In diesen Plan scheint auch Piccinino verwickelt gewesen zu sein. Zum Glück besaß Sforza selbst unter den Kardinälen ein paar Wohlgesinnte, und er wurde rechtzeitig gewarnt. Es gelang ihm, den Rädelsführer festzunehmen und in Fermo ins Verließ zu werfen. Sein Leben verschonte er jedoch. Zwei seiner Anhänger schlugen ihm daraufhin ein Gegenkomplott zur Beseitigung Piccininos vor und stellten sich freiwillig dafür zur Verfügung. Sforza wollte jedoch davon nichts wissen und warf sie voll Verachtung aus dem Zimmer. Diese Geschichte scheint Piccinino zu Ohren gekommen zu sein, und man behauptet, daß er daraufhin, trotz unverminderter Eifersucht gegen Sforza, stets großzügiger von seinem Rivalen gesprochen habe, selbst dem Herzog gegenüber.

Mittlerweile führte die Entwicklung in Neapel zu einer weiteren Umgruppierung. Johanna starb 1435, nachdem sie René von Anjou zu ihrem Nachfolger bestimmt hatte. Alfons, den

153 Kardinal Giovanni Vitelleschi

sie zuvor adoptiert und später enterbt hatte, versuchte, sich mit Waffengewalt des Throns zu bemächtigen. Seine Flotte wurde von den Genuesen geschlagen, die ihn gefangennahmen und stolz ihrem Herrn in Mailand übergaben. Daraufhin ereignete sich etwas völlig Ungewöhnliches: Filippo erlag dem Charme seines fürstlichen Gefangenen, entzog den Anjou seine Unterstützung und ergriff die Partei der Aragonier. Alfons wurde ohne Lösegeld zahlen zu müssen freigelassen, was die Genuesen so erbitterte, daß sie die mailändische Oberhoheit abwarfen und erneut ihre Unabhängigkeit erklärten. Auch Sforza bereitete dieser Gesinnungswechsel Ärger, denn dadurch wurden seine Interessen im Regno bedroht und im übrigen die Unaufrichtigkeit von Filippos früheren Zusicherungen unterstrichen. Alfons, ein Spanier, der selbst gerne kämpfte, empfand wenig Sympathie für die Condottieri als Klasse, und als er sechs Jahre später Neapel endlich eroberte, errichtete er ein Milizsystem, das seine Abhängigkeit von Söldnerheeren verringern sollte. Für Sforza persönlich hegte er noch eine besondere Antipathie. Sie beide hatten einander immer als Gegner gegenübergestanden, während im Falle des Herzogs, des Papstes und der venezianischen Republik Sforza sich stets brüsten konnte, das eine oder andere Mal gute Dienste sowohl für als auch gegen sie geleistet zu haben.

Nun, da sein Verhältnis zu Filippo immer unerfreulicher und die Aussichten auf eine Heirat mit Bianca ständig geringer wurden, richtete Sforza seinen Blick auf Venedig.

Nach der Hinrichtung Carmagnolas hatten sich die Venezianer verschiedener Feldherren zur Verteidigung ihrer Festlandgebiete bedient. Colleoni war in ihrem Dienst geblieben, und 1434 hatten sie den alten Gattamelata und seinen unzertrennlichen Waffenbruder, Graf Brandolini, angeworben. Man würde gern mehr über die »honigsüße Katze« wissen. Das berühmte Standbild in Padua zeigt ihn als einen starken, würdevollen und nicht unsympathischen Mann, und das Porträt auf seinem Grabstein in der Basilika des hl. Antonius, ebenfalls in Padua, vermittelt den Eindruck eines aufrechten, ehrlichen Charakters, was den spärlichen Aufzeichnungen, die wir über ihn besitzen, nicht widerspricht. Er soll ein mutiger, treuer Mann gewesen sein, der zu seinem Wort stand. Auf jeden Fall endete seine Karriere im Dienst Venedigs glücklicher als die Carmagnolas, denn die Regierung beschenkte ihn mit einem fünfundsiebzig Zentimeter langen Marschallstab, dem Werk eines venezianischen Künstlers, zum Dank für seine treuen Dienste. Nach seinem Tod wurde dieser Stab als Reliquie in der Kirche, in der er begraben liegt, aufbewahrt.

»Gattamelata und Graf Brandolini«, heißt es in der *condotta* von 1434, »werden als Anführer von vierhundert Lanzen mit je drei Pferden pro Lanze, wie es der Brauch ist, sowie vierhundert Fußsoldaten in Dienst genommen. Nach sechs Monaten sollen sie, zusätzlich zu dem oben Vereinbarten, fünfzig Lanzen mehr erhalten für ihre beiden Söhne unter ihrem Kommando...«

Gattamelatas Sohn hieß Antonio. Er überlebte seinen Vater nur um zwölf Jahre, und ihre Gräber liegen Seite an Seite in der Basilika des hl. Antonius.

Wie üblich war auch dieser venezianische Soldvertrag bis in die kleinsten technischen Details festgelegt: »Eroberte Städte, Gebiete, Festungen und ihr Kriegsmaterial« galten als legitime Gewinne der Republik, während die gewöhnliche Beute Eigentum der Truppen wurde, vorausgesetzt jedoch, sie zahlten die *Onoranza di San Marco,* die »St. Markus-Gebühr«, eine Steuer von zehn Prozent des Gesamtwerts. Gefangene wurden in ähnlicher Weise nach ihrer Bedeutung unterteilt. Eingedenk des Ärgers, den die Venezianer nach Maclodio gehabt hatten, legten sie genaue Bedingungen fest: »Regierende Fürsten, ihre Brüder und Söhne sowie Rebellen und Verräter« galten als Gefangene der Republik, die außerdem ein »Vorkaufsrecht« besaß auf »andere Condottieri und militärische Anführer« gegen Bezahlung der Hälfte ihres Lösegeldes. Die Gefangenen aus den Mannschaftsgraden wurden mit der tragbaren Beute eingestuft und standen den siegreichen Soldaten zur Verfügung.

Gattamelata und Brandolini machten sich so sehr um Venedig verdient, daß sie gemeinsam mit dem Kastell und den Ländereien von Valmarino belohnt wurden. Zum St. Markus-Tag mußten sie allerdings jedes Jahr einen Tribut von zehn Pfund Wachs entrichten. Nach einiger Zeit zahlte Gattamelata seinen Kameraden aus und wurde alleiniger Herr des Ortes. Sein Name fand Eingang in das *Libro d'oro*, die Liste der vornehmsten Familien von Venedig. Keine schlechte Karriere für einen Bäckersohn aus einer umbrischen Kleinstadt.

1438 flammte der Krieg zwischen Mailand und Venedig in vollem Umfang wieder auf. Piccinino führte das Heer des Herzogs an, zunächst gegen Gattamelata und Colleoni. Schauplatz der Handlungen war das Gebiet um den Gardasee, in der Mitte zwischen den rivalisierenden Städten gelegen. Die Venezianer hielten Brescia im Westen des Sees, und Piccinino belagerte diese Stadt, die in den Augen der Mailänder einen herausfordernden Vorposten der feindlichen Macht darstellte. Filippo war es gelungen, die Unterstützung seines traditionellen Feindes Gonzaga von Mantua zu gewinnen. Das bedeutete, daß die normale Versorgungslinie von Venedig nach Brescia, die Straße entlang der südlichen Küste des Gardasees, durch die Mantuaner Festung Peschiera, am südöstlichen Seende, plötzlich unterbrochen war. Diese Faktoren bestimmten die Strategie des Krieges, der während der nächsten zwei oder drei Jahre wütete.

An den ersten Kampfhandlungen hatte Sforza keinen Anteil, und der Bericht über diese Periode gehört eher zum Kapitel über Colleoni, der sich dabei große Verdienste erwarb. Sforza wurde als *capitano generale* für Venedig eingesetzt, als Gattamelatas Gesundheit zusammenbrach: Er erlitt einen Schlaganfall und zog sich nach Padua zurück, wo er 1443 starb. Man bereitete ihm ein glänzendes Begräbnis mit all dem Pomp, dessen die Serenissima bei solchen Anlässen fähig war. Allerdings blieb es seiner Witwe, Giacoma Leonessa, überlassen, sein Standbild bei Donatello in Auftrag zu geben.

Die Rolle, die Sforza in den Kriegsoperationen rund um den Gardasee zukam, war beträchtlich. Er sah sich seinem lebenslänglichen Rivalen, Piccinino, gegenüber. In Colleoni besaß er einen Stellvertreter, auf den er sich verlassen konnte. Einige der Erfolge, die später Sforza zugeschrieben wurden, gingen wahrscheinlich auf Colleonis Konto, und Sforza selbst scheint sich kollegial verhalten und ihm seinen Anteil an Ehren zukommen lassen zu haben. Einmal, als Sforza einen ganzen Tag lang bei Cignano kämpfte, hätte er die Schlacht verloren, wäre ihm nicht Colleoni, zu der Zeit in Brescia, rechtzeitig zu Hilfe gekommen.

Piccinino war ein schrecklicher Gegner. Nachdem er die Flotte zerstört hatte, welche von den Venezianern mit übermenschlichen Anstrengungen auf dem Gardasee eingesetzt worden war, segelte er zum nördlichen Seende, wo er nahe bei Riva von Sforzas Armee umzingelt wurde. Bei dieser Gelegenheit soll es sich zugetragen haben, daß er in einem Sack, den ein riesiger deutscher Soldat auf dem Rücken trug, durch Sforzas Linien entkam. Kurz darauf machte der listige kleine Mann einen Überraschungsangriff auf Verona, die venezianische Schlüsselposition im Osten des Gardasees. Piccinino waren dabei die Information eines Deserteurs und die Kürze der Novembertage von großem Nutzen gewesen. Er befand sich bereits in Verona, bevor Sforza wußte, daß er sein Standquartier verlassen hatte, und die ganze Stadt wurde mit Ausnahme des Kastells am Flußufer in aller Geschwindigkeit von den Mailändern eingenommen. Sforza, der sein Lager am nördlichen Seende errichtet hatte, ging sofort zum Gegenschlag über. Er führte seine Truppen nachts über die Berge, auf denen bereits der erste Schnee lag. Es herrschte eine grimmige Kälte. Einige seiner Soldaten verloren später Finger und Zehen durch die Erfrierungen. Aber der Marsch wurde durchgeführt, und zum größten Erstaunen der noch siegestrunkenen Mailänder brach Sforza nur drei Tage nach dem Fall der Stadt wieder in Verona ein. In dem Durcheinander, das folgte, verlor Piccinino zweitausend Mann als Gefangene.

Das Glück war von ihm gewichen. Im Sommer darauf fiel er in die Toskana ein. Angeblich sollte er ein Ablenkungsmanöver durchführen und Florenz bedrohen, um Sforza von der Lombardei abzuziehen. Piccinino hatte jedoch noch ein persönlicheres Motiv. In seinem Innersten hegte er den Plan, es seinem Landsmann und ehemaligen Feldherrn gleichzutun und sich selbst zum Herrn von Perugia zu machen. Aber diese stolze Stadt legte keinerlei Wert auf einen weiteren Condottiere als Despoten. Die Bewohner machten ihm zwar eine großzügige Schenkung, ließen ihn jedoch unzweideutig wissen, daß sie »es vorzögen, ihn als Landsmann zu ehren, denn als Fürsten zu hassen!«

Die toskanische Expedition endete katastrophal bei Anghiari, einem alten befestigten Dorf im oberen Tibertal, ehemals ein römisches Heerlager. Piccininos Armee, zu der zahlreiche florentinische Medici-Gegner gehörten, stieß am 29. Juni 1440 mit Sforzas Armee zusammen und wurde vernichtend geschlagen. Piccinino verlor die Hälfte seiner Leute als Gefangene und seinen ganzen Gepäckzug. Machiavelli verspottete später diesen Kampf als typische Condottieri-Schlacht ohne Blutvergießen. Tatsächlich gab es nur geringe Verluste,

154 Grabmal von Gian Antonio (gest. 1456), Sohn des Gattamelata, in der Basilika des hl. Antonius von Padua

was jedoch wohl mehr Sforzas Kriegführung zu verdanken war. Auch blieb diese Auseinandersetzung nicht ohne weitreichende Folgen: Sie wandte eine Bedrohung von der Oberhoheit der Medici in Florenz ab und steigerte Filippo Viscontis Bestreben, den Krieg zu einem Ende zu bringen.

Piccinino, auf den er sich verlassen hatte, war ein erledigter Mann. Er war verschiedene Male verwundet worden, und der alte glühende Geist konnte nicht länger die physischen Handikaps kompensieren. Er war bereit, sich zurückzuziehen und wollte, daß man ihm die Stadt Piacenza als Belohnung für seine Dienste gäbe. Verschiedene andere Mailänder Heerführer belästigten Filippo mit ähnlichen Forderungen. Der Herzog fand, es sei besser, seine Feinde als seine Freunde zu befriedigen und sandte Sforza rasch folgendes Angebot: Wenn er die Venezianer und Florentiner dazu brächte, Frieden zu schließen, könnte die immer wieder verschobene Hochzeit mit seiner Tochter unverzüglich gefeiert werden und Biancas Mitgift würde die Städte Cremona und Pontremoli einschließen.

155 Schlacht von Anghiari 1440, bei der die Florentiner und Venezianer unter Sforza die Mailänder unter Piccinino besiegten

Auf diese Weise kam es 1441 zum Frieden von Cavriana, und noch im gleichen Jahr wurde Sforza Filippos Schwiegersohn und präsumtiver Erbe.
Daß Filippo zu guter Letzt doch noch, wenn auch widerstrebend, seine Einwilligung zu der Heirat gab, war bis zu einem gewissen Grad dem Einfluß des Mädchens selbst zu verdanken. Bianca Maria wußte, was sie wollte, und sie wollte keinen anderen Gatten als Sforza. Zwei anderen Vorschlägen hatte sie sich bereits entzogen.
Sie war nun sechzehn, hellhäutig und von stattlicher Erscheinung. Ihr Temperament ging manchmal mit ihr durch, und dann zitterten ihre zarten, weißen Hände oft vor Erregung, aber die Stürme legten sich rasch wieder. Bianca liebte prächtige Kleider, doch hatte sie einen zu guten Geschmack, um sich protzig herauszuputzen. Servile Unterwürfigkeit war ihr ein Greuel, und selbst in ihren glorreichsten Tagen machten sie all die mützenziehenden Männer auf der Straße und vor ihr knienden Menschen ungeduldig. Wie Sforza war sie freigebig, und ihre Großzügigkeit wurde geradezu legendär. Große Summen gab sie für Almosen aus, denn sie war fromm und ging nachts barfuß zur Kirche. »Besser ausgeben«, sagte sie, »als anhäufen und Gott vergessen.« Sie war intelligent, und Sforza fragte sie in späteren Jahren oft um Rat, besonders bei Problemen, die das Volk von Mailand betrafen, wo ihre Beliebtheit als eine Visconti zu seinen größten politischen Trümpfen gehörte.
Ihre Mutter geleitete sie zum Traualtar. Die Hochzeit wurde in Cremona gefeiert, einer der in die Ehe eingebrachten Städte, rund achtzig Kilometer südöstlich von Mailand. Cremona war zu jener Zeit eine liebliche lombardische Stadt aus leuchtenden Ziegeln und Terracotta, überragt vom Torrazzo, einem hohen Turm aus dem 13. Jahrhundert. Die Hochzeitszeremonie fand nicht in der alten Kathedrale statt, sondern in der San Sigismondo-Kirche, etwas außerhalb der Stadt. Diese Kirche wurde zweiundzwanzig Jahre später fast völlig erneuert zum Dank für das Glück, das aus dem damals geschlossenen Bund erwachsen war. Nach dem Gottesdienst zog das Paar in feierlicher Prozession in die Stadt ein, und der Tag wurde mit Banketten und Wettkämpfen zur Freude der Bürger und Soldaten begangen.
Auch wenn man von den Übertreibungen eines offiziellen Biographen absieht, trifft es zu, daß die Cremonesen Bianca liebten. Und ihr Gatte stand ihnen darin nicht nach. Waren ur-

sprünglich die Motive für diese Heirat auch rein politischer Natur gewesen, so gründete sie sich doch auch auf einer tiefen Zuneigung. »Ich habe Gott für vieles zu danken«, erklärte Sforza einmal, »aber der größte Segen, den ich erhielt, war ein unvergleichliches Weib.« Er sorgte sich um ihre Gesundheit und ermahnte sie stets, sich nicht zu übernehmen. Dazu hatte er auch allen Grund, denn in Krisenmomenten ließ sich Bianca von ihren häuslichen Verpflichtungen nicht abhalten, die Rolle eines Mannes zu übernehmen. Einmal, als Sforza Brescia belagerte, bemächtigten sich einige Rebellen des Kastells von Monza. Bianca wollte ihren Mann nicht von seiner militärischen Aufgabe ablenken, sammelte eine Gruppe bewaffneter Männer um sich und führte sie zu Fuß nach Monza, wo ihre Entschlossenheit und ihr Ansehen bewirkten, daß sich die Rebellen sofort ergaben. Bei einer anderen Gelegenheit kam sie in Sforzas Lager, als er gerade dabei war, eine Belagerung aufgrund des schlechten Wetters aufzugeben. Bianca bestand darauf, daß zwei neue Kanonen aufgestellt und die Mauern Tag und Nacht pausenlos beschossen würden. Als sie anfingen einzustürzen, ergaben sich die Belagerten, um zu vermeiden, daß die Festung im Sturm genommen wurde. Solche Vorkommnisse entsprachen ihrem Wesen. Normalerweise nützte sie jedoch ihre Beliebtheit bei der Truppe nicht dazu aus, ihren Mann ständig im Lager aufzusuchen und sich in seine militärischen Angelegenheiten einzumischen. Sie liebte die Atmosphäre eines Heerlagers, hielt sich aber dennoch meistens entfernt davon.

Zum Zeitpunkt seiner Hochzeit war Sforza vierzig, ein erfahrener Liebhaber, der zahlreiche Affären hinter sich und einige auch noch vor sich hatte. Ein Teil seiner illegitimen Kinder war bereits älter als Bianca. Polissena wurde Sigismondo Malatesta angetraut, noch bevor ihr Vater Bianca heiratete. Die Gesamtzahl von Sforzas anerkannten Bastarden belief sich auf zweiundzwanzig. Wie es in diesen Kreisen der Brauch war, setzte er sie dazu ein, seine politischen und militärischen Verbindungen auszubauen. Eine Tochter, Drusiana, heiratete Piccininos Sohn Jacopo, sein Sohn Tristano fand eine Frau unter den Töchtern der Familie Este.

Bianca nahm Sforzas gelegentliche Seitensprünge einigermaßen gelassen hin als »Gewohnheit der Männer und besonders der Fürsten.« Da sie ihre eigene Existenz einer solchen

»Gewohnheit« verdankte, konnte sie sich schwer allzusehr dagegen auflehnen. Einmal aber war ihre Eifersucht stärker als sie. Sforza interessierte sich zu auffallend für eine ihrer Hofdamen, Perpetua, ein Mädchen von tugendhaftem Ruf, dessen Heirat jedoch plötzlich ganz dringend wurde. Man verheiratete sie in aller Eile mit einem willfährigen Bediensteten und beförderte sie noch am selben Tag zu einem abgelegenen Kastell. Perpetua wurde nie wieder gesehen, und häßliche Gerüchte kamen in Umlauf. Das Kind, das sie geboren hatte, wurde in das fürstliche Kinderzimmer aufgenommen und wuchs unter dem Namen Polidoro Sforza heran.

Bianca selbst schenkte Sforza einige bemerkenswerte Kinder: Galeazzo Maria, sein Erbe, kam 1444 auf Schloß Fermo zur Welt. Der berühmte Lodovico il Moro wurde ein paar Jahre später geboren. Von den übrigen verdienen Ascanio, der später Kardinal wurde, und Ippolita, die Alfons von Aragon heiratete, der Erwähnung. Ippolitas Begabung für lateinische Oratorik war ihres Vaters ganzer Stolz. Tatsächlich waren fast alle Sforza-Kinder rhetorisch begabt und erfreuten ihre Eltern bei festlichen Gelegenheiten mit der Rezitation lateinischer Gedichte und Reden. Gemessen an den Ehen der damaligen Zeit, war das Familienleben, das sich aus dem in Cremona geschlossenen Bund entwickelt hatte, bemerkenswert harmonisch und rechtschaffen.

Doch dieses häusliche Glück gehört in eine Zeit, die damals noch in der Zukunft lag. Im Jahr 1441 hatte sich Sforza zwar seine Braut gesichert, aber sonst nichts auf der Welt.

Seine krankhaft mißtrauische Natur scheint Filippo völlig unfähig gemacht zu haben, eine bestimmte politische Linie einzuschlagen und zu verfolgen. Nachdem er Sforza nun als Schwiegersohn an sich gebunden hatte, nutzte er diese Verbindung nicht, um sein Herzogtum zu festigen. Stattdessen fuhr er fort, auf die Einflüsterungen Piccininos und anderer unzufriedener Elemente zu hören und handelte so, daß Sforzas Position, die er eben selbst noch mit aufgebaut hatte, geschwächt wurde.

Wieder einmal brach der Krieg an allen Ecken und Enden der Halbinsel aus, und wieder einmal mußte Sforza gegen Piccinino kämpfen, den mißgünstigen kleinen Mann, der mittlerweile körperlich so verfallen war, daß er sich nur mühsam auf seinem Pferd aufrecht halten konnte und sich beim Gehen schwer auf den Arm eines Kameraden stützen mußte. Diese letzte Auseinandersetzung zwischen den beiden Rivalen fand in den Marken statt, wo Sforza durch die vereinigten Streitkräfte des Papstes und des Aragoniers, inzwischen König von Neapel, von seinen Besitzungen vertrieben wurde. Filippo hetzte die Verbündeten gegen seinen Schwiegersohn auf und lieh ihnen Piccinino als Heerführer.

Sforza gewann die erste Runde bei Montelauro. Piccinino suchte die Gelegenheit einer Revanche, als Filippo, inkonsequent wie immer, den Papst um seine Rücksendung nach Mailand bat. Der Condottiere gehorchte dem Befehl widerstrebend und mit bösen Vorahnungen. Er überließ das Kommando seinem Sohn Francesco mit dem ausdrücklichen Befehl, eine Schlacht zu vermeiden. Als er vor seiner Abreise noch einmal durch die Reihen ging, hatte er Tränen in den Augen. Die Männer jubelten ihm zu. Jene, die in ihm den Feldherrn der päpstlichen Truppen sahen, schrien »Chiesa!«, in Treue zur Kirche, aber die Mehrheit grüßte ihn mit dem Namen des legendären Heerführers, dessen Tradition er zwanzig Jahre lang aufrechterhalten hatte: »Braccio! Braccio!« Kaum in Mailand angekommen, erhielt er die befürchtete Nachricht: Nach seiner Abreise hatte Sforza seine Armee angegriffen und geschlagen. Francesco Piccinino und der päpstliche Legat befanden sich in Gefangenschaft, sein anderer Sohn, Jacopo, war entkommen. Diese Botschaft versetzte ihm den Todesstoß. Er starb wenige Tage später. Piccininos Karriere war merkwürdig enttäuschend und erfolglos verlaufen, denn obwohl man ihn zu Recht zu den bedeutendsten Condottieri seiner Zeit zählte, blieb ihm die Erfüllung all seiner brennenden Wünsche versagt.

Wie zu erwarten gewesen war, hielt der von Filippo mit Venedig unterzeichnete Friede den Belastungen dieser neuen Entwicklungen nicht stand. Wieder brach ein Krieg aus. 1446 zogen die venezianischen Streitkräfte westwärts über die Adda. Sforza, der sich immer noch

156 Die Hochzeit von Bianca Maria und Francesco Sforza in Cremona, 1441

bemühte, seine Besitzungen in den Marken zu halten, sah ihren Erfolg mit gemischten Gefühlen. Zwar gönnte er seinem Schwiegervater eine Niederlage, andererseits aber wollte er, wenn er eines Tages das Herzogtum erbte, es nicht von den Venezianern ausgeplündert und zerstückelt vorfinden.

Er wußte immer noch nicht, wie er mit dem krötenähnlichen Einsiedler von Porta Giovia eigentlich stand. Die Geburt eines Enkels hatte den Herzog erfreut. Er hatte gebeten, das Kind auf den traditionellen Visconti-Namen Galeazzo Maria zu taufen, und Sforza ermächtigt, seinem Wappen die Viper der Mailänder Herzöge hinzuzufügen. Aber was bedeu-

teten schon solche Gunstbezeigungen? Inzwischen hatte der Herzog die seltsame Behauptung aufgestellt, Cremona hätte niemals zu Biancas Mitgift gehört, sondern lediglich als Sicherheit gegolten für eine dem Bräutigam geschuldete Summe, die jetzt zurückgezahlt werden sollte. Er hatte sogar Bartolomeo Colleoni, der in seinen Dienst getreten war, damit beauftragt, die Stadt in Besitz zu nehmen. Wenig später aber war er größeren Verwicklungen, die sich unweigerlich daraus ergeben hätten, aus dem Weg gegangen, indem er Colleoni grundlos ins Gefängnis werfen ließ. Sforza konnte den schwachen Trost für sich in Anspruch nehmen, nicht der einzige zu sein, der von einem Tag zum anderen nicht wußte, wie er mit dem Herzog daran war. Inzwischen traf er seine Dispositionen, um dieser so wichtigen Stadt nicht verlustig zu gehen. Er war sogar so vorausschauend, die geheime Order zu erlassen, daß, was immer für Streitkräfte ihm bei der Verteidigung von Cremona beistehen würden, es nicht seine venezianischen Freunde sein sollten. Kein venezianischer Soldat dürfe die Stadt betreten. Eine Form von politischem Weitblick bestand darin, zur gleichen Zeit in zwei entgegengesetzte Richtungen zu schauen.
Im Sommer 1447 stand die venezianische Armee bedrohlich nahe vor Mailand. Krank und voller Angst schickte Filippo nach Sforza mit der Bitte um Hilfe. Dieser Hilferuf wurde durch einen Brief von Sforzas Freund Niccolò Guarna in Mailand unterstützt: »Bedenkt, wie die Dinge liegen und wie Ihr dasteht, wenn unser Herr stirbt und Ihr seid nicht hier.« Das war am 13. August. Zwei Tage später schrieb Guarna erneut, um mitzuteilen, daß der Herzog eben verstorben sei. Sforza befand sich bereits auf dem Weg nach Mailand. Unterwegs sammelte er alle Streitkräfte, die er auftreiben konnte. Die Nachricht erreichte ihn, während er in Cotignola Halt machte. Kurz darauf erreichte ihn ein weiterer Brief mit derselben Botschaft sowie der gleichen Bitte um Eile. In diesem Brief, der von seinem Anhänger Guidoboni stammte, heißt es: »Sobald Ihr hier seid, ist das halbe Spiel gewonnen.«
Dieses »Spiel« war jedoch äußerst verwickelt. Boshaft und pervers bis zum Ende, hatte Filippo alles getan, jenen reibungslosen Machtwechsel zu verhindern, in dem sich die Visconti bei früheren Krisen soviel Erfahrung erworben hatten. Sein Schwiegersohn wurde von ihm mit keinem klaren Nachfolgetitel versehen. Sforza gründete seine Ansprüche auf ein Dokument, das nach des Herzogs Angaben vor einem Jahr erstellt worden war, in Wirklichkeit aber gar nicht existierte. Einen Tag vor seinem Tod hatte Filippo Alfons von Aragon zu seinem Erben bestimmt, und das Kastell sowie andere Schlüsselpositionen wurden auch gleich von Truppen besetzt, die auf der Seite des neapolitanischen Königs standen. Als Dritter erhob der Herzog von Orleans Ansprüche auf den Thron, als Sohn von Giangaleazzos Tochter Valentina, die 1391 den Bruder des französischen Königs geheiratet hatte.
Doch damit noch nicht genug. Der Stadt Mailand mangelte es nicht an fähigen und mutigen Männern, die sich sagten, daß, wenn es ihren Widersachern Florenz und Venedig möglich sei, ihre Angelegenheiten selbst in die Hand zu nehmen, es doch für sie absurd und degradierend wäre, sich einem jener drei fernen und fremden Herren zu unterwerfen, sei es nun einem französischen Herzog, einem spanischen Prinzen oder einem Condottiere aus der Romagna. Die männliche Linie der Visconti war ausgestorben. Warum nicht diese gute Gelegenheit nutzen, um der Alleinherrschaft eines Despoten ein für alle Mal ein Ende zu setzen? Sie proklamierten also eine Regierung, die sie nach dem Schutzpatron der Stadt die »Goldene Ambrosianische Republik« nannten. An ihrer Spitze standen Beamte, die den Namen trugen »Kapitäne und Verteidiger der Freiheit von Mailand.«
Eine kurze Zeit lang ging alles gut. Die Garnison wurde durch eine im rechten Augenblick erfolgte Zahlung von 17000 Goldgulden von ihrer Treue zu Alfons abgebracht, und die in der Stadt anwesenden Condottieri waren so von der Zurschaustellung bürgerlicher Einigkeit beeindruckt, daß sie der neuen Regierung Treue schworen. In der Begeisterung wurde das Kastell gestürmt, eine vorweggenommene Bastille, zum Zeichen dafür, daß die Visconti-Tyrannei für immer verschwunden war.

Es sah so aus, als sei Sforza der Preis, der ihm so lange, wenn auch nie sicher, gewinkt hatte, nun endgültig entgangen. Aber der neugeborenen Republik fehlten die soliden Grundlagen, um ihren Idealismus zu stützen. Wie Machiavelli schrieb »konnte nichts Mailand frei machen, da es durch und durch korrupt war, wie es nach Filippo Viscontis Tod offenkundig wurde, als es die Freiheit einsetzen wollte, aber weder die Fähigkeit noch die Kenntnis besaß, sie zu halten.«

Das Dringlichste war, etwas gegen die siegreichen Venezianer zu unternehmen. Wahrscheinlich hätten die Mailänder gut daran getan, ihre Feinde mit Geld, ganz gleich in

157 Bianca Maria Sforza, Gemälde von Bonifazio Bembo, um 1460

158 Bartolomeo Colleoni, Detail eines anonymen Freskos

welcher Höhe, abzufinden. Stattdessen ließen sie sich mit Sforza ein und trugen ihm das Amt des *capitano generale* an. Sie versprachen ihm Brescia und Verona, wenn es ihm gelänge, diese Städte den Venezianern zu entreißen. Sforza zögerte, schließlich nahm er an, nicht zuletzt aufgrund des Ratschlags seines Freundes Cosimo Medici, der mit scharfem Blick erkannte, daß dies für den Augenblick die beste Möglichkeit war, im Spiel zu bleiben. Auch von seiner Frau wurde er während dieser Zeit gut beraten. Bianca kannte ihre Mailänder. Sforza nahm das Kommando auf und verwandte seine ganze Energie darauf, die Lage in der Lombardei wieder zu festigen. Piccininos Söhne fanden – mit der typischen beruflichen Distanz – nichts dabei, unter dem größten Rivalen ihres Vaters zu dienen. Sforza bat die Mailänder, noch Colleoni anzuwerben, was sie auch taten.

Die übrigen Städte in der Lombardei zeigten wenig Begeisterung für die Goldene Ambrosianische Republik. Einige erklärten ihre eigene Unabhängigkeit. Dazu gehörte auch

159 Francesco Sforza, Gemälde von Bonifazio Bembo, um 1460

Piacenza, das sich Sforza aussuchte, um ein schreckliches Exempel zu statuieren. Er unterwarf die Stadt einem massiven Bombardement, wie es bisher in Italien noch nicht dagewesen war. Danach stürmte er in die Breschen und überließ den Ort der Raubgier seiner Soldaten. Nach jenem schrecklichen Novembertag im Jahr 1447 lag Piacenza eine Zeitland völlig verödet da und mußte schließlich zwangsweise neu bevölkert werden.

Pavia, das seit jeher eifersüchtig auf Mailand war, entschied sich ebenfalls für die Unabhängigkeit. Das Kastell wurde jedoch von Biancas Mutter, Agnese del Maino, gehalten, und sie überredete die Bürger, sich ihrem Schwiegersohn persönlich zu ergeben, was keine Unterwerfung unter Mailand impliziere. Diese Abmachung war natürlich nicht im Sinne der Goldenen Ambrosianer, doch hatten sie keine Möglichkeit, sich dagegen zu wehren. Aber als sich wenig später auch Tortona Sforza unterworfen hatte, rächten sie ihre gekränkte Ehre und befahlen Colleoni, seinerseits die Stadt zu besetzen und Sforzas Garnison wegzuschicken. Sforza zog es vor, über diese Angelegenheit stillschweigend hinwegzugehen.

Cremona blieb während der ganzen Zeit fest in seiner Hand und wurde von seiner Frau mutig verteidigt. Als sich einmal eine venezianische Streitmacht näherte, versammelte Bianca die ihr treu ergebene Truppe und ritt an ihrer Spitze, den Speer in der Hand, vor die Stadt. Man erzählt sich sogar, sie habe den Speer gegen einen venezianischen Soldaten geschleudert, ihn in den Mund getroffen und getötet. Ob ihr diese Tat zu Recht zugeschrieben wird, weiß man nicht, fest steht jedoch, daß die Cremonesen den Feind zurückwarfen und ihm große Verluste beibrachten.

Die Thronansprüche von Alfons und dem Herzog von Orleans waren in den Hintergrund getreten. Das Kräftedreieck setzte sich jetzt aus Sforza, der Ambrosianischen Republik und Venedig zusammen.

Anfang des Jahres 1448 sprachen die beiden Regierungen von Frieden. Sforzas Interessen verlangten jedoch, daß der Krieg weiterging, und es gelang ihm, die Verhandlungen zu sabotieren. Die Kämpfe wurden im Mai wieder aufgenommen, aber den Mailändern ging das Geld aus, um ihre Heerführer zu bezahlen, so daß Colleoni auf die andere Seite überwechselte. Sforza blieb Mailand treu, wenn man das so nennen darf. Bei ihm ging es schließlich nicht nur um Sold.

Einige Monate später wurde seine Armee bei Caravaggio, an der Straße zwischen Brescia und Mailand, von den Venezianern überrascht. Sforza war entweder gerade in der Messe oder beim Frühstück, als der Feind beim ersten Morgengrauen angriff. Es blieb ihm keine Zeit mehr, seine Rüstung anzulegen, doch ließ er sich nicht aus der Fassung bringen und erteilte unerschrocken seine Befehle. Er sandte eine starke Reitertruppe durch die Wälder, um dem Feind in den Rücken zu fallen, während er ihren Angriff, so gut es ging, von vorn abwehrte. Das Manöver war erfolgreich, und die Venezianer erlitten eine vernichtende Niederlage. Sforza machte Tausende von Gefangenen, viel zu viele, um sie zu ernähren. So ließ er die unteren Ränge sofort wieder frei. Die höheren Gefangenen, einschließlich dreier Generäle und zweier hoher venezianischer Beamten in ihren roten Gewändern, wurden im Triumph nach Mailand gebracht.

Nach dieser Niederlage kamen die Venezianer zu dem Schluß, daß es für sie nützlicher wäre, mit Sforza persönlich handelseinig zu werden als mit der Ambrosianischen Republik. Am 18. Oktober wurde daher in einem kleinen Dorf namens Rivoltella in der Nähe von Peschiera eine Abmachung unterzeichnet, nach der Sforza auf die andere Seite überwechseln sollte, beziehungsweise (je nach Auslegung) Venedig seinen Anspruch auf das Herzogtum Mailand unterstützen würde. Was immer für formelle Phrasen gedroschen wurden, um den Frontwechsel zu rechtfertigen, Tatsache war, daß Sforza venezianische Unterstützung in Form von viertausend Reitern, zweitausend Fußsoldaten und 13 000 Dukaten pro Monat erhielt. Würde er dank dieser Hilfe Herr über Mailand werden, dann sollte in Zukunft der Fluß Adda die Grenze zwischen den beiden Staaten bezeichnen. Die Venezianer glaubten

160 Bartolomeo Colleoni: Detail von Verrocchios Reitermonument in Venedig

nicht ernsthaft daran, daß Sforza Mailand einnehmen würde, noch weniger wünschten sie es, aber sie meinten, daß eine solche Vereinbarung ihre Feinde zersplittern und die Mailänder dazu bringen könnte, ihre Bedingungen zu akzeptieren.

Doch auch das nächste Jahr brachte keine Klärung der verwickelten Affäre. Es schwindelt einem, wenn man versucht, die ständig wechselnden Beziehungen zwischen Sforza, Colleoni und den beiden Piccinini zu verfolgen, die sich heute als Freunde, morgen als Feinde gegenüberstanden. Dazu kam noch eine Invasion von sechstausend kriegslüsternen Savoyarden, deren Niederlage aber mehr ins Kapitel Colleoni gehört.

Elf Monate nach ihrem Handel mit Sforza griffen die Venezianer wieder auf ihre ursprüngliche Absicht zurück und schlossen hinter seinem Rücken mit Mailand Frieden. Die Nachricht erreichte den Condottiere erst drei Tage später.

Nun beginnt die letzte Phase in Sforzas unermüdlichem Kampf um Mailand. Er stand jetzt ganz allein gegen alle anderen: die republikanische Regierung, die Venezianer, die diese Regierung unterstützten, Colleoni, Sigismondo Malatesta und all die Condottieri und ihre Kompanien, die gegen ihn entsandt wurden.

Seine Taktik ging dahin, Mailand durch Blockade in die Knie zu zwingen. Da er die Adda unter Kontrolle hatte, konnte er verhindern, daß von Venedig Nachschub in die Stadt gelangte. Eine Furt bei Trezzo wurde von einer in seinem Besitz befindlichen Burg beherrscht, eine andere Festung stromaufwärts bei Brivio konnte ohne Schwierigkeit neutralisiert werden. Einige Versuche, seine Blockade an anderen Punkten zu durchbrechen – ein mutiger Vorstoß des jungen Sigismondo Malatesta, ein Umgehungsmarsch von Bartolomeo Colleoni durchs Gebirge um den Comersee – blieben ohne Erfolg. An der Wende zwischen 1449 und 1450 schloß Sforza seinen Würgegriff um die Stadt noch enger. Seine eigenen Leute hatten Hunger, aber die Mailänder waren noch hungriger, und er wußte, daß seine disziplinierten Truppen nicht als erste zusammenbrechen würden. Außerdem wußte er, daß er Freunde in Mailand hatte und daß viele Leute von der Goldenen Ambrosianischen Republik enttäuscht waren.

Wie es oft bei Revolutionen vorkommt, brachte ein ganz banaler Zwischenfall die allgemeine Unzufriedenheit zur Explosion. Ein Wortwechsel auf der Straße lockte an einem Februartag eine Menge mißmutiger und kriegsmüder Städter herbei. Das Gerücht verbreitete sich, das Armenviertel der Porta Nuova stünde unter Waffen. Irgendjemand, ob dazu berufen oder nicht, begann die Sturmglocke zu läuten. Schon bald gelangte diese ursprünglich spontane Bewegung unter die Führung von Sforzas Sympathisanten und wurde systematisch ausgebaut. Gaspare da Vimercate erschien auf der Bildfläche, ein angesehener Mann, der selbst unter Sforza gedient hatte und der Führer seiner Anhänger war. Vimercate und seine Freunde lenkten die von Minute zu Minute anwachsende Menge zum Corte d'Arengo, dem alten Palast neben dem Dom, wohin sich die Herzoginwitwe nach der Zerstörung des Kastells zurückgezogen hatte. Der venezianische Botschafter trat oben auf der Treppe der Meute entgegen. Man empfing ihn mit Pfiffen und Schmährufen als den Repräsentanten von Mailands Erzfeind und seit kurzem falschen Freund, der nicht fähig war, die Stadt vor dem Verhungern zu bewahren. Der unglückliche Botschafter wurde gelyncht, und der Mob stürmte den Palast.

Die idealistischen Republikaner hatten keinen starken Mann, um die Situation zu retten. Die »Kapitäne und Verteidiger der Freiheit« glänzten durch Abwesenheit. Unter der Führung von Vimercate und anderen sforzafreundlichen Elementen wurde eine riesige Bürgerversammlung in der Kirche Santa Maria della Scala abgehalten. Vimercate wandte sich an die Menge und überzeugte sie davon, daß ihre Unabhängigkeit keine Chance hätte und es das einzig Vernünftige wäre, sich mit Sforza unter günstigen Bedingungen zu einigen. Anderenfalls würden sie alle verhungern, bevor die Venezianer oder sonst irgendjemand sie retten könnte. Diese Rede wurde mit Beifall aufgenommen und Vimercate beauftragt, die Verhandlungen mit Sforza zu führen.

So hatte der Condottiere gewonnen, aber er bediente sich dieses Siegs mit Maß und Anstand. Er war bereit, die bestehenden Freiheiten der Stadt weiter zu garantieren und anzuerkennen, daß er das Herzogtum aus der Hand des Volkes und nicht irgendeines Kaisers, erhielt. Auch versprach er, alljährlich mindestens acht Monate in Mailand zu verbringen.

Am 26. Feburar hielt er seinen ersten Einzug in die Stadt. Er befahl seinen Truppen, sich mit Brot zu beladen und es an die ausgehungerte Bevölkerung zu verteilen, die ihm entgegenströmte, jubelte und »Sforza! Sforza!« »Duca! Duca!« rief. Er ritt durch die Porta Nuova ein und lehnte bescheiden den weißen, goldumsäumten Baldachin ab, den ihm die Bürger zu Ehren des Tages entgegentrugen. Solche Prunkaufzüge, sagte er, seien etwas für Könige, er aber befände sich auf dem Weg, dem Herrn der Welt Ehre zu erweisen, vor dessen Augen alle Menschen gleich seien. Dann ritt er weiter zum Dom, wo das Gedränge um ihn herum so stark war, daß angeblich Roß und Reiter hochgehoben und buchstäblich durch das Hauptportal in die Kirche getragen wurden. Kurze Zeit später kam Sforza wieder heraus auf die Piazza, und die Menge begrüßte ihn als den Herzog von Mailand. Es muß ein beglückender Augenblick gewesen sein nach so vielen Jahren des Zweifelns und Wartens. Aber er verweilte nicht lange. Gerade daß er, ohne vom Pferd zu steigen, ein Glas Wein und ein Stück Brot vor dem Hause eines Freundes zu sich nahm, dann ritt er in sein Lager vor der Stadt zurück.

Der feierliche Einzug folgte am 22. März. Dieses Mal ritten Bianca und der sechs Jahre alte Erbe, Galeazzo Maria, sowie Francescos Bruder Alessandro, Herr von Pesaro, mit ihm ein. Nun verweigerte er auch die Prachtentfaltung nicht, die das Volk von ihm erwartete. Auf einem vor dem Dom errichteten Podium wurden ihm die herzoglichen Insignien verliehen. Bei dieser Zeremonie trug er Gewänder aus leuchtend weißem Samt. Vimercate hielt das Szepter. Für diese offizielle Funktion und ohne Zweifel auch noch für andere Dienste von größerer politischer Tragweite wurde er, bei der Ehrenverteilung, die unmittelbar darauf folgte, mit der Ernennung zum Grafen von Valenza belohnt. Den kleinen Galeazzo machte man zum Grafen von Pavia.

An diesem Tag vollzog der Sohn von Muzio Attendolo seine Verwandlung vom Condottiere zu einem der bedeutendsten Fürsten Europas. Einige ausländische Mächte zögerten jedoch, ihn in dieser neuen Rolle anzuerkennen: Friedrich III. war der Meinung, daß es nur dem Kaiser zustünde, das Herzogtum zu vergeben, und der König von Frankreich unterstützte nach wie vor die Thronansprüche des Herzogs von Orleans. Aber die meisten Botschafter der italienischen Staaten beeilten sich, ihre Glückwünsche auszusprechen. Ausnahmen bildeten natürlich Neapel, wo Alfons seinen eigenen Anspruch aufrechthielt, und Venedig, wo der Rat einen Plan diskutierte, Sforza vergiften zu lassen.

Sforza überlebte jedoch und starb erst nach sechzehn Jahren erfolgreicher und aufgeklärter Regierung friedlich in seinem Bett. Sein Familienleben war nicht weniger glücklich. Als pflichtbewußter Vater verfaßte er 1457 seine *Suggerimenti di Buon Vivere* als Leitfaden für seinen Erben. »Galeazzo«, begann er, »Du weißt, daß wir bisher nie mit Dir böse waren oder Dir auch nur ein einziges Mal Schläge erteilt haben...« Dann fuhr er fort, ihm zehn Regeln über seinen Umgang mit jedermann, vom Herrgott bis zu den Dienstboten, zu erteilen. Galeazzo wurde ermahnt, daß er lernen müsse, auf alles zu verzichten, was nicht mit ehrlichen Mitteln erworben werden könne. Niemals dürfe er lügen oder betrügen...

Ein solcher Grundsatz mag aus Sforzas Mund vielleicht etwas erstaunlich klingen, aber Francesco war sicher nicht der erste Vater, dessen Ratschläge besser waren als sein Beispiel.

Bartolomeo Colleoni

Bartolomeo Colleoni muß seine Unsterblichkeit sehr am Herzen gelegen haben, als er darum ersuchte, daß ihm ein Standbild in Venedig errichtet würde. Zwar verweigerten ihm die Vorschriften der Durchlauchtigsten Republik den Markusplatz, den er sich als Standort ausgesucht hatte, aber auch auf dem kleineren und ruhigeren Platz vor Santi Giovanni e Paolo suchen noch genügend Touristen Verrocchios Meisterwerk auf und sorgen dafür, daß sein Name und seine Gesichtszüge nach wie vor in aller Welt bekannt sind.

1400, ein Jahr vor Francesco Sforza, kam Colleoni in Solza, einem kleinen Dorf an der Adda, etwa neun Kilometer von Trezzo entfernt, zur Welt. Er stammte also aus dem Gebiet, wo die lombardische Ebene in das Voralpenland übergeht und in dem fast während seines ganzen Lebens die Konflikte zwischen Venedig und Mailand ausgetragen wurden.

Die Familie Colleoni war guelfisch gesinnt und seit langem in Bergamo ansässig. Bartolomeos Vater, Paulo, allgemein unter dem Namen »Puhò« bekannt, war ein bescheidener Landedelmann. Ihm gehörten zwei kleine Kastelle, eines bei Solza und das andere bei Chignolo, aber solche Besitzungen galten nicht viel und verliehen keinen besonderen Status. Verheiratet war Puhò mit Ricardona Valvasori dei Sanguini.

Als Bartolomeo gerade anfing zu laufen und die ersten Wörter zu stammeln, löste der Tod Giangaleazzos in sämtlichen Mailänder Domänen große Verwirrung aus. Wie viele andere Opportunisten erraffte Puhò, was sich ihm bot.

In seinem Fall handelte es sich um das benachbarte und wesentlich größere Kastell Trezzo, das von Bernabò Visconti erbaut worden war. Ihn hatte der strategische Wert des Standorts angezogen: ein Hügel, der durch eine Flußschleife fast zu einer Insel wurde. Leider zerstörte Carmagnola später diese stolze Burg. Die Brücke, die sie mit dem anderen Ufer der Adda verband, war in drei Stockwerken gebaut. Hohe Gäste ritten auf dem obersten in die Festung ein, die Garnison und Dienstboten benützten das mittlere, und der unterste Übergang führte geradewegs in die Verließe. Von den Zinnen der Burg konnte man auf der einen Seite nach Bergamo sehen, auf der anderen Seite bis zum Mailänder Dom.

In seiner Freude über diese geräumigere Behausung war Puhò so unklug, vier seiner Vettern, die aus politischen Gründen Bergamo verlassen mußten, bei sich aufzunehmen. Sie brachten ihre Dankbarkeit dadurch zum Ausdruck, daß sie ihn eines Abends beim Damespiel ermordeten. Seine Frau warfen sie ins Verließ. Der kleine Bartolomeo wurde durch einen Hauslehrer gerettet, der ihn in die Berge brachte und dort ein Jahr lang versteckt hielt, bis seine Mutter wieder in ihr früheres Heim in Solza zurückkehren durfte und ihn zu sich nehmen konnte. Aber auch jetzt wurde der arme Waisenknabe nicht in Ruhe gelassen. Giorgio Benzone, Herr von Crema, bemächtigte sich seiner und hielt ihn als Geisel, bis eine Schuld an ihn aus dem Erbteil seiner Mutter zurückgezahlt wurde – ein passender Auftakt zu einem Abenteurerleben.

Als Colleoni alt genug war, um als Page ausgebildet zu werden, wurde er im Haus von Filippo Arcelli, Herr von Piacenza, aufgenommen. Eine besonders geistig oder künstlerisch ausgerichtete Erziehung erhielt er dort allerdings nicht, und er wurde auch nie besonders gelehrt. Als Erwachsener aber hatte er sein Vergnügen an literarischen oder wissenschaftlichen Disputationen und lockerte sie durch seinen gesunden Menschenverstand auf, vor allem, wenn sich die Argumente manchmal zu sehr ins Detail verloren. Körperlich wuchs Bartolomeo zu einem großen, athletisch gebauten jungen Mann heran mit dunklen Augen und gebräunter Haut, der bald ebenso berühmt wurde für seine Ausdauer als Soldat wie für seine Fähigkeiten als Liebhaber.

In seine Pagenzeit fiel es, daß Filippo Visconti Herzog von Mailand wurde und Carmagnola es unternahm, seine Autorität mit drakonischen Maßnahmen durchzusetzen. Colleoni war sechzehn, als er erfuhr, daß Carmagnola Trezzo eingenommen und jene heimtückischen Vettern verjagt hatte, denen sein Vater zum Opfer gefallen war. Doch lag in dieser Nachricht nur wenig Trost für ihn, denn Carmagnola hatte den Ort nicht erobert, um ihn Puhòs Sohn zurückzugeben, dessen Anspruch sowieso fast inexistent war. Im übrigen hatte der junge Mann auch bald viel dringendere Probleme. Carmagnola zog gegen Piacenza. Colleonis Herr widersetzte sich ihm, bis sein eigener Sohn und sein Bruder vor den Augen der ganzen Garnison grauenhaft ermordet wurden. Völlig gebrochen gaben Arcelli und seine Frau daraufhin den Widerstand auf und flohen ins Exil. Colleoni nahmen sie dabei nicht mit, der mußte selbst zusehen, wo er blieb. Er entkam aus der preisgegebenen Stadt und zog über den Apennin, um im Süden sein Glück zu versuchen. Es war die Zeit, als Braccio da Montone der bedeutendste Feldherr war. Colleoni trat in seine Kompanie ein.

Braccio wußte nichts über seine Herkunft und teilte den Neuankömmling den Stallburschen zu. Colleoni war wütend. Nicht nur, daß er von höherer Geburt und Bildung war, er fühlte sich auch alt genug, um endlich richtige Männerarbeit zu leisten. Sobald er konnte, trat er daher zu Jacopo Caldora über, einem neapolitanischen Baron, der eine Art Condottiere geworden war und damals gerade unter Muzio Sforza auf der gegnerischen Seite kämpfte. Er gab Colleoni das Kommando über zwanzig Lanzen, später über fünfunddreißig. Einer durchaus glaubwürdigen Überlieferung zufolge sollen die männlich geschnittenen Gesichtszüge und die stolze Haltung des jungen Offiziers das Gefallen der liebestollen Königin Johanna erregt haben. Jedenfalls verwendete er später immer das Wappenemblem, das sie ihm überlassen hatte: zwei durch ein rotes Band verbundene Löwenköpfe zwischen zwei schmäleren weißen Bändern.

Colleoni blieb mehrere Jahre in Caldoras Dienst und errang in den letzten Feldzügen gegen Braccio hohes Ansehen. Nach der Schlacht von Aquila, bei der Caldora zu Braccios Vernichtung beigetragen hatte, bemühte sich der Neapolitaner eifrig darum, einige der Ländereien in den Marken zu übernehmen, die vormals im Besitz des Verstorbenen gewesen waren. Caldoras Sohn, Giovanni Antonio, wurde offiziell mit dieser Aufgabe betraut; da er aber ziemlich unerfahren war, stellte man ihm Colleoni als Hilfe und Aufsicht zur Seite. Die erfolgreiche Durchführung dieses Auftrags erhöhte Colleonis Ruf beträchtlich.

1429 trat er in den Dienst Venedigs. Carmagnola, damals Oberbefehlshaber, übertrug ihm den Befehl über vierzig Lanzen. Colleoni war es, der während Carmagnolas merkwürdig lascher Belagerung von Cremona 1431 die Truppe anführte, die sich der abgelegenen Festung San Luca bemächtigte. Colleoni erklomm als erster die Befestigungen. Er hielt den Platz zwei Tage lang, bis er ihn, mangels Unterstützung durch Carmagnola, räumen mußte. In den Feldzügen, die auf Carmagnolas Hinrichtung folgten, bewies Colleoni stets seine Treue zu Venedig. Anfangs war sein Oberbefehlshaber Gian Francesco Gonzaga, Markgraf von Mantua; später wurde dieser nicht sehr erfolgreiche General durch Gattamelata ersetzt. Colleoni zeigte besonderes Geschick bei Operationen im Gebirge. Als Piccinino die Venezianer bei Lecco besiegte, der Stadt, bei der die Adda aus dem Comersee fließt, war es Colleoni, der mit Gattamelata die Übriggebliebenen zusammenhielt und über die Bergpfade des Valsassina in Sicherheit brachte. Später, als Gonzaga vor Piccininos Übermacht ängstlich den Rückzug antrat, drängte Colleoni auf eine resolutere Strategie, und als die Mailänder sie von hinten her anfielen, half er, die Armee von dem Schlachtfeld wegzuführen, das später den passenden Beinamen »Feld der Furcht« erhielt. Dadurch war Bergamo plötzlich ungeschützt. Colleoni leitete einen Vorstoß in diese Richtung und setzte Piccinino von den Bergen aus so sehr zu, daß er in Richtung Brescia abzog. Nachdem er so die Drohung von seiner Heimatstadt abgewandt hatte, ritt Colleoni rasch Brescia zu Hilfe. Seine Einsatzfreudigkeit gefiel den Venezianern, und sie entsandten Abgeordnete, um ihm weitere hundert Lanzen und das Kommando über ihre gesamte Infanterie anzubieten.

161 Landkarte des 15. Jahrhunderts mit dem Gardasee (links) und der Etsch (rechts)

Sowohl aus Prestigegründen wie auch aus praktischen Erwägungen heraus durfte Venedig Brescia nicht verlieren. Sein Besitz war für die Festlandpolitik des Dogen Foscari wesentlich. Die Lage wurde jedoch bedrohlich, als man den Markgraf von Mantua durch Gattamelata ersetzte, und damit die traditionelle Freundschaft zwischen Mantua und Venedig aufhörte. Die mantuanische Festung Peschiera bedrohte die Nachschublinie zwischen Venedig und Brescia. Hunger war das Hauptproblem, als Gattamelata und Colleoni dort 1439 belagert wurden. Piccinino hielt die ganze Ebene unter Kontrolle. Die Brescianer aßen ihre Hunde und Pferde auf. Der Historiker Soldo erzählt von hundert Kindern, die auf der Piazza schrien: »Brot, Brot, um der Liebe Gottes willen!« Angesichts der Unmöglichkeit, ihre eigenen Truppen zu ernähren, entschlossen sich die beiden Condottieri, die Garnison auf das zur Verteidigung der Stadt notwendige Minimum zu reduzieren und sich mit dem Rest zurückzuziehen. So ließen sie sechzehnhundert Mann in Brescia zurück und schlichen sich mit den übrigen in nördlicher Richtung davon. Sie passierten das Gebirge um den Idrosee, schlugen eine Mailänder Armee unter Ludovico dal Verme zurück und gelangten sicher in Veroneser Gebiet im oberen Etschtal.

Daraufhin machten die Venezianer ihren berühmten und einfallsreichen Versuch, die Blockade durch den Einsatz einer Flotte auf dem Gardasee zu brechen und damit den Mailändern die Vorherrschaft auf diesem Gewässer zu nehmen. Um diesen kühnen Plan zu realisieren, mußten die Kriegsschiffe die strömungsreiche Etsch hinaufgeschleppt und dann übers Gebirge geschafft werden, damit sie bei Torbole, am nördlichen Ende des Gardasees zu Wasser gelassen werden konnten. Die Vorbereitungen für dieses Unternehmen dauerten

vierzehn Tage, erforderten zweitausend Ochsen und kosteten ein Vermögen. Aber die Operation wurde durchgeführt, noch dazu mitten im Winter, und zur großen Bestürzung der Mailänder erschienen plötzlich sechs venezianische Galeeren und fünfundzwanzig kleinere Schiffe auf dem Gardasee. Colleoni wurde das Hauptverdienst an diesem »Wunder« zugeschrieben, und sicher war die Planung auch weitgehend seiner Entschlossenheit und seiner bestimmten pragmatischen Art, Probleme anzugehen, zu verdanken. Aber zur Durchführung benötigte er einen Experten, und diese Funktion übernahm ein Vezezianischer Ingenieur, der aus Kreta gebürtige Niccolò Sorbolo. Leider war die ganze Anstrengung umsonst, da es den Mailändern gelang, die Flotte zu vernichten.
Doch bald wendete sich das Glück. Es folgte die Niederlage Piccininos zu Lande (und die Flucht des kleinen Mannes in einem Sack) sowie Sforzas triumphale Zurückeroberung von

162 Kastell Malpaga auf einer Intarsienarbeit des 16. Jahrhunderts

Verona. Die Venezianer konnten erneut am Gardasee Fuß fassen. Peschiera fiel, und im Juni 1440 endete die lange Belagerung des ausgehungerten Brescia. Colleoni ritt an Sforzas Seite wieder in die Stadt ein.
Das nächste Jahr brachte Frieden, Sforzas Heirat und seine erneute Annäherung an Filippo Visconti. Colleoni blieb bei seinen venezianischen Soldherren und rückte in eine vorteilhaftere Position, denn Gattamelata, sein anderer, ihm übergeordneter Kollege, hatte sich krank nach Padua zurückgezogen und würde wohl nie wieder kampffähig werden. Ein Dekret des Senats zählte Colleonis beispielhafte Dienste auf und bezeichnete ihn als einen der Hauptcondottieri der Republik, der für ihre Sicherheit unentbehrlich sei. Zur Belohnung erhielt er einige Burgen – Romano, Antegnate und Covo –, die man dem rebellischen Grafen von Covo weggenommen hatte. Das war alles sehr erfreulich, aber als

die Venezianer anfingen, Sparmaßnahmen zu ergreifen, zu denen sie sich seit der Unterzeichnung des Friedens berechtigt fühlten, zeigte sich Colleoni weniger erbaut. Gherardo Dandolo, der *provedittore*, der die Kürzungen vorzunehmen hatte, war ein bewundernswerter Mann, dem jedoch jegliches Fingerspitzengefühl abging. Er beschnitt den Umfang von Colleonis Kommando, und als der General sich über Soldrückstände im Wert von 34000 Dukaten beschwerte, fertigte er ihn ab mit der ganzen Arroganz einer Familie, die vier Dogen hervorgebracht hatte. Dieses Verhalten war kurzsichtig. Anfang 1443 besuchte Colleoni Mailand und wurde vom Herzog mit größter Aufmerksamkeit behandelt. Mehr als einmal lud er ihn zum Essen ein und führte lange Privatgespräche mit ihm. Colleonis Frau Tisbe wurde mit Juwelen beschenkt, und Filippo übereignete dem Condottiere das Kastell von Adorno – eine wirklich großzügige Geste gegenüber einem Mann, der von Jugend auf

163 Der Innenhof von Malpaga

seine Armeen bekämpft hatte. Der sonst so wache venezianische Geheimdienst fand seinen Meister in der Verschwiegenheit Viscontis, und die Folge dieser Gastfreundschaft scheint die Stadtväter unvorbereitet getroffen zu haben. Unter dem Datum vom 28. September 1443 lesen wir in der Chronik Sanutos folgende lamentierende Eintragung: »Nachrichten erreichen uns, daß Bartolomeo Colleoni aus unserem Gebiet geflohen und zum Herzog von Mailand übergegangen ist. Am Anfang hatte er nicht mehr als drei Lanzen, und die Republik gab ihm 200 und 150 Fußsoldaten. Dazu kommt noch, daß er unser Untertan ist.« Ein Condottiere mußte sich selbst um seine Interessen kümmern. Es war nicht immer leicht, rechtzeitig Bescheid zu sagen und in aller Form seinen Abschied einzureichen. Soldherren handelten willkürlich und waren ebenso bereit, die Regeln zu brechen. Als der Herzog Sforza fallenließ, erhielt Colleoni den Befehl, Cremona zurückzuerobern, aber bevor er ihn ausführen konnte, warf man ihn in Monza ins Gefängnis. Seine Habe wurde von Adorno nach Pavia transferiert, desgleichen Frau und Tochter. Die ganze Angelegenheit blieb völlig mysteriös. Der Herzog sandte Colleonis Gefolgsleuten einen merkwürdigen Brief, der selbst für Visconti-Verhältnisse sehr verworren war:

»Unsere Hochgeschätzten, damit Ihr nicht überrascht und betrübt seid durch alles, was gegen die Person des ehrengeachteten Bartolomeo Colleoni geschehen ist, unterrichten wir Euch, daß das, was getan wurde, nicht geschah in der Absicht, ihm ein Leides anzutun... Seid guten Mutes, denn in einer kleinen Weile wird er wieder in der Gunst stehen, mit besseren Aussichten als zuvor, und Ihr werdet beruhigt und zufrieden sein...«

164 Colleoni reitet mit König Christian von Dänemark auf die Jagd. Fresko aus dem Zyklus von Romanino, um 1530

Trotz dieser besänftigenden Worte befand sich Colleoni aber beim Tod Filippos, elf Monate später, immer noch in Haft. Die Goldene Ambrosianische Republik brachte ihm, trotz all ihrer Reden von Befreiung, auch keine unmittelbare Erleichterung, und so beschloß er zu fliehen. Er täuschte Krankheit vor und verlangte nach einer größeren Anzahl Leinenbinden. Aus diesen knüpfte er ein Seil, befestigte es an einer Bank und ließ sich in den Graben hinunter. Sofort wurde Alarm geschlagen und die Sturmglocke geläutet, die Bürger rannten mit ihren Waffen auf die Straße, und bald herrschte in der ganzen Umgebung des Kastells ein heilloses Durcheinander. Colleoni gelangte ungesehen aus dem Graben und tauchte im aufgeregten Gewühl unter. Kurz darauf hatte er das Glück, einem seiner alten Soldaten zu begegnen, der ihm ein Pferd verschaffte. Damit galoppierte er nach Landriano, wo ein Teil seiner Truppen stationiert war. Sie begrüßten ihn mit großer Freude. Seine Frau und Töchter befanden sich in Pavia, das Sforza, ungeachtet der Mißbilligung der neuen Mailänder Regierung, besetzt hielt. Colleoni ritt mit seinen Truppen dorthin, wurde mit seiner Familie vereint und stellte sich an Sforzas Seite.

Solche Verbindungen konnten in der unsteten Situation, die damals herrschte, nur von kurzer Dauer sein. Schon bald wurde Colleoni dazu überredet, mit den fünfzehnhundert Soldaten, die er befehligte, wieder auf die venezianische Seite überzugehen. Er kämpfte gegen Sforza bei Caravaggio, als dieser so unerwartet eine drohende Katastrophe in Triumph verwandelte. Danach wechselte auch Sforza auf diese Seite über, verbündete sich

165 Federigo da Montefeltro, Herzog von Urbino, auf einem Altarbild von Piero della Francesca

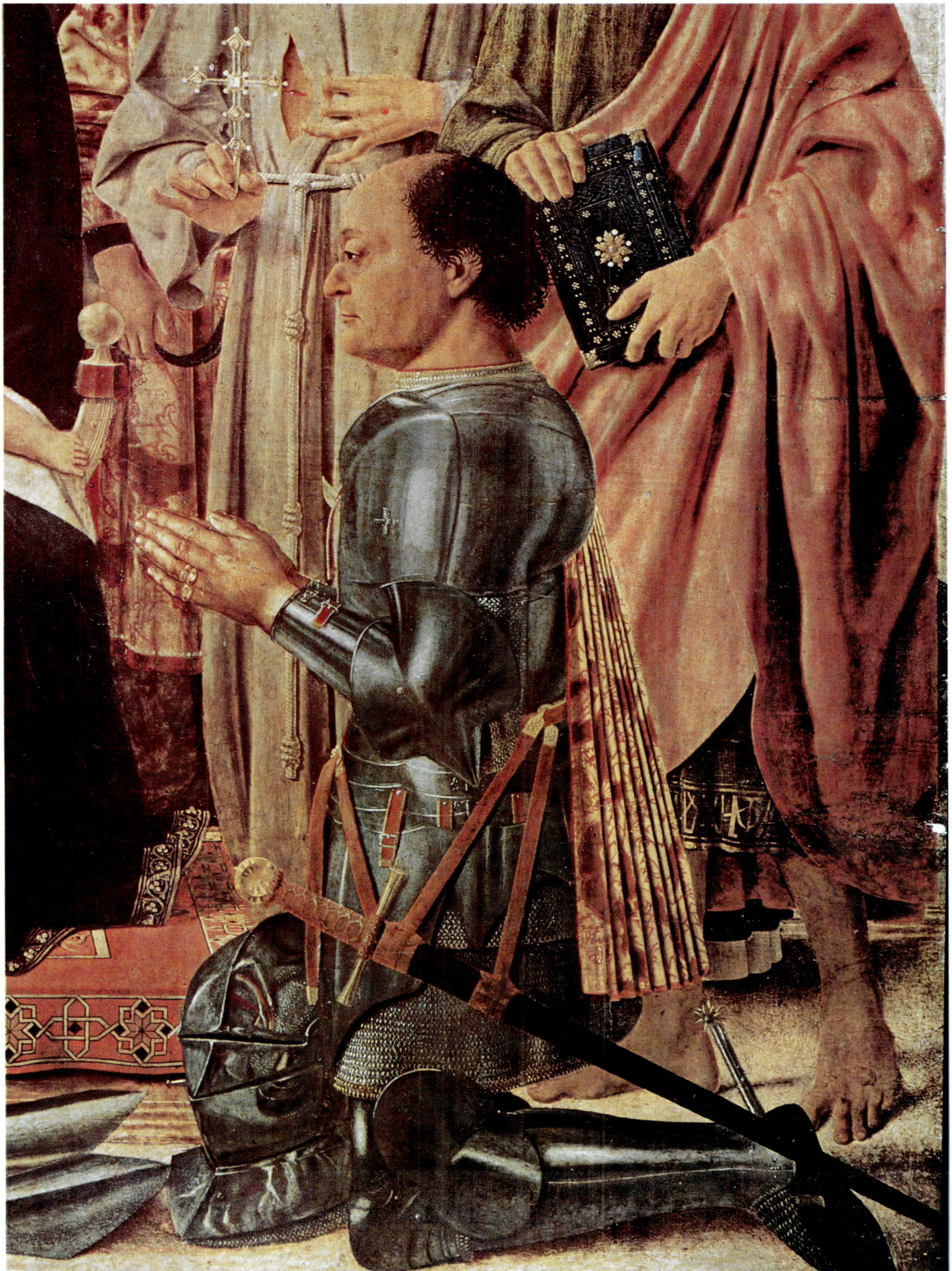

mit Venedig gegen Mailand, und die beiden Männer waren wieder einmal Waffenbrüder. Im darauffolgenden Jahr 1449 verhalf Filippos Witwe der Ambrosianischen Republik zu einer Allianz mit ihrem Bruder, dem Herzog von Savoyen, der die Unterstützung des französischen Königs besaß. Anfang des Jahres erschien der französische General Jean des Compeys in der Region Novara, unweit von Mailand, an der Spitze einer Armee von sechstausend Savoyarden und picardischen Bogenschützen. Sforza war mit der Belagerung von Vigevano beschäftigt, daher erhielt Colleoni den Auftrag, sich mit dieser neuen Bedrohung zu befassen. Er lieferte am 1. April eine Schlacht, bei der er Compeys mit einigen Hundert seiner Soldaten gefangennahm, ohne daß es ihm jedoch gelang, die Hauptarmee zu vernichten. Drei Wochen später kam es erneut zu einem harten Zusammenstoß, genau südlich vom Lago Maggiore. Colleonis Truppen bekamen es mit der neuen Taktik der französischen Armbruster zu tun, die ihre Pferde anbanden und hinter dem Schutz einer Reihe spitzer Pfähle kämpften. Endlich aber wichen die Invasoren zurück, und Colleoni verfolgte sie drei Kilometer weit, wobei er eintausend Gefangene machte. Sforza bereitete ihm einen begeisterten Empfang und pries ihn laut. Diese Erfolge trugen Colleonis Ruhm weit über die Grenzen Italiens hinaus.

Schon bald aber standen sich die beiden Generäle, wenn auch nicht aus freiem Willen, erneut als Feinde gegenüber. Venedig hatte hinter Sforzas Rücken mit Mailand Frieden geschlossen, und Colleoni besaß einen Vertrag mit Venedig. Als daher Sforza Mailand blockierte, tat Colleoni seine Pflicht und versuchte die Blockade zu durchbrechen und der Stadt durch einen seiner wilden Gebirgsmärsche zu Hilfe zu kommen. Aber all seine Bemühungen konnten den Zusammenbruch der Ambrosianischen Republik nicht verhindern.

Sforza war jetzt Herzog von Mailand. Colleoni dagegen fühlte sich von Venedig vernachlässigt. Er gehörte nicht einmal zu den drei gewählten Mitgliedern des Generalstabs, der das Oberkommando innehatte. Der Condottiere machte aus seinem Herzen keine Mördergrube, sondern ließ durchblicken, er erwöge, den venezianischen Dienst zu quittieren. Der Serenissima schien viel daran gelegen zu sein, ihn zu halten, und sie schickte Unterhändler in sein Lager am Rande der Mantuanischen Sümpfe, wo er den Bau einer Festung beaufsichtigte. Als er sich unnachgiebig zeigte, baten die Venezianer den Papst und den König von Neapel, auf ihn einzuwirken. Doch in Erinnerung daran, daß er schon einmal plötzlich desertiert war, entsandten sie wenig später Truppen, um ihn festzunehmen.

Auch Colleoni hätte sich an diese frühere Gelegenheit erinnern sollen. So ließ er sich leichtfertig überraschen. Er hörte das Marschieren bewaffneter Soldaten und erkannte sofort, daß es nicht seine eigenen waren. Sie kamen, um ihn zu ergreifen, und wenn er nur einen Augenblick zögerte, konnte ihm das gleiche Schicksal zuteil werden wie seinem ehemaligen Vorgesetzten, Carmagnola. Es gelang ihm, auf ein Pferd zu springen und in Richtung Mantua davonzugaloppieren. Begleitet wurde er dabei nur von den drei Wachsoldaten, die gerade in seiner Nähe waren. Es gab keine Möglichkeit, seine Truppen zu sammeln, sie waren in ihren Quartieren überrascht worden, und er sah auf einen Blick, daß sich das Lager in anderen Händen befand. Auch blieb keine Zeit, Frau und Töchter mitzunehmen. Er mußte um sein Leben reiten, die Verfolger hart auf den Fersen. Es gelang ihm, sie abzuschütteln und schließlich sicher Mantua zu erreichen, nachdem er das letzte Stück auf dem ungesattelten Maulesel eines Bauern zurückgelegt hatte. Zwar bereitete ihm Gonzaga von Mantua ein fürstliches Willkommen, aber Colleonis Familie blieb in der Hand der Venezianer, und es sollten zwei Jahre vergehen, bis er sie wiedersah.

Diese zwei Jahre waren für ihn nicht besonders glücklich. Seine eigenen Güter litten schwer unter dem stetigen verworrenen und sinnlosen Kriegsgeschehen. In der Nähe seines Kastells von Covo hatte er Brachland fruchtbar gemacht – jetzt lag es wieder brach, und er wußte, daß einige seiner Bauern sehr zu leiden gehabt hatten. Er kämpfte weiter, wobei er zuweilen eine unbekümmerte persönliche Tapferkeit an den Tag legte, so, als er die Bollwerke

166 Sigismondo Malatesta, Herr von Rimini, auf einem Relief von Agostino di Duccio

stürmte, die eine venezianische Schiffsbrücke über die Adda abschirmten, oder als er auf den schneebedeckten Bergen des Val Seriana eine Schlacht schlug. In seinem Innersten aber fühlte er, daß er auf der falschen Seite kämpfte. Er konnte es nicht über sich bringen, seine Vaterstadt Bergamo anzugreifen, die Venedig treu blieb. Er wollte sie nicht in Sforzas Hände fallen sehen.

So war es für ihn wie für zahllose andere ein glücklicher Tag, als der Friede von Lodi im Jahr 1454 den Kriegen ein Ende setzte. Diese Vereinbarung, unterzeichnet von Sforza, Cosimo de'Medici, Foscari, Papst Nikolaus V. und etwas widerstrebend auch von Alfons von Aragon, erreichte eine Art Gleichgewicht zwischen den fünf italienischen Großmächten. Die kleinen Querelen konnten zwar fortdauern, aber mit der schrecklichen neuen Gefahr im Osten, die dem Christentum durch die Türken drohte – es war das Jahr nach dem Fall Konstantinopels, der das ganze Abendland erschüttert hatte –, kamen Bemühungen auf, die Reihen zu schließen und dem endlosen Gezänk zwischen den einzelnen Städten ein Ende zu setzen.

Colleoni konnte Frau und Töchter wieder in die Arme schließen und seinen eigenen Frieden mit den Venezianern machen. Am 10. März 1455 wurde ihm die Befriedigung zuteil, daß man ihn zum *capitano generale* ernannte, und ein paar Wochen später erhielt er bei einer Parade auf der Piazza von Brescia feierlich seinen Feldherrnstab überreicht. Den gleichen Stab hatte vierundzwanzig Jahre früher auf demselben Platz Carmagnola ausgehändigt bekommen, aber diese unheilvolle Parallele blieb ohne weitere Folgen.

Der Frieden von Lodi hielt etwa zwanzig Jahre lang, und mit der einzigen Ausnahme von Molinella (1467), als Colleoni eine letzte Schlacht gegen den kultivierten Federigo von Urbino schlug, konnte er diese zwanzig Jahre friedlich als Landedelmann genießen. Es fehlte jedoch nicht an Angeboten: Zweimal bot ihm König Ludwig XI. von Frankreich ein Kommando an. Mit achtundsechzig wurde er von Papst Paul II. gedrängt, an der Spitze einer Heiligen Allianz gegen die Türken zu ziehen, und selbst noch mit zweiundsiebzig wurden seine Dienste von Karl dem Kühnen aus Burgund gesucht. Natürlich schmeichelten ihm diese Anträge – er verwendete regelmäßig die Titel »von Anjou und Burgund« und trug die goldenen Lilien der Anjou im Wappen, die ihm von Herzog René gewährt worden waren –, aber sie lockten ihn nicht von seinem Landsitz fort.

Bald nach seiner Ernennung zum *capitano generale* von Venedig kaufte er von der Regierung das Schloß Malpaga, das für den Rest seines Lebens zu seinem Lieblingssitz wurde und das sich auch heute noch in Familienbesitz befindet. Malpaga liegt am Ufer des Serio, wenige Kilometer von seinem geliebten Bergamo entfernt. Ursprünglich war es eine bescheidene Burg aus dem 13. Jahrhundert, die ihm die Venezianer für 100 Golddukaten überließen. Colleoni verstand es, sie auszubauen und in ein Renaissanceschloß des späten 15. Jahrhunderts zu verwandeln, bei dem der eigentliche Festungscharakter in den Hintergrund tritt. Er war in diesen späten friedlichen Jahren ungemein wohlhabend. Bei seinem Tod fanden die venezianischen Beamten ein Gesamtvermögen in bar von 216000 Dukaten, das an verschiedenen Orten und in verschiedenen Währungen – venezianischer, florentinischer, neapolitanischer und sogar ungarischer – deponiert war. Neben dem Ausbau der Burg befaßte er sich mit einer Menge anderer Projekte, die zum Teil der Verbesserung seiner Güter dienten, zum Teil rein karitativen Charakter hatten. Kanäle und Bewässerungssysteme interessierten ihn besonders. Er vergrößerte den alten Kanal, der vom Serio abging, und veranlaßte später den Bau eines neuen, an dessen Ufern er Sägemühlen, Kornmühlen und Weinpressen errrichtete. Bis in seine letzten Tage hinein beschäftigte er sich mit solchen Plänen. Eines seiner karitativen Vorhaben galt dem Wiederausbau der antiken Schwefel- und Schlammbäder in Trescorre. Er ließ das Wasser von Ärzten examinieren, den Ort herrichten und übertrug die Pflege der Patienten Benediktinerinnen. Eine weitere Stiftung war der Mitgift der Mädchen aus seiner Heimatregion gewidmet, eine

167 Auf seinem Grab in der Colleoni-Kapelle in Bergamo wird der berühmte Condottiere als Krieger dargestellt. In der Hand hält er den Feldherrnstab der Republik Venedig.

168 Das Grab von Colleonis Tochter Medea, die 1470 fünf Jahre vor ihrem Vater starb

HIC·IACET·MEDEA·VIRGO·FILIA·QVŌDAM·ILLVSTRIS·ET·
·EXL·D·BARTHOLOMEI·COLIONI·DE·ANDEGAVIA·SER·DVD·
·VENETIAR·CAPIT·GNALIS·1470·DIE·6·MARCI·

verständliche Geste von einem Mann, der selbst eine Reihe Töchter, aber keinen Sohn hatte. Ihm selbst bereitete es jedoch keine Schwierigkeiten, für seinen Nachwuchs die passenden Ehemänner zu finden. Bei der Schlacht von Molinella sollen drei Schwiegersöhne unter ihm gekämpft haben. Die Tochter, welche der Nachwelt am besten bekannt wurde durch das Marmormonument, das noch heute in der Colleoni-Kapelle in Bergamo zu sehen ist, war Medea, seine jüngste, deren früher Tod im Jahr 1470 ihn schwer getroffen hat.

Sein Leben in Malpaga, oder zumindest die glanzvolle Seite davon, wird auf den zum Teil noch erkennbaren Fresken dargestellt, die eine Generation später von Romanino gemalt wurden. Sie sind der Erinnerung an ein Ereignis gewidmet, das ein Höhepunkt im Leben des alten Kriegers gewesen sein muß: Im März 1474 besuchte ihn der dänische König Christian, ein bemerkenswerter Souverän, der über ganz Skandinavien herrschte und zu jener Zeit, beladen mit Geschenken für den Papst – vom Hermelin bis zum getrockneten Stockfisch –, als Pilger nach Rom zog.

Für den Condottiere war das ein großes Ereignis. Zwar hatte er kein Herzogtum erhalten und keine Dynastie gegründet wie Sforza, aber er war ein berühmter Mann geworden, der auch weit über Italiens Grenzen hinaus geehrt wurde. Wer konnte schon einen König bei sich als Gast empfangen? Im übrigen lag Sforza – bei all seinen Erfolgen – schon seit acht Jahren unter der Erde. Colleoni dagegen, der um ein Jahr ältere, war immer noch gesund und munter, stand mit der Sonne auf und unternahm nach wie vor meilenweite Fußmärsche, bis seine jüngeren Gefährten protestierten.

Nach König Christians Besuch lebte er noch achtzehn Monate. Er war fünfundsiebzig, als er starb. Ende Oktober 1475 erfaßten ihn Fieber und Schüttelfrost. Er fühlte, daß sein Ende gekommen war, und machte sein Testament. Eine Abordnung venezianischer Senatoren besuchte ihn, und er ermahnte sie: »Gebt nie wieder einem Feldherrn so viel Macht, wie ihr mir gegeben habt, ich hätte viel Unheil damit anrichten können.« Nach ihrem Besuch vermachte er der Republik durch einen Zusatz zum Testament 100000 Golddukaten für den Krieg gegen die Türken, strich die ihm noch schuldigen Goldrückstände und übertrug Venedig weitere 10000 Dukaten, die ihm der Markgraf von Ferrara schuldete. Er bat unterwürfig darum, daß ihm der Senat ein Standbild auf dem Markusplatz errichte.

Nachdem er das unterzeichnet, sowie gebeichtet und kommuniziert hatte, rief er seine Freunde an sein Sterbelager, stützte sich auf den Ellbogen auf und verabschiedete sich von ihnen. Er starb in seinem Zimmer in Malpaga am 3. November 1475. In der darauffolgenden Nacht wurde sein Leichnam nach Bergamo gebracht und vor dem Altar von Santa Maria Maggiore feierlich aufgebahrt. Bestattet wurde er zwei Monate später in der anliegenden Colleoni-Kapelle, wo er immer noch ruht. Diese letzte Tatsache, die in neuerer Zeit bestritten worden war, wurde 1969 von einem britischen Gelehrten, Dr. R. E. Linington, bestätigt. Er verwendete einen neu erfundenen Metalldetektor, der auf die am Skelett noch angebrachten Sporen reagierte und den Sarg in einer unerwarteten Nische im unteren Teil des Mausoleums ortete. Auch der Feldherrnstab fand sich dort, und selbst Colleonis dunkelrotes Wams mit den knopfgeschmückten Ärmeln hatte fast fünf Jahrhunderte überlebt. Eine große Bleiplatte zollte in lateinischer Sprache dem »unbesiegten General des venezianischen Reiches« Tribut.

Man kann nicht behaupten, daß sich die Durchlauchtigste Republik besonders großzügig erwiesen hätte gegenüber dem Mann, der ihr alles in allem so treu gedient hatte. Mag sein, daß das Gesetz die Errichtung seines Standbildes auf einen unbedeutenderen Platz verwies. Kein Gesetz aber zwang den Venezianischen Staat, weitere 90000 Dukaten über das freiwillig gewährte Legat hinaus an sich zu reißen oder rasch eine Anordnung zu erlassen, durch die Ländereien, die Colleoni für immer übereignet worden waren, den Erben weggenommen und aus politischen Gründen dem Papst zurückgegeben wurden. Doch wer anders als ein Narr, mag der Schatten Carmagnolas gemurmelt haben, als er seinen alten Untergebenen im Jenseits begrüßte, wollte Großzügigkeit von den Venezianern erwarten?

Malatesta und Montefeltro

Als Kaiser Sigismund 1433 von seiner Krönung in Rom triumphierend heim nach Böhmen zog, wurde er von den italienischen Städten, durch die ihn sein Weg führte, mit großen Ehren empfangen. Er selbst trug zu den Festlichkeiten bei, indem er zahllose junge Männer, die man ihm präsentierte, zum Ritter schlug. In Rimini adelte er seinen Namensvetter, Sigismondo Malatesta, der gerade erst sechzehn, aber bereits seit einem Jahr Herr der Stadt war, und ein paar Tage später, in Mantua, befand sich unter den Kandidaten der elfjährige Federigo, der damals am Hof der Gonzaga lebte, um Venedig die Treue seines Vaters, des Grafen von Montefeltro und Urbino, zu garantieren.

Während der nächsten dreißig Jahre und länger sollte das Leben dieser beiden neuen Ritter ziemlich parallel verlaufen. In einigen Dingen hatten sie eine große Ähnlichkeit miteinander. Beide waren illegitime Söhne von kleinen Fürsten an der italienischen Adriaküste und erbten die Territorien ihrer Väter. Beide ergänzten ihre unzureichenden Einkünfte durch Condottiere-Dienste und gehören zu den bedeutendsten Vertretern dieses Standes. Beide waren Freunde der Bildung und Kultur und hinterließen sichtbare Werke ihres Geschmacks: den Tempio Malatestiano in Rimini und den Palazzo Ducale in Urbino. Auf der anderen Seite waren sie jedoch auch diametral verschieden: Während Federigo, selbst wenn man die Parteilichkeit seiner Freunde in Abzug bringt, ein Muster an Ritterlichkeit und der geliebte Landesvater seines Volkes gewesen sein muß, erwarb sich Sigismondo einen Ruf, der ihn, wenn er auch nur zur Hälfte berechtigt wäre, unter die großen Monster der Renaissance einreihte. Mord, Blutschande, Notzucht und Sodomie sind vier der Hauptverbrechen, die ihm zur Last gelegt werden. »Von allen Männern, die je gelebt haben oder je leben werden«, versicherte Papst Pius II. im Vertrauen, »war er der schlimmste Schurke«. Da Rimini und Urbino nur etwa dreißig Kilometer Luftlinie auseinanderliegen, konnte es nicht ausbleiben, daß die beiden Condottieri aneinandergerieten. Ihre beiden Städte unterstrichen noch den Kontrast zwischen ihnen: Rimini liegt am flachen Strand der Adria, während sich Urbino fünfhundert Meter hoch im bergigen Hinterland erhebt.

Rimini mit seiner düsteren und wildbewegten Geschichte bildete den passenden Hintergrund für Sigismondo. Seine Familie hatte dort seit über einem Jahrhundert die Macht inne, und ihr Beiname »Übelkopf« kam nicht von ungefähr. Die Dynastie hatte mit Malatesta di Verrucchio begonnen, dessen Sohn, Giovanni der Lahme, Francesca da Rimini heiratete. Die von Dante erzählte Liebesgeschichte zwischen ihr und dem sympathischeren Schwager Paolo und die Ermordung beider durch Giovanni ist nur eine, wenn auch die bekannteste Episode aus der blutigen Familienchronik.

Sigismondo selbst kam jedoch am 19. Juni 1417 in Brescia zur Welt. Sein Vater, Pandolfo, hatte sich dieser Stadt bemächtigt, als Giangaleazzo starb, und Sigismondo war das Kind seiner dortigen Mätresse Antonia. Pandolfo hatte seinen eigenen Weg im Leben gehen müssen, denn Rimini wurde von seinem Bruder, Carlo Malatesta, regiert, dem Condottiere, dem wir bereits im Bericht über Carmagnola begegnet sind. Carmagnola war es auch, der Pandolfo aus Brescia vertrieb, als Sigismondo zwei Jahre alt war. Das Kind ging mit seinen Eltern nach Fano, einem anderen Besitz der Malatesta an der Adriaküste. Pandolfo starb dort, als Sigismondo zehn war. Carlo Malatesta, alt und kinderlos – es war das Jahr nach seiner katastrophalen Niederlage bei Maclodio – nahm Sigismondo und seine beiden Brüder bei sich in der alten Familienburg auf, die an der Stadtgrenze Riminis zum Land hin lag. Diese düstere Festung war eine Generation früher von Ghiberti mit Fresken ausgeschmückt worden, kurz bevor er den Wettbewerb für die Türen des Baptisteriums in Florenz gewonnen hatte. Sigismondo war also nicht der erste Mäzen der Künste in seiner Familie. Vielleicht wäre Sigismondo charakterlich stabiler und beherrschter geworden, wenn sein Onkel länger gelebt hätte, denn Carlo gehörte zu den respektabelsten Vertretern der Familie. Andererseits steckte die Wildheit bereits tief in dem Knaben drin, und die Strenge des alten Soldaten hätte ihn vielleicht nur zu heftigen Reaktionen gereizt. Wie dem auch sei, Carlo starb zwei Jahre nach Sigismondos Ankunft in Rimini, und die Herrschaft ging auf den ältesten seiner drei illegitimen Neffen, Galeotto, über. Dieser junge Mann, Sigismondos Halbbruder, litt an einer Art religiösem Wahn. Er trat in den Dritten Orden des hl. Franziskus ein und verbrachte seine Zeit mit Fasten und Krankenpflege. Nachdem er widerstrebend eine der natürlichen Töchter des Markgrafen Niccolò d'Este zur Frau genommen hatte, erklärte er sich außerstande, etwas anderes als eine rein platonische Beziehung zu ihr zu pflegen.

Ein solcher Regent war für Rimini, einem kleinen, von gierigen Nachbarn umringten Stadtstaat, wenig nützlich. Man konnte ja nicht einmal den übrigen Zweigen der Malatesta Familie trauen. So verbündete sich ein anderer Carlo Malatesta in Pesaro, etwas weiter südlich an der Küste, mit dem Grafen von Urbino, um Rimini anzugreifen.

Der in mystische Ekstasen verlorene Galeotto war für die Verteidigung völlig unbrauchbar. Damals lieferte der dreizehnjährige Sigismondo zum erstenmal einen Beweis seiner militärischen Fähigkeiten. Sicher werden ihm erfahrene Männer, die über die Lage verzweifelt waren und keinen anderen Anführer mit Namen finden konnten, mit Rat und Tat zur Seite gestanden haben. Jedenfalls ritt Sigismondo bei Nacht und Nebel an der Spitze einer kleinen Armee heimlich aus der Stadt, überquerte den Fluß Foglio, überraschte das Lager der Invasoren und erwarb sich den Ruf, sie vertrieben zu haben.

Zwei weitere Jahre fristete der heranwachsende Knabe noch ein ohnmächtiges Dasein, während der eigentliche Herr von Rimini betete, fastete und die Geschwüre der Kranken küßte, dafür aber sein Weib und seine gesunden Untertanen völlig vernachlässigte. Es ist kaum anzunehmen, daß bei den Anforderungen, die das politische Leben jener Zeit an einen Herrscher stellte, Galeotto sehr viel länger hätte leben dürfen, aber diese eine Sünde, Brudermord, mußte Sigismondo doch nicht begehen. In seiner exzessiven Frömmigkeit bereitete sich Galeotto tatsächlich selbst den Hungertod. Er starb im Oktober 1432.

Sigismondo trat seine Nachfolge an. Theoretisch stand er unter der Regentschaft von Galeottos jungfräulicher Witwe, Margherita d'Este, und seiner Tante, Elisabetta Gonzaga. Sigismondo schätzte zwar Frauen, doch nicht als politische Ratgeber. Er setzte sich von Anfang an gegen sie durch. Nur ein Mann und Soldat konnte Rimini retten. Er ritt auf der alten römischen Heerstraße landeinwärts nach Cesena, einer weiteren Malatesta-Stadt, und sammelte dort eine kleine Armee von Anhängern um sich. Dann kehrte er zurück, verjagte seinen Verwandten, Carlo Malatesta von Pesaro, zum zweiten Mal und demonstrierte aller Welt, daß er und kein anderer der Herr von Rimini war. Der neue Papst, Eugen IV., beeilte sich, seinen Titel zu bestätigen. Martin V. hatte ihn und seinen Bruder bereits legitimiert. Im Sommer darauf kniete Sigismondo vor dem Kaiser, um den Ritterschlag zu empfangen. Er war mit sechzehn ein großgewachsener, drahtiger junger Mann. Pisanellos Medaillon erlaubt uns eine Vorstellung davon, wie er den Kopf in diesem Augenblick in untypischer Demut senkte, und das Licht auf das weiche, in schwungvollem Rund um den Kopf gebürsteten Haar fiel. Wenn das Gesicht nach dem Ritterschlag wieder emporkam, mußten einem die scharf geschnittenen Züge auffallen. Die Nase hatte etwas von einem Falken an sich. Nur das Lebendige in den Augen überstieg die Kunst des Medaillonzeichners. Sigismondo soll kleine, aber funkelnde Augen gehabt haben mit flatternden Lidern, die an eine Schlange erinnerten. Falke oder Schlange? Von beiden lag etwas in seinem Charakter. Schwerer fällt es, uns den jungen Federigo vorzustellen, als er, zusammen mit den Gonzaga-Knaben, in Mantua gleichfalls vom Kaiser ausgezeichnet wurde. Dazu müssen wir die bekannten Porträts des guten Herzogs in reifem Alter zu vergessen suchen, auf denen er meist etwas bieder wirkt. Das auffallendste in seinem Gesicht ist dort das gebrochene Nasenbein, das er sich in einem Turnier zugezogen hatte.

Federigo kam am 7. Juni 1422 zur Welt. Sein Vater war Guidantonio, Graf von Urbino, seine Mutter ein unbekanntes Mädchen dieser Stadt. Der Graf hatte später noch einen legitimen Sohn, Oddantonio. Federigo wuchs mit diesem Knaben und mit verschiedenen Schwestern zusammen auf. Illegitimität verursachte in jener Epoche allgemein wenig Kopfzerbrechen, und im Fall von Federigo wurde sie, ebenso wie bei den Malatesta-Söhnen, zu

169 Vittorino da Feltre, einer der Begründer der Erziehungslehre der Renaissance

gegebener Zeit von einem gefälligen Papst getilgt. Federigos Status war von Anfang an so unumstritten, daß er, als die Venezianer ein lebendes Unterpfand für seines Vaters Treue forderten, ohne weiteres als solches akzeptiert wurde.

In Venedig scheint die kleine Geisel jedermann bezaubert zu haben, vom Dogen Foscari, der ihm Reichtum und Ansehen prophezeite, bis hinunter zu den gewöhnlicheren venezianischen Knaben, die ihn aufforderten, ihrer Bande beizutreten, bekannt als die *Calze*, aufgrund der buntscheckigen Strümpfe, durch die sich ihre Mitglieder auszeichneten. Aber nach einem Jahr brach die Pest in Venedig aus, und der Doge brachte Federigo besorgt an den Hof von Mantua in Sicherheit.

Hier teilte er die Erziehung der Gonzaga-Kinder und hier wurde jene Liebe zu einer allumfassenden Bildung geweckt, die später die Atmosphäre an seinem Hof bestimmte und der Castiglione in seinem *Cortegiano* ein bleibendes Denkmal setzte. Der Markgraf selbst überwachte die Ausbildung des Knaben im Reiten, Fechten und in den anderen militärischen Übungen, während die intellektuellere Seite des Unterrichts dem bedeutenden Gelehrten Vittorino da Feltre überlassen blieb, den er ein paar Jahre zuvor an den Hof von Mantua geholt hatte. Vittorino, ein weltabgewandter, hingebungsvoller kleiner Mann, war zugleich mild und streng, ruhig und fröhlich. Er lief in einem bis zum Boden reichenden Talar mit spitzer Kapuze herum. Arm von Geburt, konnte er nur unter Opfern sein Studium an der Universität von Padua ablegen. Das ging so weit, daß er Diener des Professors für Mathematik wurde, in der – freilich vergeblichen – Hoffnung, kostenlosen Unterricht zu erhalten. Den Euklid hatte er ganz allein durchgearbeitet und Griechisch bei dem berühmten

170 Sigismondo Malatesta als junger Mann auf einem Medaillon von Pisanello

171 Isotta degli Atti, die Geliebte und dritte Frau Sigismondo Malatestas ▻

172 Putto im Tempio Malatestiano mit den ineinander verschlungenen Initialen I und S ▻

Guarino da Verona gelernt. Trotz seiner großen Achtung vor dem Bücherstudium, versuchte er als guter Platoniker einen Ausgleich zwischen geistiger, ästhetischer und körperlicher Bildung zu schaffen. Der Markgraf stellte ihm ein Haus zur Verfügung für die Unterrichtung der Gonzaga-Kinder und ihrer Spielgefährten. Vittorino bestand auf seinem Recht, die Talentlosen auszuschließen, wie vornehm ihre Herkunft auch sein mochte, und dafür die Niedersten aufzunehmen, wenn sie begabt waren. Geld bedeutete ihm wenig. Als er starb, hinterließ er nicht einmal genug für sein eigenes Begräbnis. Die Gelder und Gaben, die ihm von den Wohlhabenden zuflossen, wurden zur Unterstützung der ärmeren Schüler verwendet. Auch hatte er keine Vorurteile gegen Mädchen: Cecilia Gonzaga lernte bei ihm bereits mit zehn Jahren ausgezeichnet Griechisch schreiben.

Das war das Milieu, in dem Federigo zwei lehrreiche Jahre verbrachte. Von all den großen Condottieri ist er der einzige, der sich rühmen kann, eine Schule besucht zu haben – und noch dazu die beste, die es damals in ganz Europa gab.

Nach diesen zwei Jahren kehrte Federigo nach Hause zurück, seiner Rolle als politische Geisel ledig. Die nächsten Stationen in seinem Leben hießen Heirat und Militärdienst. Ende 1437, im Alter von fünfzehneinhalb Jahren, heiratete er Gentile, die verwaiste Tochter von Bartolomeo Brancaleone. Man weiß wenig über sie, außer daß sie sehr rundlich war und daß sie Federigo, da ihr Vater keinen männlichen Erben hinterließ, Mercatello und andere kleine Ortschaften in die Ehe einbrachte. Dem jungen Mann lag aber im Augenblick wohl sein Militärdienst mehr am Herzen.

Von welchem berühmten Feldherrn sollte er sich in die Kunst der Kriegführung einweisen lassen? Die Wahl lag zwischen Francesco Sforza und Niccolò Piccinino. Man beschloß, daß er in die Armee des letzteren eintreten solle, und Ende Mai 1438 nahm er Abschied von seiner jungen Frau. Piccinino gab ihm ein Kommando über vierhundert Soldaten, und schon bald nahm der junge Federigo an der Belagerung von Brescia teil. Den Rest seiner Ausbildungszeit absolvierte er in den lombardischen Feldzügen gegen Gattamelata, Colleoni und Sforza, aber es dauerte nicht lange, bis ihn die Übergriffe Sigismondo

Malatestas auf sein väterliches Territorium nach Hause zurückriefen. Nun begann die Fehde zwischen den beiden jungen Männern, die fast ihr ganzes Leben lang andauern sollte. Sigismondo war um diese Zeit bereits unangefochtener Herr von Rimini. Er hatte gerade noch rechtzeitig seine Heirat mit der Tochter Carmagnolas abgeblasen, das herrliche Streitroß und den Silberhelm, Vorschüsse auf die Mitgift, allerdings behalten. Stattdessen heiratete er Ginevra d'Este, Tochter des Markgrafen von Ferrara, als er siebzehn und sie sechzehn war. Ihre mit ungeheurem Prunk gefeierte Hochzeit blieb drei Jahre lang ohne Folgen. Dann gebar Ginevra einen Sohn, der aber nicht lange lebte. Sie selbst starb 1440, und obwohl es damals keinen Skandal gab und die Beziehungen zum Markgrafen weiterhin freundlich blieben, wurde später behauptet, Sigismondo hätte sie vergiftet. Ein Jahr später heiratete er Polissena Sforza, eines der fünf Kinder, die Francesco von seiner Lieblingsmätresse Columbina in seinen frühen neapolitanischen Jahren geboren wurde. Diese Hochzeit fand während des damals wütenden Kriegs im Lager statt, und Rimini konnte die Braut erst im Frühling 1442 willkommen heißen. Im Januar darauf schenkte Polissena einem Sohn das Leben, der aber auch im Kindesalter starb. Ihre Ehe war in keiner Weise glücklicher als die Ginevras.

Während all dieser Jahre war Sigismondo damit beschäftigt, ein neues Kastell auf den Grundmauern des alten zu errichten. Die Pläne dazu stammten von ihm selbst und zeugten von seinem Wunsch nach einem Stammquartier, von dem aus er der ganzen Welt trotzen könne. Der Burggraben war rund 35 Meter breit und jedes Tor mit Zugbrücke und Fallgatter versehen. Die sechs Haupttürme erreichten eine Höhe von 25 Metern, und es gab daneben noch zahlreiche niedrigere Türme und Bastionen. Im Innern befanden sich drei Höfe. Der Grundstein zum Castel Sigismondo wurde am 20. März 1437 gelegt, und die Arbeit daran zog sich fast ein Jahrzehnt lang hin. Nach ihrer Fertigstellung bot die Burg von außen zwar einen grimmigen Anblick, innen jedoch den geeigneten Rahmen für die Pflege der Künste, der er sich als Mäzen widmete. Leider waren die Fresken von Ghiberti dem Abbruch des alten Baus zum Opfer gefallen.

War Sigismondo nicht anderweitig beschäftigt, so versäumte er keine Gelegenheit, in die anliegenden Territorien der Montefeltro einzufallen. Solche nachbarlichen Übergriffe gehörten zum rauhen Leben in den Marken und der Romagna. Guidantonio Montefeltro näherte sich dem Ende seiner Tage. Sein rechtmäßiger Erbe war noch jung und, wie sich später herausstellen sollte, von nicht sehr starkem Charakter. So stützte sich der Graf immer mehr auf seinen älteren Sohn, der mittlerweile mehrere Jahre unter Piccinino gekämpft hatte. Federigo kam nach Hause und unternahm im Zuge der Vergeltung Überfälle auf das Gebiet der Malatesta.

Seit einiger Zeit hielten Sigismondos Truppen die kleine Stadt San Leo besetzt, die mit ihrer alles überragenden Festung auf einem steilen Berggipfel in der Nähe von San Marino lag, ein Ort von einer so romantischen Unzugänglichkeit, daß man bei seinem Anblick mehr an Figuren aus dem Märchenbuch als an arbeitende Alltagsmenschen denkt. Allgemein vertrat man die Auffassung, San Leo sei uneinnehmbar.

Federigo war jedoch anderer Ansicht. Er hatte in seiner Kompanie einen unternehmungslustigen Burschen namens Matteo Grifone, einen Müller, dem später als Feldherr in venezianischem Dienst eine ihm gemäßere Laufbahn beschieden war. Grifone heckte den Plan aus, mit zwanzig tüchtigen Freiwilligen nachts über die Befestigungsmauern zu klettern und damit die Voraussetzung für die Einnahme der Stadt zu schaffen. Federigo ließ es ihn versuchen. Im Schutz einer verregneten, dunklen Nacht kroch die kleine Gruppe mit Sturmleitern versehen die unteren Berghänge hinauf bis zum Fuße der Mauern. Doch ihre Übersteigung schien eine große Mutprobe darzustellen, denn die Geschichte berichtet nur von einem einzigen Mann, der mit Grifone die Leitern hinaufstieg. Die übrigen warteten, bis sie durch das Tor eingelassen wurden. Grifone und sein Gefährte stahlen sich durch die stille Stadt. Einem Brauch zufolge hingen Ketten vor den Haustüren. Ihr Verwendungszweck ist unklar. Entweder dienten sie dazu, das Vieh anzubinden oder, was manchmal getan wurde, die engen Gassen gegen angreifende Reiter abzusperren. Was immer ihre eigentliche Funktion gewesen sein mag, Grifone verwendete sie, um die schlafenden Bürger in ihren Häusern zu fesseln.

Noch war die Zitadelle übrig, die oben auf dem Gipfel über einem neuen Mauergürtel lag. Ihre Garnison ahnte nichts bis zum Morgengrauen. Erst als plötzlich Federigos Fanfaren triumphierend ertönten, sahen sie, daß sich die Stadt mit seinen Bannern füllte, und immer mehr seiner Truppen einmarschierten. Nicht das geringste Zeichen von Widerstand war zu bemerken, da die Bewohner ihre Häuser ja nicht verlassen konnten. Die Garnisonssoldaten schlossen fälschlicherweise daraus, der ganze Ort sei aus freien Stücken zum Feind übergegangen. Dieser Eindruck verstärkte sich noch, als sie die oberen Stadttore von innen her verbarrikadiert vorfanden. Entmutigt übergaben sie die Zitadelle, ohne einen einzigen Streich zu führen.

Einige Monate nach diesem Sieg verlor Federigo seinen Vater. Oddantonio erbte die Besitzungen der Montefeltro und wurde bald von Papst Eugen ohne besonderes Verdienst in den Rang eines Herzogs erhoben. Er entwickelte sich zu einem unpopulären und unfähigen Herrscher mit einem Zug zur Grausamkeit und Hemmungslosigkeit. Man behauptete, Sigismondo habe ihn nach einem austüftelten Plan auf dem Weg über seine Ratgeber beeinflußt und indirekt zu Ausschweigungen verführt, die eine Revolte hervorrufen und Malatesta den Weg zur Herrschaft in Urbino ebnen sollten. Die Dinge liefen jedoch etwas anders.

Tatsächlich wurde der Herzog mit der Zeit immer unerträglicher. Eine Verschwörung ballte sich gegen ihn zusammen, und im Morgengrauen des 22. Juli 1444 wurde Oddantonio mit einigen seiner Busenfreunde nach zweieinhalb Jahren Mißregierung in seiner eigenen Burg ermordet. »Der Herzog«, schrieb einer der Chronisten, »wurde von den Bürgern getötet, weil er ihre Frauen zu wenig achtete, weder bei Tag noch bei Nacht.«

Während all dieser Zeit hatte Federigo nicht aufgehört, die Grenzen des Familienterritoriums zu verteidigen. Er befand sich unten an der Küste bei Pesaro, als ihm der Bischof von Urbino die Nachricht überbrachte und ihm mitteilte, daß das Volk ihm die Übernahme der Herrschaft antrage, unter der Voraussetzung allerdings, daß die Dinge in Zukunft wesentlich anders gehandhabt würden. Das war ganz in Federigos Sinn. Die Idee, vor Antritt seiner Regierung eine Art Gesellschaftsvertrag abzufassen, barg für einen Schüler Vittorinos da Feltre nichts Mißfälliges. Er stieg aufs Pferd und ritt eilig nach Urbino. Das Stadttor durfte er erst passieren, als er geschworen hatte, eine allgemeine Amnestie zu erlassen. Danach setzte er sich mit den führenden Bürgern zusammen und diskutierte mit ihnen ihre Forderungen. Abgesehen von den bei solchen Anlässen üblichen – niedere Steuern, Reform der lokalen Regierung und die Zahlung herzoglicher Schulden – gab es

173 Das Kastell von Rimini (Rocca Malatestiana)

174 Die alte Franziskanerkirche in Rimini wird in Albertis großartigen »Tempio Malatestiano« umgebaut

noch einige besondere Wünsche. Ein Gesundheitsdienst mit zwei aus öffentlichen Mitteln bezahlten Ärzten sollte eingerichtet werden und allen Bürgern zugänglich sein. Eine ähnliche Verfügung sollte auch für einen Schulmeister und einen Hilfslehrer getroffen werden. Federigo stimmte mit Begeisterung zu. Die Vorschläge erschienen im Rahmen einer Verlautbarung, die eine Woche später herauskam. Delegationen strömten von den umliegenden Städten herbei, um dem Herzog ihre Reverenz zu erweisen, während von den benachbarten Herrschern Glückwünsche (aufrichtige und unaufrichtige) entsandt wurden. Mit Federigo hatte jene Epoche begonnen, die als das goldene Zeitalter Urbinos in die Annalen der Geschichte eingehen und dieses abgelegene kleine Fürstentum zu einem Zentrum der Renaissance-Kultur machen sollte.

Er war gerade zweiundzwanzig Jahre alt und hatte sein Leben noch vor sich.

Am 21. Februar 1445 schrieb Sigismondo aus Rimini an den »Herrn Federigo von Montefeltro«: »Mächtiger Herr, Eure Hoheit kennt die uns seit langem entzweienden Zwistigkeiten, und wenn Ihr die Sache gerecht betrachtet, werdet Ihr sehen, daß die Schuld daran nicht auf meiner, sondern auf Eurer Seite liegt. Geduld gehört nicht zu meinen Tugenden. Nicht nur, daß Ihr nicht bereit scheint, Fehler wiedergutzumachen, Ihr vergrößert sie auch noch von Tag zu Tag. Ihr habt erneut Schmähschriften gegen mich an den Hof von Rom geschickt und Verleumdungen in Umlauf gebracht. Ich bin entschlossen, das nicht länger zu dulden, sondern mich mit Euch zu messen von Mann zu Mann…«

Weiter unten führte Sigismondo dann seinen Kanzler als Sekundanten auf und bot jedem Begleiter Federigos freies Geleit an. Unterzeichnet war der Brief mit »Sigismondo Pandolfo di Malatesta, Capitano Generale des erhabenen Grafen Francesco Sforza«, denn der Herr von Rimini stand noch im Dienste seines Schwiegervaters.

175 Battista Sforza, Nichte Francescos und zweite Frau von Herzog Federigo von Urbino

Federigo nahm die Herausforderung an. Man vereinbarte ein Treffen am Fuße der Mauern von Pesaro, aber aus irgendeinem Grund erschien Sigismondo nicht. Er war so voller Widersprüche, bald tapfer bis zum Leichtsinn, bald schamlos feig und stets unfähig, seine Impulse zu beherrschen. Er konnte im Streit sein Schwert ziehen, ganz gleich, wo er sich befand, aber Federigos traditionellem Ehrenkodex fügte er sich nicht.

Wenig später nahm Federigo eine *condotta* von den Florentinern an, um für sie gegen Neapel zu ziehen. Sofort erbat Alfons Sigismondos Beistand und zahlte ihm 30000 Dukaten im voraus. Sigismondo blieb daraufhin zu Hause und verwendete das Geld zur Finanzierung seiner privaten Überfälle auf Montefeltro-Territorium. In einem ausführlichen Brief erklärte er dem König, daß das die beste Strategie sei, um Federigo von der Hauptfront abzuziehen. Typisch für Federigo führte dieser aber seinen Feldzug für die Florentiner weiter, im Vertrauen darauf, daß seine kernigen Untertanen ihre Heimat bis zu seiner Rückkehr selbst verteidigten. Alfons wies Sigismondo auf diese Tatsache hin und drängte ihn, sich wenigstens jetzt an dem Krieg zu beteiligen, für den er bereits bezahlt worden sei. Sigismondo folgte dieser Aufforderung, allerdings auf der falschen Seite: Er verdingte sich und seine zweitausend Soldaten Florenz, wodurch er vorübergehend zum Waffenbruder Federigos wurde – sehr zum Leidwesen des letzteren. Als Federigos Verpflichtung auslief, nahm er einen Vertrag von Sforza an, der eben das Herzogtum von Mailand errungen hatte. Sigismondo tat sein Bestes, um durch allerlei Intrigen zu verhindern, daß sein Schwiegervater und sein Rivale Freunde wurden, aber inzwischen war sein eigenes Ansehen bei Sforza völlig geschwunden.

1449 starb Polissena Sforza, nachdem sie viele Jahre lang von Sigismondo vernachlässigt

176 Herzog Federigo von Urbino und sein Sohn Guidobaldo

worden war. Gleich zu Beginn ihrer Ehe hatte er sich leidenschaftlich in Isotta degli Atti, ein schönes und reizendes Mädchen aus Rimini, verliebt, das ihn auf den ersten Blick bezauberte. Sie war damals gerade zwölf Jahre alt. Mit dreizehn trug sie bereits ein Kind von ihm. Er prahlte öffentlich mit diesem Verhältnis, das seine Frau nur demütigen konnte. Mit dem für die Renaissance typischen Blick auf die Nachwelt begann er fast zugleich mit dem Entwurf einer prunkvollen Grabstätte, die würdig wäre, eines Tages die Gebeine seiner Geliebten aufzunehmen. Aber es war Polissena, die lange vor Isotta ein Grab brauchte. Es kursierten häßliche Gerüchte über die näheren Umstände ihres Todes, und zwölf Jahre später drückte sich Francesco Sforza in einem Brief an Pius II. sehr deutlich aus:
»Besagter Herr Sigismondo«, schrieb er, »hat meine Tochter, seine Frau, durch Graf Antonio mit einem Halstuch erdrosseln lassen, obwohl sie sich nichts zuschulden kommen ließ.« Sigismondo hätte daraufhin nach einem Mönch geschickt, der ihm schwören sollte, Polissena habe ihm Ehebruch gebeichtet. Als sich der Mönch weigerte, dem Befehl nachzukommen, sei er in ein Verließ geworfen worden. Sforza versicherte dem Papst, er verfüge über Augenzeugen, die diese Geschichte bestätigen könnten. »Sie war unsere Tochter«, schrieb er voll Zärtlichkeit, »unser eigen Fleisch und Blut.«
Wenn Sigismondo wirklich seine angetraute Gattin ermorden ließ, wie viele Leute glaubten, so sicher nicht, um für eine Ehe mit Isotta frei zu werden. An seiner Liebe zu ihr besteht jedoch kein Zweifel, obwohl physische Treue ihm wahrscheinlich nie in den Sinn gekommen wäre und er nach wie vor seine Instinkte auf die verschiedenste Art und Weise befriedigte. Doch was immer für Affären er hatte, und ob Polissena vernachlässigt lebte oder in einem dunklen Grab moderte, seine eigentliche Gefährtin war in den Augen der Welt »die süße und unübertreffliche Isotta«. Sie war mehr, als er verdiente: schön, intelligent, gebildet, treu und verschwiegen. Oft setzte sie ihr ganzes diplomatisches Geschick ein, um die durch seine Ausbrüche hervorgerufenen Wogen wieder zu glätten, und nie verließ sie ihn, auch als seine Lage völlig hoffnungslos schien. Was Gutes in ihm steckte, brachte diese Frau zum Vorschein. Er

schrieb für sie Gedicht über Gedicht, seine Höflinge fielen in den Lobgesang mit ein, und so stellte sein Hofdichter, Basinio Parmense, eine ganze Anthologie zusammen, *Das Buch von Isotta*. Dennoch weigerte sich Sigismondo nach Polissenas Tod jahrelang, wieder zu heiraten. 1453 schrieb ihm Isotta in die Toskana, in der er sich auf einem Feldzug befand, einen Brief, der mit der Bitte schloß: »Ich erbitte von Eurer Hoheit eine große Gunst – heiratet mich so bald wie möglich.« Es vergingen aber noch drei Jahre, bis diese Gunst gewährt wurde, und dann so unauffällig, daß einige Geschichtsschreiber daran zweifelten, ob die Zeremonie tatsächlich stattgefunden hat.

Diese Art Verdrehtheit gehörte zu Sigismondos Charakter. Er verkündete laut seine Liebe, er ließ seine Soldaten ihrer beider verschlungenen Initialen, I. S., auf den Schildern führen, er errichtete für sie das großartige Grab auf den Malatesta-Elefanten, das nach wie vor zu den beeindruckendsten Werken des Tempio in Rimini gehört – aber gegen einen simplen Ehering sträubte er sich. Er selbst gab nichts auf den Segen der Kirche oder das ganze Christentum überhaupt und zog den Neoplatonismus eines zeitgenössischen byzantinischen Philosophen, Gemistus Plethon, vor. Sein künstlerisch bedeutendstes Bauwerk, der Tempio, war aus rein heidnischer Inspiration entstanden, obwohl er dafür eine alte Franziskanerkirche umbaute. Ravenna und andere Orte wurden ihres wertvollen Marmors beraubt und so berühmte Künstler wie Leone Battista Alberti, Matteo de' Pasti und Agostino di Duccio herbeigerufen, um seinen Traum zu verwirklichen.

Seine unorthodoxen Ansichten und die Skandale seines Privatlebens lieferten seinen politischen Gegnern den nötigen Zündstoff. Sigismondo wurde 1460 offiziell vor Pius II. angeklagt. Federigo und Alessandro Sforza, Francescos Bruder und Herr von Pesaro, waren an diesem Weihnachtsfest nach Rom gekommen, um die lange Liste der ihm zur Last gelegten Verbrechen – von Betrug und Falschmünzerei bis zur Blasphemie und Ketzerei – noch zu ergänzen. Man warf ihm vor, eine seiner Frauen vergiftet und die andere erdrosselt, mit seiner Tochter Inzucht getrieben, zahlreiche Menschen beiderlei Geschlechts vergewaltigt und, einer oft berichteten Geschichte zufolge, die noch warme Leiche einer jungen Deutschen geschändet zu haben, die er tötete, als ihre Leibwache zu verhindern suchte, daß er sie entführte.

Wieviel Wahrheit steckte in diesen phantasievollen Geschichten? Sicher nur ein Teil, denn es war ein maßloses Zeitalter und Sigismondo ein Mensch, der die Phantasie seiner Mitmenschen anregte. Wenn man sich die Propagandamethoden des 20. Jahrhunderts vor Augen hält, so neigt man zu einer gesunden Skepsis. Sigismondos größtes und unverzeihliches Delikt war politischer Natur: seine Opposition gegen den Papst. Lange hatte Pius II. seine Vertreter gedrängt, sich auf Mittel zu besinnen, um seinen Feind zur Strecke zu bringen. Man inszenierte das Schauspiel einer objektiven Untersuchung, die päpstlichen Tribunale befaßten sich monatelang mit juristischen Ermittlungen, aber das Ergebnis stand natürlich schon von vornherein fest: Sigismondo wurde in allen Punkten für schuldig befunden, exkommuniziert und als Ketzer zum Tod auf dem Scheiterhaufen verurteilt. Verständlicherweise lehnte es der Herr von Rimini ab, zur feierlichen Vollstreckung nach Rom zu kommen, und die Obrigkeit mußte sich damit begnügen, statt seiner eine schön herausgeputzte Statue auf den Stufen von Sankt Peter zu verbrennen. Diese Puppe trug ein Plakat um den Hals, auf dem geschrieben stand: »Hier bin ich, Sigismondo Malatesta, des Pandolfo Sohn, der König der Verräter, verhaßt bei Gott und den Menschen, durch Urteil des Heiligen Kollegiums zum Flammentod verdammt.«

Gegen den Sigismondo in Fleisch und Blut konnte der Papst allerdings nur mit konventionellen Mitteln vorgehen. Federigo führte dabei sein Schwert.

Der Herzog von Urbino war die geradezu ideale Persönlichkeit um gegen den Herrn von Rimini ausgespielt zu werden. Weit mehr als nur ein traditioneller feindlicher Nachbar, galt er zu dieser Zeit bereits als einer der am meisten geschätzten Feldherrn ganz Italiens. Er stand im Ruf eines Ehrenmanns, und abgesehen von ein paar wenigen Seitensprüngen, führte er ein makelloses Privatleben. Die Zeugung von vier Bastarden stellte in den Augen seiner Landsleute keinen Skandal dar, sondern wurde als Zeichen von Vitalität gewertet. Seine erste Frau, Gentile, war 1457 nach zwanzig Jahren kinderloser Ehe gestorben. 1460 heiratete er Battista, die Tochter von Alessandro Sforza, die ihm innerhalb der nächsten zwölf Jahre sieben Nachkommen bescherte. Sie hatte früh ihre Mutter verloren und ihre Kindheit weitgehend am Hof ihres Onkels in Mailand verbracht. Dort hatte sie an dem warmherzigen und anregenden Familienleben der Sforzas teilgenommen. Francesco Sforza schlug die Verlobung vor, als Battista erst dreizehn war, ein kleines Persönchen, das vornehme Gäste dadurch in Erstaunen versetzte, daß es sie mit Reden in fließendem Latein begrüßte. Die Hochzeit fand ein Jahr später in Urbino statt. Federigo war damals siebenunddreißig. Battista brachte aber nicht nur den Nachwuchs zur Welt, ihre Bildung und ihre praktische Fähigkeit halfen ihrem Gatten ungemein bei der Verwandlung seines kleinen Hofes in ein Kulturzentrum, von dem man in ganz Europa sprach. Battistas Unglück war es, daß ihre ersten Kinder sämtlich Mädchen waren, und offensichtlich erschöpfte sie sich in Schwangerschaften, um endlich einen Sohn, Guidobaldo, auf die Welt zu bringen, der nur fünf Monate vor ihrem frühen Tode geboren wurde. »Da beide entschlossen waren, nichts unversucht zu lassen«, schrieb Abt Baldi, »machten sie auf Empfehlung der zuständigen Ärzte unaufhörlich von kräftigenden Heilmitteln Gebrauch, die sie stärken und, so weit möglich, die Ausfälle der Natur beheben sollten.« Battista starb am Fieber – Federigo, der weit entfernt von Urbino weilte, ritt Nacht und Tag durch die Julihitze und kam gerade noch rechtzeitig an ihr Sterbelager –, aber es dürfte wohl nicht auszuschließen sein, daß die sieben, möglicherweise sogar acht Schwangerschaften sie im Alter von sechsundzwanzig Jahren vorzeitig geschwächt hatten.

Neben ihren Familienpflichten oblag Battista auch noch die Verwaltung der Montefeltro-Territorien während der periodischen Abwesenheiten ihres Gatten. Federigo war nicht nur aus Neigung Condottiere, sondern auch aus Notwendigkeit. Sein Miniaturstaat umfaßte sechzig Quadratkilometer. Es war ein rauhes und armes Land. Dunkle Pinienwälder bedeckten die Berge, Eichen und Kastanien wuchsen an den unteren Hängen, und während der schlechten Jahreszeit gruben sich Gießbäche ihren Weg durch die engen Täler zum Meer. Der Boden gab wenig her, und die Bauern hatten kein leichtes Leben. So wurde der Soldatendienst zum unsichtbaren Exportgut, das immer wieder einen Ausgleich des Budgets ermöglichte.

Auf diese Weise sicherte sich Federigo dreiundvierzig Jahre lang, mit nur ganz wenig Unterbrechungen, regelmäßige Einkünfte, um seine Regierung, seinen Hof und seine künstlerischen Vorhaben zu finanzieren. Ein großer Teil dieses Geldes ging direkt an seine Soldaten und floß so den einzelnen Haushaltungen in seinem Herzogtum zu. Im Laufe der Zeit diente er als *capitano generale* drei Päpsten, zwei Königen von Neapel, zwei Herzögen von Mailand, der Republik von Florenz und verschiedenen Allianzen. Er bezog eine lebenslängliche Pension von Neapel für frühere Dienste, und das Kommando über verbündete Truppen, das er zu Ende seines Lebens innehatte, brachte ihm jährlich 165000 Dukaten bei aktivem Einsatz und 65000 Dukaten in Friedenszeiten ein. Für Venedig kämpfte er nie, aber in seinem letzten Lebensjahr bot ihm die Durchlauchtigste Republik 80000 Dukaten, wenn er sich aus dem Streit heraushielte. Das lehnte er jedoch ab, und als irgendjemand sich darüber erstaunt zeigte, erwiderte er: »Sein Wort zu halten ist besser und mehr wert als alles Gold der Welt.« Doch nicht nur Bargeld, auch symbolische Ehren wurden ihm in reichem Maße zuteil. Der Papst dekorierte ihn mit der Goldenen Rose, Neapel verlieh ihm den Hermelinorden und weit weg in England zeichnete ihn Eduard IV. mit dem Hosenbandorden aus. Er war Gonfaloniere der Kirche und trug das weiße Banner des Papsttums mit den gekreuzten goldenen Schlüsseln.

Er fand Gefallen an solchen Auszeichnungen. Ihre Embleme, den Hermelin, das Hosenband und die übrigen, ließ er in die Skulpturen einfügen, die seinen neuen Palast in Urbino schmückten. Der Architekt dieses grandiosen Baus war Luciano Laurana, der einen mattgelben Kalkstein aus seiner dalmatinischen Heimat verwendete, um einen Palast mit vornehmen Aufgängen und eleganten Salons, ausgestattet mit vergoldeten Türen, Teppichen und Brokaten, zu erstellen. Loggien und Fenster eröffneten eine weite Sicht ins Land hinein. Links neben dem großen Innenhof war seine geliebte Handschriftenbibliothek untergebracht. Hohe Fenster verströmten dort ein kühles, nördliches Licht und eingelegte Sessel luden zum Lesen ein. Federigo war ein begeisterter Büchersammler, noch mehr liebte er jedoch die Literatur selbst, und wenn er einen Band, nach dem ihm der Sinn stand, nicht kaufen konnte, dann wollte er wenigstens eine Kopie davon. Vierunddreißig Kopisten arbeiteten für ihn in Florenz und anderen Städten. Sein Biograph, Vespasiano, erinnerte sich später: »Ich verglich den Katalog mit jenen, die er von anderen Bibliotheken erhalten hatte, vom Vatikan, von Florenz, San Marco, Pavia, bis zur Universität von Oxford in England, und ich bemerkte, daß alle anderen Lücken und Duplikate aufwiesen.« Federigo bestand auf perfekten Kopien, die auf Velinpapier geschrieben und in karmesinrotem Samt mit Silberspangen gebunden wurden. Er selbst war ein ausgezeichneter Latinist. Durch die Aufnahme von Gelehrten, die aus Konstantinopel geflohen waren, machte er Urbino zu einem der ersten Zentren für Griechischstudien im Westen.

Seine Ehrfurcht vor den antiken Klassikern oder den frühen Kirchenvätern hinderte ihn nicht daran, auch die lebenden Schriftsteller zu fördern, aber da hatte er mit seinem Mäzenatentum wenig Glück. Keinen Petrarca oder Boccaccio zog es an seinen Hof, stattdessen füllten sich seine Regale mehr und mehr mit mittelmäßigen Werken voll schwülstiger Dedikationen. Sein Sekretär, Angelo Galli, produzierte dreihundertsechsundsiebzig Gedichte und Lieder in Italienisch, aber wer kennt sie noch? Anders stand es mit den bildenden Künstlern, mit denen er befreundet war. Piero della Francesca, Alberti, Pisanello, Justus van Gent (der Federigo im Gewand des Hosenbandordens porträtierte) und andere schufen hervorragende Arbeiten in Urbino. Pieros Schüler, Melozzo da Forlì, verbrachte drei Jahre dort.

Doch nicht nur Poeten und Maler tummelten sich an diesem Hof. Zu den Gästen zählten Männer mit den vornehmsten Namen Italiens: Orsini, Colonna, Farnese, Doria und della Rovere. Sie schickten ihre Söhne nach Urbino, um dort Sitte und Lebensart zu erlernen. Federigo mußte einen dementsprechenden Haushalt führen. Eine Liste seines Personals führt dreihundertsiebzehn Personen auf, darunter »4 Kopisten der Manuskripte für die Bibliothek, 5 Vorleser während der Mahlzeiten« sowie einen »Wächter der Giraffe«. Battista hatte ihr eigenes Personal, bestehend aus »6 gesetzten und älteren Edelmännern« und zahlreichen Dienstboten, die zweifellos alle unentbehrlich waren.

Federigos Tageslauf in Urbino hat uns Vespasiano in seiner Biographie lebendig geschildert. Wir erfahren daraus, daß der Herzog im Sommer gern bereits bei Morgengrauen aufs Pferd stieg, mit ein paar Freunden und unbewaffneten Dienstboten ins Land hinaus ritt und heimkehrte, als andere gerade erst aufwachten. Danach pflegte er die Messe zu hören und anschließend bis zur Frühstückszeit im Garten zu sitzen, für jedermann zu sprechen. Später ging er oft in die Stadt hinunter und schlenderte aufmerksam durch die Straßen, trat auf einen kurzen Schwatz in einen Laden oder eine Werkstatt oder scherzte mit den Bauern auf dem Markt. Er kannte keinen Hochmut, sondern behandelte Arm und Reich mit der gleichen Höflichkeit und zog so oft seine Mütze, daß sein Neffe Ottaviano Ubaldini eines Tages zu einem betriebsamen Freund sagte, er sei »so beschäftigt wie Federigos Kappe.« Soldaten wurden bei der Parade mit »Herren« oder »verehrte Brüder« angeredet. Selbst bei zeremoniellen Anlässen brachte es der Herzog fertig, das Protokoll durch einige freundliche Erkundigungen zu durchbrechen.

Er war der Meinung, ein Regent müsse in erster Linie ein Beispiel geben. Einmal entdeckte er, daß ein Kaufmann in Schwierigkeiten geraten war, weil ihm verschiedene wichtige

Kunden, darunter auch der herzogliche Haushalt, Geld schuldeten. »Verklagt mich«, sagt Federigo. Es brauchte lange, den Mann davon zu überzeugen, daß es dem Herzog mit dieser Aufforderung ernst war, und dann einen Beamten zu finden, der sich dazu hergab, die Vorladung zu überbringen. Aber schließlich fand man ihn doch, und als Federigo aus seinem Palast trat, wurde er in der entsprechenden Weise angesprochen und aufgefordert, am nächsten Tag vor dem Magistrat zu erscheinen. Er winkte daraufhin seinen Haushofmeister zu sich und sagte laut, so daß es alle hören konnten, zu ihm: »Bitte kümmert Euch darum, damit ich nicht meine Tage damit verbringen muß, auf dieses oder jenes Gericht zu gehen.« Der Wink wurde in der Urbiner Gesellschaft wohl verstanden. Ein anderes Mal, als er die Händel auf der Straße einschränken wollte, bat er den *podestà*, das Tragen von Schwertern in der Stadt zu verbieten. Er richtete es so ein, daß er dem Ausrufer gerade begegnete, als er die Anordnung bekanntmachte. »Unser *podestà* muß seinen guten Grund dafür haben«, sagte er, »und so ist es nur recht, daß man ihm gehorcht«. Daraufhin löste er sein Schwert und ließ es durch einen Diener in den Palast zurückbringen. Seinen Begleitern blieb nichts anderes übrig als seinem Beispiel zu folgen. Um übertriebenen Forderungen und intoleranten Verhaltensweisen bei seinen Untertanen zu begegnen, verließ er sich lieber auf seinen Witz und Humor als auf das Gewicht seiner Autorität.

Federigo brachte jedermann Interesse entgegen. Dem Kloster Santa Chiara stattete er regelmäßige Besuche ab und führte mit der alten Mutter Oberin lange Gespräche durch das Sprechgitter, wobei er sich nach dem Befinden der Nonnen erkundigte. In der Abendkühle ging er gern hinunter auf den Übungsplatz, sah den Knaben seines Hofes bei ihren Spielen zu und plauderte mit ihnen zwischen den einzelnen Wettkampfrunden. Nach dem Abendessen, wenn alle Geschäfte erledigt und die letzte Audienz gewährt worden waren, zog er sich im Winter an den Kamin und im Sommer auf die Loggia zurück, von der aus man das weite Land im Abendschein überschauen konnte, und unterhielt sich dort mit seinen Freunden über Bücher, Kunst oder Politik. »Wenn man ihn mit einem Bildhauer reden hört, könnte man meinen, er wäre ein Meister dieser Kunst«, wurde von ihm behauptet. Vittorino wäre stolz auf seinen Schüler gewesen und auf die Ergebnisse seiner umfassenden Erziehung. Castiglione, dessen klassisches Buch sich auf das Leben an diesem Hof bezieht, wie es unter Herzog Guidobaldo in der gleichen kultivierten und liberalen Weise weitergeführt wurde, preist Federigo »zum ruhmreichen Gedächtnis, der in seinen Tagen das Licht Italiens war«. 1462 mußte sich »das Licht Italiens« aber von seinem elfenbeinernen Turm Urbino herabbegeben und sich mit »der Schande Italiens« befassen, wie Papst Pius den eben exkommunizierten Sigismondo bezeichnete, der alle Barbaren an Grausamkeit übertreffe und es verdiene, »unter die Bewohner der Hölle gezählt zu werden«.

Diese so wenig schmeichelhafte Meinung von Sigismondo wurde jedoch nicht überall geteilt. Es gab immer noch Leute, die mit ihm verhandelten, wie Jacopo Piccinino, der durchtriebene Sohn des berühmten Niccolò. Er stand im Dienste der Anjou, die ihre Hoffnung auf eine Wiedereroberung Neapels nicht aufgaben, und verpflichtete in einem Untervertrag den Herrn von Rimini, an der adriatischen Küste südwärts zu marschieren und in den nördlichen Teil des Regno einzufallen. Federigo reagierte sofort darauf. In glühender Augusthitze führte er einen Gewaltmarsch durch, schnitt Sigismondo bei Senigallia den Rückzug ab und kam genau eine Stunde zu spät, um zu verhindern, daß sich die Stadt ergab. Die Malatesta-Truppen waren noch nicht einmal eingerückt, sondern befanden sich noch innerhalb ihrer Verschanzungen, von denen aus sie die Stadt belagert hatten. Verwirrt durch Federigos rasches Erscheinen, verlegte sich Sigismondo auf diplomatische Verhandlungen und meinte, daß es in Urbinos Interesse besser sein müsse, wenn Rimini und nicht Rom Senigallia beherrsche. Federigo erwiderte, er könne über diesen Punkt nicht diskutieren, da er nicht als Herrscher von Urbino, sondern als Oberbefehlshaber von Pius II. handle.

Sigismondo hatte keine Lust, eine Schlacht zu wagen, obwohl Federigos Truppen nach einem Marsch von fünfundvierzig Kilometern erschöpft sein mußten. Noch weniger wollte

177 *Roberto Malatesta, Sohn des Sigismondo und späterer Schwiegersohn Federigos*

er in der Stadt, die er eben eingenommen hatte, belagert werden. Daher schlug er kurz vor Mitternacht das Lager ab und begann seinen Rückzug auf der Straße nach Fano, wobei ihm das Vollmondlicht gut zustatten kam. Er glaubte, daß selbst wenn Federigo von seinem Manöver Wind bekäme, er seine Truppen unmöglich vor Tagesanbruch in Marsch setzen könne.

Hier unterschätzte er die Zähigkeit und Widerstandskraft seines Gegners. Wie zäh Federigo war, läßt sich aus seinem ständigen Triumph über Verwundungen, Unfälle und Krankheiten ersehen. Er hatte bei einem Turnier ein Auge verloren und das Nasenbein gebrochen, beim Reiten sein Kreuz verstaucht, so daß er eine Schlacht in Bandagen gewickelt schlug, da er keine Rüstung anlegen konnte, bei dem Einsturz eines Balkons einen Knöchel gebrochen und beinahe ein Bein durch Wundbrand verloren. Er war verschiedentlich verwundet worden und litt an Malariaanfällen, aber das alles tat seiner Energie keinen Abbruch.

In jener Sommernacht in Senigallia zögerte er keinen Augenblick. Er wählte eine kleine Gruppe aus und machte sich mit ihr an die Verfolgung. Dem Hauptteil des Heeres befahl er, so schnell wie möglich nachzukommen. Einige seiner Offiziere warnten ihn, daß er ein großes Wagnis eingehe. Er wies sie aber darauf hin, daß in derselben Umgebung und unter weitgehend ähnlichen Bedingungen Claudius Nero die Armee von Hannibals Bruder, Hasdrubal, verfolgt und vernichtet hatte. Eine passende Parallele aus der Klassik war in dieser bücherliebenden Gesellschaft der beste Weg, einen Einwand aus dem Weg zu räumen. Ohne weitere Verzögerungen machten sie sich im Galopp auf den Weg, am mondbeschienenen Meer entlang.

Sie holten die feindliche Nachhut beim Cesano ein, einem der vielen kleinen Flüsse, die ihren Weg kreuzten. Das verdarb ein wenig die klassische Parallele, denn die Niederlage der Karthager hatte erst beim nächsten Fluß, beim Metauro, stattgefunden. Aber Federigo war kein Pedant. Er ließ die Trompete blasen, um Sigismondo von seinem Kommen zu unterrichten, und sein Gegner, der sicher war, daß es sich nur um eine kleine Vorhut handle, schwenkte herum und stellte sich zur Schlacht. Doch er hatte sich abermals verrechnet. Sie befanden sich erst ein paar Kilometer von Senigallia entfernt, und während Malatestas Truppen am Fluß entlang Stellung bezogen, rückte Federigos Heer kontinuierlich nach. Sobald er das Gefühl hatte, daß die Anzahl seiner Soldaten ausreichte, begann er entschlossen den Angriff

178 *Sigismondo Malatesta, Detail aus seinem Grabmal*

über das ausgetrocknete Flußbett. Sigismondos noch nicht kampfbereite Truppen gerieten völlig durcheinander. Bei Tagesanbruch sah man sie ungeordnet in Richtung Norden fliehen. Sigismondo selbst flüchtete sich nach Fano, und sein illegitimer Sohn Roberto, der später selbst als Condottiere zu Ansehen gelangen sollte, suchte Zuflucht im Schloß Mondolfo.

Für Sigismondo war das der Anfang vom Ende. Kaum ein Jahr später hatte Federigo den größten Teil seines Territoriums eingenommen. Die Anjou weigerten sich, Sigismondo noch weiter finanziell zu unterstützen, und nur die Venezianer wollten ihn noch nicht ganz aufgeben. Sie liehen ihm einige Transportschiffe, die sie von ihren eigenen Kriegsschiffen eskortieren ließen, damit er seinem Sohn Roberto Nachschub liefern konnte, der zu diesem Zeitpunkt die Verteidigung übernommen hatte, das von der Landseite her von Federigo völlig blockiert wurde. Doch diese Versorgung änderte nichts am Ausgang des Kampfes. Federigo stürmte die Stadt. Roberto verschanzte sich in der Zitadelle, zusammen mit seinen Schwestern und seiner Mutter, Vanetta Toschi, Sigismondos Geliebter vor Isottas Zeit. Die Frauen, die Federigos Ruf von Ritterlichkeit kannten, überredeten Roberto, sich zu ergeben. Obwohl andere Offiziere und der Päpstliche Legat Federigo drängten, sie als

Geiseln zu halten, bestand er darauf, daß alle freigelassen wurden, selbst Roberto. Er geleitete sie persönlich zum Hafen und beobachtete, wie sich das Schiff entfernte, das sie zu Sigismondo nach Rimini bringen sollte. Vorsichtshalber befahlen die Flüchtlinge jedoch unterwegs dem Kapitän, den Kurs zu ändern und Ravenna anzusteuern.
Sigismondo lag zwar darnieder, war aber noch nicht völlig außer Gefecht gesetzt. Wenn es einen Feind gab, den der Papst noch mehr haßte, dann waren das die Türken. Pius näherte sich seinem Lebensende und sehnte sich danach, seinen Traum von einem Kreuzzug gegen die Ungläubigen zu verwirklichen, die seit zehn Jahren Konstantinopel in Händen hielten. Es drängte ihn, die inneren Querelen Italiens zu bereinigen, um eine gemeinsame Front gegen den Feind von außen zu errichten, und unter diesen Umständen war er sogar bereit, Sigismondos völlige Vernichtung aufzuhalten. Sigismondo schürte geschickt diese Kompromiß-Stimmung, indem er erklärte, daß er, wenn man ihm völlig unnachgiebig begegne, seine ihm verbliebenen Gebiete den Türken als Brückenkopf für eine Invasion anbieten und sogar auf ihrer Seite kämpfen wolle.
Man kam zu einer Einigung. Sigismondo mußte seine ganzen Territorien mit Ausnahme von Rimini hergeben. Er sollte seine Ketzerei in Rom öffentlich widerrufen und sämtliche ihm zur Last gelegten Verbrechen eingestehen. Dieser äußersten Erniedrigung konnte er sich schließlich entziehen, indem er einen Bevollmächtigten entstandte, der an seiner Stelle in Sankt Peter auftrat. Nicht vermeiden ließ es sich allerdings, daß er die Erklärung persönlich in Rimini vor dem Hochaltar der Kathedrale und in Anwesenheit seiner Untertanen ablegte.
Paradoxerweise war er zu guter Letzt der einzige, der wirklich gegen die Türken zog. Allein die Venezianer hatten als Großmacht ein egoistisches Interesse an diesem Kreuzzug. Sie bemühten sich, Federigo und Colleoni dafür zu gewinnen, da aber beide ablehnten, mußten sie das Kommando Sigismondo anbieten. Er unterschrieb eine Zwei-Jahres-*condotta* zu 300 Dukaten im Monat und erhielt den Segen des sterbenden Papstes, der keinen anderen zum Segnen finden konnte. Während dieser zwei Jahre, 1464 und 1465, kämpfte Sigismondo wacker in Griechenland, entriß Sparta dem Omar Bey und hätte um ein Haar auch die alte byzantinische Hauptstadt Mistra eingenommen. Aber die Götter waren gegen ihn, und seine Erfolge blieben ohne Bestand. Als er nach Hause segelte, brachte er von seiner Expedition wenig mehr mit als die Gebeine seines bewunderten neuplatonischen Philosophen, Gemistus Plethon, die er – zum Ärger und Entsetzen der Gläubigen – in der Kathedrale von Rimini beisetzte.
Trotz all seiner erzwungenen Reuebezeugungen war sich Sigismondo in seinem Innern treu geblieben. Als er einer Ladung nach Rom folgte, bemerkte er, daß der neue Papst, Paul II., ihm ebensowenig gewogen war wie sein Vorgänger. Paul verlangte sogar von ihm, er solle seine eigene Stadt Rimini hergeben im Tausch gegen die unbedeutende Stadt Foligno im Landesinnern. Dieses Ansinnen kränkte Sigismondo so sehr, daß er beschloß, den Papst bei ihrem nächsten Treffen umzubringen. Die Waffe dazu wollte er unter einem schwarzen Samtumhang in den Audienzsaal schmuggeln. Soweit kam es aber nicht, weil die Zusammenkunft seltsamerweise verschoben wurde, und als Sigismondo merkte, daß man ihn verdächtigte, nahm er klugerweise von seinem Vorhaben Abstand. Nachdem er sich völlig gedemütigt hatte, gestattete man ihm schließlich, Rimini zu behalten.
Dort starb er am 9. Oktober 1468 im Alter von einundfünfzig Jahren. Der Papst versuchte, sich seines Territoriums zu bemächtigen, aber Roberto Malatesta war schneller. Es kam zu einigen Gefechten mit den päpstlichen Truppen, die jedoch nicht mehr unter dem Kommando von Federigo standen. Zu diesem Zeitpunkt hatte der Herzog Rom gegenüber keine Verpflichtungen mehr und konnte sich frei den Interessen Urbinos widmen. Er mochte Roberto und legte keinen Wert darauf, den Papst in seiner Nachbarschaft zu mächtig zu sehen. Daher stellte er sich auf Robertos Seite, und Rimini blieb unter dem Banner der Malatesta.
Auch anderswo hatte sich während dieser letzten Lebensjahre Sigismondos viel ereignet.

Jacopo Piccinino hatte eine von Sforzas illegitimen Töchtern, Drusiana, geheiratet und war bald darauf, 1465, bei einer Mission in Neapel von König Ferrante, Alfons' Nachfolger, heimtückisch ermordet worden. Diese Tat erboste Sforza und trug nicht dazu bei, sein von jeher ungutes Verhältnis zum Hause Aragon zu verbessern. Doch schon im nächsten Jahr

179 Hochzeit des Roberto di Sanseverino mit einem Mädchen aus vornehmer Sieneser Familie

starb am 8. März Sforza selbst im Alter von fünfundsechzig nach nur zweitägiger Krankheit. Das Herzogtum, das er sich so mühsam errungen hatte, blieb einzig durch das entschlossene Handeln Biancas seinem Sohn, Galeazzo Maria, erhalten. Trotz ihres großen Schmerzes über diesen plötzlichen Tod meisterte sie die schwierige Situation, bis ihr Sohn inkognito und unter großer Gefahr aus seinem Dienst beim König von Frankreich zurückeilen konnte. Als drittes Ereignis verdient die Schlacht von Molinella am 25. Juli 1467 der Erwähnung, bei der Colleoni als alter Mann zum letzten Mal im Feld stand und gegen Federigo kämpfte. Daswar ein ehrenhafter Kampf zwischen zwei der gewissenhaftesten Condottieri. Jahre später verspottete Machiavelli diese Schlacht als Auseinandersetzung, bei der zwei Söldnerheere stundenlang aufeinander losgegangen wären, ohne daß ein einziger Soldat getötet worden sei. Tatsächlich gab es aber einige hundert Todesopfer auf beiden Seiten, und Federigo hätte leicht einer von ihnen sein können. Er führte die erste Attacke selbst an, unterstützt von seinem zukünftigen Schwiegersohn, Giovanni della Rovere, und wurde von einem feindlichen Fußsoldaten zu Fall gebracht, der unter sein Pferd geglitten war und diesem einen tödlichen Stoß versetzt hatte. Nur mit Mühe konnte Federigo gerettet werden. Der Kampf tobte viele Stunden lang fort. Es war unerträglich heiß, und beide Armeen hatten einen längeren Marsch hinter sich. Als die Dunkelheit hereinbrach, wurde es offensichtlich, daß keine der beiden Seiten einen entscheidenden Sieg erringen würde. Trompeten gaben das Signal zu einer Unterbrechung, und man war sich rasch darüber einig, daß damit Feierabend wäre. Colleonis Truppen fuhren fort, ihr Lager zu errichten, mit dem sie vor Federigos Angriff begonnen hatten, und das gab ihnen die Möglichkeit, einen technischen Sieg für sich zu buchen, da Federigos Leute das Schlachtfeld verlassen mußten, um ihre Zelte ein paar Kilometer weiter weg aufzuschlagen. Bevor Federigo selbst sich zum Abendessen entfernte, ritt er bis zum Schein von Colleonis Lagerfeuer und schüttelte seinem Gegner herzlich die Hand. Da die ganze Angelegenheit von florentinischen Exilierten angezettelt worden war, um das Medici-Regime zu stürzen, und andere Staaten wenig Interesse daran hatten, dafür den Frieden Italiens aufs Spiel zu setzen, fanden die beiden Feldherren, daß sie ihre Pflicht getan hätten und ließen den Feldzug ohne neue Schlacht auslaufen.

Weitere fünfzehn Jahre lang – vierzehn Jahre nach dem Tod seines alten Rivalen Sigismondo – hielt Federigo den ersten Platz unter den aktiven Condottieri in Italien. Sein letzter Kriegszug fand 1482 statt.
Im April dieses Jahres erhielt Federigo eine Drei-Jahres-*condotta* zur Verteidigung Ferraras gegen Venedig und Papst Sixtus IV. Er wurde *capitano generale* einer Liga aus Florenz, Neapel, Mailand, Mantua und Bologna. Der Feind, der vergeblich versucht hatte, sich seiner Dienste zu versichern, kämpfte mit Roberto Malatesta, inzwischen Federigos Schwiegersohn, und einem anderen sehr geschätzten Condottiere, Roberto di Sanseverino. Der junge Malatesta zog jedoch nach Süden, um Rom gegen die neapolitanischen Streitkräfte unter dem Herzog von Kalabrien zu verteidigen, so daß er nicht direkt gegen seinen Schwiegervater kämpfen mußte.
Dieser verließ Urbino zum letzten Mal. Die ersten Kilometer gaben ihm seine Poeten- und Malerfreunde das Geleit. Man war allgemein etwas besorgt um ihn. Wie lange würde der alte Krieger noch so weitermachen können? Doch Federigos Energie und Elan schienen ungebrochen. Als er sich an seinen Neffen Ottaviano wandte und den jungen Erben Guidobaldo seinem Schutz empfahl, war das nicht mehr als eine ganz verständliche Vorkehrung eines Soldaten, der an eine entlegene Front zieht.
Lorenzo de'Medici kam bis von Sansepolcro, um ihn zu treffen. In Florenz selbst, wo man sich dankbar seiner vergangenen Siege erinnerte, begrüßten ihn die Stadtväter auf der Schwelle des Palazzo Vecchio. Er wurde mit Höflichkeiten überschüttet. Das änderte sich jedoch, als er den Kriegsschauplatz erreichte und um die notwendige Unterstützung für seine Aufgabe bat. Weder Florenz noch Mailand schickten ihm genügend Truppen. Sanseverino belagerte Ficarolo, die letzte Festung vor Ferrara, und es bestand die Gefahr, daß er sich mit einer Flotte von fünfhundert Booten verbinden würde, welche ihm die Venezianer den Po hinauf zu Hilfe schickten. Alles, was Federigo tun konnte, war La Stellata zu besetzen, die Festung, die Ficarolo gegenüber auf der anderen Flußseite lag, und abzuwarten.
Im Sommer wütete die Malaria unter den Truppen. Federigo selbst erlitt einen Anfall, genas aber wieder. Da er keine unmittelbare Hoffnung auf eine Offensive sah, führte er einen großen Teil seiner Truppen an einen gesünderen Ort und blieb nur mit vierhundert Soldaten in La Stellata. Bald war durch das Fieber nur mehr ein Zehntel der Männer einsatzfähig, und allein dank seines eisernen Willens zählte Federigo zu ihnen. Man bat ihn dringend, sein Hauptquartier in eine für ihn bereitgestellte Villa in Ferrara zu verlegen, aber das lehnte er ab. Anfang September bekam er einen Rückfall und fühlte, daß sein Ende gekommen sei. Sein Geist blieb klar bis zuletzt. Er traf seine letzten militärischen Verfügungen, übergab offiziell sein Kommando und machte Vorschläge für einen sicheren Rückzug. Am 10. September starb er, gestärkt – in diesem Fall keine leere Phrase – mit den Sakramenten der Kirche, an die er glaubte.
Roberto Malatesta war kurz zuvor in Rom gefallen, nachdem er für die andere Seite einen Sieg errungen hatte. Seine Frau Elisabetta erfuhr seinen und ihres Vaters Tod an ein und demselben Tag. Von Kummer gebeugt, zog sie sich in ein Kloster zurück. Das Leben der Condottieri mochte wohl hart sein, aber das ihrer Frauen war manchmal noch härter.

Der letzte Condottiere

An einer Ecke der Piazza San Lorenzo in Florenz thront hoch über bunt überdachten Verkaufsständen und geparkten Autos Baccio Bandinellis Statue von Giovanni de'Medici, der sich zu seinen Lebzeiten verschiedene Beinamen erwarb: »Der Unbesiegbare«, »Italiens Giovanni« und vor allem »Giovanni delle Bande Nere« – Johann von den Schwarzen Banden. Wäre es seinen Zeitgenossen bewußt geworden, so hätten sie ihn noch mit einem weiteren Zunamen versehen: »Der letzte Condottiere«.

Er war am 6. April 1498 zur Welt gekommen. Vier Monate später warf Columbus seinen ersten Blick auf Amerika. Diese Koinzidenz der Daten soll nur deutlich machen, daß Giovanni zu einem Zeitpunkt geboren wurde, als eine historische Epoche ihrem Ende zuging. Es gab natürlich noch andere, unmittelbarer zum Tragen kommende Faktoren als die Entdekkung der Neuen Welt, die der Ära der Condottieri ein Ende setzten. Die Entwicklung einer wirksameren Artillerie und einer geschulteren Infanterie schrenkte die Rolle des gepanzerten Ritters, der so lange das italienische Schlachtfeld beherrscht hatte, erheblich ein, und die politischen Veränderungen auf der Halbinsel brachten es mit sich, daß es keinen Platz mehr gab für einen Söldnergeneral, der seine Dienste nach Belieben an einen der zahlreichen Kleinstaaten verkaufen konnte. Dieses Italien starb endgültig mit dem Sacco di Roma, 1527, und das kurze, bunte Leben Giovannis delle Bande Nere fällt genau mit dieser Endphase zusammen.

Von allen Medici war er der einzige, der zum Soldatenhandwerk neigte. Was die Erbanlage und die Erziehung betrifft, so ist es viel bezeichnender, daß seine Mutter eine Sforza war, Caterina, die Enkelin des großen Francesco und eine schöne, leidenschaftliche »Virago«, ganz in der Tradition der Familie. Sie war dreimal verheiratet, zuerst mit Graf Girolamo Riario, Sohn von Papst Sixtus IV., dann (nach dessen Ermordung) mit dem Sohn des Kastellans ihres Schlosses in Forli und schließlich (nach der Ermordung dieses zweiten Gatten) mit Giovanni de'Medici. Dieser Giovanni gehörte dem jüngeren Zweig des berühmten Hauses an und war ein Nachfahre von Cosimos Bruder. Seine illustreren Verwandten waren in dem Aufstand von 1494 eben aus Florenz vertrieben worden. Die politischen Vorteile von Caterinas Hochzeit traten in keiner Weise zum Vorschein, doch sollte, ganz unvorhersehbar, das Kind, das aus dieser Verbindung stammte, unser Giovanni delle Bande Nere, die Dynastie der Medici weiterführen und zum Ahnherrn all jener Großherzöge werden, die in Florenz bis zum 18. Jahrhundert herrschten. Caterinas Ehemann tat nicht viel mehr als das Kind zeugen und unbewußt das große Erbe weitergeben. Der zukünftige Condottiere war erst vier Monate alt, als sein Vater in Pisa erkrankte und die fünfunddreißigjährige Caterina zum dritten und letzten Mal Witwe wurde.

Das war in jenem Sommer, in dem Cesare Borgia auf sein Priestertum und den ihm von seinem Vater, Papst Alexander VI., verliehenen Kardinalshut verzichtete und sich der ihm gemäßeren Feldherrnkarriere widmete. Sein erster Plan bestand darin, die eigentlich päpstlichen, jetzt im Grunde aber unabhängigen Städte der Romagna zu unterwerfen und in ein eigenes Herzogtum zusammenzufassen. Forlì stand auch auf seiner Liste. Caterina widersetzte sich ihm und verteidigte die Stadt in bester Sforza-Tradition. Schließlich versuchte sie, sich selbst mit dem Pulvermagazin in die Luft zu sprengen, aber diese heroische Tat mißglückte. Cesare nahm sie gefangen und sandte sie nach Rom in die Engelsburg. Giovanni, zu diesem Zeitpunkt achtzehn Monate alt, war bereits vorher bei einem Medici-Onkel außerhalb von Florenz in Sicherheit gebracht worden.

Er war drei, als seine Mutter zu ihm zurückkehrte – vorzeitig ergraut und gealtert durch die harte Behandlung, die sie in Rom erfahren hatte. Sie richtete sich nun in der Villa di Castello ein, einem der oberhalb der Stadt inmitten von Gärten und Wäldern gelegenen Medici-Häuser. Sie vertrat die Ansicht, daß ihr dieser Besitz als Erbe ihres letzten Gatten rechtmäßig zustand, aber sichern konnte sie sich diesen Anspruch erst nach jahrelangem Prozessieren vor Gericht. Während dieses Streites wurde sie vertrieben und suchte Zuflucht in einem Kloster. Später mußte der kleine Giovanni sein neuntes Lebensjahr als Mädchen verkleidet bei den Nonnen verbringen und den Unterricht mit den richtigen Mädchen teilen, damit sein Aufenthaltsort dem Bruder seines Vaters, einem »bösen Onkel« wie er im Buche steht, verborgen blieb. Da Caterina zwei Ehemänner durch Mord verloren und selbst Schreckliches durchgemacht hatte, überließ sie lieber nichts dem Zufall.
Das Jahr bei den Nonnen war aber nur ein kurzes Zwischenspiel. Ansonsten lag die Erziehung des Knaben bis zu seinem elften Lebensjahr ausschließlich in Caterinas Händen – und von Verweichlichung konnte hierbei keine Rede sein.
Es beglückte sie, daß Giovanni auch zu einem Sforza heranwuchs, »ganz Feuer, Waffen und Pferde« und nicht Darlehen und Kontobücher (mag sie hinzugefügt haben) wie ein Medici. Das Feuer lag in seinem Temperament. Er war eigenwillig und schwer zu führen – nicht erstaunlich bei einer so gestörten Kindheit –, aber er hatte auch Herzenswärme, war anhänglich und freigebig. Er vergötterte diese strenge, aber verständige Mutter. Nur sie konnte mit ihm umgehen. Ihre Kinder aus den vorherigen Ehen waren längst ihrer Obhut entwachsen. Giovanni, das Kind ihrer letzten Ehe, erschien wirklich wie ihr einziges Kind. Ihre ganzen Hoffnungen richteten sich auf ihn, aber dennoch verwöhnte sie ihn nicht.
Er ritt, schwamm und schwelgte in jeder Art körperlicher Schulung und Waffenübung, die seinem Alter entsprach. Caterina brachte große Opfer, um ihm die besten Lehrer zukommen zu lassen, denn sie war verhältnismäßig arm und konnte keine große Bezahlung oder verlockende Zukunftsaussichten bieten. Ihre Juwelen hatte sie bereits verkauft, um die Gerichtskosten im Streit um die Villa zu bezahlen. Nur ganz wenige Menschen teilten ihren blinden Glauben, daß dieser Knabe eines Tages Armeen führen und einen Staat regieren würde, und daß es daher ihre Pflicht sei, ihn für diese Aufgabe zu erziehen.
Giovanni liebte Reiten und Fechten, die traditionellen ritterlichen Künste, aber als er heranwuchs, begriff er bald, daß die großen Schlachten jetzt mit anderen Mitteln geschlagen wurden. Alberico da Barbianos Glaube an die Reiterattacke mußte nun modifiziert werden, und die spitzfindigen Streitigkeiten zwischen Sforzeschi und Bracceschi waren fast gegenstandslos geworden. Die letzten Condottieri hatten sich mit Schießpulver auseinanderzusetzen. Man erwartete nun von ihnen die Einnahme befestigter Orte, an die sich frühere Feldherren nicht gewagt hätten. Schon Federigo hatte seiner Belagerungsartillerie große Bedeutung beigemessen. Im Jahr 1478 enthielten seine Depeschen an die Ratsherren von Siena ständig diesbezügliche Forderungen: Das geschickte Pulver »ließ sich nicht feuern ... schickt mir so bald wie möglich eines, das seinen Zweck erfüllt.« Und ein anderes Mal: »Da hier großer Mangel an Steinen für die Bombarde herrscht, sende ich Eurer Signoria das Maß der Höhe, nach dem Ihr sie herstellen lassen könnt, da Ihr den Durchmesser kennt.« Bei der Bombarde handelte es sich vielleicht um jene aus der Werkstatt des Glockengießers Pietro da Siena, die ein neun Fuß langes Rohr hatte und Steinkugeln mit einem Gewicht von dreihundertfünfundsiebzig Pfund schleuderte. Solche Geschütze hatten so phantasievolle Namen wie »Der Grausame« oder »Der Tollkühne«. Der Transport dieser Monstren erforderte lange Reihen von Zugtieren, und in einem anderen Brief bat Federigo darum, daß sämtliche Büffel und Ochsen aus der Nachbarschaft zu diesem Zweck herangezogen würden. Trotz all ihrer tragikomischen Zusammenbrüche funktionierten die Kanonen. Giovannis Mutter konnte es aus eigener, bitterer Erfahrung bezeugen, wenn sie ihrem Sohn berichtete, wie Forli infolge der Bombardierung durch Cesare Borgia kapitulieren mußte.
Eine solche Artillerie eignete sich nicht für einen Bewegungskrieg, aber nach und nach

180 Giovanni de' Medici (»Giovanni delle Bande Nere«), Detail eines Standbilds von Baccio Bandinelli auf der Piazza San Lorenzo in Florenz

wurde das Problem der leichteren Feuerwaffen gelöst. Colleoni selbst wird die Erfindung einer kleinen Kanone zugeschrieben, die auf ein Fahrgestell montiert war und Kugeln von der Größe einer Walnuß schießen konnte. Er verwendete sie bei Molinella gegen Federigo. Die ganze furchtbare Macht der massiv eingesetzten Feldgeschütze erlebten die Italiener jedoch erst 1515 bei Marignano, als die französische Artillerie blutige Schneisen in die Linien der Schweizer Pikenträger schoß. Es ist anzunehmen, daß Giovanni, damals siebzehn Jahre alt und von militärischen Dingen besessen, von dieser Schlacht in all ihren Einzelheiten gehört und lange darüber nachgedacht hat.

Eine weitere Erfindung, die Hakenbüchse oder Arkebuse, hatte sich inzwischen durchgesetzt. Bembo erwähnt 1490 in einem Brief, den er aus Venedig schrieb, Importe dieser Waffe aus Deutschland. In sämtlichen Städten und Dörfern der Republik ernannte die Regierung Instrukteure, und jedes Jahr wurden Wettschießen veranstaltet und Preise verteilt.

Einige Generationen lang blieben diese Handwaffen von geringer Schußweite, wenig treffsicher und brauchten gefährlich lange zum Nachladen. So nützlich sie waren, genügten sie allein doch nicht, um den Angriff entschlossener, nur mit blanken Waffen versehener Truppen zurückzuschlagen. Bei Marignano widerstanden die Schweizer eineinhalb Tage lang einer Kombination aus Kanonen, Arkebusieren, gepanzerten Rittern und – wie sie selbst – pikentragenden Söldnern: ihre verhaßten Rivalen, die deutschen Landsknechte. Die Schweizer verfügten weder über eine Kavallerie noch über Geschütze. Sie verloren zwanzigtausend Mann, aber sie brachen erst zusammen, als der französische König am Abend des zweiten Tages von seinen venezianischen Verbündeten Verstärkung erhielt. Auch daraus zog Giovanni eine Lehre. Besser als jeder frühere Condottiere erfaßte er die Möglichkeiten einer guten Infanterie.

Daß er zum letzten Vertreter seines Standes wurde, lag an äußeren Ursachen, auf die er keinen Einfluß hatte. Es war keineswegs so, daß er – wie im übrigen auch Colleoni oder Federigo vor ihm – sich nicht dem technischen Wandel hätte anpassen können. Alle drei bewiesen, daß sie Neuerungen offen gegenüberstanden. Der Grund lag vielmehr darin, daß die zukünftigen italienischen Kriege in größerem Umfang und von ausländischen Invasoren geführt wurden, die um einen totalen Sieg kämpften. Dieser Wandel hatte kurz vor Giovannis Geburt begonnen, als Karl VIII. von Frankreich in Italien einfiel. Seine Truppen versetzten die Bevölkerung in Entsetzen, denn sie kämpften, um zu töten und nicht, um Lösegeld zu verdienen. Die Zukunft gehörte diesen Franzosen, den wilden Landsknechten aus Bayern, Tirol und anderen teutonischen Gebieten, sowie den spanischen Pikenieren, die Gonzalo de Cordoba zu einer der wirksamsten Waffengattungen des 16. Jahrhunderts in Europa machte. Die lange Fremdherrschaft über Italien hatte begonnen. Bald würde von den ehemaligen, wirklich unabhängigen italienischen Staaten nur noch Venedig in seiner abgelegenen Lagune übrigbleiben. Zwar bedienten sich Kaiser und Könige weiterhin der Söldnerheere, und selbst der Papst warb Schweizer Hellebardiere als Leibgarde an, aber der eigentliche Condottiere, der mit seiner eigenen kleinen Armee unter Vertrag stehende Feldherr, hatte in der sich anbahnenden neuen Situation keinen Platz mehr.

Dieser Wandel war viel schwerer zu erfassen als all die technischen Neuerungen. Man wird Giovanni kaum vorwerfen können, daß er eine Entwicklung nicht erkannte, deren düsterer Ausgang zu seinen Lebzeiten tatsächlich noch nicht erkennbar war. Während er heranwuchs, bestand für ihn kein Grund, nicht an eine lange Soldatenlaufbahn zu glauben.
Caterina starb, als er elf Jahre alt war. Sie hatte Jacopo Salviati und seine Frau Lucrezia zu seinen Vormündern bestimmt. Salviati gehörte einer der führenden Florentiner Familien an, und Lucrezias Vater war kein geringerer als Lorenzo il Magnifico gewesen. Sie bewohnten einen Palazzo im Zentrum der Stadt und hatten eine kleine Tochter, Maria, die ein Jahr jünger als Giovanni war. Die beiden Kinder wurden wie Bruder und Schwester zusammen aufgezogen, aber ihre spätere Heirat war möglicherweise schon von Anfang an geplant.
Der Medici-Stern, der für kurze Zeit untergegangen war, strahlte wieder in neuem Glanz. Die schwache republikanische Regierung, die seit dem Tod von Savonarola die florentinischen Geschicke lenkte, hatte dem kriegerischen Papst Julius II. mißfallen und ihn veranlaßt, die Wiedereinsetzung der verbannten Mediceer zu fördern. Die Florentiner widersetzten sich. Sie mobilisierten ihre Bürgermiliz. Machiavelli hegte ein rührendes Vertrauen in diese Art Streitmacht und glaubte, sie könne sich gegen die rauhe Soldateska durchsetzen, die nur um Geld kämpfte. Doch da hatte er unrecht. Die Bürgerwehr wurde von spanischen Pikenieren bei Prato völlig geschlagen, und die Florentiner gaben ihren Widerstand auf. Lorenzos Sohn Giuliano hielt seinen triumphalen Einzug in die Stadt. Für Giovanni war das »ein schöner Anblick«. Er konnte ehrlichen Herzens in den Jubel mit einstimmen. War er denn nicht ein entfernter Vetter von Giuliano? Und war nicht dieser neue Herrscher von Florenz ein Bruder von Lucrezia Salviati? Aber noch ein weiterer, größerer Triumph der Medici-Familie bahnte sich an. Einige Monate später starb Julius II., und Lucrezias anderer Bruder (verwirrenderweise noch ein Giovanni de'Medici) bestieg den päpstlichen Thron unter dem Namen Leo X. »Gott hat uns das Papsttum verliehen, laßt es uns daher genießen!«, sagte er zu Giuliano. Diese Einstellung war anscheinend in der ganzen Familie verbreitet.
Mittlerweile wuchs der Waisenknabe im Palazzo Salviati zum Mann heran. Er war lebhaft, von heftigem Temperament und immer mehr von kriegerischen Dingen fasziniert. Einmal bekam er Händel mit einem versierten Fechter und verwundete ihn. Für dieses Vergehen wurde ihm von der Obrigkeit der Stadt für eine bestimmte Zeit verboten, sich näher als im Umkreis von dreißig Kilometern von Florenz aufzuhalten. Sein Vormund benutzte einen Teil dieser Zeit, um ihn auf eine Reise nach Rom und Neapel mitzunehmen. Nach Florenz zurückgekehrt, hielt er im Alter von sechzehn sein Debut in einem jener spektakulären Tur-

181 Caterina Sforza, Enkelin Francescos und Mutter Giovannis delle Bande Nere

niere auf der Piazza Santa Croce und zeichnete sich mit einer Reihe von Siegen aus. Nach der Beschreibung, die uns sein Biograph Gian Girolamo Rossi, der Sohn seiner Halbschwester, hinterlassen hat, können wir uns ein Bild machen, wie er damals aussah: Danach war er überdurchschnittlich groß, muskulös, breitschultrig und von schmaler Taille; er hatte eine frische Hautfarbe und die edlen Züge seiner bemerkenswerten Mutter.

Im nächsten Jahr, 1515, rief Papst Leo seinen Verwandten zu sich nach Rom. Leo genoß sein Papsttum, wie er es sich vorgenommen hatte. Umgeben von Dichtern und Schriftstellern, von Musikern und bildenden Künstlern aller Art, erhellte er die Atmosphäre des Vatikans mit der Grazie des Florenz der Medici. Ob diese ganze Kultur auf Giovanni großen Eindruck machte, ist jedoch zweifelhaft. Was er wollte, war einzig und allein eine militärische Aufgabe. Die ließ nicht lange auf sich warten. Leo hatte den Plan gefaßt, seinem Bruder zusätzlich zu Florenz noch die Herrschaft über Urbino zukommen zu lassen. Seit dem Tod von Herzog Federigo hatte diese glückliche kleine Bergstadt mehr als einen erzwungenen Machtwechsel erlebt und war zu einer regelrechten Prämie für päpstliche Verwandte geworden. Zuerst war Federigos Sohn, Guidobaldo, von Cesare Borgia vertrieben worden, konnte jedoch dank einer Volkserhebung später wieder zurückkehren. Nach seinem frühen Tod fiel das Herzogtum an seinen Neffen, Francesco Maria della Rovere, der den zusätzlichen Vorteil aufwies, ein Neffe des neuen Papstes, Julius II., zu sein. Nun war Julius tot, und Leo saß auf dem apostolischen Thron. Was lag näher, als della Rovere zu enteignen und Urbino den Besitzungen Giulianos de'Medici hinzuzufügen?

Die moralische Seite dieser Angelegenheit kümmerte Giovanni nicht. Ihn interessierte nur, daß er jetzt sein erstes Kommando über einhundert Reiter in Giulianos Armee erhielt. Diese Expedition in die Berge erwies sich als wenig mehr als ein angenehmer Frühlingsausflug. Ende Mai befand sich della Rovere auf der Flucht, und Giovanni und seine Kameraden ritten den Berg nach Urbino hinauf. Der Feldzug hatte jedoch lange genug gedauert, um ihm die Möglichkeit zu geben, seine Fähigkeiten zu entfalten, die Zuneigung seiner Männer zu gewinnen und bald mit einem größeren Kommando versehen zu werden.

Seine Heirat mit Maria Salviati fand im darauffolgenden November statt. Sie waren achtzehn beziehungsweise siebzehn Jahre alt und nach dem Standard ihrer Zeit reife Menschen. Maria hatte ein anziehendes Äußeres und ein angenehmes Wesen. Vasari, der sie gut kannte, porträtierte sie im Palazzo Vecchio. Ihre Persönlichkeit läßt sich aus den Briefen erkennen, die in den Florentiner Archiven aufbewahrt liegen. Man hat sie als Muster an gesundem Menschenverstand, Weisheit und größter Zuneigung beschrieben.

Leider erforderte ihre Ehe eine umfangreiche Korrespondenz, denn Giovanni hatte sich nun die Laufbahn eröffnet, von der er geträumt hatte, und er war nur noch selten zu Hause. »Zu Hause«, das bedeutete auch weiterhin Palazzo Salviati, da Giovanni weder Zeit noch Geld noch Lust hatte, sich einen eigenen Hausstand zu schaffen. Bei der ersten Gelegenheit stand er wieder im Feld. Schon bald bot ihm der Papst ein größeres Kommando an, um die freie Stadt Fermo anzugreifen. Er nahm dazu viertausend Fußsoldaten und nur eine Handvoll Reiter mit, ein Größenverhältnis, das die Condottieri einer früheren Generation aus der Fassung gebracht hätte. Aber die Operation wurde ein Erfolg und der Bericht dieses Sieges, geschrieben von Giovannis eigener kühner Hand, liegt ebenfalls in den Florentiner Archiven.

Er war einundzwanzig, als Maria ihren Sohn, Cosimo, auf die Welt brachte, der später der erste Großherzog der Toskana werden sollte. Als Giovanni eines Tages den Hof des Palazzos betrat und Maria mit dem Baby oben aus dem Fenster schaute, verlangte er, daß sie ihm das Kind herunterwerfen sollte, damit ihm vom ersten Augenblick an Furchtlosigkeit eingeimpft würde. Die unglückliche Mutter protestierte, gehorchte aber schließlich doch, und das Experiment wurde ohne weiteren Schaden durchgeführt. Sein pädagogischer Erfolg ist allerdings zweifelhaft. Cosimo zeichnete sich nie durch persönlichen Mut aus; er riskierte nie sein Leben auf einem Schlachtfeld und umgab sich immer mit einer Leibgarde. Vielleicht

bestand die Lehre, die er aus diesem frühkindlichen Fenstersturz zog, weniger in Furchtlosigkeit als in der Erkenntnis, keinem Menschen wirklich zu trauen, selbst wenn es sich um die eigene Mutter handelte.

182 Die Schlacht bei Marignano, 1515, bei der zum ersten Mal schwere Geschütze in größerem Umfang eingesetzt wurden

Im gleichen Jahr, 1519, starb Giuliano de'Medici und hinterließ nur eine Tochter, die zukünftige Katharina de'Medici. Zunächst wurde die Regierung von einem illegitimen Medici übernommen, jenem Kardinal, der später als Papst Klemens VII. den apostolischen Thron bestieg. Dieses Aussterben der männlichen Linie beim älteren Zweig der Familie führte dazu, daß sich viele Augen auf den jungen Condottiere richteten. Obwohl in strengem Sinn nicht erbberechtigt, konnte Giovanni für sich in Anspruch nehmen, daß er, abgesehen von Papst Leo, der führende legitime Vertreter des Hauses war. Wäre er politisch ehrgeiziger gewesen, hätte er diese Situation ausnützen können. Aber im Augenblick interessierte sich Giovanni ausschließlich für seine militärische Laufbahn, und er unternahm nichts, um seine Position in Florenz zu festigen. Das sollte später Cosimo überlassen bleiben.

Der Hauptschauplatz der Kriege in Italien war zu dieser Zeit wieder einmal die Lombardei. Die Franzosen hielten Mailand besetzt seit dem hart errungenen Sieg von Franz I. bei Marignano. Papst Leo wurde mit dem neu erwählten Kaiser Karl V. handelseinig: Die Franzosen sollten vertrieben und die Sforza-Dynastie wieder eingesetzt werden. Giovanni erhielt das Kommando einer päpstlichen Streitmacht und wurde einem älteren, vorsichtigen und konservativen General, Prospero Colonna, unterstellt. Diese Verbindung mußte zu Spannungen führen, denn Giovannis Taktik war zu kühn und vor allem zu erfolgreich. Damals erhielt er seinen ersten Spitznamen, »Der Unbesiegbare«, was auch nicht gerade zur Verbesserung seines Verhältnisses zu Colonna beitrug. Giovanni war es, der bei Parma die französischen Ausfälle vereitelte, eine Bresche in die Mauern schlug und die stürmende Truppe anführte, aber alle seine Erfolge wurden dadurch zunichte gemacht, daß Colonna auf einem Rückzug bestand. Giovanni war es auch, der später die Franzosen in Verwirrung stürzte, als er mit seiner gesamten Streitmacht die Adda durchschwamm. Diese Leistung ermöglichte es den päpstlichen Truppen und ihren kaiserlichen Verbündeten, rasch gegen Mailand zu ziehen, das die Franzosen ohne Schlacht räumten.

Leo war hocherfreut über diese Erfolge, aber Giovanni brachten seine Verdienste nicht die Beförderung, die er sich wohl erwartet hatte. Der Papst, der bereits kränkelte, wurde

183 Die Entwicklung der Feuerwaffe war mit ein Grund, daß das Condottiere-System zu Ende ging. Schwere Geschütze beim Einsatz gegen befestigte Städte

während der Siegesfestlichkeiten von Schüttelfrost erfaßt und starb wenig später. Damals bat Giovanni seine Truppen, schwarze Trauerbänder an ihren Rüstungen zu tragen, und erhielt so seinen bleibenden Beinamen: »Giovanni delle Bande Nere«.

Er hatte recht, um Leo zu trauern. Der nächste Papst war der flämische Mystiker Hadrian VI., der kein Italienisch konnte und an den Geschicken der Halbinsel keinerlei Anteil nahm. Von ihm konnte sich Giovanni keine Aufträge erhoffen. Und als Hadrian nach weniger als zwei Jahren starb, folgte ihm Kardinal Giulio de'Medici, der trotz der entfernten Verwandtschaft wenig Sympathie für den jungen Soldaten empfand. Im Gegenteil, gerade wegen der Verwandtschaft und Giovannis nicht zu leugnender Position in der Familie, hätte ihn der neue Papst Klemens VII. lieber tot gesehen.

Das kurze Pontifikat Hadrians verbrachte Giovanni in erzwungener Untätigkeit. Er unterhielt eine starke Armee in seinem Lager bei Reggio Emilia, in der sicheren Gewißheit, daß die Franzosen über kurz oder lang wieder in der Lombardei auftauchen würden. Die dreitausend Fußsoldaten, sechs Kanoniere und die kleine Anzahl Reiter, über die er verfügte, entlohnte er so gut er konnte aus eigener Tasche. Nur ein leidenschaftlicher Soldat konnte so etwas tun. Giovanni war bereit, alles andere dafür aufzugeben. Maria protestierte, aber es endete immer wieder damit, daß sie – bildlich gesprochen – das Kind aus dem Fenster warf. Giovanni wurde von seinen Männern vergöttert. So lange er ihnen ein Existenzminimum bieten konnte, wollte keiner aus seinem Dienst scheiden.

Er machte zu Hause kurze Besuche, aber er konnte nie lange von seinem Hauptquartier wegbleiben. Wenn er nicht gerade seine Truppen drillte oder sich um ihr Wohlergehen kümmerte, beschäftigte er sich in Reggio mit sportlichen Übungen oder erfreute sich an angenehmer Gesellschaft. Höchstwahrscheinlich war es während dieses Intervalls, daß er Tizian saß. Alle Arten von Besuchern kamen in sein Lager, denn sein Ruf hatte sich weit über die Grenzen Italiens hinaus verbreitet. Von allen Gästen schätzte er am meisten Pietro Aretino, den Satiriker, dessen zügellose Verse seinem Leben entsprachen.

Pietro hatte eben das erlaubte Maß überschritten. Er hatte eine obszöne Sonettenfolge geschrieben, die mit Illustrationen von Giulio Romano gedruckt wurde. *Die sechsundzwanzig Positionen* erzielten in Rom einen ungeheuren Erfolg, führten jedoch bald zur Einkerkerung des Druckers und zur hastigen Abreise des Dichters. Aretino kam nach Reggio, und zwischen ihm und Giovanni entwickelte sich eine innige Freundschaft. Der Soldat amüsierte sich über seinen respektlosen Witz und nannte ihn »die Geißel der Fürsten«. Der Dichter erwiderte diese Sympathie mit all der Zuneigung, der seine zynische Natur fähig war. Er achtete und bewunderte ihn, ja verehrte ihn geradezu als Helden. Außerdem ermunterte er ihn zu einem losen Lebenswandel, ohne daß Giovanni jedoch dazu einer besonderen Aufforderung bedurft hätte.

Dieses friedliche Zwischenspiel dauerte nicht lange. Franz I. sandte seine Truppen wieder nach Italien. Anfangs leistete ihm der neue Papst Widerstand. Zwar verweigerte er Giovanni ein größeres Kommando, konnte jedoch nicht ganz auf seine Dienste verzichten. Der Condottiere setzte den Franzosen mit ständigen Attacken aus dem Hinterhalt zu und gewann so den Beinamen »Der große Teufel«. Klemens hörte von diesen Heldentaten mit gemischten Gefühlen. Wenn der junge Mann dabei selbst umkäme, um so besser.

Unzufrieden mit dem dürftigen Erfolg seiner Armee, erschien Franz I. selbst an der Spitze einer großen Streitmacht und besetzte bald Mailand. Klemens wechselte daraufhin auf seine Seite über und schloß mit ihm einen geheimen Pakt gegen den Kaiser. Giovanni war Teil dieses Handels und wurde mit seinen Truppen zu dem König gesandt, den er bis jetzt bekämpft hatte. Als guten Condottiere ließ ihn dieser Frontwechsel jedoch völlig ungerührt. Franz überschüttete ihn mit allen möglichen Ehren und gab ihm einen hohen Platz im Kriegsrat. Giovanni stellte seinen Dichterfreund dem König vor, der entzückt von ihm war und ihm großzügige Geschenke machte. Auch er liebte Literatur und Wollust.

Als sich der Winter seinem Ende zuneigte, beschloß der französische König, gegen Pavia vorzugehen, das damals von einer Armee aus Spaniern und Deutschen für den Kaiser gehalten wurde. Während Giovanni vor der Stadt einen Erkundungsritt unternahm, ereilte ihn beinahe das Schicksal, das ihm Papst Klemens wünschte. Sein rechtes Bein wurde von einem Arkebusenschuß getroffen. Durch einen solchen Schuß, der ihm die Wirbelsäule durchschlug, war vor weniger als einem Jahr der Ritter Bayard getötet worden. Giovanni hatte mehr Glück, aber selbst eine derartige Beinverwundung hätte bei dem damaligen Sanitätswesen leicht tödlich ausgehen können.

Die Feuerwaffen zerstörten zwar die alten Ideale des Rittertums, aber ganz war sein Geist dennoch nicht erloschen. Aufrichtig betrübt über das Unglück, das ihren einstigen Verbündeten und jetzigen Gegner getroffen hatte, baten die kaiserlichen Generäle Giovanni, ein Sicherheitsgeleit anzunehmen, das ihn per Schiff den Fluß hinunter nach Piacenza brächte, wo er von einem berühmten jüdischen Arzt, den ihm der Markgraf von Mantua senden würde, behandelt werden könnte. Diese ritterliche Geste rette ihm wahrscheinlich das Leben. Während er kampfunfähig in Piacenza lag, überraschten die Kaiserlichen die Franzosen und schlugen sie vernichtend in der Schlacht von Pavia. »Alles ist verloren, außer Leben und Ehre«, klagte Franz I., als er in die Gefangenschaft abgeführt wurde. Auch in späteren Jahren sagte er immer wieder, daß er niemals die Schlacht verloren hätte, wäre Giovanni nicht eine Woche vorher verwundet worden.

Während seiner Genesungszeit dachte Giovanni an kaum etwas anderes, als daran, seine Truppen zusammenzuhalten und möglichst bald wieder selbst zu kämpfen. Seine Briefe an Maria enthielten ständig die Aufforderung, Geld aufzutreiben, »um neue Pferde, Waffen und Ausrüstung in Florenz zu kaufen.« Von Klemens war nichts zu bekommen. Maria, deren Geduld bald zu Ende sein mußte, versuchte ihren Mann dazu zu bringen, den Tatsachen ins Auge zu schauen. »Es wird keine Päpste mehr geben wie jene, die von uns gegangen sind«, schrieb sie. »Willst du nie aufhören, unter anderer Leute Geheiß zu stehen? Komm' nach Hause und kümmere dich um deine eigenen Interessen, solange es noch Zeit ist! Gott allein kennt die Zukunft. Denk an Papst Leo, wie er so ganz ohne Vorwarnung starb!« Nachdem sie ihm damit ihre Meinung gesagt hatte, reiste das treue Weib selbst nach Rom, besuchte Klemens und entlockte ihm 6000 Dukaten, die sie Giovanni für seine Leute schickte. Der Papst ernannte ihn sogar zum Herrn von Fano, einer kleinen Stadt an der Adriaküste.

Schon bald wurde der Krieg wieder aufgenommen. Sobald Franz seine Freiheit zurückerhalten hatte, brach er sein Wort und stellte eine neue Liga gegen den Kaiser auf. Wenn die italienischen Staaten nun rechtzeitig ihre Reihen schlössen, schien die Möglichkeit zu bestehen, die Bedrohung einer spanischen Fremdherrschaft abzuwenden. Machiavelli drängte zu einer solchen Aktion in Briefen, die er im März 1526 schrieb. »Ich glaube, daß, wie immer sich die Dinge entwickeln, der Krieg in Italien unvermeidlich ist – und nahe... Wir müssen Widerstand leisten, verdeckt oder offen, sonst werden wir eines Tages aufwachen und feststellen, daß alles vorbei ist.« Er wollte Giovanni delle Bande Nere als obersten Heerführer an der Spitze einer vereinigten italienischen Armee sehen, denn er war mit Abstand der beste General, der zur Verfügung stand, »tapfer, angriffslustig, mit großen Ideen und fähig, die Bedeutung der Sache richtig einzuschätzen.« Machiavelli kannte seinen Mann, und wie sehr sie in der Theorie auch anderer Meinung waren, in der Praxis kamen sie gut miteinander aus. Bandello erzählt eine Anekdote über einen Besuch Machiavellis in Giovannis Lager. Die Soldaten exerzierten, und Giovanni lud seinen Gast ein, auf dem Übungsplatz einige der Formationen auszuprobieren, die er in seiner *Kriegskunst* beschrieben hatte. Der Autor nahm mit Freuden an, und innerhalb der nächsten Stunde hatte er die Truppen in eine konfuse, schwitzende Menschenmasse verwandelt. Giovanni schaltete sich daraufhin taktvoll ein, murmelte, daß es sehr heiß sei und die Mittagessenszeit schon vorüber, und mit ein paar wenigen präzisen Befehlen entwirrte er den Haufen und stellte rasch die Position her, die Machiavelli vergeblich zu erreichen versucht hatte.

184 Maria Salviati, Frau von Giovanni delle Bande Nere und Mutter von Cosimo Medici, dem ersten Großherzog der Toskana
185 Deutsche Landsknechte im Kampf gegen Schweizer Söldner um 1530

Klemens weigerte sich weiterhin hartnäckig, Giovanni das oberste Kommando zu übergeben. Das ging stattdessen an Francesco della Rovere, dem gleichen Herzog von Urbino, dem zehn Jahre vorher Giovannis erster Feldzug gegolten hatte. Wieder einmal wurde die glänzende Begabung des jungen Condottiere der Unentschiedenheit und mangelnden Durchschlagkraft eines Vorgesetzten unterstellt. Giovannis eigenes Kommando war zwar beträchtlich – er befehligte die gesamte päpstliche und florentinische Infanterie und tausend Mann Kavallerie –, aber er hatte praktisch keine Handlungsfreiheit. Der Herzog von Urbino wurde bei jeder Gelegenheit von dem Konnetabel Karl von Bourbon ausmanövriert, einem abtrünnigen Franzosen, der die kaiserlichen Truppen befehligte. Zu diesen Streitkräften gehörten auch viele Tausende ungebärdiger deutscher Landsknechte, die voll der neuen Ideen Luthers dem Papst Tod und Verderben schworen, und ihr Anführer, Georg Frundsberg, erklärte, ihn eigenhändig aufhängen zu wollen. Die Ideologie fand nun Eingang in die Kriegführung. Zusammen mit dem Aufkommen von Nationalgefühl trug dieser Faktor wesentlich zum Ende des Condottiere-Wesens bei.
Der Schuß eines Landsknechtes war es, der erneut Giovannis rechtes Bein zerschmetterte. Vier Tage lang hatten bei kaltem Novemberwetter an den Ufern des Mincio harte Kämpfe stattgefunden. Am vierten Tag, als er auf die feindlichen Stellungen zuritt, wurde Giovanni von einer drei Pfund schweren Kanonenkugel am Oberschenkel getroffen.
Man brachte ihn nach Mantua, wo ihn der gleiche jüdische Arzt behandelte. Dieses Mal war die Verletzung jedoch viel schlimmer. Pietro Aretino wurde beauftragt, es ihm schonend beizubringen: Es blieb nichts übrig als eine Amputation. »Macht es sofort«, sagte Giovanni. Die Schrecken der Chirurgie vor der Anwendung von narkotisierenden und antiseptischen Mitteln sind zu oft beschrieben worden, als daß sie hier wiederholt werden müßten. Giovanni, konsequent bis zum Schluß, fürchtete weniger den Schmerz als die Schwäche, die er zeigen könnte. Er lehnte es ab, sich von Männern festhalten zu lassen, während der Chirurg das kranke Bein absägte, und wollte selbst eine Kerze halten, um zur Operation zu leuchten. Giovanni überlebte den Schock der Operation, aber bald setzte Wundbrand ein, und er erkannte, daß seine Tage gezählt waren. Er machte sein Testament, sandte Maria einen Abschiedsgruß und verfaßte eine Botschaft an seine Soldaten. Pietro Aretino blieb während dieser ganzen Zeit an seinem Lager, unterhielt sich mit ihm, notierte seine Wünsche und las ihm vor, um ihn von seinen Schmerzen abzulenken und in Schlaf sinken zu lassen. Von Aretino wissen wir über Giovannis letzte Stunden Bescheid. Nachdem er gebeichtet und kommuniziert hatte, wollte er unbedingt auf ein einfaches Feldbett gelegt werden. Bald darauf starb er im Schlaf. Man begrub ihn in Mantua, bekleidet mit der schwarzen Rüstung, die er im Kampf getragen hatte.

Einige Monate später fegte das wilde Heer der Kaiserlichen nach Rom hinunter, ungehindert von dem unfähigen Herzog von Urbino und weitgehend unkontrolliert selbst von ihrem eigenen Heerführer, dem Konnetabel von Bourbon – ein weiterer Feldherr übrigens, der bald einem unpersönlichen Arkebusenschuß zum Opfer fallen sollte. Viele vertraten die Meinung, daß es zum »Sacco di Roma« nicht gekommen wäre, wenn Giovanni delle Bande Nere weitergelebt und seine Chance bekommen hätte.
Dem mochte wohl so sein. Doch selbst wenn Giovanni überlebt hätte, um Rom zu retten und wenigstens vorübergehend den Lauf der Geschichte zu verändern, wäre er auch dann noch der letzte Condottiere gewesen. Nur in der Rolle, in der ihn Machiavelli sehen wollte, hätte er noch erfolgreich sein können: nicht als Söldnersoldat, sondern als nationaler Führer, als »Giovanni von Italien«, der die entzweiten Völker der Halbinsel miteinander vereinte. Die Rolle des Condottiere war ausgespielt. Sie entsprach nicht länger den Anforderungen der Zeit.
Selbst wenn man von den Vorurteilen der zeitgenössischen Geschichtschreiber wie Machiavelli und Guicciardini absieht, die in übertriebener Weise die Samthandschuh-Kämpfe des 15. Jahrhunderts den erbitterten Auseinandersetzungen nach der französischen Invasion von 1494 gegenüberstellten, so läßt sich nicht leugnen, daß die Kriege tatsächlich blutiger wurden (wenigstens für italienische Verhältnisse) und Ausmaße annahmen, die den Rahmen einer privaten Armee und eines berufsmäßigen Vertragssoldaten sprengten. Das Condottieresystem war die folgerichtige Endstufe in der Entwicklung der mittelalterlichen Kriegführung. Trotz Hawkwoods Bogenschützen und Federigos Kanonieren hatten ihre Basis immer die gepanzerten Lanzenträger gebildet, die rasch beweglich, hervorragend ausgebildet, gut ausgerüstet und erfahren waren, dazu zahlenmäßig relativ gering, so daß der Unterhalt einer wirksamen Streitmacht nicht unbedingt mit unerschwinglichen Kosten verbunden war. Der Verhaltenskodex ging zurück auf die allgemeinen Regeln des Rittertums. Die Anwendung eines Lösegeld-Systems, das von beiden Seiten akzeptiert wurde, war in der Hauptsache von den Mann-gegen-Mann Kämpfen bedingt. Es wurde unanwendbar in der neuen Art von Schlacht, bei der die Kämpfenden aus der Ferne durch Kanonen und Handfeuerwaffen getötet werden konnten und bei der, selbst wenn es sich darum handelte, den Angriff von Pikenieren oder Reitern abzuwehren, man nie wußte, ob die andere Seite Schonung geben oder auch nur verlangen würde. Beutegut, das nach strengen Vorschriften aufgeteilt wurde, hatte ein wesentliches ökonomisches Element dargestellt, aber während das Plündern als solches weiterging wie in jedem Krieg, der bisher die Menschheit heimgesucht hatte, wurde es jetzt dem Zufall überlassen. Die Verbesserung der Artillerie hatte das Interesse an der Befestigungskunst geweckt, und die Städte häuften ihren Wohlstand nun hinter dickeren Mauern an mit Bastionen an jeder Ecke, von denen aus man die Angreifer beschießen konnte. Die Condottieri waren noch nie Freunde langer und schwieriger Belagerungen gewesen, und solche Operationen wurden immer weniger attraktiv. Wegen der Plünderungsmöglichkeit hatten ihre Soldaten lieber in offenem Land und in der Nähe kleinerer, nicht befestigter Städte gekämpft, und oft hatte es sich als besonders günstig erwiesen, eine Pauschalsumme als Schutzgeld anzunehmen und die Bevölkerung zwar ärmer, aber immerhin ungeschoren zurückzulassen. Die Zustände änderten sich nach der französischen Invasion von 1494. Zwar hatte es auch einige düstere Kapitel in den Annalen der Condottieri gegeben, vor allem in der früheren Periode – Cesena kommt einem dabei in den Sinn –, aber im allgemeinen lag totale Vernichtung und absichtliche Zerstörung nicht in ihrem Interesse. Wer wollte schon die Gans töten, die goldene Eier legte? Guicciardini schrieb mit einiger Berechtigung, daß »diese Art der Kriegführung, die in Italien viele Jahrhunderte lang nicht praktiziert worden war, das ganze Land in größten Schrecken versetzte.« In einem so ausgeplünderten Land, über das Tausende von fremden Invasoren wie Heuschreckenschwärme hergefallen waren, wie hätten da noch Condottieri alten Stils und ihre Truppen ihr Auskommen finden sollen?

Mit weniger Berechtigung stellten Machiavelli und Guicciardini ihre Landsleute als aller kriegerischen Eigenschaften ledig dar. Hale schreibt in der *New Cambridge Modern History* dazu: »Italiens Schwäche bestand nicht darin, daß es sich auf Söldnerheere verließ, noch daß seine Kriege mehr nach Schachbrett als nach Schlachtfeld rochen; italienische Truppen hatten bereits bei Ponte di Crevola 1487 bewiesen, daß sie die Schweizer schlagen konnten und daß ihre Artillerie der französischen – deren Lehrmeister sie im übrigen gewesen – keineswegs so unterlegen war, wie seine erbitterten Historiker schreiben. Italiens Schwäche lag in der Uneinigkeit, in der Zersplitterung des Kommandos und in dem übertriebenen Vertrauen auf politisches Handeln...«

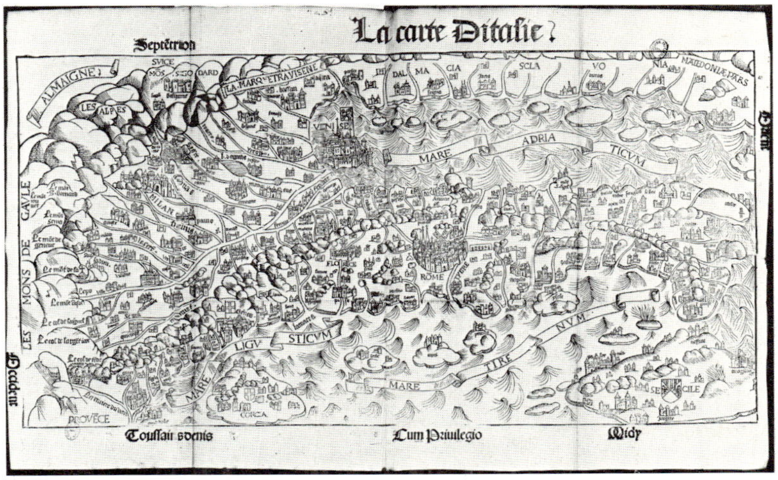

186 Eine französische Landkarte von 1515 mit den Alpenpässen, über die fremde Armeen nach Italien eingedrungen sind

Uneinigkeit – das war sicher der entscheidende Faktor, wie so oft in der Geschichte der italienischen Halbinsel. Uneinigkeit brachte die Italiener für die nächsten drei Jahrhunderte unter das Joch verschiedener ausländischer Mächte. Dieselbe Uneinigkeit war es aber auch gewesen, die den Beruf des Condottiere überhaupt möglich gemacht hatte, und wenn durch irgendein Wunder Italien im 16. Jahrhundert zu einer Einigung gekommen wäre und seine äußeren Feinde hätte abwehren können, wäre im gleichen Moment auch die Daseinsberechtigung seiner Condottieri verschwunden. Wie immer also der Kampf ausgegangen wäre, die Zeit der freien Söldnerkapitäne war vorbei.

Wie soll unser Epitaph für die Condottieri ausfallen? Sicher nicht so übertrieben wie die Lobreden, die bei ihren Beerdigungen gehalten wurden, doch auch nicht gar zu lieblos. Zugegeben, diese Männer waren heftig, ehrgeizig, manchmal grausam und verräterisch, aber oft hoben sie sich positiv von jenen ab, denen sie dienten. Zugegeben, sie hatten ein elementares Interesse am Krieg, aber dieses Interesse konzentrierte sich mehr auf die Verteidigung als auf Blutbad und Gemetzel. Zu ihrer Zeit wurde Krieg von jedermann, einschließlich der Kirche, als Teil des Lebens ohne Einwand hingenommen. Es waren nicht die Condottieri, welche die Konflikte zwischen den italienischen Staaten hervorriefen oder übermäßig anheizten. Sie übernahmen nur weitgehend das Kämpfen und ermöglichten es dadurch den Zivilisten, ihrer Alltagsbeschäftigung nachzugehen. Im allgemeinen waren die Auseinandersetzungen zwischen Patrioten oder zwischen verschiedenen Parteigängern wesentlich blutiger. Wenn man schon davon ausgeht, daß Kriege auf der Halbinsel damals unvermeidlich waren, so kann man sich auf den Standpunkt stellen, daß die Condottieri mit ihrem berufsmäßigen Verhalten und ihren festen Konventionen, ihrem ideologischen Desinteresse und ihrer Lösegeld-Praxis jene Kriege humaner und weniger mörderisch gestalteten, als es ehrgeizige und verhetzte Bürger getan hätten.

Es wird kaum übertrieben sein, wenn man behauptet, daß die Condottieri, und wäre es nur in diesem negativen Sinn, dazu beigetragen haben, die künstlerischen und kulturellen Errungenschaften der italienischen Renaissance zu ermöglichen.

Nachwort

Jedes Werk, das sich wie das vorliegende an eine breite Leserschicht wendet, wäre undenkbar ohne die immense Vorarbeit der Historiker. Sie haben in unermüdlichem Forschen die Originaldokumente ans Licht gebracht, gesichtet und ausgewertet, wozu kein Nichtfachmann imstande wäre. Dieses Quellenmaterial besteht aus zahllosen Briefen, Verträgen und anderen zeitgenössischen Dokumenten, die in den italienischen Archiven liegen, sowie aus den Chroniken, Geschichten und Biographien, die in der damaligen Epoche oder kurz danach entstanden. Machiavellis Schriften stellen das bekannteste Beispiel dafür dar.

Die Studien der Historiker hatten es E. Ricotti bereits 1844 ermöglicht, die vier Bände seiner *Storia delle Compagnie di Ventura in Italia* zu schreiben, ein klassisches Werk, dem alle nachfolgenden Autoren auf direkte oder indirekte Weise viel zu verdanken haben, auch wenn manches in der Wertung durch so wichtige spätere Arbeiten wie Blocks *Die Condottieri* zurechtgerückt wurde.

Um die individuellen Lebensgeschichten nachzuzeichnen, könnte heute keiner auf die Studien der modernen Biographen verzichten wie J. Dennistoun, Oscar Browning u.a. Ebenfalls unentbehrlich ist nach wie vor Omans klassisches Werk *A History of the Art of War in the Middle Ages*. Diese und eine Reihe anderer Werke, die dem Autor von Nutzen waren oder die dem interessierten Leser helfen könnten, tiefer in den Themenkreis einzudringen, sind in den nachstehenden Literaturhinweisen genauer aufgeführt.

Literaturhinweise

Baron, H., *The Crisis of the Early Italian Renaissance.* Princeton 1955
Block, W., *Die Condottieri.* Berlin 1913
Browning, O., *The Age of the Condottieri.* London 1895
–, *Life of Bartolomeo Colleoni.* London 1891
Burckhardt, J., *Die Kultur der Renaissance in Italien.* 1860, rev. Ausg. Stuttgart 1958
Collison-Morley, L.M., *The Story of the Sforzas.* London 1932
Dennistoun, J., *Memoirs of the Dukes of Urbino.* London 1851, rev. Ausg. 1908
Gaupp, F., *Pioniere der Neuzeit.* Bern 1945
Keen, M.H., *The Laws of War in the Late Middle Ages.* London 1965
New Cambridge Modern History, Bd. 1 Cambridge 1957
Oakeshott, R.E., *The Archaeology of Weapons.* London 1960
Oman, Sir Ch., *A History of the Art of War in the Middle Ages.* Oxford 1898, rev. Ausg. 1924
Origo, Iris, *The Merchant of Prato.* London 1957
Ricotti, E., *Storia delle Compagnie di Ventura in Italia.* Turin 1844
Semerau, A., *Die Condottieri.* Jena 1909
Schäfer, K.H., *Deutsche Ritter und Edelknechte in Italien.* 4 Bde, Paderborn 1911–1940
Waley, D., *The Italian City-Republics.* London 1969

Verzeichnis der Abbildungen

38 Helm mit Visier und Halsberge. Norditalien, 1380–1400. Tower of London. Photo Ministry of Public Buildings and Works.

39 Geschlossener Helm. Mailänder Arbeit, 1390–1410. Wallace Collection, London.

40 Italienische Soldaten. Ausschnitt aus *Allegorie des guten Regiments* von Ambrogio und Pietro Lorenzetti. Fresko um 1340, Palazzo Pubblico, Siena. Photo E.P.T., Siena.

41 Papst Johannes XXII. empfängt Abgeordnete der Ostkirche. Aus *Die Reisen des Herrn Mandeville*. Österreich, 15. Jh. British Museum, Ms. Add. 24189, f. 7v.

42 Der Papstpalast in Avignon, erbaut 1316–1364 (die Wachtürme sind erst in neuerer Zeit dazugekommen). Photo Jean Roubier.

43 Ausschnitt aus *Guidoriccio da Fogliano* von Simone Martini, Fresko 1328. Palazzo Pubblico, Siena. Photo Mansell-Alinari.

44 Englische Schützen beim Langbogenschießen. Aus *Luttrell Psalter*, Ostengland, um 1335–1340. British Museum, Ms. Add. 42130, f. 147v.

45 Idealisierte Ansicht von Pisa. Ausschnitt aus *Rückkehr des hl. Ranieri nach Pisa* von Antonio Veneziano. Fresko 1370–1388. Campo Santo, Pisa. Photo Mansell-Alinari.

46 Soldaten versuchen mit Sturmleitern in eine Stadt einzudringen. Aus *Liber de Casibus Troie* von G. delle Colonne. Italien, 14. Jh. Biblioteca Ambrosiana, Mailand, Ms. H 86 Sup., f. 35v. Photo Courtauld Institute of Art, London.

47 Schlachtszene des 14. Jh. Ausschnitt aus *Schlacht im Val di Chiana* von Lippo Vanni. Fresko 1373. Die Sienesen unter Giordano Orsini schlagen die englische Compagnia del Cappello unter Niccolò da Montefeltro, Ahnherr von Federigo da Montefeltro, im Jahr 1363. Palazzo Pubblico, Siena. Photo E.P.T., Siena.

48 Englischer Ritter. Aus *Luttrell Psalter*, Ostengland, um 1335–1340. British Museum, Ms. Add. 42130, f. 202v.

49 Italienischer Ritter. Relief, 14. Jh. Victoria and Albert Museum, London.

50 Entführungsszene. Aus *Folgen des schlechten Regiments* vom Ambrogio und Pietro Lorenzetti. Fresko um 1340. Palazzo Pubblico, Siena. Photo E.P.T., Siena.

51 Ein Condottiere in seinem Zelt. Aus *De Bello Pharsalico* von Lucan, 1373. Miniatur von Niccolò da Bologna. Biblioteca Trivulziana, Mailand, Ms. 691, f. 86v.

52 Entwurf für das gemalte Monument von Sir John Hawkwood. Zeichnung von Paolo Uccello, 1436. Uffizien, Florenz. Photo Mansell-Anderson.

53 Der Hügel von Fiesole. Aus dem Codex von M. di Bartolomeo Rustici, 1448. Biblioteca del Seminario Centrale, Florenz. Photo Soprintendenza alle Gallerie, Florenz.

54 Ansicht von Florenz. Ausschnitt aus *Madonna della Misericordia* eines anonymen Künstlers. Fresko, 14. Jh. Loggia del Bigallo, Florenz. Photo Mansell-Alinari.

55 Geldwechsler. Ausschnitt aus *Die Berufung des hl. Matthäus* von Niccolò Gerini. Fresko, 1395. San Francesco, Prato.

56 Söldnerhauptleute erhalten ihren Sold. *Biccherna*, 1464. Archivio di Stato, Siena.

57 Doge Giovanni dell'Agnello von Pisa erwartet im Juni 1367 die Ankunft des Papstes Urban V. bei Livorno. Aus *Cronica* von Giovanni Sercambi, abgeschlossen 1400, Nr. CLXVII Archivio di Stato, Lucca.

58 Ansicht von Mailand. Aus *Cronica di Milano* von G. Fiamma. Mailand, frühes 14. Jh. Biblioteca Trivulziana, Mailand, Ms. 1438, f. 6.

59 Lionel, Herzog von Clarence. Detail des Grabmonuments für Edward III., ca. 1377–1380. Westminster Abbey, London. Photo Royal Commission on Historical Monuments.

60 Bernabò Visconti. Detail eines Standbilds von Bonino da Campione, vor 1363. Castello Sforzesco, Mailand.

61 Allegorische Figur Mailands mit einem Schild und einem Helm in den Händen, auf denen das Familienemblem der Visconti zu sehen ist: eine Schlange bzw. ein Drachen, der einen Menschen verschlingt. Aus *De natura deorum et De Divinatione* von Cicero. Italien, 14. Jh. Dieses Buch befand sich in der Familienbibliothek der Visconti. Bibliothèque Nationale, Paris, Ms. Latin 6340, f. 90IV.

62 Die eroberten Städte Rimini, Pesaro, Fano, Senigallia und Ancona erweisen Kardinal Albornoz ihre Reverenz. Italienische Miniatur, 14. Jh. Biblioteca Apostolica Vaticana, Ms. ARM 35, Vol. 20, f. 6v.

63 Berittener Krieger. Ausschnitt aus *Die Kreuzigung* von Barna da Siena. Fresko, um 1350–55. Chiesa della Collegiata, San Gimignano. Photo Scala.

64 Die Einnahme einer Stadt. Ausschnitt aus *Schlacht von Clavigo* von Altichiero. Fresko, um 1370. Oratorio di S. Giorgio, Padua. Photo Scala.

65 Italienische Bombarde des 14. Jh. Museo Nazionale dell'Artiglieria, Turin.

66 *Bombardella*. Italien, spätes 15. Jh. Museo Bardini, Florenz. Photo Pineider, Florenz.

67 Unterworfene Städte huldigen Mailand. Detail des Grabmals für Azzone Visconti von Giovanni da Balduccio, um 1340. S. Gottardo in Corte, Mailand. Photo Federico Arborio Mella, Mailand.

68 Entwurf einer Belagerungsmaschine. Aus *Taxaurus Regis* von Guido da Vigevano, 1335. Bibliothèque Nationale, Paris, Ms. Latin 11015, f. II.

69 Rocca Malatestiana, Cesena. Begonnen von Galeotto Malatesta, frühes 14. Jh. Photo Ciganovic, Rom.

70 Kardinal Robert von Genf wird zum Papst Klemens VII. gekrönt. Aus *Chroniques de France ou de Saint Denis*. Frankreich, spätes 14. Jh. British Museum, Ms. Toy. 20 C VII, f. 208v.

71 Rocca Malatestiana, Rimini. Begonnen von der Familie Malatesta, 13. Jh.

72 Rocca da Ravaldino, Forlì. Erbaut von der Familie Ordelaffi, spätes 14. Jh. Photo Ciganovic, Rom.

73 Befestigungsturm Hawkwoods in Cotignola. Die übrigen Befestigungen wurden im Zweiten Weltkrieg zerstört. Photo E.P.T., Ravenna.

74 Muzio Attendolo Sforza. Aus *Vita di Muzio Attendolo Sforza* von Antonio Minuti, 1491. Miniatur eines Schülers von Giampietrino Birago. Bibliothèque Nationale, Paris, Ms. Italien 372, f. 4v.

75 Grabmal des Ostasio da Polenta, 1396. S. Francesco, Ravenna.

76 Das Kloster Sant'Antonio in Florenz. Aus dem Codex von M. di Bartolomeo Rustici, 1448. Biblioteca del Seminario Centrale, Florenz. Photo Soprintendenza alle Gallerie, Florenz.

77 Toskanische Landschaft. Ausschnitt aus *Allegorie des Guten Regiments* von Ambrogio und Pietro Lorenzetti. Fresko um 1340. Palazzo Pubblico, Siena. Photo Grassi, Siena.

78 Caterina Visconti, Frau von Giangaleazzo Visconti, Relief von Benedetto Briosco, um 1490. Certosa, Pavia. Photo Chiolini, Pavia.

79 Giangaleazzo Visconti. Relief von Antonio da Carrara, 1490. Certosa, Pavia. Photo Chiolini, Pavia.

80 Innenhof, Castello Visconteo, Pavia. Photo Chiolini, Pavia.

81 Castello Visconteo, Pavia, begonnen von Galeazzo Visconti 1360–1365, vollendet von Giangaleazzo Visconti. Photo Chiolini, Pavia.

82 Das Jesuskind krönt Giangaleazzo Visconti. Aus *Elogium auf Giangaleazzo Visconti* von Pietro da Castelleto, 1403. Miniatur von Michelino da Besozzo. Bibliothèque Nationale, Paris, Ms. Latin 5888, F. I.

83 Gottvater segnet die Länder und Taten der Visconti. Aus dem *Ofiziolo* des Filippo Maria Visconti, 1420. Miniatur von Belbello da Pavia. Biblioteca Nazionale, Florenz, Codex Landau-Finaly 22, f. 41.

84 Giangaleazzo Visconti führt Truppen ins Feld. Detail seines Grabmals von Cristoforo Romano, 1493–97. Certosa, Pavia. Photo Mansell-Alinari.

85 Ansicht von Verona. Siegel auf Pergament, 1410. Archivio di Stato, Verona.

86 Kastell und bewehrte Brücke der Scaliger in Verona, 1354–1375 (Ausschnitt). Photo Mansell Collection.

87 Das Stürmen der »Liebesburg«. Rückseite einer elfenbeinernen Spiegelfassung. Frankreich, Mitte 14. Jh. Victoria and Albert Museum, London.

88 Francesco Carrara der Ältere. Ausschnitt aus *Anbetung der Könige* von Jacopo da Verona. Fresko, 1397. S. Michele, Padua. Photo Museo Civico, Padua.

89 Francesco Novello da Carrara. Aus *De principibus Carrariensibus et gestis eorum* von Vergerius Petrus Paulus, 14. Jh. Museo Civico, Padua, Ms. BP. 158.

90 Veroneser Soldat. Ausschnitt aus *Die Familie Cavalli wird von St. Georg, St. Martin und St. Jakobus der hl. Jungfrau vorgestellt.* Fresko von Altichiero, um 1369. S. Anastasia, Verona.

91 Paduanischer Ritter. Detail des Grabmals der Familie Lupi di Soragna von Andreolo dei Santi, 1377–1384. Oratorio di S. Giorgio, Padua, Photo Perissinotto, Padua.

92 Ein von Ochsen gezogener *carroccio.* Aus *De re militari* von Roberto Valturius, 1472. British Museum.

93 Szene aus einem Heerlager. Zeichnung eines Veroneser Künstlers, spätes 14. Jh. British Museum, Department of Prints and Drawings.

94 Ansicht von Siena mit der Visconti-Viper. *Biccherna*, 1400. Archivio di Stato, Siena.

95 Ansicht von Lucca. Aus Cronica von Giovanni Sercambi, 1400, Nr. CXXIII. Archivio di Stato. Lucca.

96 Ansicht von Bologna. Ausschnitt aus *Pala dei Mercanti* von Francesco del Cossa, 1474. Pinacoteca Nazionale, Bologna.

97 Die Krönung von Giangaleazzo Visconti. Aus *Missale Ambrosianum*, 14. Jh. Miniatur von Annovelo da Imbonate. Biblioteca Ambrosiana, Mailand, Ms. M. 6.

98 Paolo Savelli. Detail des Reiterstandbilds eines unbekannten Künstlers, 15. Jh. S. Maria dei Frari, Venedig.

99 Lucca gewährt Sir John Hawkwood das Ehrenbürgerrecht sowie ihm und seinen Soldaten Soldzahlung, 18. Oktober 1375. Archivio di Stato, Lucca.

100 Wolle wird gegen Weizen getauscht. Aus *Trattato di Aritmetica* von F. Calandri, 1492. Biblioteca Riccardiana, Florenz, Ms. 2669.

101 Ein Färber bei der Arbeit. Aus *Libro di Gabelle.* Florenz, 14. Jh. Biblioteca Riccardiana, Florenz. Ms. 2526. Photo Villani, Bologna.

102 Goldschmiede bei der Arbeit. Aus *Libro di Gabelle.* Florenz, 14. Jh. Biblioteca Riccardiana, Florenz, Ms. 2526, Photo Villani, Bologna.

103 Ein Gonfaloniere trägt das Banner der Bürger von Florenz. Aus *Cronaca* von Giovanni Villani. Florenz, 2. Hälfte 14. Jh. Biblioteca Apostolica Vaticana, Ms. Chigi L. VIII 296, f. 152v.

104 Eine Dame sucht ihren Schneider auf. Aus *Tacuinum Sanitatis.* Lombardei, spätes 14. Jh. Bibliothèque Nationale, Paris, Ms. 1673, f. 95.

105 Florentinische Hochzeitsszene. *Cassone* von einem Florentiner Künstler bemalt, 1435–50. Victoria and Albert Museum, London.

106 Hochzeitsfest. Ausschnitt aus *Szenen aus dem Leben der Königin Theodelinda* von Francesco und Cristoforo Zavattari. Fresko, 1440. Dom, Monza. Photo Mansell-Alinari.

107 Damenmoden. Fresko eines piemontesischen Künstlers, ca. 1418–1430. Castello della Manta, Piemont. Photo Mansell-Alinari.

108 Lanzenstechen auf der Piazza Santa Croce, Florenz. *Cassone*, um 1450. Yale University Art Gallery, James Jackson Jarves Collection.

109 Sir John Hawkwood. Fresko auf Leinwand übertragen von Paolo Uccello, 1435. Dom, Florenz. Photo Scala.

110 Heerlager. Ausschnitt aus *Die Einnahme von Pisa*, 1406 von einem Schüler von Paolo Uccello. *Cassone.* National Gallery of Ireland, Dublin.

111 Ansicht von Florenz mit dem Campanile von Santa Maria Novella, dem Baptisterium und dem Turm des Bargello. Aus *Il Biadajolo von Domenico Lenzi*, 1320–1325. Biblioteca Laurenziana, Florenz, Ms. Tempi 3, f. 58.

112 Richard II. von England. Porträtfigur von Nicholas Broker und Godfrey Prest (Ausschnitt), 1394–96. Westminster Abbey, London. Photo Warburg Institute, London.

113 Ein Papst schlichtet einen Streit. Aus *Dekretalien von Papst Gregor IX.* Bologna, spätes 14. Jh. Österreichische Nationalbibliothek, Wien, Cod. Vindob. 2040, f. 88.

114 Papst Bonifaz IX. Statue eines unbekannten Künstlers, 14. Jh. S. Paolo fuori le Mura, Rom. Photo Mansell-Anderson.

115 Ansicht von Perugia. Ausschnitt aus *Die Überführung der Gebeine des St. Ercolano von S. Pietro zur Kathedrale S. Lorenzo in Perugia*, von Benedetto Bonfiglio, 1454–1470. Galleria Nazionale di Umbria, Perugia. Photo Mansell-Alinari.

116 Das Banner von Perugia – ein silberner Greif mit einem Schwert in der Pranke. Aus *Matricola dei Notai di Perugia*, 1343. Biblioteca Augustea, Perugia, Ms. 972, f. 3.

117 Porta Marzia, Perugia. Ausschnitt aus *Belagerung von Perugia durch die Goten von Benedetto Bonfiglio*, 1454–1470. Galleria Nazionale di Umbria, Perugia. Photo Mansell-Anderson.

118 Rocca Maggiore und Rocca Minore, Assisi, mit Blick auf das Tibertal. Photo Mansell-Alinari.

119 Kastell Montecchio, Emilia. Photo E.P.T., Reggio Emilia.

120 Giangaleazzo Visconti. Detail seines Grabmals von Cristoforo Romano, 1493–1497. Certosa, Pavia.

121 Italienischer Ritter mit geöffnetem Visier. Detail des Grabmals für Graf Tiberto VI. Brandolini (gest. 1397). S. Francesco, Bagnacavallo, Photo E.P.T., Ravenna.

122 Die Certosa im Bau. Ausschnitt aus *Christus trägt mit Mönchen das Kreuz der Certosa* von Ambrogio Bergognone, 1494. Museo Civico, Pavia.

123 Fassade der Certosa, 15. Jh. Photo Chiolini, Pavia.

124 Braccio da Montone. Anonymes Bildnis. Uffizien, Florenz. Photo Mansell-Alinari.

125 Muzio Attendolo Sforza. Fresko von Bernardino Luini, 1522–1526. Castello Sforzesco, Mailand.

126 Das Wappen der Familie Sforza, 1410. Casa Sforza, Cotignola. Photo E.P.T., Ravenna.

127 Pisanello. Medaillon Pisanello zugeschrieben (ca. 1395–1455/56). Bibliothèque Nationale, Paris. Photo Giraudon.

128 Guarino da Verona. Medaillon von Matteo dei Pasti, ca. 1440–46. British Museum.

129 Niccolò d'Este. Aus *Geneaologia dei principi d'Este*. Ferrara um 1474. Biblioteca Nazionale Vittorio Emanuele, Rom, Ms. 293, f. 6.

130 Leonello d'Este. Aus *Geneaologia dei principi d'Este*. Ferrara, um 1474. Biblioteca Nazionale Vittorio Emanuele, Rom, Ms. 293, f. 6.

131 Gegenpapst Johannes XXIII. Detail seines Grabmals von Donatello und Michelozzo, 1425–27. Baptisterium, Florenz. Photo Brogi.

132 Ladislaus von Neapel. Detail seines Grabmals von Andrea da Firenze, 1428. S. Giovanni a Carbonara, Neapel. Photo Mansell-Alinari.

133 Johanna II. von Neapel. Ausschnitt aus dem Grabmal für Ladislaus von Neapel von Andrea da Firenze, 1428. S. Giovanni a Carbonara, Neapel. Photo Mansell-Anderson.

134 Castel dell'Ovo, Neapel. Photo Alinari.

135 Papst Martin V. Detail seines Grabmals von Donatello und Michelozzo, 1433. S. Giovanni in Laterano, Rom. Photo Mansell-Alinari.

136 Niccolò Piccinino. Medaillon von Pisanello, um 1441. Bargello, Florenz. Photo Mansell-Alinari.

137 Ansicht von Rom. Fresko von Taddeo di Bartolo, 1414. Palazzo Pubblico, Siena. Photo E.P.T., Siena.

138 Giovanni Caracciolo. Detail seines Grabmals von Andrea da Firenze, 1433. S. Giovanni a Carbonara, Neapel. Photo Mansell-Alinari.

139 Kastell von Aquila. Photo E.P.T., Aquila.

140 Wappen und Bildnis Ludwigs III. von Anjou. Aus *Codice della Confraternità di Santa Maria*, 1424. Archivio di Stato, Neapel.

141 Francesco Sforza. Aus *Commentarii rerum gestarum Francisci Sfortiae* von Giovanni Simonetta, 1490. Miniatur von Giampietrino Birago. Biblioteca Riccardiana, Florenz, Ms. E.R. 428, f. IV.

142 *Tod des Braccio da Montone bei der Belagerung von Aquila*, 5. Juni 1424. Fresko von Papacello (Tommaso Bernabei 1500–1559). Palazzo dei Priori, Perugia. Photo E.P.T., Perugia.

143 Filippo Maria Visconti. Relief von Benedetto Briosco, 1497. Certosa, Pavia. Photo Chiolini, Pavia.

144 Ansicht von Carmagnola. Aus *Theatrum statuum Sabaudiae ducis* von Johannis Blaeu, 1682. Museo Civico, Carmagnola. Photo Comune di Carmagnola.

145 Francesco Bussone Graf von Carmagnola. Anonymer Stich. Museo Civico, Carmagnola. Photo Comune di Carmagnola.

146 Beatrice di Tenda, Witwe des Facino Cane und erste Frau von Filippo Maria Visconti. Relief von Benedetto Briosco, um 1490. Certosa, Pavia. Photo Chiolini, Pavia.

147 Schlacht von Arbedo, 30. Juni 1422. Aus *Luzerner Chronik* von Diebold Schilling, 1513. Zentralbibliothek, Luzern.

148 Der Doge Francesco Foscari erhält die Statuen vom Oberen der Teppichwebergilde. Aus *Mariegola dei Calaforti*, 1577. Museo Correr, Venedig.

149 Karte des Flusses Adda mit sämtlichen Furten. Aus *Decretum super flumine Abduae*. 1520. British Museum.

150 Niccolò da Tolentino in der Schlacht von San Romano, 1. Juni 1432. Ausschnitt aus dem gleichnamigen Gemälde von Paolo Uccello, 1450–1459. National Gallery, London.

151 Bianca Maria Visconti. Ausschnitt aus *Privilegio di Bianca Maria Visconti* von einem anonymen Künstler, 9. September 1465. Biblioteca Trivulziana, Mailand, Perg. min. Nr. 4.

152 Piazza S. Marco, Venedig. Aus *Description de Venise*, spätes 15. Jh. Musée Condé, Chantilly, Ms. 799, 1344. Photo Giraudon.

153 Kardinal Giovanni Vitelleschi. Anonymes Porträt. Uffizien, Florenz. Photo Mansell-Brogi.

154 Grabmal von Gian Antonio (gest. 1456), Sohn des Gattamelata, von Pietro Lombardo (ca. 1435–1515). St. Antonio, Padua. Photo Perissinotto, Padua.

155 *Schlacht von Anghiari* 1440. *Cassone* bemalt von einem Schüler von Paolo Uccello. National Gallery of Ireland, Dublin.

156 Hochzeit von Bianca Maria Visconti und Francesco Sforza. Aus *Codice di donazione*, 1464. S. Sigismondo, Cremona. Photo Negri, Cremona.

157 Bianca Maria Sforza. Gemälde von Bonifazio Bembo, ca. 1460. Brera, Mailand. Photo Mansell-Alinari.

158 Bartolomeo Colleoni. Ausschnitt aus *Kreuzigung mit Colleoni*, Fresko eines anonymen Künstlers, 15. Jh. Casa Colleoni, Bergamo. Photo Wells, Bergamo.

159 Francesco Sforza. Gemälde von Bonifazio Bembo, um 1460. Brera, Mailand. Photo Scala.

160 Bartolomeo Colleoni. Detail des Standbilds von Andrea del Verrocchio, um 1479 in Auftrag gegeben. Campo SS. Giovanni e Paolo, Venedig. Photo Roloff Beny.

161 Landkarte mit Gardasee und Etsch. Verona, Mitte 15. Jh. Archivio di Stato, Venedig.

162 Kastell Malpaga. Eingelegter Chorstuhl von Fra Damiano Zambelli da Bergamo, um 1540. S. Bartolomeo, Bergamo. Photo Wells, Bergamo.

163 Der Innenhof von Kastell Malpaga. Photo E.P.T., Bergamo.

164 Colleoni (auf weißem Pferd) reitet mit König Christian von Dänemark (auf schwarzem Pferd) auf die Jagd. Fresko von Romanino (Girolamo Romani), um 1530. Castello di Malpaga. Photo Wells, Bergamo.

165 Federigo da Montefeltro. Ausschnitt aus einem Gemälde von Piero della Francesca, um 1472. Brera, Mailand. Photo Scala.

166 Sigismondo Malatesta. Relief von Agostino di Duccio, nach 1450. Tempio Malatestiano, Rimini. Photo Sansoni.

167 Bartolomeo Colleoni als Krieger. Detail seines Grabmonuments von Giovanni Antonio Amadeo. Capella Colleoni, Bergamo.

168 Grabmal für Medea Colleoni von Giovanni Antonio Amadeo, 1470–73. Capella Colleoni, Bergamo. Photo Mansell-Anderson.

169 Vittorino da Feltre. Medaillon von Pisanello, um 1446. British Museum, London.

170 Sigismondo Malatesta. Medaillon von Pisanello, 1446. Staatliche Museen, Berlin.

171 Isotta degli Atti da Rimini. Medaillon von Matteo dei Pasti, 1446. National Gallery of Art, Washington, D.C. Samuel H. Kress Collection.

172 Putto mit den Initialen von Isotta da Rimini und Sigismondo Malatesta, von einem Schüler Agostinos di Duccio, 1447–1457. Tempio Malatestiano, Rimini. Photo E.P.T., Forlì.

173 Rocca Malatestiana, Rimini. Medaillon von Matteo dei Pasti, 1446. Staatliche Museen, Berlin.

174 Bau des Tempio Malatestiano, Rimini. Aus *Hesperidos* von Basinio Parmense, 15. Jh. Bodleian Library, Oxford, Ms. Oxon. Can. Class. Lat. 81, f. 137.

175 Battista Sforza, Herzogin von Urbino. Gemälde Francesco di Giorgio (1439–1502) zugeschrieben. Palazzo Ducale, Urbino. Photo Mansell-Alinari.

176 Federigo von Montefeltro und sein Sohn Guidobaldo. Relief Justus van Gent und Pedro Berruguete zugeschrieben, um 1470. Royal Collection, Hampton Court.

177 Roberto Malatesta. Relief eines norditalienischen Künstlers, 1484. Louvre, Paris. Photo Giraudon.

178 Sigismondo Malatesta. Detail seines Grabmals von einem Schüler Agostinos di Duccio, 15. Jh. Tempio Malatestiano, Rimini. Photo Mansell-Anderson.

179 Hochzeit von Roberto di Sanseverino und Lucrezia di Agnolo Malavolti. Ausschnitt aus dem Einbanddeckel eines Steuerregisters von Sano di Pietro, 1473. Archivio di Stato, Siena.

180 Giovanni delle Bande Nere. Detail des Standbilds von Baccio Bandinelli, 1540. Piazza S. Lorenzo, Florenz. Photo Mansell-Brogi.

181 Caterina Sforza Riario. Medaillon eines anonymen Künstlers, 15. Jh. Victoria and Albert Museum, London.

182 Schlacht von Marignano, 1515. Aquarell eines unbekannten Künstlers, 16. Jh. Musée Condé, Chantilly. Photo Giraudon.

183 Neue Belagerungstechnik mit Kanonen. Aus *Li successi bellici* von Niccolò degli Agostini, 1521. British Museum.

184 Maria Salviati. Fresko von Giorgio Vasar, 1556–62. Palazzo Vecchio, Florenz, Photo Mansell-Alinari.

185 *Schweizer Schlacht*. Zeichnung von Hans Holbein, 1530–1532. Öffentliche Kunstsammlung, Basel.

186 Landkarte von Oberitalien mit den Alpenpässen, über die fremde Armeen in Italien eindrangen. Aus *La totale et vraie description de tous les paysages par lesquels on peut passer etrer des Gaules es Ytalies* von Jacques Signor, 1515. Bibliothèques Nationale, Paris.

Register

Verwendete Abkürzungen: Bf. = Bischof; Ebf. = Erzbischof; Gf. = Graf; Gf.in = Gräfin; Hz. = Herzog; K. = Kaiser; Kfst. = Kurfürst; Kg. = König; Kg.in = Königin; Mgf. = Markgraf; Mgf.in = Markgräfin.
Kursive Ziffern sind Abbildungsnummern